U0586143

周绍森

1941年出生，江西萍乡人，教授，博士生导师，美国纽约州立大学荣誉科学博士。曾任江西科技师范大学（原江西科技师范学院南昌分院）系主任、教务处长、校长；江西省教育厅（省教委）副厅长（副主任），兼任江西广播电视大学党委书记、校长，南昌大学党委书记；第九届全国人大代表，第九届、第十届江西省人大常委、教科文卫委副主任委员。并曾受聘为中德联合研究院（江西—OAI）院长，南昌理工学院督导专员、党委书记，教育部全国高等学校设置评议委员会专家等。

自2000年担任教育部人文社会科学重点研究基地南昌大学中国中部经济社会发展研究中心主任、学术委员会主任，以及南昌大学长江经济带协同创新中心学术委员会常务副主任以来，主要从事管理科学与工程博士点的教学和科技创新、人力资本、新经济增长理论、现代教育经济理论等领域的研究。主持国家软科学重大招标项目、国家社会科学基金、科技部、教育部等国家和部省级课题28项；在《新华文摘》《中国软科学》《中国高等教育》等全国核心以上期刊发表论文（第一作者）52篇；出版学术专著、大学教材等26部，获国家教学成果二等奖、中国图书奖等国家和部省级奖励9项。

经济社会视域下科技与教育文集　第四卷

科技创新驱动与
社会人文变革

Technological Innovation Driven and Social
Humanity Transformation

周绍森 ◎著

中国财经出版传媒集团
经济科学出版社
Economic Science Press

图书在版编目（CIP）数据

科技创新驱动与社会人文变革/周绍森著．—北京：经济
科学出版社，2017.11
（经济社会视域下科技与教育文集）
ISBN 978 - 7 - 5141 - 8539 - 3

Ⅰ.①科…　Ⅱ.①周…　Ⅲ.①技术进步 - 关系 - 区域 -
经济发展 - 中国 - 文集　Ⅳ.①F124.3 - 53②F127 - 53

中国版本图书馆 CIP 数据核字（2017）第 251787 号

责任编辑：王　丹　蒯　冰
责任校对：刘　昕
责任印制：邱　天

科技创新驱动与社会人文变革

周绍森　著

经济科学出版社出版、发行　新华书店经销
社址：北京市海淀区阜成路甲 28 号　邮编：100142
总编部电话：010 - 88191217　发行部电话：010 - 88191522
网址：www. esp. com. cn
电子邮件：esp@ esp. com. cn
天猫网店：经济科学出版社旗舰店
网址：http://jjkxcbs. tmall. com
固安华明印业有限公司印装
787×1092　16 开　23.5 印张　450000 字
2017 年 11 月第 1 版　2017 年 11 月第 1 次印刷
ISBN 978 - 7 - 5141 - 8539 - 3　定价：58.00 元
（图书出现印装问题，本社负责调换。电话：010 - 88191510）
（版权所有　侵权必究　举报电话：010 - 88191586
电子邮箱：dbts@ esp. com. cn）

序 *

我翻开本书，在作者的前言一开始，就是创新是一个民族进步的灵魂，是国家兴旺发达不竭的动力这一著名论断，接着作者又对第一生产力的科学技术及其创新作了精练的论述。面对我国蓬蓬勃勃发展的大好局面，这引起了我的沉思。

是的，我认识作者周绍森同志多年了。他读书多，见识广，实际经验丰富，思维活跃，观察敏锐，认识深刻，而且讲话颇有幽默风味。我深深感到他工作忙，然而他善于在工作中学习，结合工作而学习，由于工作而思考，为了工作而探索而实践；也可说，他的工作就是他的学习，他学而思而作，作而思而学。同他的有趣的交谈中，我往往受益不少。为了教育事业，特别是为了高等教育事业，他做了大量工作，读了大量资料，想了大量问题。我认为这确是他辛勤劳动的又一成果，十分重要的成果。

为什么"十分重要"？我国急需在关键的科技领域的创新，要有自己的知识产权，更要有自己的卓越人才。2000年6月召开的我国科学院与工程院院士大会号召我们要坚持创新、创新、再创新。1999年6月颁发的《关于深化教育改革、全面推动素质教育的决定》中明确指出，实施素质教育要"以培养学生的创新精神和实践能力为重点"。正如作者在前言一开始就强调，这是关系到一个民族、一个国家的灵魂与前进动力的大事。

为什么"十分重要"？正如作者在这件创新大事上作了一项出色

---

* 本序为杨叔子院士为本书第一卷第一篇《科技创新论》所作之序，现作为全文集总序。

的工作，写了这本著作。作者在综观近百余年来科学技术的重大发现与发明的基础上，探讨了科技创新的内在规律与运行机制，研究了创新思维的基本方法、创新人才的培养方式与创新教育的应有内涵，这对落实我国如何抢抓机遇与奋迎挑战这一严峻现实无疑会做出重要的贡献。"不畏浮云遮望眼，只缘身在最高层。"

全书篇篇相贯，章章相应，步步分析，层层深入，各篇各章呵成一气，而又可以各自独立存在。全书特色有四：一是举纲张目。抓住"创新"之纲，而就科学、技术、思维、人才、教育的各方面展开论述。二是结构严谨。层次分明，从"科学"这一基础开始，对"技术"这一关键着力，而最终以"人才""教育"这一根本收尾，并且在书中高度重视作为"人"的"思维"在创新中的具有决定性作用的地位。三是结合实际。既有理论论述，更有实例分析；既有典型范例，又有最新素材；既放眼世界，又立足我国。四是颇有文采。语言活泼，词字妥切，文顺理畅，可读性好。所以，本书是一本好的著作，值得一读的好书。徐特立同志讲得好，"有利家国书常读"，这一著作既是利国、利家、利个人，又是紧密结合当前形势。我特向读者推荐。

我一贯认为，世界没有任何完美无缺的东西，金无足赤，人无完人，书也无完书。李白说："人非尧舜，谁能尽善?"其实，尧舜也不可能尽善。任何一本书，好书也不例外，书中的不足之处，在所难免。我相信读者在从本书中得到教益的同时，也一定会爱护、关心与帮助作者，支持他在将来使本书得到进一步完善。

谨序，聊达心情于万一。

中国科学院院士
华中科技大学教授 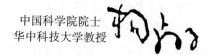

前 言

历史的发展已经证明，并将继续证明：科学技术是推动经济社会发展的巨大动力，是人类理性觉醒和社会变革的鲜明标志；教育是民族振兴，国家强盛的坚实基石，是经济增长、社会文明、科技发展的力量源泉；科技与教育是从根本上改变旧世界，开创新时代的强大杠杆。

50多年来，我一直从事教育教学、科研与管理工作，特别是近20年致力于经济社会发展与科技教育紧密关系的探索，致力于对新经济增长理论和现代教育经济理论新框架的构建。无论是为管理科学与工程博士点（科技创新与人力资本方向）的授课，还是与团队一起开展课题研究，抑或是撰写著作论文都是围绕这一主线进行。时光荏苒，年已七七，在好友与弟子们的鼓励支持下，从我主撰（含独著、第一作者或主笔）的论著和文章中选出论著6本，论文52篇，科研报告及发言文稿16篇整理汇编成书，名之为"经济社会视域下科技与教育文集"。

文集共分四卷，既相互衔接，又独立成卷。

第一卷"科技教育创新与新经济"是由《科技创新论》《科教兴国论》和《新经济论》三本专著节选而成。第一篇主要是展示科学技术创新引发的科技革命和产业革命，推动经济社会发展变革的画卷；阐明科技创新的内在规律和运行机理；探讨创新人才的培育和创新体系的构建。第二篇回顾了近代以来"科技兴邦""教育救国"的艰辛历程，阐明了"科教兴国"乃是当今时代的呼唤与选择；探讨了赶上世界先进水平的科技战略和面向21世纪的教育战略以及科教兴国创新工程。第三篇揭示了新经济是高新科技产业化，信息社会和网络革命所催生的新的经济形态；阐明了新经济为我国由依赖物质资源消耗和规模扩张向依靠科技创新和人力资本的经济转型，实现工业化和知识化双重跨越，提供了难得的历史机遇。

第二卷"科技与教育对中国经济社会发展贡献研究"是由《现代经济发展内生动力论》《教育人力资本论》和《人力资本先导和技术赶超》三本专著节选而成。第一篇论证了科技进步是经济社会发展的内生动力，进行了科技进步对中国经济社会发展贡献的实证研究；构建了"主因素分析模型"，对我国经济增长科技进步贡献率进行了测算与实证，并就科技进步对我国城乡居民收入增长，城乡居民收入差距影响，加快我国经济增长方式转型等进行了实证分析。[1] 第二篇论证了教育人力资本是现代经济社会发展的基础和源泉，进行了中国教育对经济社会发展作用的实证研究，就教育人力资本对我国经济增长的贡献、促进经济结构的优化、个人收入和社会富裕的提升以及对社会公平的影响五个方面进行了实证分析。第三篇论述了我国区域经济发展与中部崛起战略，进行了科技进步与人力资本对促进中国中部地区经济社会发展的实证研究；对中部地区农村和城镇居民人力资本投资促进收入增长进行了实证分析；对科技进步与人力资本对中部六省的经济增长的贡献以及我国四大区域经济社会发展水平进行了实证分析与比较。

第三卷"教育改革实践与区域发展探索"是由有关教育方面，发表于报纸杂志的40篇论文和7篇发言文稿组成。第一篇高等教育改革发展刍议，包括现代高等教育发展趋势；高校观念变革与科学定位和培养造就高素质创新型人才三部分。第二篇南昌大学改革发展实践，包括发挥并校优势 创建南昌大学；以改革促发展 进入国家"211工程"；推进教育创新 建设高水平大学三部分，描绘出南昌大学10年三大步的历史足迹。第三篇教育促进经济社会发展探索，包括大力发展农村教育、职业教育和民办教育；积极探索教育促进江西振兴的有效途径；创新教育经济理论 搞好教育顶层设计三部分。

---

[1] 全书四卷凡是对"我国"和"东部地区"等的实证分析均不包含我国的香港、澳门地区和台湾。

第四卷"科技创新驱动与社会人文变革"是由有关科技方面，发表于报纸杂志的 12 篇论文和 9 篇科研报告节选而成。第一篇科技进步与经济增长，主要是对全国科技进步贡献率研究测算与预测，地区分省科技进步贡献率测算比较，以及长江经济带科技创新驱动研究进行探索。第二篇科技支撑与区域振兴，主要是对中部地区崛起战略，江西在中部地区崛起方略以及农民增收长效机制进行探索。第三篇科学技术与社会文明，主要是从本质上对科技进步与人类文明，科学技术与人文精神，科学发展与创新文化等的相互关联性、渗透性及一致性进行探索。

曾文正曰"莫问收获，但问耕耘"，谨以本书奉献给在科技教育以及经济社会相关战线上辛勤耕耘的工作者们和在相关领域研读的莘莘学子，并恳请大家对本书错误和不足之处予以指正。

周绍森

2017 年夏于南昌艾溪湖畔

全书总纲目

1

第二卷

科技与教育对中国经济社会发展贡献研究

第三卷

教育改革实践与区域发展探索

第四卷

科技创新驱动与社会人文变革

本 卷 目 录

第一篇　科技进步与经济增长

- 我国科技进步贡献率研究
- 长江经济带科技创新驱动研究

第一章

我国科技进步贡献率研究

一、科技进步对经济增长贡献率研究*

（一）引言

我国《国家"十一五"科学技术发展规划》提出"到 2010 年科技进步对经济增长的贡献率达到 45% 以上"，《国家中长期科学和技术发展规划纲要（2006～2020)》提出"到 2020 年力争科技进步贡献率达到 60% 以上"。科技进步对经济增长的贡献率的研究已成为我国经济学领域科学研究的一个重点和热点问题。特别是为应对世界经济危机确保我国经济持续稳定增长，从根本上说必须把经济增长模式从依靠物质资本投入的支撑转移到依靠科技进步，提高经济增长质量和效率的支撑上来。这使关于科技进步与经济增长关系的研究更为重要和紧迫。

---

* 本文曾发表于《中国软科学》（2010 年第 2 期），为国家软科学重大招标项目《科技进步对经济发展贡献率研究》（2008GXSTB002）研究中期成果。

作者：周绍森、胡德龙。

胡德龙，1981 年 10 月生，江西财经大学经济学系副主任，博士，副教授，美国加州州立大学富尔顿访问学者，南昌大学中国中部经济发展研究中心研究员。

（二）科技进步对经济增长贡献率研究的演进

古典经济学家在强调物质资本和劳动力是经济增长主要因素的同时，也看到了劳动分工的作用，亚当·斯密（A. Smith）把技术进步视为劳动分工和劳动熟练的结果。马克思主义创始人马克思（K. H. Marx）、恩格斯（F. Engels）强调科学技术是"一种在历史上起推动作用的革命力量"，认为科学是"历史的有力的杠杆"，是"最高意义上的革命力量"。1912年熊彼特（J. A. Schumpeter）在《经济发展理论》一书中，指出技术创新才是经济增长源泉。索洛（R. Solow）1957年在创建新古典经济增长方程中发现经济实际增长远大于资本和劳动投入所带来的增长，这一差额（索洛余值）是由"技术进步"带来的。1962年丹尼森（E. F. Denison）把经济增长因素分为两大类，一类是"生产要素"投入，包括资本和劳动力等；另一类是能提高生产效率的因素，称为"全要素生产率"（TFP），它包括资源配置、规模节约、知识的进展和应用等项目。丹尼森用"全要素生产率"扩充了索洛方程中"技术进步"的概念，因而"全要素生产率"被称为"广义的技术进步"，或直接称为"科技进步"。在20世纪80年代发展起来的"新增长理论"提出"技术进步"是经济系统内在需求所决定的，称为"内生技术进步"。卢卡斯（R. Lucas）1988年建立的"人力资本溢出模型"就是用"人力资本"的溢出效应来说明科技进步是人力资本不断积累的结果。罗默（P. Romer）1990年建立了一个由物质资本、劳动力、人力资本、研究与开发的"四要素"的"知识溢出模型"，把人力资本、研究与开发作为总量生产函数中的内生变量，使生产函数呈现规模报酬递增，从而合理地解释了现代经济的持续增长。

本书的"科技进步"就是"广义的技术进步"，即全要素生产率（TFP），它是推动经济持续增长的内生动力。

从国内研究文献来看，很多学者一般采用索洛余值法和生产函数法来计算科技进步贡献率，也有采用数据包络和曼奎斯特（Malmquist）指数法来计算某行业的科技进步或省际科技进步。由于各学者测算科技进步贡献率的方法和采集数据有所不一，导致结果有所差异。主要表现在：一是对科技进步的内涵界定不一，有的把除去物质资本和劳动力两者带来的经济增长的余数都归为科技进步的贡献，有的将人力资本、劳动力转移等生产要素的贡献与科技进步的贡献分开测算；二是所采用的函数形式不一，有的学者采用的CD生产函数，而有的学者采用CES生产函数或超越对数生产函数；三是模型前提假设不一，有的学者限定规模报酬不变，即物质资本和劳动力的弹性系数的和为1，而有的学者没有这个限定；四是数据收集和处理方法不一。这些差异使得对我国科技进步对经济增长的贡献率的测算结果存在很大的差异，但大多研究结果都在 30% ~ 50% 之间。

（三）我国经济增长主因素的确定

针对我国经济发展的现状，我们提出将影响我国经济增长因素分为投入生产要素和科技进步（全要素生产率）两大部分。

一方面将投入生产要素分解为物质资本和劳动力两大项。由于我国经济增长仍然处于物质资本推动期，主要依靠资本的积累与高投资来带动经济增长，我们认为物质资本可从两条途径来促进经济增长：一是已有的物质资本存量；二是当期的全社会固定资产投资（包括国内外、境内外投资）。故我们进一步将物质资本分解为物质资本存量与全社会固定资产投资这两大因素。

另一方面在对促进经济增长并与科技进步相关联的诸因素进行深入的理论分析的基础上，我们将科技进步（全要素生产率）分解为人力资本、研究与开发、单位能源经济效益、产业结构调整、市场化程度五大因素。人力资本是蕴含在劳动者身上的知识与技能，是科技创新、技术扩散的必要条件和技术应用的基础，科技进步是人力资本不断积累提升的结果；研究与开发是直接推动科技进步的基础，研究与开发的投入在科技创新中起着关键作用；单位能源效益是反映科技进步的重要因素，单位能源效益的提高是科技进步的重要体现；产业结构的优化是转变经济增长方式、提高经济增长质量、体现科技进步成效的重要因素，合理的产业结构能引导科技进步的方向，提升科技进步水平，促进经济增长方式的转变和增长质量的提高；经济体制对科技进步具有很强的制约作用，市场化程度高能使得竞争机制作用充分发挥，促进各生产要素劳动生产率的普遍提高，加快技术和专利向现实生产力的转化。

（四）我国科技进步对经济增长贡献率的实证分析

1. 模型的设定

通过对我国经济增长投入要素与科技进步（全要素生产率）的分析与界定，我们建立以下形式的生产函数：

$$Y = AK_{-1}^{\alpha_1} I^{\alpha_2} L^{\beta} H^{\gamma} R^{\delta} N^{\tau} e^{\rho S} e^{\lambda M} e^{\varepsilon} \tag{1-1}$$

写成对数形式为：

$$\ln Y = \ln A + \alpha_1 \ln K_{-1} + \alpha_2 \ln I + \beta \ln L + \gamma \ln H + \delta \ln R + \tau \ln N + \rho S + \lambda M + \varepsilon \tag{1-2}$$

式中：

　　Y 为国内生产总值，单位：亿元；

　　A 为常数；

　　K_{-1} 为上年末的物质资本存量，单位：亿元；

　　I 为当年固定资产投资，单位：亿元；

　　L 为全社会就业人员总量，单位：万人；

　　H 为就业人员的人力资本，单位：年；

　　R 为研究与开发（R&D）投入，单位：亿元；

　　N 为单位能源经济效益，单位：亿元/吨；

　　S 为产业结构系数；

　　M 为市场化程度；

　　ε 为随机扰动项。

以上变量中，K_{-1}，I，L 为生产投入要素，H，R，N，S，M 为反映科技进步（全要素生产率）的主要因素。

2. 变量取值

国内生产总值（Y）、固定资产投资（L）、从业人员数量（L）三个时间序列可通过整理《中国统计年鉴》数据直接得到。为消除价格因素，本文所涉及的用货币做单位的变量一律采用 1978 年可比价。

物质资本存量（K）的估计采用永续盘存法，1978 年的初始值采用张军（2004）的研究成果；由于统计资料的限制，本书采用固定折旧率的方法，固定折旧率取 10%；资本形成额用国内生产总值平减指数转化为可比价。

人力资本（H）采用从业人员受"初等教育等效年"[①] 衡量，本项指标的原始数据资料来源于历次人口普查数据和 1998~2008 年的劳动统计年鉴，缺失数据用线性内插与线性外延的方法估计。

研究与开发（R）用 R&D 投入经费额来表示，1989~2007 年数据可通过查阅《中国科技统计资料汇编》和中经网统计数据库得到，1980~1988 年数据为通过已有数据进行指数回归估算得到。

单位标准能源经济效益（N）用国内生产总值与消耗的标准煤总量的比值表示，消耗的标准煤数据可通过查阅《中国统计年鉴》得到。

产业结构系数（S）用第二、第三产值占总产值比例、高技术产业占总产值

---

　　① 受初等教育等效年即把高中阶段教育或大学阶段受教育一年所积累的知识和能力，按各级受教育程度劳动者的生产能力化为多倍的初等教育年限所积累的知识和能力。

比例、新产品销售收入与主营收入三项指标得分①的算术平均值来表示产业结构系数指标。

市场化程度（M）用非国有经济职工数占职工总数的比值得分与技术市场成交额得分的平均值表示。

3. 参数估计与结果分析

对方程（1-2）中的各变量分别取值，并运用岭回归方法消除多重共线性，我们可以得到各参数的估计值和各因素对经济增长的贡献份额，见表1-1弹性系数栏。

表1-1　　　　　各因素对经济增长贡献份额（1980~2007年）

项目		年均增长率（%）	弹性系数	贡献份额（%）	
				单项	小计
投入要素	资本积累 K_{-1}	10.29	0.19	19.29	54.38
	固定资产投资 I	14.15	0.17	24.84	
	劳动力数量 L	2.24	0.46	10.25	
科技进步（全要素生产率）	人力资本 H	2.08	0.71	14.86	45.62
	研究与开发 R	15.74	0.06	10.15	
	单位能源效益 N	4.07	0.28	11.50	
	产业结构调整 S	3.49	0.16	5.50	
	市场化程度 M	3.70	0.07	2.66	
	其他	—		0.95	

结果分析：

第一，在1980~2007年期间，投入要素对经济增长的贡献份额为54.38%，其中，资本的贡献为44.14%，包含资本积累的贡献19.29%和固定资产投资的贡献24.84%；劳动力数量的贡献为10.25%。

这表明我国的经济增长主要还是靠大量的物质资本投入与积累来实现的，资本积累在经济发展中具有重大的作用，特别是在当前为应对国际金融危机保持国民经济稳定增长，国家采取大幅度增加投资对保增长、稳大局无疑是十分必要的重大决策。但是物质资本积累和固定资产投资的弹性系数较人力资本、单位能源

---

① 由于三项指标具有不可加性，故需转化为一无量纲化指标，计算得分值的公式为：$x_i = \dfrac{X_i - \min\{X_i\}}{\max\{X_i\} - \min\{X_i\}}$。

效益等弹性系数都要小，说明单纯依靠物质资本投入的扩张带来经济增长的经济效益不高，而且会带来生态环境破坏，不利于可持续发展，因而，在加大物质资本投入时，必须把握投资方向，使之有利于产业结构的优化、高新技术产业的发展。从根本上说，要彻底走出危机，就必须转变经济增长模式，要从依靠投资支撑的增长模式转移到依靠科技进步，提高质量和效益的增长模式上来。

第二，科技进步（全要素生产率）对经济增长贡献率为45.62%，科技进步率为4.53%。在其包含的五项因素中：①人力资本的弹性系数最大，对经济增长的效应也最大，人力资本的积累对经济增长的贡献份额达到14.86%，要保持经济持续增长，必须大力提升人力资本积累，提高劳动者的知识和技能。②研究与开发对经济增长的贡献非常显著，为10.15%，但其弹性系数相对较小，表明我国技术成果转化为经济效益还不够明显，应大力强化科技成果转化机制，加大共性技术研究和基础研究，使广大企业包括中小型企业和民营企业普遍受益。由于我国科技投入经费总体仍然不足，其科研经费占GDP的比重还低于发达国家，所以必须进一步加强对科技事业的支持力度，促进经济增长真正转到依靠内生科技动力上来。③单位能源的经济效益的提高对经济增长的贡献份额明显增强为11.50%，而且其弹性系数比较大，表明节能减排，提高单位能源经济效益对经济增长非常重要，我们必须进一步依靠科技进步，发展新能源，推进节能减排和资源循环利用。④经济结构优化对经济增长的贡献也占一定比例为5.50%，其弹性系数在五大因素中适中。调整产业结构，推进产业升级，加快经济增长方式转变是当前和今后相当长时间内的重要任务。⑤市场化程度的提高对经济增长的贡献较弱为2.66%，其弹性系数也较小，但不能轻视体制对科技进步的作用。为了保持国民经济持续稳定增长，提高增长质量，我们始终应对五大因素都要予以高度重视，大力提高科技进步（全要素生产率）对经济增长的贡献。

4. 2010～2020年科技进步对经济增长贡献率预测

1980～2007年期间物质资本积累时间序列呈指数增长，拟合优度达0.999，按此趋势在2010～2020年期间物质资本积累按可比价年均增长10%。固定资产投资时间序列呈三次方曲线增长，拟合优度达0.986，按此趋势在2010～2020年期间固定资产投资按可比价年均增长12%；从业人员时间序列大致呈直线增长，在1991～2007年期间年均增长1%。

假定运用1980～2007年数据作样本所估计的生产函数在2010～2020年仍然适用，即各要素的弹性系数保持不变，并设定在2010～2020年期间我国经济保持持续稳定增长，年均增长速度为7%～10%，我们运用模型估计的物质资本积累和全社会固定资产投资年均增长率为2010～2020年期间的增长上限，设定了十种情形来预测科技进步对经济增长的贡献率是否能达到《国家中长期科学技术发展规划纲要（2006～2020）》提出的到 2020 年达到 60% 的目标（见表 1－2）。

表 1－2　科技进步对经济增长贡献率预测值（2010～2020 年）　单位：%

情形	经济增长率（可比价）	物质资本积累增长率（可比价）	全社会固定资产投资增长率（可比价）	从业人员数量增长率	科技进步贡献率
情形一	10	10	12	1	56.00
情形二	10	10	10	1	59.40
情形三	9	10	10	0	60.00
情形四	9	9	10	1	57.00
情形五	9	9	10	0	62.11
情形六	9	8	10	1	59.11
情形七	8	8	10	0	59.75
情形八	8	8	9	1	56.13
情形九	7	8	8	1	52.29
情形十	7	8	8	0	58.86

从对以上 10 种情况的预测结果来看，只要在 2010～2020 年期间确保科技进步年均增长率在 4.53% 基础上不断提高，国民经济增长率和物质资本投资率都保持持续稳定的前提下，则能够实现《国家中长期科学技术发展规划纲要（2006～2020）》提出的目标，2020 年科技进步贡献率为 60% 左右。

（五）政策建议

要实现经济持续、稳定增长必须坚持落实科学发展观，切实提高科技进步率，加快实施科技创新和产业改造，大力发展绿色经济、循环经济，充分依靠科技进步增强经济增长的内在动力。从实证分析结果看，可从以下五个方面着手：

1. 注重人力资本的提升，把我国由人力资源大国转化成为人力资源强国

人力资源建设是经济社会可持续发展的动力源，是转变经济增长方式、提升经济增长质量、实现国民经济又好又快发展的基础。要坚持人才强国战略，高度重视科技和经济发展所需人才培养，促进一大批青年科技人才迅速成长，造就一

批世界级科学家和科技领军人物；要坚持教育的优先发展战略，提高教育现代化水平，办好人民满意的教育；要深化教育改革，优化教育结构，提升教育质量，促进教育均衡发展；要大力开展继续教育和岗位培训，提高创业创新能力，创建全民学习、终身学习的学习型社会；要大力做好农村剩余劳动力转移工作，合理分流，提升农民工生产技能和服务水平，提升产业层次。

2. 大力加强研究与开发，加快科技创新，提高自主创新能力，建设创新型国家

自主创新是科技创新的关键，提高自主创新能力是实现我国经济社会发展又好又快发展的重要途径。要把推动自主创新摆在突出位置，大力加强研究与开发的投入，增强科技创新能力，增强核心竞争力；要加快建立以企业为主体、市场为导向、产学研紧密结合的技术创新体系，引导和支持创新要素向企业聚集，促进科技成果向现实生产力的转化；要抓住那些对我国的经济、科技、社会发展具有战略性、基础性、关键性作用的重大课题，联合攻关，全力突破；要优先发展能源、水资源和环境保护技术、装备制造业和信息产业核心技术，加快发展生物技术、空天和海洋技术，大力加强基础科学和前沿技术研究。

3. 依靠科技进步，开发新能源、大力推进节能环保和资源循环利用

坚持资源节约的基本国策，建设资源节约型社会，科技进步是关键。要充分认识实现工业化和信息化与推进生态文明建设的关系，坚持以资源承载力为基础、以自然规律为准则、以可持续发展为目标，形成节约能源和保护生态环境的产业结构、发展方式和消费模式；要加大节能环保投入，开发和推广节约、替代、循环利用和治理污染的先进适用技术，发展清洁能源和可再生能源，建设科学合理的能源资源利用体系；要加快淘汰消耗高、污染重的落后产能，建立有利于节约能源资源的产业体系，大力发展低碳经济和生态经济；要高度重视新能源产业发展，创新发展可再生能源技术、节能减排技术、清洁煤技术及核能技术，大力推进节能环保和资源循环利用，加快构建以低碳排放为特征的工业、建筑、交通体系；要推进能源原材料等重点行业、重点企业节能，实施好建筑节能、绿色照明等重点节能工程，继续提高单位能源经济效益，加快建设资源节约型、环境友好型社会。

4. 优化产业结构，加快经济增长方式的转变，使新兴战略性产业成为主导力量

要以此次经济危机为契机，着力改造传统产业和发展新兴战略性产业，推动

经济结构的重大调整，提供新的增长引擎，使经济重新恢复平衡并提升到新的更高水平。要积极运用现代生命科学技术，大力提高农产品产量和质量，加快农业产业化和农村产业结构调整步伐；要优化工业结构，增强企业核心竞争力，广泛采用高新科学技术改造传统产业，促进产业层次和技术水平升级；要尽快培育和发展新能源产业、信息产业、新材料产业、农业和医药产业、海洋空间产业等新兴战略性产业，使新兴战略性产业成为经济社会发展的主导力量。

5. 继续深化体制改革，不断提高市场化程度，为科技进步创造良好制度环境

积极推动经济一体化，反对任何形式的保护主义；逐步完善社会主义市场经济体制，不断提高市场化程度；要大胆革除阻碍科技生产力发展的一切体制机制障碍，进一步促进科技与经济的结合。要营造有利于创新火花竞相迸发、创新思想不断涌流、创新成果有效转化的环境，让科技工作者更加自由地讨论、更加专心地钻研、更加自主地探索。为我国走上创新驱动、内生增长、经济全面协调可持续发展提供强有力的科技支撑。

二、国内外科技进步贡献率测算方法评述及对我国科技进步贡献率测算*

（一）研究背景

科技进步贡献率既是世界各国分析经济增长源泉的重要指标，也是国内外经济学领域科学研究的重点、热点问题。《国家中长期科学和技术发展规划纲要

* 本文为香山科学会议第 S16 学术讨论会"科技进步贡献率研究"（2012 年 9 月 21～22 日，北京香山饭店）大会评述报告。

作者：周绍森、胡德龙。

香山科学会议是由国家科学技术部（原国家科委）发起，在科学技术部和中国科学院的共同支持下于 1993 年正式创办。相继得到国家自然科学基金委员会、中国科学院和学部、中国工程院、教育部、中央军委科学技术委员会、中国科学技术协会、国家卫生和计划生育委员会、农业部、交通运输部等部门的资助与支持。香山科学会议是我国科技界以探索科学前沿、促进知识创新为主要目标的高层次、跨学科、小规模的常设性学术会议。会议实行执行主席负责制。会议以评述报告、专题报告和深入讨论为基本方式，探讨科学前沿与未来。

（2006~2020）》将科技进步贡献率作为重要发展指标。承担了国家软科学重大招标项目《科技进步对经济发展贡献率研究》（2008GXS1B022）。本报告的目的就是在国内外科技贡献率测算方法进行综合评述的基础上提出对我国科技进步贡献率进行测算的"主因素分析法"模型并简要分析测算结果。

（二）国内外科技进步贡献率测算方法研究评述

1. 科技进步贡献率测算方法比较

（1）经济计量参数法

通过估计相关参数值来测算贡献率有以下几种方法：

①柯布-道格拉斯生产函数法

柯布（C. W. Cobb）、道格拉斯（P. Douglas）1927年提出了以线性对数形式的生产函数，被称为CD生产函数，该函数形式揭示了投入与产出之间的量化关系，使经济学研究从抽象的纯理论转向实证分析。

$$Y = AK^\alpha L^\beta \qquad\qquad (1-3)$$

式中，Y 为产出，K 为物质资本，L 为劳动力，A 为技术进步。

丁伯根（J. Tinbergen）1942年对CD生产函数做了改进，将常数 A 改进为随时间线性变化的变量 $A(t) = Ae^{\lambda t}$，使应用生产函数来研究技术进步成为可能。

$$Y = Ae^{\lambda t} K^\alpha L^\beta \qquad\qquad (1-4)$$

②索洛余值法

索洛（1957）将CD生产函数中的 $A(t)$ 明确为技术进步，用产出增长率减去资本和劳动两项投入要素带来的增长率，这个余额占产出增长率的比例即为技术进步贡献率。

$$a = y - \alpha k - \beta l \qquad\qquad (1-5)$$

式中，a 为技术进步率，y 为经济增长率，k 为物质资本增长率，l 为劳动力增长率。

索洛对科技进步度量是基于对CD生产函数的规模报酬不变、技术变化中性、要素替代弹性为1、最优生产效率等假设条件下进行的。技术进步是一外生变量。

1960年，索洛和纳尔逊（R. Nelson）将CD生产函数改进为含体现型技术进步生产函数，将资本和劳动分为数量和质量，技术进步体现在资本和劳动的质量提高上。

扩展索洛模型将一些新的变量引进索洛模型，引入的变量主要是人力资本，还有制度因素、资源配置等。

③不变替代弹性生产函数法（阿罗、索洛、钱纳里，1961）

不变替代弹性生产函数（CES 生产函数）由阿罗、钱纳里、明纳斯和索洛 1961 年提出，该生产函数放松了 CD 生产函数中两要素替代弹性等于 1 的假设，假定替代弹性为常数 $\delta = \dfrac{1}{1+\rho}$，比 CD 生产函数更接近生产实际，当 $\rho \to 0$ 时，CES 生产函数退化为 CD 生产函数：

$$Y = A(t)(\alpha K^{-\rho} + \beta L^{-\rho})^{-\frac{m}{\rho}} \tag{1-6}$$

1967 年，佐藤（K. Sato）提出了二级多要素 CES 生产函数，1968 年，佐藤和霍夫曼（R. F. Hoffman）提出了变替代弹性（VES）生产函数。

④超越对数生产函数

超越对数函数由克里斯坦森（L. R. Christensen）、乔根森（D. W. Jorgenson）、刘（L. J. Lau）1971 年提出，该生成函数本质是生产函数 $f(\ln K, \ln L)$ 在（0，0）点的近似二阶泰勒展开，并考虑了资本和劳动相互作用对产出的影响，具有易估性和包容性：

$$\ln Y = \beta_0 + \beta_K \ln K + \beta_L \ln L + \beta_{KK}(\ln K)^2 + \beta_{LL}(\ln L)^2 + \beta_{KL}\ln K \ln L \tag{1-7}$$

当 $\beta_{KK} = \beta_{LL} = \beta_{KL} = 0$ 时，超越对数生产函数退化为 CD 生产函数；

当 $\beta_{KK} = \beta_{LL} = -\dfrac{1}{2}\beta_{KL}$ 时，超越对数生产函数退化为 CES 生产函数。

⑤随机前沿生产函数法

随机前沿生成函数由安吉纳（D. Aigner）、劳沃（C. Lovell）、斯密德（P. Schmidt）1977 年提出：

$$Y = f(K, L, \cdots)e^{v-u} \tag{1-8}$$

式中，v 是观测误差及其他随机因素，u 是与技术无效率相关的非负随机变量。

CD、CES、超越对数等形式的生产函数都是假定所有的生产者都能实现最优的生产效率，而随机前沿分析（SFA）是放松了对最优生产效率的设定，加入了技术效率项 $TE = e^{-u}$，在规模效率不变的情况下，全要素生产率的增长率为技术进步率与技术效率增长率之和。该方法主要适用于横截面数据或面板数据。

（2）经济计量非参数法

通过计算全要素生产率指数来测算贡献率。

①生产率指数法

生产率指数法由肯德里克（K. J. Kendric）和丹尼森于 20 世纪 60 年代开创，后经乔根森、格里利谢斯（Z. Griliches）等发展而成熟。生产率指数是指一个生成单元在一定时期内总产出和总投入之比。

$$TFP_{st} = \frac{Y_t/X_t}{Y_s/X_s} \tag{1-9}$$

式中，TFP_{st} 为 t 期至 s 期的生产率指数（TFP）的变化。

②数据包络分析方法

数据包络（DEA）法由查纳斯（A. Charnes）和库珀（R. N. Cooper）1978 年提出（如图 1-1 所示）。该方法不需要任何具体函数形式，应用现有投入产出数据，识别出技术效率最好的经营决策单位，然后以其为基准构建最佳实践前沿，将待测单位与前沿相比较用距离函数得到技术效率水平指数。该方法适合处理横截面数据或面板数据。

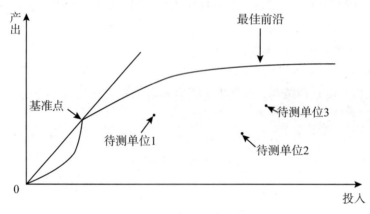

图 1-1　数据包络方法示意

曼奎斯特指数（Malmquist 指数）被引入到生产率分析后，在距离函数基础上利用 Malmquist 指数度量全要素生产率，把全要素生产率的指数分解为技术进步、技术效率和规模报酬等三个指数，通常运用数据包络法来实现，称为 DEA - Malmquist 方法。

（3）增长因素分析法

丹尼森（1962）将经济增长的各因素分类分项核算了贡献率。

丹尼森把经济增长因素分为两大类，一类是"生产要素"投入，包括资本和劳动力（数量和质量）等 16 项；另一类是能提高生产效率的因素，称为"全要素生产率"（TFP），它包括资源配置、规模节约、知识的进展和应用等 7 项。丹尼森增长因素分析法分项详细，对数据的要求严格，数据处理的工作量大。

除以上主流测算方法外，还有生产轨迹法、对偶法等。整体来看，科技进步贡献率测算方法之间的关系如图 1-2 所示。

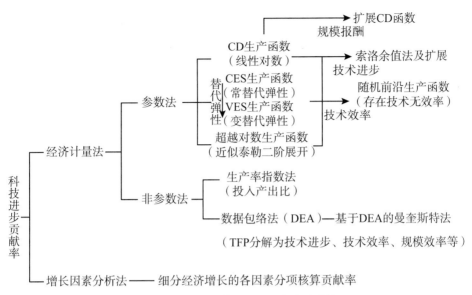

图1-2 科技进步贡献率研究方法路线

对于政府部门而言，应选择广为大众接受且相对简单的两种方法：索洛余值法及扩展和生产率指数法。对于要进行省际比较、行业比较等的研究，应选择随机前沿生产函数法或 DEA 方法。对于要进行精细核算科技进步贡献率，应选择 CES 生产函数或超越对数生成函数。总的来讲，应根据研究目的和需要来选择合适的测算模型。

2. 我国科技进步贡献率测算结果比较

我们研读了国内关于科技进步贡献率研究的代表性成果，其研究方法与结果见表1-3。

表1-3　　　　　　对我国科技进步贡献率计算结果比较

学者	方法	时期	科技进步对经济增长的贡献率（%）
李京文等（1996）	索洛余值法	1978~1995 年	39.85
周方（1998）	生产轨迹法	1978~1996 年	40.03
张军、施少华（2003）	CD 生产函数法	1979~1998 年	28.9
郑京海、胡鞍钢（2005）	DEA - Malmquist 指数法	1979~1995 年	47.24

续表

学者	方法	时期	科技进步对经济增长的贡献率（%）
赵志耘等（2006）	生产函数法	1979～2004年	35.4～36.4 （3.7～3.9）
金雪军等（2006）	CES生产函数	1979～2003年	17.15（1.6）
舒元、才国伟（2007）	数据包络（DEA）法	1980～2004年	23.33（2.28）
吴延瑞（2008）	随机前沿生产函数	1993～2004年	26.61
徐现祥、舒元（2009）	对偶法	1979～2004年	26
李宾、曾志雄（2009）	超越对数生产函数	1978～2007年	19.8
世界银行		1978～1995年	37.8
"十五"科技规划研究组		1978～1998年	48*
科技部研究中心		1978～1997年	47*
原计委科技司课题组		1979～1996年	46*
数量经济与技术经济研究所		1978～1995年	36.23*

注：括号内为全要素生产率增长率。

*资料来源：《"十五"规划我国科技进步贡献率目标选择分析》（宋卫国，2000）。

国内对科技进步贡献率的研究结果存在较大差异，综合起来大致有以下五方面原因：一是对科技进步的内涵界定不一，一般是扣除资本和劳动的贡献份额即为科技进步贡献率，但有的把人力资本等单独测算。二是所采用的模型不一，采用生产函数形式不同，弹性估计方法也不同，或不经过弹性估计直接进行全要素生产率指数的测算。三是模型前提假设不一，对规模报酬、要素替代弹性和技术效率的设定不同。四是数据收集和处理方法不一，有的是时间序列，有的是横截面数据或面板数据，观测点不一，投入要素度量方法不一，特别是对资本存量的核算存在较大差异。五是一般都把科技进步作为一个"黑箱"，较少对科技进步贡献的因素进行分析。

（三）我国科技进步贡献率测算的主因素分析法

1. 我国科技进步主因素的确定

依据新增长理论建模思想，针对我国经济发展现状，将影响经济增长的因素分为物质资本（含上期物质资本存量 K_{-1} 和当期全社会固定资产投资 I）、劳动力 L 两项投入生产要素和科技进步，科技进步主要由人力资本 H、研究与开发 R、单位能源效益 E、产业结构优化 S、市场化体制 M 五项主因素来决定。

模型形式为：

$$Y = AK_{-1}^{\alpha_1} I^{\alpha_2} L^\beta H^\gamma R^\delta E^\tau S^\rho M^\lambda e^\varepsilon \qquad (1-10)$$

式中，Y 为产出，A 为常量。

2. 我国科技进步贡献率测算的实证分析

由于自变量较多，可能存在多重共线性问题，我们采用岭回归的方法来解决多重共线性，实证结果见表 1-4。

表 1-4　　　　　　　　科技进步贡献率测算模型参数估计结果

待估参数	估计值	统计量	显著性水平
物质资本存量	0.232406	11.01	0.0000
固定资产投资	0.163512	8.51	0.0000
劳动力数量	0.190692	2.32	0.0152
人力资本	0.849309	10.53	0.0000
研究与开发投入	0.062944	3.53	0.0009
单位能源效益	0.304884	5.73	0.0000
产业结构调整	0.684674	3.29	0.0017
市场化程度	0.163131	2.65	0.0073
常数	-0.114375	-0.14	0.4444
岭回归参数 = 0.01	$R^2 = 0.9993$		$F = 3\,794$

3. 我国科技进步贡献率测算的结果分析

第一，在 1980~2010 年期间投入要素对经济增长的贡献份额为 51.84%，其中物质资本的贡献为 48.17%，劳动的贡献为 3.73%，我国主要还是依靠物质资本投资带动经济增长，经济增长方式属于粗放型，处于粗放型向集约型过渡阶段（见表 1-5）。

第二，1980~2010 年我国科技进步（TFP）的贡献率为 48.16%，各因素的弹性和贡献率分别为人力资本 0.85 和 16.35%；研究与开发 0.06 和 10.28%；单位能源效益 0.30 和 11.28%；产业结构调整 0.68 和 5.76%；市场化程度 0.16 和

4.16%。提高科技进步贡献率，加快经济增长方式转变，必须做到：注重人力资本的提升；加强科技创新和加快研究成果转化；加强节能减排，提高能源利用效率；优化产业结构，加快产业升级；继续推进市场化体制改革。

表 1 – 5　　　　　各因素对经济增长贡献份额（1980~2010 年）

增长因素		年均增长率（%）	弹性系数	贡献份额（%）	
				单项	小计
投入要素	物质资本存量	10.48	0.23	24.2	51.83
	固定资产投资	14.71	0.16	23.9	
	劳动力数量	1.97	0.19	3.73	
科技进步（全要素生产率）	人力资本	1.94	0.85	16.35	48.17
	研究与开发	16.43	0.06	10.28	
	单位能源效益	3.78	0.3	11.28	
	产业结构调整	0.85	0.68	5.76	
	市场化程度	2.57	0.16	4.16	
	其他	—	—	0.34	

注：年均增长率为积累法计算得到。用同样的数据采用索洛余值法测算结果为资本的贡献份额为 50.26%，劳动力的贡献份额为 4.46%，全要素生产率对经济增长的贡献份额为 45.28%。

三、科技进步对经济增长贡献率测算及预测研究 *

（一）引言

我国《国家"十一五"科学技术发展规划》提出"到 2010 年科技进步对经济

---

　　* 本文为国家软科学研究计划重大招标项目《科技进步与经济发展贡献率研究》（项目编号：2008GXSTB002）的研究期期成果，由国家科技部办公厅调研室和中国科学技术发展战略研究院主办《软科学要报》2009 年第 24 期（总第 166 期）专题刊载，报送政策研究室、中央办公厅调研室、全国人大常委会办公厅、全国政协办公厅、国务院研究室、国家科教领导小组办公室，国务院各部（委办局）、各省、自治区、直辖市主管科技工作的领导和科技厅（委局司）。
　　作者：周绍森、胡德龙。

增长的贡献率达到 45% 以上"，《国家中长期科学和技术发展规划纲要（2006～
2020)》提出"到 2020 年力争科技进步贡献率达到 60% 以上"。科技进步对经济增
长贡献率的研究已成为我国经济学领域科学研究的一个重点和热点问题。特别是为
应对世界经济危机，确保我国经济持续稳定增长，从根本上说必须把经济增长模式
从依靠物质资本投入的支撑转移到依靠科技进步提高经济增长质量和效率的支撑上
来，这使得关于科技进步与经济增长关系的研究更为重要和紧迫。

（二）我国经济增长主因素的确定

针对我国经济发展的现状，我们将影响我国经济增长因素分为投入生产要素
和科技进步（全要素生产率）两大部分。"科技进步"是"广义的技术进步"，
即全要素生产率（TFP），它是推动经济持续增长的内生动力。

一方面，将投入要素分解为物质资本和劳动力两大项。由于我国经济增长仍
然处于物质资本推动期，主要依靠资本的积累与高投资来带动经济增长，所以我
们认为物质资本可从两条途径来促进经济增长：一条途径是已有的物质资本存
量；另一条途径是当期的全社会固定资产投资（包括国外、境外投资）。

另一方面，在对促进经济增长并与科技进步相关联的诸因素进行深入的理论
分析的基础上，我们将科技进步（全要素生产率）分解为人力资本、研究与开
发、单位能源经济效益、产业结构调整、市场化程度五大因素。人力资本是蕴含
在劳动者身上的知识与技能，科技进步是人力资本不断积累提升的结果，人力资
本也是技术扩散的必要条件和技术应用的基础；研究与开发是直接推动技术进步
的基础，研究与开发的投入在科技创新中起着关键作用；单位能源效益是反映科
技进步的重要因素，单位能源效益的提高是科技进步的重要体现；产业结构的优
化是转变经济增长方式、提高经济增长质量、体现科技进步成效的重要因素，合
理的产业结构能引导科技进步的方向，提升科技进步水平，从而促进经济增长方
式的转变和增长质量的提高；经济体制对科技进步具有很强的制约作用，市场化
程度高能使得竞争机制作用充分发挥，促进各生产要素劳动生产率普遍提高，加
快技术和专利向现实生产力的转化。

（三）我国科技进步对经济增长贡献率的实证分析

1. 模型设定

通过对我国经济增长投入要素与全要素生产率的分析与界定，我们建立如下

形式的生产函数：

$$Y = AK_{-1}^{\alpha_1} I^{\alpha_2} L^{\beta} H^{\gamma} R^{\delta} N^{\tau} e^{\rho S} e^{\lambda M} e^{\varepsilon} \qquad (1-11)$$

写成对数形式为：

$$\ln Y = \ln A + \alpha_1 \ln K_{-1} + \alpha_2 \ln I + \beta \ln L + \gamma \ln H + \delta \ln R + \tau \ln N + \rho S + \lambda M + \varepsilon$$

$$(1-12)$$

式中：

Y 为国内生产总值，单位：亿元；

A 为常数；

K_{-1} 为上年末的物质资本存量，单位：亿元；

I 为当年固定资产投资，单位：亿元；

L 为全社会就业人员总量，单位：万人；

H 为就业人员的人力资本，单位：年；

R 为研究与开发（R&D）投入，单位：亿元；

N 为单位能源经济效益，用国内生产总值与消耗的标准煤总量的比值表示，单位：亿元/吨；

S 为产业结构系数；

M 为市场化程度；

ε 为随机扰动项。

以上变量中，K_{-1}、I、L 为生产投入要素，H、R、N、S、M 为反映科技进步（全要素生产率）的主要因素。

2. 变量取值

国内生产总值（Y）、固定资产投资（L）、从业人员数量（L）三个时间序列可通过整理《中国统计年鉴》数据直接得到。为消除价格因素，本文所涉及的用货币做单位的变量一律采用 1978 年可比价。

物质资本存量（K）的估计采用永续盘存法，1978 年的初始值采用张军（2004）的研究成果；由于统计资料的限制，本文采用固定折旧率的方法，固定折旧率取 10%；资本形成额用国内生产总值平减指数转化为可比价。

人力资本（H）采用从业人员受"初等教育等效年"[①] 衡量，本项指标的原始数据资料来源于历次人口普查数据和 1998 年至今的劳动统计年鉴，缺失数据用线性内插与线性外延的方法估计。

---

① 受初等教育等效年即把高中阶段教育或大学阶段受教育一年所积累的知识和能力，按各级受教育程度劳动者的生产能力化为多倍的初等教育年限所积累的知识和能力。

研究与开发（R）用R&D投入经费额来表示，1989~2007年数据可通过查阅《中国科技统计资料汇编》和中经网统计数据库得到，1980~1988年数据为通过已有数据进行指数回归估算得到。

单位标准能源经济效益（N）用国内生产总值与消耗的标准煤总量的比值表示，消耗的标准煤数据可通过查阅《中国统计年鉴》得到。

产业结构系数（S）用二、三产值占总产值比例、高技术产业占总产值比例、新产品销售收入与主营收入三项指标得分[1]的算术平均值来表示产业结构系数指标。

市场化程度（M）用非国有经济职工数占职工总数的比值得分与技术市场成交额得分的平均值表示。

3. 参数估计与结果分析

对方程式（1-12）中的各变量分别取值，并运用岭回归方法消除多重共线性，我们可以得到各参数的估计值和各因素对经济增长的贡献份额（见表1-6）。

表1-6　　　　　各因素对经济增长贡献份额（1980~2007年）

		年均增长率（%）	弹性系数	贡献份额（%）	
				单项	总计
投入要素	资本积累 K_{-1}	10.29	0.19	19.29	54.38
	固定资产投资 I	14.15	0.17	24.84	
	劳动力数量 L	2.24	0.46	10.25	
科技进步（全要素生产率）	人力资本 H	2.08	0.71	14.86	45.62
	研究与开发 R	15.74	0.06	10.15	
	单位能源效益 N	4.07	0.28	11.50	
	产业结构调整 S	3.49	0.16	5.50	
	市场化程度 M	3.70	0.07	2.66	
	其他	—		0.95	

① 由于三项指标具有不可加性，故需转化为一无量纲化指标，计算得分值的公式为：$x_i = \dfrac{X_i - \min\{X_i\}}{\max\{X_i\} - \min\{X_i\}}$。

结果分析：

第一，在 1980~2007 年期间，投入要素对经济增长的贡献份额为 54.38%，其中：资本的贡献为 44.14%，包含资本积累的贡献 19.29% 和固定资产投资的贡献 24.84%；劳动力数量的贡献为 10.25%。

这表明我国的经济增长主要还是依靠大量的物质资本投入与积累来实现的，资本积累在经济发展中具有重大的作用，特别是在当前为应对国际金融危机保持国民经济稳定增长，国家采取大幅度增加投资对保增长、稳大局无疑是十分必要的重大决策。但是物质资本积累和固定资产投资的弹性系数都较人力资本、单位能源效益等弹性系数小，说明单纯依靠物质资本投入的扩张带来经济增长的经济效益不高，而且会带来生态环境破坏，不利于可持续发展，因而，在加大物质资本投入时，必须把握投资方向，使之有利于产业结构的优化、高新技术产业的发展。从根本上说，要彻底走出危机，就必须转变经济增长模式，要从依靠投资支撑的增长模式转移到依靠科技进步，提高质量和效益的增长模式上来。

第二，科技进步（全要素生产率）对经济增长贡献率为 45.62%，科技进步率为 4.53%。在其包含的五项因素中：①人力资本的弹性系数最大，对经济增长的效应也最大，人力资本的积累对经济增长的贡献份额达到 14.86%，要保持经济持续增长，必须大力提升人力资本积累，提高劳动者的知识和技能。②研究与开发对经济增长的贡献非常显著，为 10.15%，但其弹性系数相对较小，表明我国技术成果转化为经济效益还不够明显，应大力强化科技成果转化机制，加大共性技术研究和基础研究，使广大企业包括中小型企业和民营企业普遍受益。由于我国科技投入经费总体仍然不足，我国的科研经费占 GDP 的比重还低于发达国家，我国必须进一步加强对科技事业的支持力度，促进经济增长真正转到依靠内生科技动力上来。③单位能源的经济效益的提高对经济增长的贡献份额明显增强为 11.50%，而且其弹性系数比较大，表明节能减排，提高单位能源经济效益对经济增长非常重要，我们必须进一步依靠科技进步，发展新能源，推进节能减排和资源循环利用。④经济结构优化对经济增长的贡献也占一定比例为 5.50%，其弹性系数在五大因素中适中。调整产业结构，推进产业升级，加快经济增长方式转变是当前和今后相当长时间内的重要任务。⑤市场化程度的提高对经济增长的贡献较弱为 2.66%，其弹性系数也较小，但不能轻视体制对科技进步的作用。为了保持国民经济持续稳定增长，提高增长质量，我们始终应对五大因素都要予以高度重视，大力提高科技进步（全要素生产率）对经济增长的贡献。

4. 2010～2020 年科技进步对经济增长贡献率预测

1980～2007 年期间物质资本积累时间序列呈指数增长，拟合优度达 0.999，按此趋势在 2010～2020 年期间物质资本积累按可比价年均增长 10%。固定资产投资时间序列呈三次方曲线增长，拟合优度达 0.986，按此趋势在 2010～2020 年期间固定资产投资按可比价年均增长 12%；从业人员时间序列大致呈直线增长，在 1991～2007 年期间年均增长 1%。

假定运用 1980～2007 年数据作样本所估计的生产函数在 2010～2020 年仍然适用，即各要素的弹性系数保持不变，并设定在 2010～2020 年期间我国经济保持持续稳定增长，年均增长速度为 7%～10%，由此来预测科技进步贡献率是否能达到《国家中长期科学技术发展规划纲要（2006～2020）》提出的到 2020 年达到 60% 的目标。

从以上十种情况的预测结果来看，只要在 2010～2020 年期间确保科技进步年均增长率不断提高，物质资本投资率和国民经济增长率都保持持续稳定的前提下，能够实现《国家中长期科学技术发展规划纲要（2006～2020）》提出的目标，2020 年科技进步贡献率为 60% 左右。

表 1－7　　　科技进步对经济增长贡献率预测值（2010～2020 年）　　　单位：%

情形	经济增长率（可比价）	物质资本积累增长率（可比价）	全社会固定资产投资增长率（可比价）	从业人员数量增长率	科技进步贡献率
情形一	10	10	12	1	56.00
情形二	10	10	10	1	59.40
情形三	9	10	10	0	60.00
情形四	9	9	10	1	57.00
情形五	9	9	10	0	62.11
情形六	9	8	10	1	59.11
情形七	8	8	10	0	59.75
情形八	8	8	9	1	56.13
情形九	7	8	8	1	52.29
情形十	7	8	8	0	58.86

四、地区科技进步贡献率测算研究
——31 省区市科技实力综合评价*

（一）引言

项目研究的目的在于借鉴科技进步对经济发展贡献率测算的理论和方法，从经济学角度分地区测算科技进步（全要素生产率 TFP）、科技进步率、科技进步贡献率综合评价中国 31 省区市（不含港澳台）科技实力水平及科技进步对经济增长的效应。中国经济步入"新常态"，经济下行压力较大，分析我国省际经济增长来源的构成，对于中国及各省区市加快经济转型和提高经济增长质量具有较强的现实意义。在实证分析的基础上，分析当前影响我国及各省区市科技进步的五项主要因素（人力资本、研究与开发、能源利用效率、经济结构和市场化）促进经济增长的贡献份额，为加快我国科技进步驱动提高经济发展质量提出有效措施提供智力支撑。

自 20 世纪 80 年代内生增长理论产生以来，科技进步对经济增长的作用机理及其对经济增长的贡献率成为增长理论领域的一个研究重点。世界各国也越来越重视科技进步，只有依靠科技进步才能实现经济赶超。

《国家"十二五"科学和技术发展规划》中指出在"十二五"期末"科技进步贡献率力争达到55%"，《国家中长期科学和技术发展规划纲要（2006～2020年)》中指出在 2020 年"力争科技进步贡献率达到60%以上"。两个《规划》发布后，如何测度科技进步贡献率、如何实现战略目标等研究已迫在眉睫。2012年 9 月，召开了以主题为"科技进步贡献率研究"的香山科学会议第 S16 次学术研讨会。这把科技进步贡献率的研究推向了一个新阶段。

我国自改革开放以来，经济持续高速增长，综合国力显著增强，人民生活水平明显改善。但这种增速偏高、经济偏热、经济增长不可持续的增长方式同时给我们带来了环境污染加剧、社会矛盾增加及国际压力变大的严峻挑战。目前，中

---

* 为科技部科技评估与统计专项"地区科技进步贡献率测算研究"（2013 SE－0606）结题报告（2015年 7 月）摘编。
作者：周绍森、胡德龙。

国经济增长出现下行压力，从高速增长转为中高速增长，经济发展方式正从规模速度型粗放增长转向质量效率型集约增长，经济结构正从增量扩能为主转向调整存量、做优增量并存的深度调整，经济发展动力正从传统增长点转向新的增长点，中国经济呈现出一种"新常态"。张军扩（2014）的一项研究表明：增长动力正发生两个关键性变化，一是经济增长从同时依靠要素投入和全要素生产率（TFP）增长转向更多依靠 TFP 增长；二是 TFP 增长的主导形式由主要依靠资源要素从闲置状态或低效部门向高效部门的转移逐步转变为更多依靠行业内部企业之间或不同技术产能之间优胜劣汰。

2014 年 8 月中央财经领导小组第七次会议时强调，实施创新驱动发展战略，就是要推动以科技创新为核心的全面创新，……增强科技进步对经济增长的贡献度，形成新的增长动力源泉。在新常态背景下，我国经济增长的动力及构成是什么，创新驱动的动力到底有多大，如何在可操作层面有效地提高科技进步贡献率等都是值得认真研究的重点问题。

本报告将构建为含五个主因素的科技进步函数，并与生产函数联合通过一步法估计各因素的弹性系数来计算科技进步贡献率。第一，可以把测算科技进步贡献率的传统"减法"（余值法）改为五项主因素贡献率之和的"加法"来计算科技进步贡献率；第二，把科技进步贡献率分解为五个主因素贡献率之和，打开了"科技进步"这个黑箱；第三，通过五个主因素的弹性和贡献率的比较，让我们清楚的认识到科技进步促进经济增长的"短板"在哪，有利于政府部门有针对性的出台相应的科技、经济政策以有效的实现创新驱动，提高经济增长质量。

（二）概念界定

中国经济自改革开放以来虽取得举世瞩目的成就，但同时也出现了一些非常严峻的问题，如资源消耗大、生态环境遭到破坏等。目前，中国经济已步入经济转型关键时期，原有的依靠大量资本、资源投入的粗放型增长方式已经不符合现代经济发展和人类文明进步的要求，资本驱动力量将逐渐削弱。在新常态背景下，要保障经济健康稳定增长必须依靠创新，增强科技对经济增长的驱动力。科技驱动力包含三个方面的内容，一是反映科技创新实力状态的科技进步（全要素生产率），二是反映科技创新动力的科技进步率，三是反映科技创新的经济增长效应的科技进步贡献率。

1. 科技进步

科学是人类对于自然、社会及思维过程的本质及运动规律的认知体系。技术是人类在实践活动中，根据实践经验或科学原理所创造或发明的各种物质手段及经验、方法、技能、技巧等。科学技术包含科学和技术两个概念，它们虽属于不同的范畴，但两者之间相互渗透，相辅相成，有着密不可分的联系。

科学与技术之间既有区别又有联系：科学是技术的理论指导，技术是科学的理论基础，结合生产实际进行开发研究，得出的新方法、新材料、新工艺、新品种、新产品等；技术是科学的实际运用，是科学和生产的中介，没有技术，科学对生产就没有实际意义。技术对科学也有巨大的反作用，在技术开发过程中所出现的新的现象和提出新问题，可以扩展科学研究的领域，技术能为科学研究提供必要的仪器设备。

近代科学技术的进步，有力地促进了资本主义机器工业和社会化大生产的发展，马克思曾提出"科学技术是生产力""生产力中也包括科学"等著名论断。他指出科学技术在进入生产之前为知识形态的一般生产力，在进入生产过程后为社会生产力。当今社会，科学与技术的关系越来越紧密，形成了科学技术一体化的态势。科学技术就其生产和发展过程而言，是一种社会活动，是由生产决定的；就其内容属性而言，科学技术是一种生产实践经验和社会意识的结晶；就其实际功能而言，科学技术是以知识形态为特征的"一般社会生产力"和"直接生产力"。邓小平指出科学技术是第一生产力。经济学意义上的科技进步有"硬"科技进步和"软"科技进步之分。"硬"科技进步主要指对生产过程或生产力系统直接的改善或提高，主要包括新工具、新材料、新能源、新工艺的应用和劳动者技能的提高等；"软"科技进步包括各种形式知识的积累与改进，如研究与开发、制度变迁、资源合理配置等。

科技进步按是否通过生产要素体现出来又可分为体现型科技进步和非体现型科技进步。通过购置新的机器和设备提高了生产能力，这种科技进步为资本体现型科技进步；劳动力劳动技能的提高为劳动体现型科技进步。不是通过单一生产要素体现而是体现在生产要素重新组合、资源配置改善、管理技术完善等方面的科技进步为非体现型科技进步。

数量化的科技进步用全要素生产率（TFP）代替，TFP是综合反映科技进步的一个绝对量，TFP值越大说明科技综合实力越强，经济发展水平越高。本报告中的"科技进步"指人力资本溢出、研究与开发、能源利用效率、资源配置效率、市场化等除投入要素外的各因素的提高或增进，为非体现型科技进步。

定义1：全要素生产率为实际产出与要素投入带来的产出的比。用公式表示为：

$$TFP_t = \frac{\hat{Y}_t}{F(X)} \tag{1-13}$$

式中，$\hat{Y}$ 为实际产出，X 为投入要素，F 为投入产出函数。

若有物质资本 K 和劳动 L 两种投入要素的柯布－道格拉斯（CD）形式的生产函数，即 $F(X, A) = AK^{\alpha}L^{\beta}$，则有：

$$TFP = \frac{\hat{Y}}{K^{\alpha^*}L^{\beta^*}} \qquad (1-14)$$

式中，$\alpha^* = \dfrac{\alpha}{\alpha+\beta}$，$\beta^* = \dfrac{\beta}{\alpha+\beta}$。

2. 科技进步率

定义2：科技进步率为全要素生产率的变化率。

$$a_t = \frac{\mathrm{d}\ln TFP_t}{\mathrm{d}t} \qquad (1-15)$$

科技进步率是反映全要素生产率的变化速度的一项指标。若科技进步率大于 0，说明 TFP 在提高；若科技进步率小于 0，说明 TFP 在下降。科技进步率越大，说明科技创新动力越强，TFP 增速越快。

3. 科技进步贡献率

定义3：科技进步贡献率是指科技进步率与经济增长率之间的比值。

$$CTFP = \frac{\mathrm{d}\ln TFP_t}{\mathrm{d}t} \bigg/ \frac{\mathrm{d}\ln Y}{\mathrm{d}t} \qquad (1-16)$$

对于科技进步贡献率的理解，需要说明以下几点：

（1）科技进步贡献率是一个相对量。按照余值法，科技进步贡献率是扣除了物质资本和劳动两项投入要素对经济增长贡献份额的余值，它反映的是物质资本、劳动和科技对经济增长促进作用的相对力量，三项贡献之和为 100%。但人们往往会把发达地区与科技实力强、科技进步贡献率高对应起来，把欠发达地区与科技水平低下、科技进步贡献率低对应起来。

（2）科技进步贡献率在某种程度上能反映经济增长的质量。科技进步贡献率是衡量经济发展水平的一个重要指标，全要素生产率的增长成为经济增长质量提升的基本内涵。一般认为，科技进步对经济增长的贡献率低于 10% 为农业经济，40% 以上为工业化后期，达到 80% 以上则为知识经济。

（3）科技进步贡献率的提高反映了经济增长集约化发展的趋势。有学者把科技进步贡献率作为经济增长方式的一个评判标准。在工业化阶段，当科技进步贡献率小于 50% 时，为粗放型经济增长方式；当科技进步贡献率大于 50%，为集约型经济增长方式。就当前中国经济正在由粗放型向集约型转变的这一特定转型期来讲，科技进步贡献率高要比低好。值得注意的是，科技进步贡献率是一相对量，即使科技进步贡献率存在增长的趋势，但不一定是单调递增，要受经济周期波动性的制约，与此相适应的是呈螺旋式增长过程。科技进步贡献率下降的某一时期，并不能说明该时期全要素生产率也在下降，这和科技进步率和生产要素增长的相对速度有关。

（4）科技进步对经济增长的贡献率不适宜作短期测算。测算科技进步贡献率依据的是数学模型，有关经济变量的统计数据质量直接影响测算结果，特别是在经济剧烈波动时，由于数学模型的局限性，模型的短期测算结果往往失真。实际上，在短期内，非科技进步的因素如市场波动、需求变化以及心理预期等因素对产出会有一定的影响。

（5）实际测算难度较大，结果不精确。受统计数据、测算方法的制约，科技进步贡献率实证测算结果可能与其真实值存在较大误差。用同样的基础数据、同样的数据处理方法、同样的测算模型测算各地区 TFP 和科技进步贡献率进行综合比较则更具现实意义。

综上所述，全要素生产率（TFP）是经济学意义上的科技综合实力的水平值，科技进步率反映 TFP 变化的动力大小，科技进步贡献率是反映科技进步驱动经济增长的成效。TFP 大，科技进步率和科技进步贡献率不一定就大；科技进步贡献率大不等于科技实力强。脱离 TFP 和科技进步率仅考察科技进步贡献率是不全面的，需同时考察上述三项指标才能综合反映一个国家（地区）科技进步及其与经济增长的关系。

（三）科技进步促进经济增长的机理分析

科技进步是推动经济增长的内动力，而且在经济增长中发挥越来越重要的作用。在过去的历史长河中，人类社会的发展、物质财富的积累、文明程度的提高主要是靠扩大劳动和大量消耗各种物质资源获得的。在当今经济发展重要历史时期，经济增长方式的转变、结构优化、产业升级、经济效益改善、高新技术产业化形成、管理和决策水平、产品市场竞争力、综合国力的提高、经济增长质量提高的动力和手段都主要依靠技术进步，依靠科学技术能力的拥有、掌握、运用、发展与扩散。

20 世纪以来，一些发达国家经济学者根据经济发展的需要，开始应用数学模型来研究生产函数中各因素对经济增长的作用，揭开了现代经济增长之谜——科技进步是现代经济增长的决定性因素之一。经济增长中科技因素占的比重越来越大，科技进步对经济社会发展所起的决定性作用，显示出科学技术作为第一生产力的巨大经济功能。

1. 科技进步与经济均衡发展

技术具有非竞争性和外溢效果，即某项技术一旦产生，就可以被无数次地使用，也可以在许多生产领域里使用，除了给制造者带来效益外，或多或少地能为其他人所分享。技术作为一种无形资产在很大程度上能够被共享，除非通过制度加以限制，使技术具有部分排他性。技术的外溢效果使得科技进步具有很强的扩散和传播效应。新技术通过市场或者其他渠道的传播，在一个国家、一个地区乃至全世界形成推动经济增长的巨大动力，并进一步推广科技进步的成果，扩大科技进步成果的应用范围。科技进步使新技术及其产品向外部扩散，新的发明和技术从一个地区向其他地区传播，在对本地区和其他地区经济增长产生作用的同时，也大大促进整个社会经济向前发展。

科技进步的扩散和传播效应对落后地区实现经济赶超具有重要意义。落后地区起点低、底子薄，自主创新能力差，在发展的初级阶段只能依靠引进和吸收。而科技进步的扩散和传播效应正为落后地区提供了学习模仿的便利，再加上科技进步对经济增长的乘数效应，使得落后地区实现经济赶超成为可能。落后地区通过技术的引进和吸收，能够节约大量的科研成本，增加产出的数量，迅速提高产出效益，促进产业结构的优化，形成以高次产业和高科技产业为主导的产业格局，提高产业素质和生产率，还能够减弱对自然资源的消耗，增强增长的后劲，加快经济发展的步伐。

2. 科技进步与经济可持续发展

以高消耗、高污染的粗放型经济增长方式给经济的可持续发展带来严重的制约。一是资源约束问题，资源的大量消耗使经济可持续发展面临严重的资源短缺。二是生态恶化问题。物质资源的大量消耗势必造成高污染，使经济可持续发展的生态支撑能力大大降低，水土流失、荒漠化、自然灾害、水资源危机等长期性的生态环境恶化日趋严重。

1987 年世界环境与发展委员会在《我们共同的未来》报告中第一次阐述了可持续发展的概念："既满足当代人的需求，又不对后代人满足其自身需求的能力构成危害的发展"。这种发展是强调人类与自然、人与社会之间的持续、整体、协调、平等的运动过程。现代经济增长中，由于技术创新因素，使得可持续发展有了更大的可能性：通过科技创新，经济增长呈现乘数效应，保证了经济增长的高速度；通过科技进步，经济增长具有更强的生命力，保证了经济增长的持续性；通过科技进步，更大地节约了其他生产要素，提高了生产效率，保证了经济增长的高效益；通过科技进步，减少了自然资源的大量消耗，减轻了环境污染，降低了经济增长的负效应。要实现经济可持续发展，就必须用依靠科技进步，研发新工艺，提高产品质量的同时降低污染，进行清洁生产，减轻对生态环境破坏，从而达到节能、降耗、减污、增效，使环境效益、社会效益与经济效益和谐统一。

3. 科技进步与经济增长方式转变

由我国原有的经济基础所决定，我国的经济增长一直靠粗放经营为主的增长方式推进，即基本上是通过增加资源投入、扩充新建项目、扩大规模而实现的外延式增长。应该说，这是适应一定时期的生产力状况的，它比较迅速地改变了我国经济发展的贫弱状态，建立起了比较完整的工业体系和国民经济体系，并为后来的发展奠定了重要基础。但是，随着经济规模的扩张和经济增长的累进，这种粗放经营所必然带来的高投入、高消耗、低产出、低效益的矛盾也愈显突出。特别是经过改革开放 30 多年的经济转型，我国经济在整体上已经进入工业化中后期，在经济总量规模巨大、社会需求日趋复杂、消费热点不断变化、国内外市场竞争更加激烈的情况下，以往那种数量扩张不仅难以为继，而且其必然带来的边际收益递减也更为明显。这表明，以粗放经营为主的增长方式，已不适应现在生产力状况，已经成为经济进一步发展的障碍。经济增长本身客观上要求增长方式的转变，即由原来的外延式增长，转向主要通过提高资源配置效率、挖掘现有能力的潜力、提高经济效益而实现的内涵式的增长。而这种转变所要求的产业结构的调整和优化，产品质量的提高和产品本身的升级换代，以及生产效率和效益的最大化，则主要取决于技术的创新和应用。因此，技术不仅是经济增长的引擎，而且是经济增长方式的转换器。

综上所述，科技进步对经济快速、持续、健康增长具有重要意义，必须坚持把加快科技进步放在经济社会发展战略的优先地位，继续推进经济体制改革，进行管理创新和制度创新，注重技术创新，把自主开发与技术引进和消化吸收相结合，努力提高科技进步对经济增长的贡献。

（四）模型与方法

卢卡斯（1988）提出了将人力资本因素内生化的经济增长模型：

$$Y(t) = AK(t)^{\beta} \left[u(t)h(t)N(t) \right]^{1-\beta} h_a(t)^{\gamma} \tag{1-17}$$

式中，Y 为产出，K 为物质资本存量，u 为生产时间所占比例，N 为生产部门劳动投入量，h 为人力资本，h_a 为人力资本存量平均水平，A 为技术水平并假设为常量。

该模型有以下三个特点：第一，假定规模报酬不变；第二，借鉴丹尼森的思想劳动要素用工时和受教育程度校正；第三，把科技进步设定为人力资本（用人均受教育程度衡量）的函数。

本书基于以下五条基本假设对卢卡斯（1988）模型加以改进。

假设1：科技进步的变化是平滑的。从理论上说，某项重大基础性理论问题的解决使得知识进展发生突变，然而知识需通过应用、反复试验、推广等各环节转化为现实生产力，所以科技进步的变化应该是比较平缓的。然而用余值法按年度计算的科技进步贡献率呈明显的周期性，而且波动幅度非常大。在经济繁荣时期，生产能力往往发挥得比较充分，科技进步贡献率就大（甚至接近100%）；在经济不景气时期，由于生产能力没能得到充分发挥，科技进步贡献率就小（甚至为负值）。直观感觉好像是科技进步的巨幅波动引起了经济的震荡，事实并非如此。这意味着必定存在一个经济变量，它的波动性与经济增长波动性具有非常强的耦合性和一致性。也就是说该变量的增长率下滑，经济增长率也下滑；该变量的增长率下滑的幅度较大，经济增长率也下滑较大。笔者认为该变量就是被称为经济增长"三驾马车"之一的投资，为避免多重共线性，用固定资产投资数据表示投资。

假设2：上期资本存量与当期固定资本投资对经济增长的效应存在差异，即上期资本存量的产出弹性与当期固定资本投资的产出弹性不同。

假设3：总量生产函数规模报酬未必不变。大多文献假设规模报酬不变，然而规模报酬不变的条件是非常严格的（自由竞争市场），所以本书放松生产函数规模报酬不变的假设。

假设4：假设科技进步不仅仅和人力资本的提高有关，除此之外还和研究与开发、资源配置、资源利用和制度变迁等因素有显著关系。这是因为：（1）R&D（Research and Development，研究与发展）是直接推动科技进步的基础，是科技创新的源泉，罗默（1990）把R&D纳入新增长理论模型当中。（2）结构主义理论认为产业结构变迁可以通过要素再配置实现生产效率的提升，是促进经济增长质量提升的一个重要源泉。郭克莎（1995）认为产业结构的高度化本身能加快经济增长速度并提高增长效率，但结构失衡会影响增长效益的提高，经济增长效益依赖于产业结构。（3）提高能源利用效率是促进经济可持续增长的重要保障，是反映经济增长质量的重要方面，有研究表明能源效率与经济增长之间存在显著的长期均衡关系。（4）改革开放前的中国经济是以国有经济为主体的一元公有制经济，经济效率极为低下，严重束缚了经济活力。改革开放后非公经济迅猛发展，成为推动中国经济增长的重要力量。易纲（2003）认为当非公经济成为推动中国经济增长的重要力量的时候，管理和技术的创新已经被内生地决定了。

假设5：各因素对经济增长的弹性在观测期保持不变。

假设6：为希克斯中性科技进步。

综合以上五条假设，本书的理论模型设定为：

$$\begin{cases} Y(t) = A(t)K(t-1)^{\alpha_1}I(t)^{\alpha_2}\left[\sum_i L_i(t)H_i(t)\right]^{\beta} \\ A(t) = A_0 H_a(t)^{\gamma}R(t)^{\omega}E(t)^{\tau}e^{\rho_1 S(t)+\rho_2 M(t)} \end{cases} \quad (1-18)$$

式中，$K(t-1)$ 为上期物质资本存量，I 为全社会固定资产投资，i 为受教育层次，R 为研究与开发，E 为能源利用效率，S 为经济结构，M 为市场化程度（制度因素），其他变量含义同式（1-17）。

方程（1-18）可写成：

$$Y(t) = A_0 K(t-1)^{\alpha_1}I(t)^{\alpha_2}\left[\sum_i L_i(t)H_i(t)\right]^{\beta}H_a(t)^{\gamma}R(t)^{\omega}E(t)^{\tau}e^{\rho_1 S(t)+\rho_2 M(t)}$$

$$(1-19)$$

两边取对数，得到：

$$\ln Y(t) = \ln A_0 + \alpha_1 \ln K(t-1) + \alpha_2 \ln I(t) + \beta \ln\left[\sum_i L_i(t)H_i(t)\right]$$

$$+ \gamma \ln H_a(t) + \omega \ln R(t) + \tau \ln E(t) + \rho_1 S(t) + \rho_2 M(t) \quad (1-20)$$

方程（1-20）中的 α_1、α_2、β、γ、ω、τ、ρ_1、ρ_2 等参数可通过参数估计技术估计得到，其中 α_1、α_2、β、γ、ω、τ 分别为物资资本存量、固定资产投资、有效劳动、人力资本、研究与开发、能源利用效率的产出弹性。

对方程（1-20）求全微分，可得到方程（1-21）。

$$\frac{\dot{Y}}{Y} = \left(\alpha_1\frac{\dot{K}}{K} + \alpha_2\frac{\dot{I}}{I} + \beta\frac{\dot{LH}}{LH}\right) + \left(\gamma\frac{\dot{H_a}}{H_a} + \omega\frac{\dot{R}}{R} + \tau\frac{\dot{E}}{E} + \rho_1\dot{S} + \rho_2\dot{M}\right) \quad (1-21)$$

经济产出由物质资本、劳动力两个投入要素和科技进步共同作用下实现增长。

（五）变量设定与数据说明

1. 经济产出

经济产出用国内生产总值表示。国内生产总值数据来源于《中国统计年鉴2014》和各省区市统计年鉴，为消除价格因素，折算成1990年可比价数据。

2. 投入要素

（1）物质资本存量

物质资本存量的估计大多采用戈德史密斯（1951）年提出的永续盘存法。即：

$$K_t = K_{t-1} + C_t - D_t \tag{1-22}$$

式中，K_t 为当期物质资本存量，K_{t-1} 为上期物质资本存量，C_t 为当期固定资本形成，D_t 为当期固定资产折旧。

在我国国民经济统计中，有固定资本形成和折旧序列的统计，所以关键问题就在于确定基期的物质资本存量。在 20 世纪 90 年代以来，有很多学者对我国物质资本存量进行了估计（张军扩，1991；贺菊煌，1992；周，1993；扬，2000；张军，2004；等等）。其中张军（2004）的研究成果得到学者广泛引用，他对各年投资流量、投资品价格指数、折旧率、基期资本存量的选择与构造及缺失数据进行了处理和研究，用永续盘存法估计了中国大陆 31 个省区市1952～2000 年各年年末的物质资本存量时间序列。本书基期定于 1990 年，基期年末数据采用张军教授估算的结果，折旧率取 9.6%。用 GDP 平减指数折算成 1990 年可比价。

（2）固定资产投资

固定资产投资为各省区市全社会固定资产投资，其名义值可从统计年鉴得到，实际值用 GDP 平减指数折算。

（3）有效劳动

有效劳动投入用各教育程度从业人员与相应教育程度人力资本的乘积之和表示。数据来源于各省区市统计年鉴和历年《中国劳动统计年鉴》。

3. 科技进步因素

马克思指出："生产逐年扩大是由于两个原因：第一，由于投入生产的资本不断增长；第二，由于资本使用的效率不断提高[1]"……"如果生产场所扩大了，就是在外延上扩大；如果生产资料效率提高了，就是在内涵上扩大。[2]"也就是说，促进科技进步的各项因素应能使生产资料效率得到提高。

（1）人力资本

人力资本是蕴藏在劳动者身上的知识与技能。根据舒尔茨的观点，人力资本积累途径主要有：教育与培训、医疗保健和劳动力流动，其中最重要的途径就是

---

[1] 马克思：《剩余价值论》第 2 册，人民出版社 1975 年版，第 598 页。
[2] 《马克思恩格斯全集》第 24 卷，人民出版社 1972 年版，第 192 页。

接受教育。目前人力资本计量方法主要有历史成本法、重置成本法、未来收益贴现计量法、机会成本法和受教育年限法等。由于受教育年限法数据相对容易获得，所以在研究人力资本对经济增长的关系时一般采用受教育年限的方法来估算人力资本，如胡鞍钢（2002）、胡永远（2003）、王金营（2005）、钱晓烨（2010）等学者的研究。用受教育年限法估算人力资本的最大缺陷就是没有考虑知识积累效应，接受高等教育 1 年所形成的人力资本与接受小学 1 年所形成的人力资本相同显然没有说服力。

胡鞍钢、熊义志（2003）采用初等教育当量年为单位衡量了人均受教育年限，设定中等教育年和高等教育年的权重分别为 1.4 和 2.0。我国是九年义务教育，初中教育与小学教育是国家统筹的，高中教育则是决定学生命运的一个重要环节，所以笔者认为我国初中教育与高中教育在人力资本积累上存在较大的差异，故设定初中教育年、高中教育年和高等教育年的权重分别为 1.2、1.6 和 2.0。取整以后，文盲半文盲、小学、初中、高中阶段、大学等各教育程度的从业人员的教育人力资本分别为 1、6、10、15、23 初等教育年。

$$H = \sum_{i=1}^{5} H_i \frac{L_i}{L} \qquad\qquad (1-23)$$

式中，H 为从业人员人均人力资本；i 为教育层次，$i=1$ 表示文盲半文盲文化程度，$i=2$ 表示小学文化程度，$i=3$ 表示初中文化程度，$i=4$ 表示高中阶段文化程度，$i=5$ 表示高等教育文化程度；H_i 为 i 教育层次人力资本；L_i/L 为接受 i 教育层次的从业人员占从业人员总量的比例。

各级教育文化程度的从业人员构成基础数据来源于 1990 年第四次全国人口普查数据、1995 年全国 1% 人口抽样调查数据、1997～2014 年历年《中国劳动统计年鉴》，1991～1994 年数据为根据缺失数据处理技术估算得到。

（2）研究与开发

研究与开发是为增长知识的总量以及运用这些知识去创造新的应用而进行的系统的创造性的工作。研究与开发是直接推动科技进步的基础，研究与开发的投入在自主创新中起着关键作用。罗默（1990）构造了基于 R&D 的技术进步内生化模型，这个模型设定为三部门（研究与开发部门、中间产品部门、最终产品部门）、四要素（物质资本、劳动、人力资本和新思想），其中新思想为 R&D 部门的产出，强调了 R&D 对生产率增长的重要性，增加 R&D 投入将促进科技进步，实现规模报酬递增，保持经济持续增长。这个模型成为后来基于 R&D 技术进步内生化模型的基础。

本报告研究与开发变量采用 R&D 资产存量，和物质资本存量的估算一样

采用永续盘存法。从统计资料看，可获得 1990 年以后的 R&D 经费投入名义值
的时间序列。杨（Young，2000）用初始年份 R&D 经费投入的 10 倍作为初始
年份 R&D 资产存量的估计值，资产折旧取 10% 的固定折旧率。若借用此方法
来估计中国各省区市 1990 年 R&D 资产存量，会发现各省区市的 R&D 资产存
量在 20 世纪 90 年代增长率非常小甚至为负数。鉴于此，本文设定中国及各省
区市 1990 年 R&D 资产存量为相应地区 1990 年 R&D 经费投入的 5 倍，R&D 资
产存量的增长率数据变化平稳。王玲（2008）在用永续盘存法估算 R&D 存量
时把其价格指数设定为固定资产价格指数与消费者价格指数的算术平均值。本书
采用工业品出厂价格指数与消费者价格指数的加权平均值来估算 R&D 价格指数，
它的经费内部支出中资产性支出占比平均为 15%，日常性支出占比平均为 85%，
故有下式：

$$\text{R\&D 价格指数} = 0.15 \times \text{工业品出厂价格指数} + 0.85 \times \text{消费者价格指数}$$

$$(1-24)$$

（3）能源利用效率

有研究表明，改革开放以来，我国能源消费增长速度减缓甚至下降的根本原
因是能源效率的改进和技术变革。资源利用效率的提高意味着单位 GDP 所需能
耗的减少和经济增长质量的提高。该项指标采用单位能源产出来量化，单位能源
产出为 GDP（1990 年可比价）与能源消费总量的比值。

（4）经济结构

资源配置效率采用产业结构系数变量。衡量产业结构系数的方法有很多，如
三次产业占比、霍夫曼指数等。刘伟（2008）构造了一个计算产业化高度的指标
法，可用于时间序列分析作为计量实证研究的基础数据。产业结构高度系数为三
次产业结构的加权平均，权重为相应产业的标准化劳动生产率。

$$S_t = \sum v_{it} \times LP_{it}^N \qquad (1-25)$$

$$LP_{it}^N = \frac{LP_{it} - LP_{ib}}{LP_{if} - LP_{ib}} \qquad (1-26)$$

S_t 为 t 期产业结构高度系数，v_{it} 为 t 期 i 次产业 GDP 占 GDP 总量的比重，
LP_{it}^N 为 t 期 i 次产业标准化劳动生产率，LP_{it} 为 t 期 i 次产业劳动生产率，LP_{ib}
是工业化开始时 i 次产业劳动生产率，LP_{if} 是工业化完成时 i 次产业劳动生
产率。

（5）市场化

市场自由度对经济增长的重要作用是毋庸置疑的，党的十八届三中全会就提
出要坚持市场化改革，要使市场在资源配置中起决定性作用。

樊纲、王小鲁等构造了一套含 5 个方面共 23 项指标的市场化指数评价体系，

其研究成果《中国市场化指数》（系列报告）被学者广泛引用，但不能满足本书研究的需求。为简便起见，选取固定资产投资实际到位资金中预算资金占比、城镇就业人口中国有单位就业占比、实际利用外资和进出口总额四个指标（前两个指标反映非公经济发展，后两个指标反映对外开放）来构造市场化指数，市场化指数为上述四项指标（标准化数据）的加权平均值，运用熵权法计算的各省区市的权重均为 0.25。

（六）参数估计与实证结果

1. 参数估计结果分析

把全国及各省区市的数据做相关处理后代入式 1 – 20 中用 OLS 估计发现有些变量通不过参数检验，甚至待估参数的值为负数，无经济意义。究其原因，为多重共线性所导致。岭回归方法是一种改良的最小二乘回归方法，专门用于消除多重共线性，该方法放弃最小二乘法的无偏性来换取高的数值稳定性本书采用岭回归方法消除多重共线性。在进行岭回归时需确定岭回归参数，岭回归参数取值介于 0 和 1 之间，其值越接近 0，回归结果越接近 OLS 回归结果。

把全国及各省区市的数据做相关处理后代入式 1 – 20 中用 OLS 估计发现有些变量通不过参数检验，甚至待估参数的值为负数，无经济意义。究其原因，为多重共线性所导致。岭回归方法是一种改良的最小二乘回归方法，专门用于消除多重共线性，该方法放弃最小二乘法的无偏性来换取高的数值稳定性本文采用岭回归方法消除多重共线性。在进行岭回归时需确定岭回归参数，岭回归参数取值介于 0 和 1 之间，其值越接近 0，回归结果越接近 OLS 回归结果。全国及各省区市岭回归估计结果见表 1 – 8。

从中国省区市平均水平来看（见表 1 – 9 所示），人力资本的产出弹性最大，高达 0.4604，即人力资本水平增长 1%，GDP 将增长 0.4604%。有效劳动的产出弹性系数为 0.3671；能源利用效率的提高对经济产出的增长也具有较大作用，弹性系数为 0.3406；物质资本存量和固定资产投资的产出弹性相差不大，分别为 0.1506 和 0.1356；研究与开发的产出弹性相对较小，为 0.1209；经济结构高度增加 1 个单位，GDP 将增长 0.2539%；短期内，市场化改革对经济增长的作用比较小，市场化指数增加 1 个单位，GDP 将增长 0.0846%。

表1-8 中国省际总量生产函数参数估计结果

地区	物质资本存量	固定资产投资	有效劳动	人力资本	研究与开发	能源利用效率	经济结构	市场化	决定系数	F统计量
全国	0.1586*** (13.06)	0.1201*** (10.19)	0.3925*** (7.22)	0.2442** (2.44)	0.1029*** (10.02)	0.3986*** (5.51)	0.1912*** (3.25)	0.0816*** (3.23)	0.9953	370
北京	0.2227*** (12.92)	0.1817*** (7.34)	0.1600*** (4.04)	0.3014** (2.52)	0.0857*** (4.46)	0.3213*** (13.63)	0.1287*** (7.15)	0.0841*** (7.25)	0.9966	522
天津	0.1293*** (14.37)	0.1349*** (9.24)	0.1373** (2.23)	0.7342*** (4.69)	0.1274*** (7.97)	0.4652*** (10.56)	0.1062*** (4.78)	0.1057*** (4.87)	0.9977	763
河北	0.1544*** (11.23)	0.1235*** (9.02)	0.3302*** (5.63)	0.5688*** (3.79)	0.1374*** (10.39)	0.2384** (2.34)	0.3154*** (4.53)	0.0550** (1.81)	0.9916	206
山西	0.1273*** (9.45)	0.1338*** (6.29)	0.2729*** (2.84)	0.6288*** (2.96)	0.0981*** (5.40)	0.4539*** (5.19)	0.3280*** (5.80)	0.0719* (1.72)	0.9934	264
内蒙古	0.1707*** (14.54)	0.1934*** (8.96)	0.6359 NA	0.3641 NA	0.0338 (1.43)	0.2781* (1.55)	0.1757*** (7.03)	0.1208*** (4.12)	0.9745	102
辽宁	0.0978*** (12.71)	0.0943*** (12.70)	0.4685*** (8.93)	0.7724*** (6.50)	0.1336*** (15.63)	0.3612*** (13.84)	0.2439*** (11.74)	0.0266* (1.66)	0.9978	789
吉林	0.1145*** (20.48)	0.1196*** (13.75)	0.1819** (1.90)	0.7972*** (6.22)	0.1711*** (15.16)	0.3312*** (14.78)	0.2314*** (8.20)	0.0410*** (2.86)	0.9982	952
黑龙江	0.1339*** (18.40)	0.0893*** (14.10)	0.5956** (2.53)	0.4044 NA	0.1509*** (15.90)	0.3023*** (9.94)	0.2189*** (12.03)	0.0356* (1.86)	0.9949	415

续表

地区	物质资本存量	固定资产投资	有效劳动	人力资本	研究与开发	能源利用效率	经济结构	市场化	决定系数	F统计量
上海	0.1611*** (10.51)	0.0567** (1.84)	0.2050*** (2.80)	0.7233*** (4.86)	0.1430*** (11.94)	0.3413*** (8.50)	0.0838*** (4.88)	0.1366*** (5.41)	0.9962	459
江苏	0.1405*** (16.15)	0.1308*** (14.15)	0.4971*** (11.03)	0.5007*** (6.20)	0.0944*** (14.21)	0.4090*** (7.72)	0.0585* (1.81)	0.1489*** (9.09)	0.9958	417
浙江	0.0287* (1.78)	0.1887*** (11.07)	0.2573*** (7.41)	0.4468*** (3.56)	0.0931*** (10.13)	0.8059*** (9.32)	0.0535* (1.30)	0.1489*** (4.46)	0.9955	385
安徽	0.1686*** (12.26)	0.1191*** (8.56)	0.3697*** (9.68)	0.3152*** (2.94)	0.0749*** (6.69)	0.4939*** (10.20)	0.3034* (2.40)	0.0338* (1.38)	0.9971	598
福建	0.1591*** (11.33)	0.1192*** (9.30)	0.1312*** (2.69)	0.3750*** (3.40)	0.1049*** (8.84)	0.3858*** (3.43)	0.4024*** (7.76)	0.1513*** (3.30)	0.9944	308
江西	0.1650*** (15.51)	0.1210*** (11.34)	0.3775*** (7.98)	0.3216*** (3.33)	0.1351*** (15.04)	0.3038*** (4.57)	0.3261*** (3.37)	0.0292* (1.40)	0.9978	803
山东	0.1533*** (14.20)	0.1354*** (12.39)	0.4370*** (8.04)	0.4095*** (3.33)	0.0978*** (10.18)	0.3099*** (3.04)	0.0891* (1.40)	0.1307*** (4.95)	0.9910	193
河南	0.1113*** (9.13)	0.1390*** (9.72)	0.4224*** (7.40)	0.5895*** (4.36)	0.1149*** (12.99)	0.3104*** (3.24)	0.5013*** (8.91)	0.0412* (1.68)	0.9907	186
湖北	0.1552*** (10.94)	0.1204*** (9.43)	0.4985*** (9.04)	0.4119*** (3.76)	0.1407*** (10.70)	0.1795*** (3.99)	0.2740*** (5.36)	0.0313* (1.51)	0.9921	221

续表

地区	物质资本存量	固定资产投资	有效劳动	人力资本	研究与开发	能源利用效率	经济结构	市场化	决定系数	F统计量
湖南	0.1724*** (11.78)	0.1494*** (10.82)	0.5421*** (10.14)	0.4294*** (4.81)	0.1299*** (9.33)	0.1937*** (2.84)	0.1879** (1.98)	0.0566* (1.73)	0.9900	173
广东	0.1506*** (17.36)	0.1496*** (7.31)	0.3320*** (13.84)	0.7871*** (6.65)	0.0813*** (9.68)	0.0270* (1.35)	0.1935*** (7.12)	0.2205*** (7.75)	0.9974	680
广西	0.1414*** (10.36)	0.1463*** (8.45)	0.7252*** (10.60)	0.5502*** (3.74)	0.1007*** (8.07)	0.3454** (2.35)	0.1513* (1.62)	0.0709** (2.53)	0.9959	427
海南	0.1793*** (7.84)	0.1155*** (4.88)	0.2958*** (6.10)	0.6496*** (4.51)	0.1199*** (9.99)	NA NA	0.5677*** (8.89)	0.0445 (1.23)	0.9858	148
重庆	0.1857*** (13.54)	0.1670*** (11.78)	0.1881*** (2.80)	0.7011*** (7.21)	0.0905*** (5.84)	0.5593*** (5.82)	0.3140*** (4.53)	0.0461** (1.88)	0.9987	404
四川	0.1719*** (10.87)	0.1502*** (10.63)	0.3288*** (3.29)	0.1749* (1.37)	0.1797*** (11.81)	0.2764*** (4.03)	0.2471** (2.25)	0.1413*** (3.46)	0.9909	190
贵州	0.2157*** (9.28)	0.1521*** (9.46)	0.2083** (1.99)	0.3009*** (1.96)	0.1723*** (8.39)	0.1921** (2.11)	0.2143*** (3.56)	0.0552* (1.51)	0.9917	209
云南	0.1710* (10.57)	0.1150*** (7.29)	0.2716*** (8.49)	0.2692** (3.23)	0.0631*** (3.46)	0.1844*** (4.82)	0.3120*** (2.86)	0.1032*** (5.92)	0.9987	1 295
西藏	0.0630* (1.75)	0.2264*** (7.14)	0.7106 NA	0.1570** (1.93)	0.0398** (2.55)	NA NA	0.5761*** (7.19)	0.0491* (1.51)	0.9693	84

续表

地区	物质资本存量	固定资产投资	有效劳动	人力资本	研究与开发	能源利用效率	经济结构	市场化	决定系数	F统计量
陕西	0.1559*** (18.90)	0.1381*** (14.41)	0.4557*** (9.83)	0.3613*** (3.91)	0.1986*** (12.51)	0.2688*** (4.03)	0.0711* (1.47)	0.0597** (2.62)	0.9933	259
甘肃	0.1615*** (14.02)	0.0946*** (11.73)	0.2725*** (8.65)	0.1622* (1.89)	0.1892*** (11.99)	0.4048*** (9.05)	0.2000*** (2.95)	0.0912*** (3.29)	0.9956	397
青海	0.1597*** (10.58)	0.1211*** (7.39)	0.3241*** (6.52)	0.2556*** (3.23)	0.1721*** (4.88)	0.2911* (1.42)	0.4567*** (6.35)	0.1615*** (4.24)	0.9936	273
宁夏	0.1632*** (16.06)	0.1498*** (10.74)	0.4326*** (11.57)	0.5550*** (5.63)	0.1504*** (9.08)	NA NA	0.1420** (2.11)	0.0644** (2.65)	0.9961	546
新疆	0.1832*** (12.23)	0.1277*** (10.84)	0.3155*** (8.09)	0.2248* (1.55)	0.1251*** (6.47)	0.5032*** (4.33)	0.3983*** (9.22)	0.0662** (2.37)	0.9938	283

注：括号内为 t 统计量，*** 表示 1% 显著性水平，** 表示 5% 显著性水平，* 表示 10% 显著性水平，NA 表示总量生产函数方程中不包含此变量（回归后系数为负或不显著，故个别省份总量生产函数中去掉该变量）。海南省市场化系数 p 值为 0.12，为作省际比较故保留此变量。各省区市岭回归参数估计均介于 0.025~0.150 区间之内。

表 1－9　　　中国各省区市总量生产函数各因素参数值描述性统计

增长因素	预测数	最小值	最大值	均值	标准差
物质资本存量	31	0.0287	0.2227	0.1506	0.0388
固定资产投资	31	0.0567	0.2264	0.1356	0.0332
有效劳动	31	0.1312	0.7252	0.3671	0.1620
人力资本	31	0.1570	0.7972	0.4604	0.1954
研究与开发	31	0.0338	0.1986	0.1209	0.0416
能源利用效率	28	0.0270	0.8059	0.3406	0.1462
经济结构	31	0.0535	0.5761	0.2539	0.1438
市场化	31	0.0266	0.2205	0.0846	0.0496

　　各因素的参数估计值说明了该项因素对经济增长的作用力度，表 1－9 列出了省区市增长因素的产出弹性估计值的最小值、最大值、均值与标准差。为方便比较，对中国各省区市生产函数中各因素参数值用两步聚类法分为五类，结果见表 1－10。

表 1－10　　　中国各省区市总量生产函数各因素参数值聚类结果

项目		I 类（大）	II 类（较大）	III 类（中）	IV 类（较小）	V 类（小）
物质资本存量	均值	0.2192 (0.0495)	0.1754 (0.0064)	0.1581 (0.0045)	0.1245 (0.0153)	0.0459 (0.0243)
	省份	京、贵	蒙、皖、湘、琼、渝、川、云、新	冀、沪、闽、赣、鲁、鄂、粤、陕、甘、青、宁	津、晋、辽、吉、黑、苏、豫、桂	浙、藏
固定资产投资	均值	0.2264	0.1879 (0.0059)	0.1504 (0.0078)	0.1250 (0.0077)	0.0837 (0.0182)
	省份	藏	京、蒙、浙	豫、湘、粤、桂、渝、川、贵、宁	津、冀、晋、吉、苏、皖、闽、赣、鲁、鄂、云、陕、青、新	辽、黑、沪、甘

续表

项目		I 类（大）	II 类（较大）	III 类（中）	IV 类（较小）	V 类（小）
有效劳动	均值	0.6668 (0.0615)	0.4692 (0.0409)	0.3397 (0.0239)	0.2740 (0.0138)	0.1731 (0.0310)
	省份	蒙、黑、桂、藏	辽、苏、鲁、豫、鄂、陕、宁	冀、皖、赣、鲁、川、青、新	晋、浙、琼、云、甘	京、津、吉、沪、闽、渝、贵
人力资本	均值	0.7526 (0.0385)	0.5775 (0.0503)	0.4204 (0.0175)	0.3385 (0.0283)	0.2073 (0.0492)
	省份	津、辽、吉、沪、粤、渝	冀、晋、苏、豫、桂、琼、宁	黑、浙、鲁、鄂、湘	京、蒙、皖、闽、赣、贵、陕	川、云、藏、甘、青、新
研究与开发	均值	0.1805 (0.0112)	0.1358 (0.0100)	0.0993 (0.0077)	0.0763 (0.0098)	0.0368 (0.0042)
	省份	吉、川、贵、陕、甘、青	津、冀、辽、黑、沪、赣、鄂、湘、琼、宁、新	晋、苏、浙、闽、鲁、豫、桂、渝	京、皖、粤、云	蒙、藏
能源利用效率	均值	0.8059	0.4951 (0.0412)	0.3684 (0.0316)	0.2901 (0.0249)	0.1553 (0.0720)
	省份	浙	津、晋、皖、渝、新	辽、吉、沪、苏、闽、桂、甘	京、冀、蒙、黑、赣、鲁、豫、川、陕、青	鄂、湘、粤、贵、云
经济结构	均值	0.5719 (0.0059)	0.4397 (0.0490)	0.3104 (0.0181)	0.2005 (0.0349)	0.0844 (0.0267)
	省份	琼、藏	闽、豫、青、新	冀、晋、皖、赣、鄂、渝、云	蒙、辽、吉、黑、粤、贵、桂、川、甘、宁	京、津、沪、苏、浙、鲁、陕
市场化	均值	0.2205	0.1425 (0.0129)	0.0961 (0.0102)	0.0625 (0.0068)	0.0378 (0.0076)
	省份	粤	蒙、沪、苏、浙、闽、鲁、川、青	京、津、云、甘	冀、晋、湘、桂、贵、陕、宁、新	辽、吉、黑、皖、赣、豫、鄂、琼、渝、藏

注：括号内数字为方差。

物质资本存量弹性系数省际差异化程度相对较小，位于Ⅰ类和Ⅴ类的分别只有2个省区市，位于Ⅱ、Ⅳ区域内的分别8个省区市，其他11省区市位于Ⅲ类区域，呈明显的正态分布；

固定资产投资弹性系数处于Ⅰ类的只有西藏一个区，处于Ⅱ类的有京、蒙、浙，处于Ⅲ类的有8个省区市，处于Ⅳ类的有15个省区市，处于Ⅴ类的有4个省区市，呈正偏态分布；

有效劳动的弹性系数差异性较大，处于Ⅰ类区域的有4个省区，均值为0.6668，是Ⅱ类（8个省区市）均值的1.42倍，Ⅲ类（7个省区市）均值的1.96倍，Ⅳ类（5个省区市）均值的2.43倍，Ⅴ类（7个省区市）均值的3.85倍；

人力资本弹性系数方差虽较大（0.1954），但31个省区市相对均匀分布在五类区域当中，从Ⅰ至Ⅴ分别有6、7、5、7、6个省区市；

研究与开发弹性系数有6个省区市位于Ⅰ类，11个省区市位于Ⅱ类，8个省区市位于Ⅲ类，4个省区市位于Ⅳ类，2个区位于Ⅴ类，呈明显的负偏态分布；

能源利用效率弹性系数只有浙江位于Ⅰ类，其弹性高达0.8059。除浙江、海南、西藏、宁夏外，其他27个省区市的弹性系数基本呈正态分布，Ⅱ、Ⅲ、Ⅳ、Ⅴ类分别包含5、7、9、5个成员；

经济结构优化升级的系数有2个省区处于Ⅰ类，有4个省区处于Ⅱ类，7个省市处于Ⅲ类，11个省区处于Ⅳ类，7个省市处于Ⅴ类，呈正偏态分布；

市场化的系数处于Ⅰ类的只有广东省，其他30个省区市呈分化态势，处于Ⅲ类的也只有4个省区市，处于Ⅱ类的有8个省区市，处于Ⅳ类的有8个省区市，处于Ⅴ类的有10个省区市。

2. 科技进步

科技进步（全要素生产率）是从经济增长角度反映科技综合实力的一项综合指标。根据式1-15和式1-19，有：

$$TFP_t = \frac{Y_t}{K_{t-1}^{\alpha_1^*} I_t^{\alpha_2^*} (LH)_t^{\beta^*}} \tag{1-27}$$

其中，

$$\alpha_1^* = \frac{\alpha_1}{\alpha_1 + \alpha_2 + \beta}, \ \alpha_2^* = \frac{\alpha_2}{\alpha_1 + \alpha_2 + \beta}, \ \beta^* = \frac{\beta}{\alpha_1 + \alpha_2 + \beta}。$$

我们可以通过式1-27计算出各省区市的TFP，见表1-11、表1-12和表1-13。

表 1 – 11   中国 1991～2013 年全要素生产率

年份	TFP	年份	TFP	年份	TFP
1991	0.1814	1999	0.2327	2007	0.3065
1992	0.1888	2000	0.2357	2008	0.3146
1993	0.1930	2001	0.2386	2009	0.3149
1994	0.2032	2002	0.2459	2010	0.3159
1995	0.2110	2003	0.2489	2011	0.3181
1996	0.2175	2004	0.2551	2012	0.3207
1997	0.2229	2005	0.2709	2013	0.3237
1998	0.2272	2006	0.2864		

表 1 – 12   中国省区市主要年份全要素生产率

地区	1991 年	1996 年	2001 年	2006 年	2011 年	2012 年	2013 年
全国	0.1814	0.2175	0.2386	0.2864	0.3181	0.3207	0.3237
北京	0.4406	0.4460	0.5770	0.6174	0.7155	0.7190	0.7211
天津	0.4280	0.5160	0.6148	0.7134	0.6657	0.6693	0.6533
河北	0.2371	0.2784	0.3110	0.3803	0.3862	0.3821	0.3869
山西	0.2217	0.2853	0.3293	0.3900	0.3925	0.3799	0.3684
内蒙古	0.1680	0.2084	0.2742	0.3726	0.4488	0.4549	0.4522
辽宁	0.2025	0.2163	0.2749	0.3379	0.4305	0.4402	0.4357
吉林	0.3448	0.3786	0.4387	0.4459	0.4618	0.4601	0.4604
黑龙江	0.1369	0.1583	0.2026	0.2887	0.3658	0.3704	0.3761
上海	0.3423	0.3470	0.4527	0.5592	0.6473	0.6633	0.6723
江苏	0.1602	0.2408	0.3050	0.4043	0.5009	0.5149	0.5326
浙江	0.3894	0.4674	0.5495	0.6275	0.6933	0.6703	0.6652
安徽	0.1869	0.2249	0.2506	0.2836	0.3117	0.3144	0.3216
福建	0.5952	0.6568	0.6536	0.6756	0.5840	0.5643	0.5575
江西	0.1872	0.2105	0.2296	0.2592	0.2881	0.2953	0.3016
山东	0.2072	0.2723	0.2995	0.3798	0.4202	0.4346	0.4396
河南	0.1376	0.1863	0.1957	0.2511	0.2790	0.2816	0.2792
湖北	0.1617	0.1784	0.1938	0.2578	0.3170	0.3322	0.3411

地区	1991 年	1996 年	2001 年	2006 年	2011 年	2012 年	2013 年
湖南	0.1433	0.1723	0.1978	0.2435	0.2865	0.2903	0.2960
广东	0.3152	0.4322	0.5032	0.5948	0.6585	0.6741	0.6654
广西	0.1082	0.1387	0.1540	0.1969	0.2462	0.2662	0.2772
海南	0.2262	0.2632	0.3183	0.3844	0.3926	0.3767	0.3594
重庆	0.3568	0.4868	0.4805	0.4370	0.4693	0.4715	0.4713
四川	0.1997	0.2481	0.2664	0.3393	0.3756	0.3889	0.3911
贵州	0.3089	0.3296	0.2938	0.3251	0.3694	0.3684	0.3631
云南	0.3164	0.2894	0.2905	0.2986	0.3054	0.3069	0.3028
西藏	0.1853	0.2380	0.2732	0.3135	0.3425	0.3355	0.3321
陕西	0.1588	0.1742	0.2060	0.2503	0.2928	0.3045	0.3110
甘肃	0.2255	0.2520	0.2645	0.2972	0.2910	0.2894	0.2875
青海	0.2036	0.2304	0.2250	0.2679	0.2932	0.2972	0.2943
宁夏	0.1797	0.1866	0.1906	0.2233	0.2504	0.2586	0.2625
新疆	0.2352	0.2519	0.2832	0.3217	0.3350	0.3297	0.3201

表 1 – 13　　　　中国省区市主要年份全要素生产率（全国 = 1）

类别	地区	1991	1996	2001	2006	2011	2012	2013
Ⅰ类（大）	北京	2.43	2.05	2.42	2.16	2.25	2.24	2.23
	上海	1.89	1.60	1.90	1.95	2.03	2.07	2.08
	广东	1.74	1.99	2.11	2.08	2.07	2.10	2.06
	浙江	2.15	2.15	2.30	2.19	2.18	2.09	2.06
	天津	2.36	2.37	2.58	2.49	2.09	2.09	2.02
Ⅱ类（较大）	福建	3.28	3.02	2.74	2.36	1.84	1.76	1.72
	江苏	0.88	1.11	1.28	1.41	1.57	1.61	1.65
Ⅲ类（中）	重庆	1.97	2.24	2.01	1.53	1.48	1.47	1.46
	吉林	1.90	1.74	1.84	1.56	1.45	1.43	1.42
	内蒙古	0.93	0.96	1.15	1.30	1.41	1.42	1.40
	山东	1.14	1.25	1.26	1.33	1.32	1.36	1.36
	辽宁	1.12	0.99	1.15	1.18	1.35	1.37	1.35

续表

类别	地区	1991	1996	2001	2006	2011	2012	2013
IV类 （较小）	四川	1.10	1.14	1.12	1.18	1.18	1.21	1.21
	河北	1.31	1.28	1.30	1.33	1.21	1.19	1.20
	黑龙江	0.75	0.73	0.85	1.01	1.15	1.15	1.16
	山西	1.22	1.31	1.38	1.36	1.23	1.18	1.14
	贵州	1.70	1.52	1.23	1.14	1.16	1.15	1.12
	海南	1.25	1.21	1.33	1.34	1.23	1.17	1.11
	湖北	0.89	0.82	0.81	0.90	1.00	1.04	1.05
V类 （小）	西藏	1.02	1.09	1.15	1.09	1.08	1.05	1.03
	安徽	1.03	1.03	1.05	0.99	0.98	0.98	0.99
	新疆	1.30	1.16	1.19	1.12	1.05	1.03	0.99
	陕西	0.88	0.80	0.86	0.87	0.92	0.95	0.96
	云南	1.74	1.33	1.22	1.04	0.96	0.96	0.94
	江西	1.03	0.97	0.96	0.91	0.91	0.92	0.93
	湖南	0.79	0.79	0.83	0.85	0.90	0.91	0.91
	青海	1.12	1.06	0.94	0.94	0.92	0.93	0.91
	甘肃	1.24	1.16	1.11	1.04	0.91	0.90	0.89
	河南	0.76	0.86	0.82	0.88	0.88	0.88	0.86
	广西	0.60	0.64	0.65	0.69	0.77	0.83	0.86
	宁夏	0.99	0.86	0.80	0.78	0.79	0.81	0.81

注：Ⅰ、Ⅱ、Ⅲ、Ⅳ、Ⅴ五类为 2013 年数据两步法聚类结果。

1991~2013 年期间，中国全要素生产率从 0.1814 稳步提高到 0.3237，增长了约 80%。从 2013 年全要素生产率来看，北京、上海、广东、浙江、天津 5 省市全要素生产率处于第一梯队，均超过全国整体水平的 2 倍，科技实力最强的北京为全国整体水平的 2.23 倍。福建和江苏 2 省全要素生产率处于第二梯队，是全国整体水平的 1.5~2 倍。重庆、吉林、内蒙古、山东、辽宁 5 省区市全要素生产率处于第三梯队；四川、河北、黑龙江、山西、贵州、海南、湖北 7 省全要素生产率处于第四梯队，均超过全国整体水平。西藏、安徽、新疆、陕西、云南、江西、湖南、青海、甘肃、河南、广西、宁夏 12 省区全要素生产率处于第五梯队，除西藏外其他省区全要素生产率均低于全国整体水平，科技实力最弱的宁夏为全国整体水平的 0.81 倍。

3. 科技进步率

我国科技进步率在 1991～2013 年期间稳定增长，但呈现出明显的阶段性。在 1991～2001 年 10 年期间全要素生产率从 0.1814 增长到 0.2386，年均科技进步率为 2.78%。在 2001～2008 年 7 年期间全要素生产率从 0.2386 快速增长到 0.3146，年均科技进步率为 4%。随后，受金融危机的影响，在 2008～2013 年 5 年期间全要素生产率虽没下滑，但年均科技进步率仅为 0.57%，几乎是零增长（见图 1－3）。

（科技进步率：%）

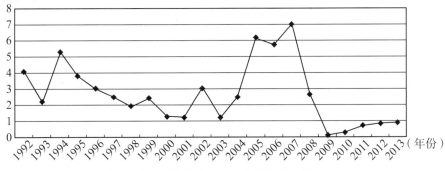

图 1－3　中国 1991～2013 年科技进步率

从分地区科技进步率来看，大部分省区市和全国整体水平一样呈现比较明显的阶段性（见表 1－14）。就 1991～2013 年期间科技进步率来看，全国科技进步率为 2.67%。若把 31 省区市年均科技进步率平均分为高、中、低三组，其中高组科技进步率组包括江苏、黑龙江、内蒙古、广西、辽宁、山东、广东、湖北、湖南、河南 10 省区市，平均科技进步率为 3.98%，中组科技进步率组包括上海、陕西、四川、西藏、安徽、浙江、山西、北京、河北、江西、海南 11 个省区市，平均科技进步率为 2.56%，低组科技进步率组包括天津、宁夏、青海、新疆、吉林、重庆、甘肃、贵州、云南和福建 10 省区市，平均科技进步率为 1.07%（见表 1－15）。

表 1－14　　　　　　　　中国省区市分时期科技进步率　　　　　　单位：%

地区	1991～2001 年	2001～2008 年	2008～2013 年	1991～2013 年	地区	1991～2001 年	2001～2008 年	2008～2013 年	1991～2013 年
全国	2.78	4.03	0.57	2.67	河南	3.58	4.59	0.82	3.27
北京	2.74	2.71	0.72	2.26	湖北	1.82	6.02	3.17	3.45

地区	1991~2001 年	2001~2008 年	2008~2013 年	1991~2013 年	地区	1991~2001 年	2001~2008 年	2008~2013 年	1991~2013 年
天津	3.69	1.84	-1.34	1.94	湖南	3.27	4.69	1.66	3.35
河北	2.75	3.38	-0.29	2.25	广东	4.79	3.44	0.85	3.45
山西	4.04	3.52	-2.57	2.34	广西	3.59	5.81	3.93	4.37
内蒙古	5.02	6.95	0.61	4.60	海南	3.48	3.57	-2.44	2.13
辽宁	3.11	4.46	3.15	3.55	重庆	3.02	-1.00	1.03	1.27
吉林	2.44	-0.19	1.24	1.32	四川	2.92	4.38	1.70	3.10
黑龙江	4.00	6.83	3.16	4.70	贵州	-0.50	3.05	0.02	0.74
上海	2.83	3.62	2.98	3.12	云南	-0.85	1.08	-0.67	-0.20
江苏	6.65	6.15	2.83	5.61	西藏	3.96	2.59	0.32	2.69
浙江	3.50	3.22	-0.61	2.46	陕西	2.64	4.44	2.18	3.10
安徽	2.98	2.20	1.95	2.50	甘肃	1.61	2.35	-1.57	1.11
福建	0.94	-0.04	-3.08	-0.30	青海	1.00	4.53	-0.82	1.69
江西	2.07	2.01	2.70	2.19	宁夏	0.59	3.73	1.29	1.74
山东	3.75	4.88	1.02	3.48	新疆	1.88	2.82	-1.44	1.41

表 1-15　　　　　　　　　中国省区市科技进步率分组情况

组别	均值	成员
高	3.98%	江苏、黑龙江、内蒙古、广西、辽宁、山东、广东、湖北、湖南、河南
中	2.56%	上海、陕西、四川、西藏、安徽、浙江、山西、北京、河北、江西、海南
低	1.07%	天津、宁夏、青海、新疆、吉林、重庆、甘肃、贵州、云南、福建

4. 科技进步贡献率

科技进步贡献率是反映科技进步因素与物质资本、劳动两项传统投入要素对经济增长贡献份额比例的一相对量。

根据式 1-16 和式 1-19，我们可以推导出式 1-28，科技进步贡献率为人力资本、研究与开发、单位能源效率、经济结构和市场化五项贡献率之和。

$$CTFP（科技进步贡献率）= CH_a + CR + CE + CS + CM \qquad (1-28)$$

其中，人力资本贡献率 $CH_a = \gamma \dfrac{\dot{H}_a/H_a}{\dot{Y}/Y}$；研究与开发贡献率 $CR = \omega \dfrac{\dot{R}/R}{\dot{Y}/Y}$；能源利

用效率贡献率 $CE = \tau \dfrac{\dot{E}/E}{\dot{Y}/Y}$；经济结构优化贡献率 $CS = \rho_1 \dfrac{\dot{S}}{\dot{Y}/Y}$；市场化改革贡献

率 $CM = \rho_2 \dfrac{\dot{M}}{\dot{Y}/Y}$。

（1）2001～2013 年总体情况

科技进步贡献率是反映科技进步因素与物质资本、劳动两项传统投入要素对经济增长贡献份额比例的一相对量，不宜用于短期测算。本书以五年期运用式 1－28 测算了各省区市科技进步贡献率，式 1－28 中的各因素增长率采用水平法计算，对投入要素（物质资本、有效劳动）和科技进步因素贡献率之和作归一化处理（测算结果见表 1－16）。

表 1－16 　　　　　中国省区市 2001～2013 年科技进步贡献率 　　　　单位：%

地区	物质资本	有效劳动	科技进步	科技进步				
				#人力资本	#研究与开发	#能源利用效率	#经济结构	#市场化
全国	38.38	9.62	52.01	4.77	17.55	8.46	9.44	11.78
北京	32.94	9.60	57.45	5.61	10.82	17.06	13.03	10.95
天津	31.67	5.66	62.67	8.89	18.01	15.71	9.10	10.96
河北	38.08	8.69	53.24	6.96	21.15	5.40	12.18	7.55
山西	40.01	8.60	51.39	8.40	14.26	5.96	13.19	9.58
内蒙古	50.48	15.60	33.92	4.09	4.22	2.35	12.39	10.87
辽宁	31.21	11.06	57.73	8.30	17.18	14.20	14.69	3.36
吉林	37.40	3.60	59.01	6.00	21.20	11.71	13.90	6.20
黑龙江	32.49	8.51	59.00	2.00	20.68	16.56	14.55	5.20
上海	19.28	7.51	73.21	9.72	22.75	14.03	14.15	12.55
江苏	35.50	10.25	54.24	8.07	16.62	6.78	4.88	17.90
浙江	27.16	10.28	62.56	9.21	19.67	17.90	3.47	12.31
安徽	42.15	10.80	47.04	4.91	12.95	17.65	6.43	5.10
福建	37.27	5.82	56.90	6.69	19.85	1.97	15.47	12.93
江西	43.34	10.66	46.00	4.43	21.36	7.01	8.79	4.40
山东	37.43	12.34	50.23	7.03	17.03	6.61	4.61	14.95
河南	38.82	9.18	52.00	7.75	17.38	5.83	14.01	7.02
湖北	36.67	10.52	52.81	6.37	20.02	8.39	12.49	5.55
湖南	44.86	13.65	41.49	7.61	18.81	0.68	5.84	8.54
广东	33.36	13.82	52.82	11.29	15.24	0.49	13.95	11.86

续表

地区	物质资本	有效劳动	科技进步	科技进步				
				#人力资本	#研究与开发	#能源利用效率	#经济结构	#市场化
广西	46.97	14.15	38.88	7.91	14.06	4.07	5.94	6.91
海南	35.55	13.33	51.13	11.12	17.12	NA	18.95	3.94
重庆	47.57	5.64	46.79	11.42	11.54	9.61	9.45	4.77
四川	40.71	6.15	53.14	2.92	20.33	8.67	8.10	13.12
贵州	45.37	3.80	50.84	5.50	20.10	7.44	9.77	8.02
云南	42.22	11.38	46.40	6.72	8.20	9.55	8.59	13.32
西藏	38.93	38.50	22.57	3.88	4.39	NA	11.98	2.32
陕西	42.37	12.34	45.30	7.04	21.67	1.55	5.43	9.60
甘肃	37.10	10.39	52.51	3.55	18.75	12.81	7.90	9.50
青海	36.07	10.78	53.15	6.91	16.35	1.39	15.51	12.98
宁夏	43.74	13.79	42.47	8.86	19.13	NA	6.33	8.14
新疆	41.33	15.49	43.18	2.70	15.81	-0.36	16.15	8.90

从全国整体水平来看，2001～2013年物质资本的贡献率为38.38%，约占四成；有效劳动的贡献率为9.62%，约占一成；科技进步贡献率为52.01%，约占五成。在科技进步的五个主因素当中，研究与开发的贡献率最大，为17.55%；其次为市场化改革，贡献率为11.78%；位居第三的是经济结构优化升级，贡献率为9.44%；位居第四的是能源利用效率的提高，贡献率为8.46%，比经济结构优化升级低1个百分点；位居第五的是人力资本的溢出效应，贡献率为4.77%。

从分省区市数据看，2001～2013年期间31个省区市科技进步贡献率的均值为50.65%，有20个省区市（约2/3）科技进步贡献率超过了50%。最大的是上海，为73.21%；天津、浙江科技进步贡献率超过了60%，比上海低约10个百分点；有18个省区市科技进步贡献率介于50%～60%之间，有8个省区市科技进步贡献率介于40%～50%之间，广西、内蒙古、西藏三区科技进步贡献率低于40%，最小的是西藏，只有22.57%。在5个科技进步主因素当中，按其贡献率均值由大到小依次是研究与开发、经济结构、市场化、能源利用效率和人力资本。研究与开发贡献率的均值为16.67%，最大的是上海（22.75%），最小的是内蒙古（4.22%）；经济结构贡献率的均值为10.68%，最大的是海南（18.95%），最小的是浙江（3.47%）；市场化贡献率的均值为9.01%[1]，最大的是江苏（17.9%），最小的

---

[1]　由于本文只选取了四个变量来综合反映市场化指数，应该是不够全面的，有可能低估市场化贡献率。

是西藏（2.32%）；能源利用效率贡献率的均值为 8.25%，最大的是浙江（17.9%），最小的是新疆（-0.36%）；人力资本溢出效应贡献率的均值为6.83%，最大的是重庆（11.42%），最小的是黑龙江（2%）。

（2）2001～2013年分时期情况

从整体上来看，分时期来观察各省区市的科技进步贡献率发现其呈增加趋势（见表 1-17 和表 1-18），如全国科技进步贡献率在 2001～2005 年期间为44.25%，2002～2006 年期间为 46.66%，2003～2007 年期间为 49.78%，在2007～2011 年期间达到最高为 55.85%。然后受金融危机影响，科技进步贡献率出现了小幅滑坡，2008～2012 年期间为 53.68%，2009～2013 年期间为 53.39%。

表 1-17　　　　　　　　中国分地区五年期科技进步贡献率　　　　　单位：%

地区	2001～2005 年	2002～2006 年	2003～2007 年	2004～2008 年	2005～2009 年	2006～2010 年	2007～2011 年	2008～2012 年	2009～2013 年
全国	44.25	46.66	49.78	52.65	53.11	55.18	55.85	53.68	53.39
北京	49.43	49.21	50.75	55.93	61.19	61.30	65.82	64.78	59.90
天津	65.98	65.43	61.06	60.58	57.22	56.73	58.77	60.27	61.57
山西	50.61	53.32	57.95	60.29	40.94	44.66	52.77	50.46	48.17
内蒙古	21.87	23.34	32.57	36.74	38.13	41.25	41.59	39.57	38.18
辽宁	59.29	57.85	51.89	50.89	53.75	55.48	57.95	59.72	58.61
吉林	55.53	51.51	50.65	50.51	48.94	54.80	61.92	63.55	66.10
黑龙江	64.89	66.70	63.56	60.56	61.58	55.67	55.96	55.49	53.88
上海	73.63	73.51	73.32	70.06	68.69	68.91	73.26	70.43	77.07
江苏	49.29	48.01	46.50	52.83	53.03	56.36	57.11	57.33	55.47
浙江	60.74	62.95	63.83	64.85	62.68	65.21	65.40	64.25	63.71
安徽	46.20	43.64	40.76	37.61	39.44	43.15	47.76	49.79	51.39
福建	49.45	51.68	51.26	50.09	49.02	57.41	57.12	58.05	60.20
江西	34.05	36.78	41.94	46.04	45.89	48.30	51.11	52.20	53.25
山东	44.60	42.99	45.48	42.90	46.05	50.12	53.66	54.28	55.38
河南	43.74	39.76	40.62	44.33	47.13	50.66	54.47	56.51	57.23
湖北	46.34	47.28	46.45	47.49	54.53	54.27	55.59	57.16	56.92
湖南	27.96	28.77	30.67	33.74	35.39	41.53	45.44	46.75	48.86
广东	54.36	52.68	52.36	49.76	50.13	52.53	55.47	42.88	49.42
广西	26.63	29.25	31.56	32.93	37.00	39.91	43.70	44.82	43.46

续表

地区	2001～2005年	2002～2006年	2003～2007年	2004～2008年	2005～2009年	2006～2010年	2007～2011年	2008～2012年	2009～2013年
海南	50.63	52.00	53.47	50.17	44.70	53.07	53.91	51.58	51.13
重庆	27.53	28.57	34.46	33.83	40.10	49.39	54.83	58.67	58.53
四川	49.25	47.32	48.75	50.45	44.94	46.84	55.17	54.24	56.78
贵州	40.92	40.92	50.00	53.63	56.86	57.76	58.30	54.58	54.86
云南	49.83	46.51	46.82	46.46	43.04	44.59	47.01	43.97	43.90
西藏	22.52	22.61	21.13	21.71	23.08	26.64	20.08	20.70	21.62
陕西	34.69	38.05	40.89	38.78	39.52	42.50	45.24	49.23	52.20
甘肃	48.21	53.14	55.56	58.57	54.09	53.15	50.71	50.19	51.19
青海	55.87	57.32	59.87	53.93	42.27	56.15	46.44	47.94	50.52
宁夏	35.49	37.99	43.32	48.06	40.64	47.42	49.21	45.52	42.61
新疆	26.48	33.07	40.35	51.00	50.75	56.56	51.21	47.64	39.54

表1-18　　　　　　　　　　中国分地区十年期科技进步贡献率　　　　　　　单位：%

地区	2001～2010年	2002～2011年	2003～2012年	2004～2013年	2001～2013年	地区	2001～2010年	2002～2011年	2003～2012年	2004～2013年	2001～2013年
全国	50.67	52.09	51.96	53.07	52.01	河南	48.11	49.25	50.51	51.89	52.00
北京	55.52	57.51	57.64	57.94	57.45	湖北	51.67	52.97	52.97	53.31	52.81
天津	60.67	61.69	60.65	61.16	62.67	湖南	36.37	39.75	41.30	43.52	41.49
河北	51.77	54.02	52.80	52.20	53.24	广东	53.51	54.04	48.52	49.60	52.82
山西	47.58	53.03	54.18	53.92	51.39	广西	34.96	38.23	39.20	39.06	38.88
内蒙古	32.37	33.68	36.30	37.51	33.92	海南	52.28	53.33	52.25	50.83	51.13
辽宁	57.26	57.96	55.97	55.06	57.73	重庆	40.91	44.51	48.87	48.77	46.79
吉林	55.20	57.87	58.03	58.62	59.01	四川	47.73	52.47	52.08	54.46	53.14
黑龙江	59.51	60.42	59.03	56.79	59.00	贵州	50.00	51.62	52.94	54.53	50.84
上海	71.18	73.41	72.12	73.23	73.21	云南	47.02	46.81	45.30	45.08	46.40
江苏	53.10	53.00	52.46	54.23	54.24	西藏	24.80	21.33	20.90	21.66	22.57
浙江	63.09	64.11	63.99	64.22	62.56	陕西	39.20	42.35	45.69	47.26	45.30
安徽	44.44	46.06	45.94	45.59	47.04	甘肃	50.98	51.80	52.43	54.26	52.51
福建	54.64	54.99	55.08	55.87	56.90	青海	55.99	51.77	53.43	51.81	53.15
江西	42.36	45.14	47.19	49.95	46.00	宁夏	42.11	44.67	44.61	45.08	42.47
山东	47.46	49.10	50.54	50.49	50.23	新疆	45.66	44.53	44.96	44.46	43.18

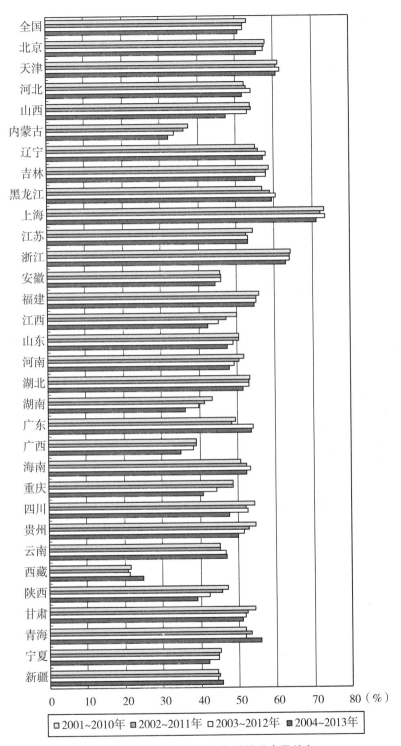

□ 2001~2010年 □ 2002~2011年 □ 2003~2012年 ■ 2004~2013年

图1-4　中国分地区十年期科技进步贡献率

为便于把握全国和各省区市近期科技进步贡献率的因素构成，我们对2009～2013年五年期和2004～2013年十年期全国和各省区市的科技进步贡献率按照五项主因素进行了分解，结果分别见表1-19、图1-5和表1-20、图1-6。

表1-19　　　　　中国省区市2009～2013年科技进步贡献率构成　　　单位：%

地区	物质资本	有效劳动	科技进步	人力资本	研究与开发	能源利用效率	经济结构	市场化
全国	33.86	12.76	53.39	7.16	16.18	11.59	10.10	8.37
北京	31.29	8.81	59.90	8.96	10.63	15.85	15.44	9.03
天津	31.91	6.52	61.57	11.41	15.58	11.45	11.39	11.74
河北	34.37	11.35	54.28	9.98	17.52	8.38	11.92	6.48
山西	39.87	11.96	48.17	14.85	13.98	0.04	12.36	6.93
内蒙古	36.78	25.03	38.18	6.55	4.71	8.75	9.85	8.33
辽宁	25.41	15.98	58.61	9.91	15.94	13.04	15.93	3.79
吉林	28.83	5.07	66.10	10.31	16.69	15.85	16.48	6.76
黑龙江	33.91	12.21	53.88	1.39	16.42	15.10	14.68	6.29
上海	17.30	5.62	77.07	8.25	23.53	19.05	22.00	4.24
江苏	29.80	14.73	55.47	13.92	14.69	11.67	7.02	8.17
浙江	25.20	11.10	63.71	14.83	14.99	27.80	4.60	1.48
安徽	34.31	14.30	51.39	8.18	12.71	15.88	8.20	6.43
福建	32.52	7.28	60.20	10.68	14.97	9.90	13.62	11.03
江西	35.30	11.45	53.25	6.06	18.47	10.20	12.24	6.28
山东	29.65	14.96	55.38	10.75	14.09	12.54	5.99	12.02
河南	30.31	12.47	57.23	10.50	15.44	9.93	13.72	7.63
湖北	31.17	11.91	56.92	8.67	17.54	12.08	12.74	5.89
湖南	35.56	15.57	48.86	10.78	16.58	5.30	7.60	8.61
广东	38.55	12.03	49.42	14.48	16.10	1.02	20.07	-2.24
广西	44.36	12.18	43.46	9.69	15.73	8.09	7.63	2.32
海南	34.66	14.21	51.13	13.29	17.70	NA	13.49	6.65
重庆	34.34	7.13	58.53	16.19	11.14	17.77	11.86	1.57
四川	33.26	9.95	56.78	4.96	16.25	14.06	9.30	12.21
贵州	40.12	5.02	54.86	7.31	17.48	9.51	9.32	11.24
云南	42.11	13.99	43.90	9.69	7.69	8.74	10.72	7.06
西藏	37.09	41.29	21.62	3.92	5.11	NA	11.05	1.54
陕西	35.01	12.79	52.20	9.73	16.44	4.90	8.23	12.89

地区	物质资本	有效劳动	科技进步	人力资本	研究与开发	能源利用效率	经济结构	市场化
甘肃	34.02	14.79	51.19	6.90	16.19	12.50	10.82	4.78
青海	37.01	12.47	50.52	8.43	18.45	2.37	16.55	4.72
宁夏	41.66	15.73	42.61	8.33	19.77	NA	8.71	5.81
新疆	40.87	19.60	39.54	4.54	19.25	-4.30	9.83	10.22

表1-20　　　　　中国省区市2004～2013年科技进步贡献率构成　　　　单位：%

地区	物质资本	有效劳动	科技进步	人力资本	研究与开发	能源利用效率	经济结构	市场化
全国	38.30	8.64	53.07	4.37	17.92	9.63	9.94	11.20
北京	32.05	10.01	57.94	5.77	11.42	16.33	13.24	11.17
天津	32.61	6.23	61.16	8.79	18.62	12.66	9.68	11.41
河北	40.73	7.07	52.20	3.36	20.55	7.36	12.36	8.57
山西	37.92	8.16	53.92	7.70	14.50	10.33	13.60	7.79
内蒙古	44.88	17.61	37.51	4.36	4.49	4.60	12.26	11.80
辽宁	33.62	11.32	55.06	4.75	17.30	14.15	15.67	3.20
吉林	37.92	3.47	58.62	5.38	18.52	13.15	14.79	6.79
黑龙江	34.05	9.16	56.79	1.32	19.53	15.81	14.57	5.57
上海	18.81	7.96	73.23	6.24	23.17	14.43	19.23	10.16
江苏	34.34	11.43	54.23	9.29	17.58	6.09	5.76	15.50
浙江	25.65	10.13	64.22	8.43	20.44	25.64	3.92	5.79
安徽	44.50	9.91	45.59	3.62	13.18	16.47	6.95	5.36
福建	38.28	5.85	55.87	6.30	17.45	3.28	15.56	13.28
江西	42.39	7.65	49.95	1.77	23.24	9.51	10.64	4.79
山东	37.06	12.45	50.49	6.64	18.17	9.94	5.56	10.19
河南	38.35	9.76	51.89	7.33	17.01	7.21	13.19	7.14
湖北	35.50	11.19	53.31	7.37	18.79	8.85	12.89	5.42
湖南	43.51	12.97	43.52	7.50	18.67	2.42	6.98	7.97
广东	36.06	14.34	49.60	11.12	14.94	0.58	14.43	8.52
广西	49.20	11.74	39.06	5.99	14.77	4.26	6.46	7.57
海南	37.44	11.73	50.83	7.62	18.19	NA	20.04	4.98
重庆	45.40	5.83	48.77	10.51	12.72	10.58	10.38	4.59
四川	40.12	5.43	54.46	2.52	18.77	11.79	8.82	12.54

55

续表

地区	物质资本	有效劳动	科技进步	人力资本	研究与开发	能源利用效率	经济结构	市场化
贵州	44.87	0.60	54.53	4.15	21.09	9.66	10.37	9.27
云南	41.85	13.07	45.08	8.07	8.13	9.20	7.86	11.81
西藏	37.70	40.64	21.66	3.62	4.32	NA	11.94	1.78
陕西	42.15	10.59	47.26	6.40	20.31	3.83	6.46	10.26
甘肃	36.22	9.52	54.26	3.71	19.60	11.65	8.96	10.34
青海	37.71	10.48	51.81	6.55	18.74	−0.75	17.25	10.01
宁夏	41.31	13.61	45.08	8.89	21.28	NA	7.14	7.77
新疆	40.35	15.19	44.46	2.15	18.14	−3.30	16.19	11.29

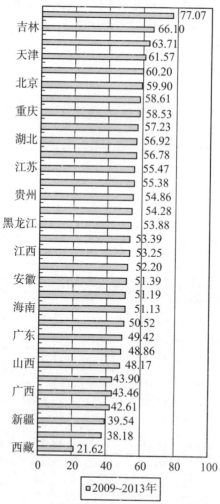

图 1 −5　中国分地区 2009 ~ 2013 年科技进步贡献率排序

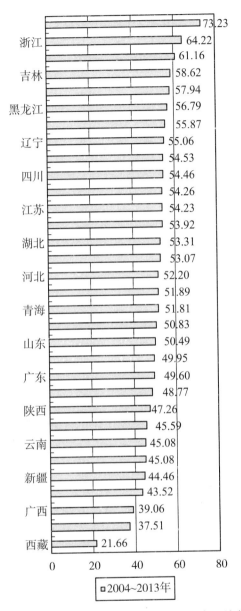

浙江　73.23
　　64.22
吉林　61.16
　　58.62
黑龙江　57.94
　　56.79
辽宁　55.87
　　55.06
四川　54.53
　　54.46
江苏　54.26
　　54.23
湖北　53.92
　　53.31
河北　53.07
　　52.20
青海　51.89
　　51.81
山东　50.83
　　50.49
广东　49.95
　　49.60
陕西　48.77
　　47.26
云南　45.59
　　45.08
新疆　45.08
　　44.46
广西　43.52
　　39.06
西藏　37.51
　　21.66

□2004~2013年

图1-6　中国分地区2004~2013年科技进步贡献率排序

5. 31省区市科技进步、科技进步率、科技进步贡献率的聚类分析

对中国大陆31省区市2013年科技进步（TFP）、2001~2013年科技进步率和2009~2013年科技进步贡献率三项指标分别进行聚类分析，设定分为五类。聚类分析结果见表1-21。

表 1–21　　　　　　　　　　　中国省区市聚类分组情况

地区	全要素生产率	科技进步率	科技进步贡献率	地区	全要素生产率	科技进步率	科技进步贡献率
北京	I	III	II	湖北	IV	I	II
天津	I	IV	II	湖南	V	II	III
河北	IV	III	III	广东	I	III	III
山西	IV	IV	III	广西	V	I	IV
内蒙古	III	I	IV	海南	IV	IV	III
辽宁	III	II	II	重庆	III	IV	II
吉林	III	IV	II	四川	IV	II	II
黑龙江	IV	I	III	贵州	IV	III	III
上海	I	II	I	云南	V	IV	IV
江苏	II	I	III	西藏	V	III	V
浙江	I	III	II	陕西	V	II	III
安徽	V	III	III	甘肃	V	IV	III
福建	II	V	II	青海	V	III	III
江西	V	III	III	宁夏	V	II	IV
山东	III	II	III	新疆	V	IV	IV
河南	V	II	II				

　　从全要素生产率聚类结果看，处于 I 类的有北京、天津、上海、浙江和广东，均值为 0.6755，方差为 0.026。处于 II 类的有江苏和福建，均值为 0.5451，方差为 0.0176。处于 III 类的有内蒙古、辽宁、吉林、山东和重庆，均值为 0.4518，方差为 0.0147。处于 IV 类的有河北、山西、黑龙江、湖北、海南、四川和贵州，均值为 0.3694，方差为 0.0172。处于 V 类的有安徽、江西、河南、湖南、广西、云南、西藏、陕西、甘肃、青海、宁夏和新疆，均值为 0.2988，方差为 0.0204。

　　从科技进步率聚类结果看，处于 I 类的有内蒙古、黑龙江、江苏、广西和湖北，均值为 4.83%，方差为 0.38。处于 II 类的有辽宁、上海、河南、山东、湖南、陕西、宁夏、四川，均值为 3.30%，方差为 0.35。处于 III 类的有北京、河北、浙江、安徽、江西、广东、贵州、西藏和青海，均值为 1.97%，方差为 0.29。处于 IV 类的有天津、山西、吉林、海南、重庆、云南、甘肃和新疆，均值为 0.60%，方差为 0.41。处于 V 类的是福建，为 –1.32%。

　　从科技进步贡献率聚类结果看，处于 I 类的有上海，为 77.07%。处于 II 类的有北京、天津、辽宁、吉林、浙江、福建、河南、湖北、重庆和四川，均值为59.96%，方差为3.07。处于Ⅲ类的有河北、山西、黑龙江、江苏、安徽、江西、山东、湖南、广东、海南、贵州、陕西、甘肃和青海，均值为52.14%，方差为2.43。处于Ⅳ类的有内蒙古、广西、云南、宁夏和新疆，均值为41.54，方差为2.53。处于Ⅴ类的是西藏，为21.62%。

6. 小结

人力资本、研究与开发、能源利用效率、产业结构和市场化五个主因素对科技进步都具有显著的影响。参数估计结果（见表1－9）表明，在五个主因素中，31省区市的人力资本产出弹性平均值最大，为0.4604，即人力资本水平增长1%将使GDP增长0.4604%，说明人力资本的积累对于科技进步水平及经济增长的促进作用最大，但因人力资本积累相对比较缓慢以致其对经济增长的贡献率在五项因素中最低。产出弹性位居第二的是能源利用效率，为0.3406；位居第三的是产业结构，为0.254；位居第四的是研究与开发，为0.1209；位居第五的是市场化改革，为0.0846。从31省区市平均水平看（见表1－9）。物质资本存量弹性系数的均值为0.1506，省际差异化程度相对较小，方差为0.0388。固定资产投资弹性系数的均值为0.1356，省际差异化程度最小，方差为0.0332。有效劳动弹性系数的均值为0.3671，省际差异化程度较大，方差为0.1620。人力资本溢出效应弹性系数的均值最大，为0.4604，省际差异化程度也最大，方差为0.1954。研究与开发弹性系数的均值为0.1209，方差为0.0416。能源利用效率弹性系数的均值为0.3406，方差为0.1462。产业结构弹性系数的均值为0.2539，方差为0.1438。市场化的弹性系数为0.0846，方差为0.0496。

1991～2013年期间，中国全要素生产率从0.1814稳步提高到0.3237，增长了约80%。从2013年全要素生产率来看，北京、上海、广东、浙江、天津5省市全要素生产率处于第一梯队，均超过全国整体水平的2倍，科技实力最强的北京为全国整体水平的2.23倍。福建和江苏2省全要素生产率处于第二梯队，是全国整体水平的1.5～2倍。重庆、吉林、内蒙古、山东、辽宁5省区市全要素生产率处于第三梯队；四川、河北、黑龙江、山西、贵州、海南、湖北7省全要素生产率处于第四梯队，均超过全国整体水平。西藏、安徽、新疆、陕西、云南、江西、湖南、青海、甘肃、河南、广西、宁夏12省区全要素生产率处于第五梯队，除西藏外其他省区全要素生产率均低于全国整体水平，科技实力最弱的宁夏为全国整体水平的0.81倍。

我国科技进步率在1991～2013年期间稳定增长，但呈现出明显的阶段性：1991～2001年10年的稳定增长期、2001～2008年7年的高速增长期、2008～

2013 年 5 年的平稳期。

在 2001～2013 年中国经济增长源泉构成为：物质资本的贡献率为 38.38%，约占四成；有效劳动的贡献率为 9.62%，约占一成；科技进步贡献率为 52.01%，占五成之多。在科技进步的五个主因素当中，研究与开发的贡献率最大，为 17.55%；其次为市场化改革，贡献率为 11.78%；位居第三的是产业结构优化升级，贡献率为 9.44%；位居第四的是能源利用效率的提高，贡献率为 8.46%，比产业结构优化升级低 1 个百分点；位居第五的是人力资本的溢出效应，贡献率为 4.77%。从 31 省区市平均水平来看，研究与开发的贡献率最大，为 16.69，方差为 4.69。产业结构的贡献率为 10.65%，方差为 4.03。市场化的贡献率为 9.09，方差为 3.75。能源利用效率的贡献率为 8.26%，方差为 5.64。人力资本溢出贡献率为 6.77%，方差为 2.48。

（七）结论与政策建议

总体上来看，人力资本、研究与开发、能源利用效率、经济结构和市场化五个主因素对科技进步都具有显著的影响。所以，要增大科技进步贡献率，实现由粗放型向集约型转变，应有针对性地制定和实施一些相关政策措施。

1. 加快人力资本积累

全国人力资本平均水平在 1990 年为 6.98 初等教育年，到 2013 年为 11.84 初等教育年，年均增长 4.15%。在估算人力资本水平时各教育层次的权重随教育层次的提高而递增，所以加快人力资本积累的关键在于高中阶段教育和高等教育。对于高中阶段教育，应加快高中教育综合化改革，除少量的传统技艺型、农林渔牧型中等职业学校外，其他中等职业学校应转型为综合高中，使学生在学习好基础文化知识的同时为接受高等职业技术教育和训练做好准备；尽快取消高中文理分科制度，逐步改革高考制度，为培养学生的创造性打下坚实的基础。对于高等教育，还应进一步提升高等教育大众化水平，提高高等教育质量，培养大学生创新创业能力，对于博硕士研究生应实行精英式教育。

2. 提高能源利用效率

能源是经济社会发展的重要物质基础，能源利用效率的提高意味着在既定投入的情况下产出将增加。我国单位能源产出的变化率呈 U 型分布，甚至有些年份出现负增长。如全国平均水平每吨标准煤在 1990 年产出为 1 891 元（1990 年价格），到 2002 年提高到 3 685 元（1990 年价格），在 2003 年、2004 年、2005 年三年都出现了负增长，2005 年为 3 347 元（1990 年价格）。海南、宁夏的能源利用效率数据波动较大，对经济增长的影响不显著。一是要把节约能源放在首位，实行全面、严格的节约能源制度和措施；二是要通过研究创新，高效开采能源，运用先进能源转换技术，淘汰落后设备、技术和工艺；三是要调整和优化能源结构。

3. 促进经济结构优化升级

我国经济结构调整取得了巨大成绩，依据式 1 – 25 计算的中国经济结构高度在 1990 年为 0.0013，到 2013 年已增加到 0.8638，各省区市经济结构高度也增长迅速，但在工业化过程中不可避免的出现了高投资、高消耗、高污染的低效率情况。党的十八大报告中指出要推进经济结构战略性调整。一是要提高三产业的劳动生产率；二是要淘汰、改造传统制造行业，大力发展新兴制造行业；三是要以需求为导向大力发展现代服务业。

4. 加强研究与开发

我国 R&D 投入实现了快速增长，在 1990 ~ 2013 年期间 R&D 经费投入年均增长约 20%，年均实际增长约 15%，R&D 资产的快速增长使得其对经济增长的贡献率在五个因素中最大。因此在今后一是要继续加大 R&D 投入，2013 年 R&D 经费投入强度首次突破 2% 为 2.08%，但与西方发达国家仍有差距；二是要加大基础理论研究，我国基础研究的投入仍然偏低，多数发达国家基础研究投入占 R&D 投入往往在 10% 以上，我国在基础研究领域的投入明显不足；三是要抓好重大装修工程和关键性技术突破；四是要构建市场引导、企业主体、高校科研院所参与、政府协调的创新体系，引导和支持创新要素向企业集聚，促进科技成果向现实生产力转化。

5. 加快市场化改革

市场化程度的提高意味着生产要素更容易实现利润最大化。一是要简政放权，充分发挥生产者的能动性；二是要引导生产要素合理自由流动，发挥市场在资源配置中的基础性作用；三是进一步加强对外经济合作和贸易，充分发挥比较优势，做到物尽其用。

第二章

长江经济带科技创新驱动研究

一、长江经济带11省市科技创新驱动能力比较研究[*]

（一）研究背景

1. 创新驱动发展战略

中央"十三五"规划建议提出要深入实施创新驱动发展战略，发挥科技创新在全面创新中的引领作用，促进科技与经济深度融合。

2. 长江经济带战略

长江经济带战略是新时期我国实施的三大重要区域发展战略之一。科技创新是驱动长江经济带健康稳步发展的主要动力。实施国家主体功能区规划，加快长

﹡ "长江经济带研究会年会暨长江经济带协同发展高层论坛大会"报告，江西南昌，2015 年 12 月 5 日。
作者：周绍森、胡德龙、张阳。
张阳，1991 年 3 月生，南昌大学管理科学与工程专业博士生。

江经济带一体化建设。

（二）研究方法

2000～2007 年，以国家社科基金项目和省部级项目为牵引，运用索洛理论和内生增长理论分析科技进步与经济增长的关系，测算江西和中部其他各省的科技进步贡献率。从 2008 年开始，我们提出了科技进步主因素分析模型，完成了 2008 年度国家软科学研究计划重大招标项目，运用主因素分析模型对全国 1980～2007 年期间科技进步贡献率进行了测算，对 2010～2020 年期间的科技进步贡献率进行了预测。完成了 2013 年度国家科技评估与统计专项项目，用改进的主因素分析模型对全国及 31 省区市科技进步贡献率进行了测算和聚类分析。承担了 2015 年度国家科技评估与统计专项项目"科技创新对区域经济发展贡献率测算研究"我们运用主因素分析模型进一步分析测算了长江经济带 11 省市的科技进步贡献率，并对各省市科技创新驱动能力进行聚类分析和比较。

1. 构建科技进步函数

以内生增长理论为基础，针对中国经济发展实践，提出影响科技进步（全要素生产率 TFP）的五项主因素：

（1）人力资本 H——是现代经济增长的源泉，人力资本溢出效应使得规模报酬递增。

（2）研究与开发 R——是推动科技创新与经济增长的核心要素。

（3）单位能源效益 E——提高意味着综合生产率的提高和生态环境的改善。

（4）经济结构高度 S——经济结构的优化升级是资源配置效率提高的表现。

（5）市场化程度 M——是科技与经济紧密结合的基础，是激发经济活力的重要手段。

构建科技进步（全要素生产率 TFP）函数：

$$A = A_0 H^\gamma R^\omega E^\tau e^{\rho_1 S + \rho_2 M} \tag{2-1}$$

2. 构建主因素分析模型

$$\begin{cases} Y(t) = A(t) K(t-1)^{\alpha_1} I(t)^{\alpha_2} L(t)^\beta \\ A(t) = A_0 H(t)^\gamma R(t)^\omega E(t)^\tau e^{\rho_1 S(t) + \rho_2 M(t)} \end{cases} \tag{2-2}$$

把科技进步函数代入总量生产函数采用一步法估计各因素的产出弹性，各因素对经济增长的贡献率为其产出弹性乘以该因素增长率与经济产出增长率的比。

如研究与开发的贡献率为：

$$CR = \omega \cdot \frac{\dot{R}/R}{\dot{Y}/Y} \times 100\% \qquad (2-3)$$

科技进步贡献率为五项主因素贡献率之和，计算公式：

$$CTFP = CH + CR + CE + CS + CM \qquad (2-4)$$

科技进步贡献率测算模型创新：索洛余值法是用经济增长率减去资本和劳动两个生产要素带来的产出率来计算科技进步率，再用科技进步率除以经济增长率计算科技进步贡献率。本方法的科技进步贡献率为人力资本、研究与开发、单位能源效益、经济结构和市场化五项主因素贡献率之和，打开了科技进步这个"黑箱"。

3. 构建综合评价体系框架

提出用科技进步（全要素生产率 TFP）、科技进步率、科技进步贡献率三项指标综合评价科技创新驱动经济发展的能力。

（1）科技进步（TFP）——在经济学意义上反映科技创新综合实力水平；科技进步的值越大说明科技创新综合实力越强。

（2）科技进步率——反映科技进步变化速度；科技进步率越大，科技创新动力越强，增速越快。

（3）科技进步贡献率——为科技进步率与经济产出率之比，是衡量经济发展水平的一项重要指标，反映经济发展阶段；科技进步贡献率可作为经济增长方式的一个评判标准，反映经济增长质量；科技进步贡献率为一相对量，反映科技进步与投入要素对经济增长贡献的相对份额。

（三）结果分析

1. 科技进步（TFP）

长江经济带 11 省市全要素生产率进行聚类分析，分析过程中设定为五类（见表 2-1 和图 2-1）。上海市和浙江省全要素生产率处于第一梯队，全要素生产率均值大致为全国平均水平的 2 倍。江苏为第二梯队，均值为全国平均水平的 1.65 倍。重庆为第三梯队，均值为全国平均水平的 1.46 倍。属第四梯队的由四川、贵州和湖北，均值约为全国平均水平的 1.1 倍。安徽、云南、江西、湖南全要素生产率相对较低，略低于全国平均水平。

表 2 - 1   长江经济带 11 省市主要年份科技进步（全要素生产率 TFP）（全国 = 1）

分类评价	地区	1991 年	1996 年	2001 年	2006 年	2011 年	2012 年	2013 年
Ⅰ类（大）	上海	1.89	1.60	1.90	1.95	2.03	2.07	2.08
	浙江	2.15	2.15	2.30	2.19	2.18	2.09	2.06
Ⅱ类（较大）	江苏	0.88	1.11	1.28	1.41	1.57	1.61	1.65
Ⅲ类（中）	重庆	1.97	2.24	2.01	1.53	1.48	1.47	1.46
Ⅳ类（较小）	四川	1.10	1.14	1.12	1.18	1.18	1.21	1.21
	贵州	1.70	1.52	1.23	1.14	1.16	1.15	1.12
	湖北	0.89	0.82	0.81	0.90	1.00	1.04	1.05
Ⅴ类（小）	安徽	1.03	1.03	1.05	0.99	0.98	0.98	0.99
	云南	1.74	1.33	1.22	1.04	0.96	0.96	0.94
	江西	1.03	0.97	0.96	0.91	0.91	0.92	0.93
	湖南	0.79	0.79	0.83	0.85	0.90	0.91	0.91

注：Ⅰ、Ⅱ、Ⅲ、Ⅳ、Ⅴ五类为依据 2013 年测算结果进行两步法聚类分析所得结果。

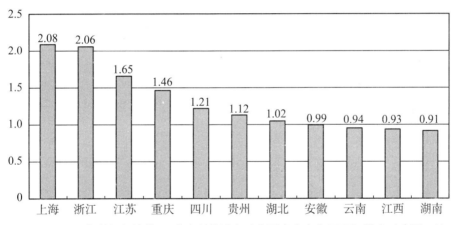

图 2 - 1   2013 年长江经济带 11 省市科技进步（全要素生产率 TFP）排序（全国 = 1）

2. 科技进步率

江苏、湖北两省的全要素生产率增长较快，在 1991～2013 年期间，江苏省年均增长 3.87%，湖北年均增长 3.45%，为第一梯队。湖南、上海、四川在此期间全要素生产率年均增长率分别为 3.35%、3.12%、3.1%，为第二梯队。安徽、浙江、江西年均增长率分别为 2.5%、2.46% 和 2.19%，为第三梯队。重庆年均增长 1.27%，贵州年均增长 0.74%，云南为负增长（见表 2 - 2 和图 2 - 2）。

表 2－2　　　　　　　　　　长江经济带 11 省市分时期科技进步率　　　　　单位：%

分类评价	地区	1991～2001 年	2001～2008 年	2008～2013 年	1991～2013 年
I 类（高）	江苏	4.65	4.15	2.83	3.87
	湖北	1.82	6.02	3.17	3.45
II 类（较高）	湖南	3.27	4.69	1.66	3.35
	上海	2.83	3.62	2.98	3.12
	四川	2.92	4.38	1.70	3.10
III 类（中）	安徽	2.98	2.20	1.95	2.50
	浙江	3.50	3.22	-0.61	2.46
	江西	2.07	2.01	2.70	2.19
IV 类（较低）	重庆	3.02	-1.00	1.03	1.27
	贵州	-0.50	3.05	0.02	0.74
	云南	-0.85	1.08	-0.67	-0.20
	全国	2.78	4.03	0.57	2.67

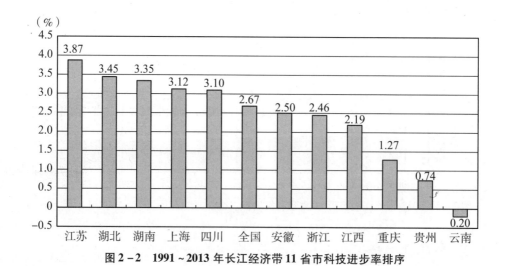

图 2－2　1991～2013 年长江经济带 11 省市科技进步率排序

3. 科技进步贡献率

在 2009～2013 年期间，上海的科技进步贡献率高达 66.07%，为第一梯队。浙江、湖北、重庆、四川、江苏为第二梯队，均超过了 55%。贵州、江西、安徽、湖南为第三梯队，均超过了 50%。云南为第四梯队，为 45.9%。长江经济带11省市中科技进步贡献率低于全国平均水平的有江西、安徽、湖南和云南4个省（见表2-3和图2-3所示）。

表2-3　　　　长江经济带11省市2009~2013年科技进步贡献率构成　　　单位：%

分类评价	地区	物质资本	有效劳动	科技进步	#人力资本	#研究与开发	#能源利用效率	#经济结构	#市场化
I类（大）	上海	24.30	9.62	66.07	8.25	19.53	18.05	16.00	4.24
II类（较大）	浙江	25.20	12.10	62.71	14.83	14.99	26.80	4.60	1.48
	湖北	31.17	11.91	56.92	8.67	17.54	12.08	12.74	5.89
	重庆	34.34	8.13	56.53	16.19	11.14	15.77	11.86	1.57
	四川	33.26	10.65	56.08	4.96	16.25	13.36	9.30	12.21
	江苏	29.80	14.73	55.47	13.92	14.69	11.67	7.02	8.17
III类（较小）	贵州	40.12	6.02	53.86	7.31	16.48	9.51	9.32	11.24
	江西	35.30	11.45	53.25	6.06	18.47	10.20	12.24	6.28
	安徽	34.31	14.30	51.39	8.18	12.71	15.88	8.20	6.43
	湖南	35.56	13.57	50.86	10.78	16.58	7.30	7.60	8.61
IV类（小）	云南	40.11	13.99	45.90	10.69	8.69	8.74	10.72	7.06
	全国	33.86	12.76	53.39	7.16	16.18	11.59	10.10	8.37

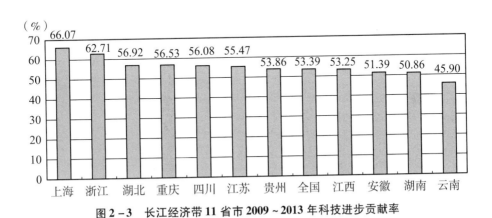

图2-3　长江经济带11省市2009~2013年科技进步贡献率

4. 科技创新驱动能力聚类分析

长江经济带11省市中，上海的科技创新驱动能力最强，其全要素生产率和科技进步贡献率均处于第一梯队，科技进步率处于第二梯队。

江苏、浙江的科技创新驱动能力位于第二梯队。江苏的科技进步率较快，处于第一梯队，全要素生产率和科技进步贡献率处于第二梯队。浙江的全要素生产率处于第一梯队，科技进步贡献率处于第二梯队，科技进步率处于第三梯队。

湖北、重庆、四川的科技创新驱动能力位于第三梯队。湖北的科技进步率较快，处于第一梯队，科技进步贡献率处于第二梯队，全要素生产率处于第四梯队。重庆的科技进步贡献率为第二梯队，全要素生产率位于第三梯队，科技进步率为第四梯队。四川的科技进步率和科技进步贡献率均位于第二梯队，全要素生产率位于第四梯队。

湖南、安徽、江西、贵州的科技创新驱动能力位于第四梯队。湖南的科技进步率处于第二梯队，科技进步贡献率处于第三梯队，但全要素生产率较低，处于第五梯队。安徽和江西科技创新驱动能力比较接近，科技进步率和科技进步贡献率均处于第三梯队，全要素生产率均处于第五梯队。贵州的科技进步率和科技进步贡献率处于第三梯队，全要素生产率处于第四梯队。

云南的科技创新能力较弱，科技进步率和科技进步贡献率均处于第四梯队，全要素生产率处于第五梯队（见表2-4和图2-4）。

表2-4　　　　　　　长江经济带11省市科技创新驱动能力聚类分析

综合评价	地区	全要素生产率	科技进步率	科技进步贡献率
Ⅰ类	上海	Ⅰ	Ⅱ	Ⅰ
Ⅱ类	江苏	Ⅱ	Ⅰ	Ⅱ
	浙江	Ⅰ	Ⅲ	Ⅱ
Ⅲ类	湖北	Ⅳ	Ⅰ	Ⅱ
	重庆	Ⅲ	Ⅳ	Ⅱ
	四川	Ⅳ	Ⅱ	Ⅱ
Ⅳ类	湖南	Ⅴ	Ⅱ	Ⅲ
	安徽	Ⅴ	Ⅲ	Ⅲ
	江西	Ⅴ	Ⅲ	Ⅲ
	贵州	Ⅳ	Ⅲ	Ⅲ
Ⅴ类	云南	Ⅴ	Ⅳ	Ⅳ

注：Ⅰ表示优、Ⅱ表示良、Ⅲ表示中，Ⅳ表示较弱，Ⅴ表示弱。

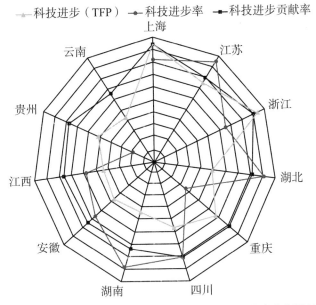

图 2 - 4　长江经济带 11 省市科技创新驱动能力聚类分析雷达

（四）策略分析

1. 加快经济转型，将长江经济带打造成为中国经济发展的脊梁

在发展质量上，长江经济带应是从要素驱动粗放型发展转变为创新驱动集约型发展的全国领先地区。

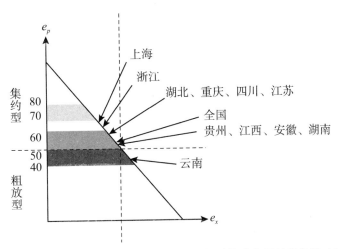

图 2 - 5　长江经济带 11 省市 2009 ~ 2013 年科技进步贡献率分析（%）

在发展速度上，长江经济带应是在经济下行压力下保持我国经济中高速发展的中坚力量（见图2-5和图2-6）。

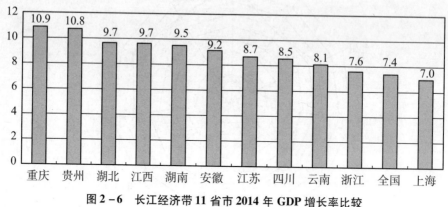

图2-6　长江经济带11省市2014年GDP增长率比较

2. 积极实施主体功能区规划，凸显各功能区在创新驱动发展中的比较优势

长三角地区：提升科技、金融、贸易、航运的辐射力和影响力，引领带动长江经济带发展。

皖江城市带：依靠自主创新战略，推进产业转型升级，实现和长三角、中三角的联动发展。

长江中游地区：联手做强产业集群，增强区域主导产业的竞争力，打造中国经济的新增长极。

成渝地区：立足产业优势，强化科技创新，建成为辐射西部和面向欧洲、中西亚的新增长极。

黔中经济区：利用后发赶超优势，依靠科技和金融，创造高新速度和质量，建设西部大开发的新支点。

滇中经济区：发挥区位和资源优势，创新发展，打通国际运输通道，建设面向东亚和东南亚的辐射中心。

3. 实施一体化战略，加速长江经济长龙的腾飞

城乡发展一体化：推进新型城市群协调互动发展，构建多中心、网络化发展格局。

基础设施一体化：统筹规划黄金水道、高铁、航空、能源运输和信息基础设施建设。

产业发展一体化：抱团建设长江两岸产业集群，协同发展具有区域特色的现代产业体系。

生态文明一体化：促进江河湖泊的综合开发治理，构建长江两岸的生态屏障，共促城市群的绿色发展。

公共服务一体化：推动公共服务共享，提升信息化、网络化公共服务的均等水平。

二、大力提升科技进步贡献率 把长江经济带打造成中国经济发展的脊梁[*]

长江经济带横跨我国东中西三大区域，覆盖 11 个省市，约 6 亿人口，面积约 205 万平方公里，GDP 约占全国 45%，是我国经济稳增长的重要支撑。推动长江经济带发展是党中央、国务院做出的重大战略部署，长江经济带是我国"T"型发展战略的主干，是以"一带一路"倡议衔接互动的纽带，是中国融入经济全球化，体现"创新、协调、绿色、开放、共享"五大发展理念，贯彻落实供给侧结构性改革决策部署的首要地区。

长江经济带战略实施必须坚持生态优先、绿色发展，共抓大保护，不搞大开发，坚持创新驱动，在改革创新和发展新动能上做"加法"，在淘汰落后过剩产能上做"减法"，走出一条绿色低碳循环发展的道路。在新常态背景下，通过大力提升科技进步贡献率，努力把长江经济带打造成中国经济脊梁。

（一）科技进步贡献率的内涵及构成

1. 科技进步的内涵

科技进步（全要素生产率 TFP）经济增长中扣除资本和劳动两项传统投入要素贡献份额的剩余部分。总产出与总要素投入的比值，$TFP = Y/F(K, L)$。是供给侧（包括物质资本、劳动和科技进步）的一项重要因素，反映了综合产出率，能反映经济增长质量。2015 年 3 月，全国人大十二届三次会议上，"提高全要素生产

---

* "长江经济带研究会年会暨长江经济带协同发展高层论坛"九江会议报告，2015 年 10 月 11 日。
作者：周绍森、胡德龙。

率"首次出现在《政府工作报告》中。应对供给侧改革，许多经济学家都强调增长的主要驱动力应当从增加投资转向提高全要素生产率（吴敬琏，蔡昉等）。

2. 科技进步的主要影响因素

我们以五大发展理念为指导，认为有五大主要因素影响科技进步：

（1）技术创新

由 R&D 资产、R&D 投入全时人员数、三项专利授予量、工业企业购买消化吸收和改造经费支出、技术市场成交额等指标进行综合评价。

（2）经济结构

由产业结构高度、高技术产业主营业务收入、轻工业增加值与重工业增加值的比例、农业机械总动力、城镇化率等指标进行综合评价。其中，产业结构高度反映新型工业化水平；农用机械总动力反映农业现代化水平；城镇化率反映城乡协调发展。

（3）生态效率

由单位能源产出、单位水资源产出、一般工业固体废物综合利用量、工业污染治理投资额、和森林覆盖率等指标进行综合评价。

（4）开放度

由工业企业中非公经济（私营、港澳台及外资经济）固定资产占比、私营工业企业主营业务成本与收入的比、私营企业和个体就业人员占比、实际利用外资、和进出口总额等指标进行综合评价。

（5）人力资本

由从业人员人均受教育年限、地方财政医疗卫生支出、地方财政交通运输支出、地方财政社会保障和就业支出、地方财政文化体育与传媒支出等指标进行综合评价。

（二）长江经济带 11 省市科技进步贡献率的测算（2000 ～ 2014 年）

1. 测算模型

假设 1：科技进步为希克斯中性。

假设 2：总量生产函数形式为 CD 生产函数。

$$Y = AK^{\alpha}L^{\beta} \tag{2-5}$$

式中，Y 为产出，A 为科技进步，K 为物质资本，L 为劳动力。

假设 3：科技进步受技术创新 R，经济结构 S，生态效率 E，开放度 O 和人

力资本 H 五项主要因素影响，同样具有 CD 函数性质。

$$A = A_0 R^{\gamma_1} S^{\gamma_2} E^{\gamma_3} O^{\gamma_4} H^{\gamma_5} \qquad (2-6)$$

由方程 2-5 和方程 2-6 得到科技进步贡献率测算的主因素模型。

$$Y = A_0 K^{\alpha} L^{\beta} R^{\gamma_1} S^{\gamma_2} E^{\gamma_3} O^{\gamma_4} H^{\gamma_5} \qquad (2-7)$$

2. 参数估计方法

对方程 2-7 两边取对数转化成线性形式

$$\ln Y = \ln A_0 + \alpha \ln K + \beta \ln L + \gamma_1 \ln R + \gamma_2 \ln S + \gamma_3 \ln E + \gamma_4 \ln O + \gamma_5 \ln H \qquad (2-8)$$

采用岭回归方法消除多重共线性。

3. 数据说明

时间序列：2000~2014 年度数据。

基础数据来源：各省市统计年鉴、历年科技统计资料、历年中国劳动统计年鉴、国家统计局数据库、中经网数据库等。

数据规格：以货币为单位的变量采用 2000 年可比价。

数据处理：通过因子分析法和熵值法把科技进步的各项主因素的相应指标分别合成为一组数据。

4. 实证结果（见表 2-5）

表 2-5　　　　投入要素与科技进步对经济增长的贡献率（2000~2014 年）

地区	投入要素	科技进步	技术创新	经济结构	生态效率	开放度	人力资本
上海	30.95	69.05	16.24	9.19	16.36	19.87	7.40
江苏	38.78	61.22	12.47	16.46	9.11	17.10	6.08
浙江	41.13	58.87	9.90	12.12	14.33	20.20	2.32
安徽	48.40	51.60	8.01	15.16	15.56	9.87	3.00
江西	49.53	50.47	7.75	14.46	11.00	15.94	1.32
湖北	45.30	54.70	9.14	13.46	13.26	12.56	6.28
湖南	50.42	50.58	8.80	17.47	2.74	15.92	3.64
重庆	44.79	55.21	10.66	15.51	15.65	10.71	1.69
四川	46.17	53.83	10.50	21.06	8.70	9.79	3.78
贵州	46.50	53.50	13.48	24.31	11.03	2.48	2.19
云南	50.97	49.03	5.60	19.68	2.28	15.30	6.16

（三）大力提升科技进步贡献率，驱动长江经济带创新、绿色、协调发展

1. 加快由投入要素驱动向科技进步驱动转变，促进经济发展方式转型（见图 2 - 7）

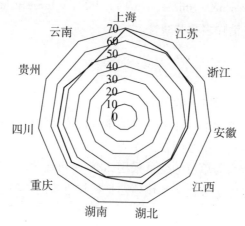

图 2 - 7　长江经济带 11 省市科技进步贡献率（%）（2000 ~ 2014 年）

第一梯队：上海。
第二梯队：江苏、浙江。
第三梯队：重庆、湖北、四川、贵州。
第四梯队：安徽、湖南、江西。
第五梯队：云南。

2. 实施创新驱动战略，关键在于成果转化体制机制创新

长江经济带 11 省市技术创新对经济增长的贡献份额平均为 10.23%。研究与开发投入增长较快，但工业企业技术引进、吸收力度不够，综合实力较强的上海市工业企业技术改造经费支出年均增长仅为 4.5%，浙江省年均增长为 5.39%。技术市场成交额的增长率也较慢，湖南、云南年均增长均小于 6%。成果转化是实施创新驱动战略的"瓶颈"（见图 2 - 8）。

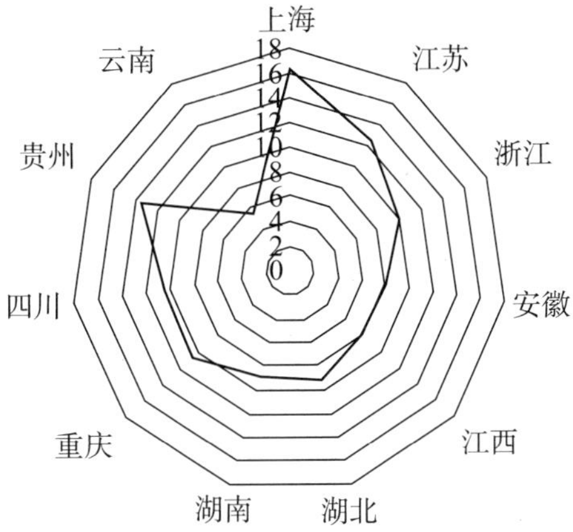

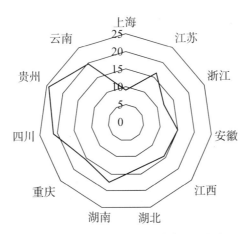

图2-8　长江经济带11省市技术创新贡献率（%）（2000~2014年）

3. 加快经济结构调整步伐，推动长江经济带协调发展

长江经济带11省市经济结构调整对经济增长的贡献份额平均为16.26%，驱动力强劲。三次产业全员劳动生产率增长较快，如贵州年均增长率分别为7.7%、10.48%和11.48%。现代服务业增速较快。新型城镇化进程较慢。应加快产业优化升级，淘汰落后产能，实现信息化推动新型工业化、城镇化、农业现代化同步发展（见图2-9）。

图2-9　长江经济带11省市经济结构贡献率（%）（2000~2014年）

4. 提高生态效率，生态优先助推长江经济带绿色发展

长江经济带11省市生态效率对经济增长的贡献份额平均为10.91%。一般工业废品综合利用量较快增长，年均增长10%左右。环保投入稳步提高。如上海

环保投入占生产总值的3%左右，污水处理率达到91%。云南、湖南三省单位能源产出效率增长率较慢，湖南年均增长率不到1%。应进一步增强环保意识，大力发展循环经济（见图2-10）。

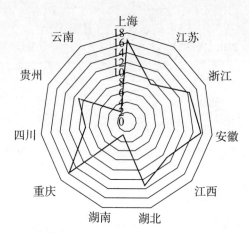

图2-10 长江经济带11省市生态效率贡献率（%）（2000～2014年）

5. 进一步深化改革开放，促进非公经济发展

长江经济带11省市开放度对经济增长的贡献份额平均为13.61%。外贸依存度较高，实际利用外资与进出口总额增长仍然较快。江苏省实际利用外资年均增长近20%。总体来看，长江上游、中游和下游依次增大。应巩固改革开放成果，大力扶持非公经济发展（见图2-11）。

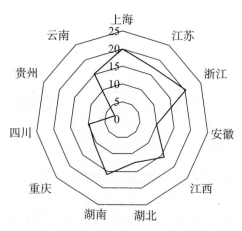

图2-11 长江经济带11省市开放度贡献率（2000～2014年）

6. 大力开发人力资源，逐步打造核心竞争力

长江经济带 11 省市人力资本对经济增长的贡献份额最小，平均为 3.99%。人力资本的弹性较大，上海为 0.276，江苏为 0.3。人力资本积累时效性较弱，需花较长时间，导致人力资本增长率较慢。核心竞争力的关键在"人"，应营造人尽其才的良好环境，加强专业技能培训（见图 2 - 12）。

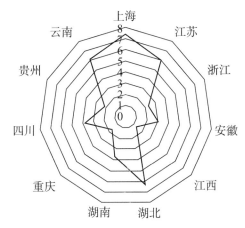

图 2 - 12　长江经济带 11 省市人力资本贡献率（%）（2000 ~ 2014 年）

三、科技创新对区域经济发展贡献度测算方法研究*

（一）长江经济带科技进步现状分析

1. 科技进步主因素分析

党的十八届五中全会强调，实现"十三五"时期发展目标，破解发展难题，

---

　　* 摘编自科技部国家科技统计专项"科技创新对区域经济发展贡献度测算方法研究"（NSTS - 2015 - 15）结题报告（2016 年 12 月）。
　　作者：周绍森、胡德龙。

厚植发展优势，必须牢固树立并切实贯彻"创新、协调、绿色、开放、共享"的发展理念。五大发展理念既是发展路径，又是发展目标。

本报告以五大发展理念为指导，认为促进科技进步（全要素生产率）的因素主要有五项：技术创新、经济结构、生态效率、开放度和人力资本。

（1）技术创新

创新是引领发展的第一动力，必须把创新摆在国家发展全局的核心位置，不断推进理论创新、制度创新、科技创新、文化创新等各方面创新。科技创新是提高社会生产力和综合国力的战略支撑，必须摆在国家发展全局的核心位置。从经济学角度看，科学发现和技术创新的功能又有所区别。熊彼特认为发明创造是新概念、新设想，至多表现为试验品，技术创新则是把发明或其他科技成果引入到生产经营体系中，利用其原理、方法或手段制造出市场需要的商品，即科技成果的商业化或产业化。熊彼特认为技术创新的出现造成了对生产资料和银行信用的扩大需求，引起了经济高涨。阿罗（1962）从内生技术角度解释了技术创新对经济增长的推动作用。罗默（1986、1990）、卢卡斯（1988）、阿吉翁（1992）等从内生增长理论的角度阐述了技术创新是经济增长的内生动力，他们的内生增长模型都以 R&D 为基础。

（2）经济结构

经济结构既是经济增长的结果，也是衡量经济运行质量的重要标志，合理的经济结构可以促进国民经济持续健康增长，反之则阻碍经济健康增长。结构主义理论认为产业结构变迁可以通过要素再配置实现生产效率的提升，是促进经济增长质量提升的一个重要源泉。郭克莎（1995）认为产业结构的高度化本身能加快经济增长速度并提高增长效率，但结构失衡会影响增长效益的提高，经济增长效益依赖于产业结构。唐文强（2014）研究表明改革中推动经济增长的潜在需求会受到经济结构的多重约束。

（3）生态效率

习近平指出保护环境就是保护生产力，改善环境就是发展生产力。要自觉地推动绿色发展、循环发展、低碳发展，绝不以牺牲环境为代价去换取一时的经济增长。

生态效率的提高意味着单位 GDP 所需能耗的减少和经济增长质量的提高。提高生态效率是促进经济可持续增长的重要保障，是反映经济增长质量的重要方面，有研究表明能源效率与经济增长之间存在显著的长期均衡关系。改革开放以来，我国能源消费增长速度减缓甚至下降的根本原因是能源效率的改进和技术变革。

（4）开放度

要利用好国际国内两个市场、两种资源，发展更高层次的开放型经济。非公经济正在成为经济转型升级的重要力量，成为助力供给侧改革的活力源泉之一。

改革开放前的中国经济是以国有经济为主体的一元公有制经济，经济效率极为低下，严重束缚了经济活力。改革开放后非公经济迅猛发展，成为推动中国经济增长的重要力量。易纲（2003）认为当非公经济成为推动中国经济增长的重要力量的时候，管理和技术的创新已经被内生地决定了。

（5）人力资本

人力资本是蕴藏在人身上的知识和技能，具有较强的外溢效应。舒尔茨、贝克尔、卢卡斯、罗默等著名经济学家都论证并实证分析了人力资本对经济增长的重要作用，认为人力资本是经济增长的源动力。

2. 科技进步指标体系

科技进步主要因素有技术创新、经济结构、生态效率、开放度和人力资本五项主要因素（见表2-6）。

技术创新反映 R&D 投入与产出情况。二级指标设 R&D 经费支出、专利授权量、工业企业技术升级经费支出、技术市场成交额4项三级指标。

党的十八届五中全会公报中指出要促进新型工业化、信息化、城镇化、农业现代化同步发展，在增强国家硬实力的同时注重提升国家软实力，不断增强发展整体性。经济结构指标下设产业结构高度、信息化发展指数、城镇化率和农业机械总动力4项三级指标。

长江经济带要优先走"绿色"发展之路，一方面要节能减排，一方面要大力发展循环经济。故生态效率指标下设单位能源效益和工业固体废物综合利用率2项三级指标。

在开放方面，既要提高对外开放水平，又要大力发展非公经济，充分发挥市场经济的决定性作用。开放度指标下设进出口总额、实际利用外资、固定资产投资中国家预算资金占比和城镇就业中非国有单位之比4项三级指标。

共享的目的是要把经济发展成果惠及全体人民，保障基本民生，提高居民的创造和劳动能力。故人力资本指标下设教育人力资本和地方财政公共支出2项三级指标。

表 2 - 6   科技水平评价体系

一级指标	二级指标	三级指标（共16项）	指标内涵
A 科技水平	B1 技术创新	C11 R&D 经费投入（亿元）	技术创新经费投入
		C12 专利授予量（项）	自主创新能力
		C13 工业企业技术升级经费（亿元）	技术改造能力
		C14 技术市场成交额（亿元）	成果转化情况
	B2 经济结构	C21 产业结构高度	新型工业化水平
		C22 信息化发展指数	信息化水平
		C23 城镇化率（%）	城镇化水平
		C24 农业机械总动力（万千瓦）	农业现代化水平
	B3 生态效率	C31 单位能源效益（万元/吨标准煤）	能源综合产出
		C32 工业固体废物综合利用率（%）	循环利用情况
	B4 开放度	C41 实际利用外资（亿美元）	对外开放（资金）
		C42 进出口总额（亿美元）	对外开放（商品）
		C43 固定资产投资中非国家预算内资金占比（%）	固定资产投资资金来源情况
		C44 城镇就业中非国有单位就业占比（%）	非公经济发展情况
	B5 人力资本	C51 教育人力资本（年）	人均受教育水平
		C52 地方财政公共支出（亿元）	公共服务供给情况

3. 长江经济带科技进步现状分析

（1）R&D 经费投入

在 2000～2014 年期间，R&D 经费支出总量存在较大差异。江苏、上海、浙江东部沿海三省市支出较多，四川、湖北、安徽、湖南为第二梯队，重庆、江西、云南、贵州为第三梯队。从年均增长率来看，浙江、江苏、重庆、安徽年均增长率超过20%，湖南、江西、上海、湖北、云南增长率超过15%，四川、贵州略低于15%（见表2-7）。

表 2 - 7   长江经济带11省市 R&D 经费支出

单位：亿元，2000 年可比价

年份	上海	江苏	浙江	安徽	江西	湖北	湖南	重庆	四川	贵州	云南
2000	76.73	73.10	36.59	20.02	9.10	34.80	19.27	10.10	44.90	4.20	6.80
2001	89.13	91.97	40.77	20.49	7.77	36.66	24.22	9.87	57.31	5.29	7.73

年份	上海	江苏	浙江	安徽	江西	湖北	湖南	重庆	四川	贵州	云南
2002	104.62	108.29	55.09	25.29	11.51	47.92	26.64	12.16	61.89	5.97	9.91
2003	126.91	112.72	70.28	31.30	16.46	53.29	29.86	16.37	78.28	7.44	10.97
2004	158.73	137.70	99.63	33.65	19.18	51.69	34.04	20.98	72.44	7.75	11.50
2005	188.41	228.50	137.88	41.20	24.41	65.61	39.05	27.69	87.25	9.18	19.01
2006	229.26	287.52	183.44	52.48	30.60	80.09	45.21	31.80	93.75	11.57	18.12
2007	265.49	343.20	221.67	60.26	37.16	88.32	58.15	39.22	113.96	10.08	21.06
2008	304.72	441.40	261.84	78.26	45.19	110.54	84.30	46.97	123.71	12.78	23.82
2009	360.30	535.67	307.06	106.23	56.07	156.96	113.53	62.50	166.70	17.92	29.00
2010	396.31	613.67	353.10	119.53	59.48	181.01	128.79	76.08	194.68	19.51	33.05
2011	475.81	713.63	399.53	143.66	59.99	204.90	148.03	89.75	203.62	21.94	38.75
2012	552.92	862.86	486.01	187.78	70.69	239.53	180.47	111.34	240.94	23.83	46.32
2013	629.87	987.99	546.09	231.67	83.35	274.67	203.21	123.26	273.28	25.69	52.47
2014	702.23	1 118.10	613.44	260.86	100.49	312.41	228.04	140.11	308.04	27.71	59.60
增长率（%）	17.13	21.51	22.31	20.13	18.72	16.97	19.30	20.67	14.75	14.43	16.77

注：依据 GDP 平减指数折算为 2000 年可比价。

资料来源：根据《中国统计年鉴》数据整理。

表 2-8　　　　　　　　长江经济带 11 省市 R&D 经费支出描述性统计

单位：亿元，2000 年可比价

省市	观测数	最小值	最大值	均值	标准差
江苏	15	73.10	1 118.08	443.75	347.90
上海	15	76.73	702.23	310.76	203.14
浙江	15	36.59	613.44	254.16	191.16
四川	15	44.90	308.04	141.38	84.57
湖北	15	34.80	312.41	129.23	92.74
安徽	15	20.02	260.86	94.18	79.25
湖南	15	19.27	228.04	90.85	71.32
重庆	15	9.87	140.11	54.55	43.85
江西	15	7.77	100.49	42.10	28.80
云南	15	6.80	59.60	25.87	16.90
贵州	15	4.20	27.71	14.06	7.99

（2）专利授予量

专利授予有发明专利、实用新型专利和外观设计专利三类。专利授予量为三类授予量的加权和，权重分别为9、3和1（见表2-9和表2-10）。

发明专利授权量、实用新型专利授权量和外观专利授权量分别以9、3和1的权重加总得到专利授权量总数。江苏、浙江和上海三省市授权量最多。四川、安徽、湖北、湖南、重庆为第二梯队。江西、云南和贵州为第三梯队。从均值看，江苏专利授权量是四川的4倍，四川是江西的4.36倍，江苏是贵州的22.7倍。

从增长率来看，安徽增长率超过了30%，江苏、浙江、重庆超过了25%，上海、四川、湖北、贵州超过了20%，江西、湖南接近20%，云南为16.58%。

表2-9　　　　　　　　长江经济带11省市专利授予量　　　　　　　单位：项

年份	上海	江苏	浙江	安徽	江西	湖北	湖南	重庆	四川	贵州	云南
2000	10 648	17 350	15 845	4 102	2 988	6 592	7 649	2 960	8 600	1 984	3 549
2001	11 747	15 586	16 802	3 498	2 695	6 718	7 189	2 877	8 413	1 692	3 575
2002	15 033	18 875	19 703	3 837	2 598	6 695	6 811	3 655	8 291	1 659	2 836
2003	31 399	25 610	27 728	4 658	3 384	9 949	9 719	6 059	10 231	2 065	3 651
2004	32 201	30 486	32 513	4 751	3 259	13 164	10 371	7 271	12 738	2 897	4 316
2005	37 453	36 474	41 492	5 987	3 931	14 200	12 197	7 871	13 406	3 287	4 955
2006	51 232	50 098	63 366	7 027	4 584	17 636	15 336	10 428	17 834	4 565	5 855
2007	69 989	75 418	91 989	9 955	6 109	22 504	18 443	12 826	24 581	5 831	7 117
2008	82 478	104 560	119 105	13 282	7 079	29 054	22 593	14 606	32 647	6 254	7 161
2009	109 205	173 740	169 079	23 406	9 033	35 751	30 761	20 721	46 022	7 128	9 407
2010	146 793	278 384	261 157	42 578	12 813	54 424	44 955	34 632	75 292	10 486	13 091
2011	167 942	394 984	315 330	81 145	17 158	66 609	54 376	47 943	79 672	11 924	16 681
2012	201 626	555 768	450 683	122 231	24 589	88 627	76 584	66 636	117 228	17 449	23 173
2013	193 550	570 457	503 938	154 783	29 180	100 486	83 706	76 954	132 159	21 955	25 944
2014	204 808	559 020	494 536	163 348	37 369	106 732	91 851	74 650	140 696	28 897	30 384
增长率（%）	23.52	28.15	27.86	30.11	19.78	22.00	19.43	25.93	22.10	21.09	16.58

资料来源：根据历年《中国统计年鉴》数据整理，为发明专利、实用新型专利、外观设计专利加权和。

表 2 – 10　　　　　　长江经济带 11 省市专利授予量描述性统计　　　单位：项

地区	观测数	最小值	最大值	均值	标准差
江苏	15	15 586	570 457	193 787	218 786
浙江	15	15 845	503 938	174 884	183 268
上海	15	10 648	204 808	91 074	73 461
四川	15	8 291	140 696	48 521	48 161
安徽	15	3 498	163 348	42 973	58 110
湖北	15	6 592	106 732	38 609	35 786
湖南	15	6 811	91 851	32 836	30 062
重庆	15	2 877	76 954	26 006	27 237
江西	15	2 598	37 369	11 118	11 044
云南	15	2 836	30 384	10 780	9 081
贵州	15	1 659	28 897	8 538	8 272

（3）工业企业技术升级经费

工业企业技术升级经费为消化吸收经费、购买国内技术经费和技术改造经费的算术平均值（见表 2 – 11 和表 2 – 12）。

在 2000~2014 年期间，工业企业消化吸收、购买国内技术和技术改造经费的支出均值来看，江苏较高，均值超过 100 亿元。浙江约为 60 亿元。上海、湖南、四川、安徽、湖北为 40 亿元左右，重庆、江西、贵州和云南较少。

从经费支出增长率来看，湖南、四川、江苏、贵州、安徽、重庆年均增长 10% 左右，湖北年均增长 7%，江西、上海、浙江年均增长约为 5%，云南不足 3%。

表 2 – 11　　　　　长江经济带 11 省市工业企业技术升级经费支出

单位：亿元，2000 年可比价

年份	上海	江苏	浙江	安徽	江西	湖北	湖南	重庆	四川	贵州	云南
2000	26.16	34.95	31.78	9.40	6.10	11.52	13.56	5.12	11.54	4.11	6.92
2001	26.77	46.57	29.49	14.74	7.40	21.67	13.43	7.33	13.51	7.61	6.65
2002	30.52	56.77	43.87	23.47	7.56	17.95	14.96	6.66	23.40	7.79	6.23
2003	29.45	78.63	68.37	36.15	14.83	24.12	25.98	9.93	23.07	10.45	10.36
2004	48.68	86.05	69.09	34.01	15.85	37.28	28.65	21.88	34.96	14.07	7.23
2005	44.59	83.20	72.99	48.59	13.68	37.25	26.98	14.97	42.24	11.54	5.86

续表

年份	上海	江苏	浙江	安徽	江西	湖北	湖南	重庆	四川	贵州	云南
2006	45.64	81.03	73.64	55.12	18.88	48.50	27.13	15.71	43.7	15.68	12.80
2007	52.93	106.34	82.75	66.99	21.57	67.11	31.79	14.48	49.14	14.05	11.23
2008	45.70	113.12	82.31	55.30	24.67	92.18	43.52	18.37	54.49	16.05	11.10
2009	54.88	110.14	66.45	34.35	12.54	65.98	50.22	16.84	57.15	18.02	6.98
2010	47.86	122.04	59.04	21.97	11.46	31.48	66.39	15.43	64.28	12.28	12.64
2011	50.04	161.27	62.16	47.94	14.38	22.62	71.17	17.28	64.16	16.51	15.77
2012	50.21	172.67	59.69	39.82	12.51	22.61	77.79	20.19	42.22	24.11	10.84
2013	49.25	155.85	62.33	37.06	17.71	22.16	84.51	25.14	39.46	17.87	9.33
2014	49.47	138.95	60.01	34.72	13.10	29.79	66.46	18.25	51.10	15.56	10.37
增长率	4.66	10.36	4.65	9.78	5.61	7.02	12.02	9.50	11.21	9.98	2.93

资料来源：根据历年《中国统计年鉴》数据整理，2014年数据为估计值。

表2-12　　　　长江经济带11省市工业企业技术升级经费描述性统计

单位：亿元，2000年可比价

地区	观测数	最小值	最大值	均值	标准差
江苏	15	34.95	172.67	103.17	41.89
浙江	15	29.49	82.75	61.60	15.87
上海	15	26.16	54.88	43.48	9.92
湖南	15	13.43	84.51	42.84	24.69
四川	15	11.54	64.28	40.96	16.89
安徽	15	9.40	66.99	37.31	15.84
湖北	15	11.52	92.18	36.81	22.44
重庆	15	5.12	25.14	15.17	5.73
江西	15	6.10	24.67	14.15	5.15
贵州	15	4.11	24.11	13.71	4.98
云南	15	5.86	15.77	9.62	2.91

（4）技术市场成交额

从技术市场成交额均值来看，上海最多，年均约270亿元。江苏年均约135亿元，为上海的50%左右。湖北年均85亿元。重庆、四川、浙江、安徽年均超过30亿元。云南、江西不足20亿元，贵州年均仅3.2亿元。

从该项指标的增长率来看，贵州年均增长超 40%，安徽、四川、湖北超 20%，江苏、上海、江西超 10%，重庆约 10%，浙江为 5.56%，云南为 3.76%（见表 2-13 和表 2-14）。

表 2-13　　　　　　　　　长江经济带 11 省市技术市场成交额

单位：亿元，2000 年可比价

年份	上海	江苏	浙江	安徽	江西	湖北	湖南	重庆	四川	贵州	云南
2000	73.90	44.96	27.63	6.10	6.93	27.60	28.68	29.66	10.42	0.06	18.77
2001	107.42	52.75	31.18	6.24	6.28	33.69	29.69	28.59	12.60	0.06	25.65
2002	122.88	59.05	37.21	7.42	6.18	34.89	32.87	39.44	7.75	1.33	18.17
2003	140.55	73.56	47.94	8.50	8.07	40.10	36.65	52.10	12.68	1.69	22.79
2004	160.06	82.18	50.14	8.18	8.35	42.15	37.52	52.88	15.38	1.21	19.83
2005	209.50	85.24	32.68	12.77	9.52	43.90	36.61	30.90	17.23	0.88	14.21
2006	274.14	57.19	32.72	16.36	7.54	37.71	38.41	47.70	22.55	0.43	7.17
2007	306.41	62.56	35.70	22.20	7.58	41.43	36.41	33.02	24.90	0.49	7.93
2008	324.79	70.99	44.62	25.55	5.57	46.63	35.07	47.96	33.18	1.37	3.81
2009	370.52	82.58	43.47	27.82	7.23	56.66	32.57	30.13	42.43	1.21	7.99
2010	354.96	178.36	43.12	33.64	15.72	62.18	27.67	60.26	40.32	5.03	8.14
2011	382.71	223.32	48.03	43.45	21.19	79.73	22.47	47.64	46.96	8.25	8.09
2012	422.24	268.57	54.69	57.37	24.73	122.35	26.50	37.64	76.38	5.52	30.62
2013	431.13	350.39	54.46	86.09	26.49	244.77	47.98	63.05	101.51	10.02	27.62
2014	475.87	360.03	58.95	112.55	31.41	355.07	60.68	108.43	136.46	10.55	31.45
增长率	14.23	16.02	5.56	23.15	11.40	20.02	5.50	9.70	20.17	44.67	3.76

资料来源：根据历年《中国统计年鉴》数据整理。

表 2-14　　　　　　长江经济带 11 省市技术市场成交额描述性统计

单位：亿元，2000 年可比价

地区	观测数	最小值	最大值	均值	标准差
上海	15	73.90	475.87	277.14	132.06
江苏	15	44.96	360.03	136.78	110.95
湖北	15	27.60	355.07	84.59	92.89
重庆	15	28.59	108.43	47.29	20.34
浙江	15	27.63	58.95	42.84	9.64
四川	15	7.75	136.46	40.05	37.40

续表

地区	观测数	最小值	最大值	均值	标准差
湖南	15	22.47	60.68	35.32	9.31
安徽	15	6.10	112.55	31.62	31.64
云南	15	3.81	31.45	16.82	9.36
江西	15	5.57	31.41	12.85	8.73
贵州	15	0.06	10.55	3.21	3.70

（5）产业结构高度

产业结构高度化实际上包含了两个内涵：一是比例关系的演进；二是劳动生产率的提高。前者是产业结构高度化的量的内涵，后者才是产业结构高度化的质的内涵。刘伟（2008）构造了一个计算产业化高度的指标法，可用于时间序列分析作为计量实证研究的基础数据。产业结构高度系数为三次产业结构的加权平均，权重为相应产业的标准化劳动生产率。

$$S_t = \sum v_{it} \times LP_{it}^N \qquad (2-9)$$

$$LP_{it}^N = \frac{LP_{it} - LP_{ib}}{LP_{if} - LP_{ib}} \qquad (2-10)$$

S_t 为 t 期产业结构高度系数，v_{it} 为 t 期 i 次产业 GDP 占 GDP 总量的比重，LP_{it}^N 为 t 期 i 次产业标准化劳动生产率，LP_{it} 为 t 期 i 次产业劳动生产率，LP_{ib} 是工业化开始时 i 次产业劳动生产率，LP_{if} 是工业化完成时 i 次产业劳动生产率。

式 2-10 对各产业劳动生产率依据工业化起点生产率和终点生产率进行标准化。若产业结构高度大于 1，意味着已完成工业化阶段，进入了后工业化阶段。

从产业结构高度均值看，上海高达 2.16。江苏、浙江接近 1。重庆为 0.56。贵州、湖北、云南、湖南为 0.4 左右。四川、江西、安徽低于 0.3。

从产业结构高度的变化情况来看，贵州年均增长 26%，四川年均增长 20%，湖北、重庆、江西、安徽年均增长超 15%，江苏、湖南、浙江年均增长超 10%，上海年均增长 9.48%，云南年均增长 8.75%（见表 2-15 和表 2-16）。

表 2-15　　　　　　　　长江经济带 11 省市产业结构高度

年份	上海	江苏	浙江	安徽	江西	湖北	湖南	重庆	四川	贵州	云南
2000	1.067	0.298	0.338	0.055	0.069	0.081	0.142	0.142	0.054	0.034	0.198
2001	1.201	0.339	0.383	0.072	0.085	0.106	0.163	0.175	0.071	0.163	0.224
2002	1.383	0.382	0.443	0.090	0.092	0.135	0.180	0.213	0.091	0.188	0.259

年份	上海	江苏	浙江	安徽	江西	湖北	湖南	重庆	四川	贵州	云南
2003	1.376	0.426	0.521	0.110	0.107	0.159	0.185	0.258	0.115	0.185	0.290
2004	1.503	0.469	0.585	0.127	0.129	0.185	0.199	0.295	0.139	0.208	0.305
2005	1.675	0.549	0.657	0.145	0.152	0.229	0.228	0.352	0.173	0.227	0.312
2006	1.838	0.639	0.725	0.170	0.180	0.282	0.244	0.435	0.204	0.239	0.332
2007	2.191	0.742	0.767	0.185	0.212	0.346	0.279	0.497	0.244	0.450	0.360
2008	2.135	0.857	0.845	0.203	0.256	0.398	0.332	0.564	0.278	0.488	0.370
2009	2.457	0.991	0.949	0.235	0.303	0.482	0.404	0.649	0.343	0.564	0.415
2010	2.528	1.166	1.058	0.282	0.349	0.558	0.465	0.741	0.402	0.627	0.454
2011	2.749	1.335	1.154	0.332	0.403	0.640	0.529	0.819	0.466	0.720	0.502
2012	3.100	1.513	1.296	0.365	0.456	0.713	0.611	0.922	0.541	0.774	0.539
2013	3.409	1.709	1.403	0.398	0.505	0.790	0.712	1.120	0.621	0.821	0.611
2014	3.790	1.965	1.584	0.446	0.577	0.889	0.812	1.220	0.701	0.880	0.641
增长率（%）	9.48	14.42	11.66	16.13	16.38	18.66	13.26	16.61	20.09	26.16	8.75

资料来源：根据历年各省市统计年鉴数据整理。

表2-16　　　　　　　　　长江经济带11省市产业结构高度描述性统计

地区	观测数	最小值	最大值	均值	标准差
上海	15	1.067	3.790	2.16	0.84
江苏	15	0.298	1.965	0.89	0.53
浙江	15	0.338	1.584	0.85	0.38
重庆	15	0.142	1.220	0.56	0.34
贵州	15	0.034	0.880	0.44	0.28
湖北	15	0.081	0.889	0.40	0.27
云南	15	0.198	0.641	0.39	0.14
湖南	15	0.142	0.812	0.37	0.21
四川	15	0.054	0.701	0.30	0.21
江西	15	0.069	0.577	0.26	0.17
安徽	15	0.055	0.446	0.21	0.12

（6）信息化发展指数

信息化发展指数是一个全面评价国民经济和社会信息化发展水平的综合性指标，可以用来衡量社会利用信息通信技术来创建、获取、使用和分享信息及知识的能力，以及信息化发展对社会发展的推动作用。该指数由国家统计局根据原国务院信息办和国家发改委制定中国信息化发展战略及发展规划的任务而研究制定的。信息化发展指数 I 由 10 个具体指标构成，信息化发展指数 II 对发展指数 I 进行了优化，扩展到了 12 个指标（见表 2 – 17、表 2 – 18 和表 2 – 19）。

表 2 – 17　　　　　　　　　长江经济带 11 省市信息化发展指数

年份	上海	江苏	浙江	安徽	江西	湖北	湖南	重庆	四川	贵州	云南
2000	0.716	0.497	0.533	0.410	0.426	0.463	0.455	0.455	0.446	0.366	0.384
2001	0.745	0.530	0.562	0.428	0.442	0.491	0.467	0.468	0.473	0.380	0.400
2002	0.790	0.560	0.595	0.444	0.470	0.527	0.497	0.512	0.497	0.420	0.422
2003	0.812	0.586	0.627	0.485	0.499	0.550	0.520	0.541	0.524	0.446	0.448
2004	0.827	0.607	0.652	0.497	0.502	0.564	0.529	0.553	0.533	0.466	0.475
2005	0.840	0.630	0.680	0.500	0.520	0.570	0.540	0.570	0.540	0.480	0.480
2006	0.871	0.655	0.700	0.531	0.535	0.594	0.565	0.597	0.560	0.509	0.498
2007	0.906	0.690	0.731	0.545	0.555	0.609	0.579	0.613	0.575	0.519	0.508
2008	0.931	0.713	0.759	0.567	0.562	0.630	0.596	0.632	0.585	0.531	0.537
2009	0.961	0.745	0.785	0.595	0.586	0.658	0.617	0.660	0.617	0.569	0.555
2010	0.961	0.782	0.806	0.626	0.602	0.683	0.638	0.687	0.641	0.595	0.581
2011	0.982	0.815	0.828	0.664	0.629	0.708	0.660	0.705	0.652	0.626	0.603
2012	1.008	0.844	0.855	0.682	0.642	0.729	0.676	0.728	0.674	0.643	0.623
2013	1.040	0.864	0.887	0.692	0.658	0.744	0.692	0.751	0.688	0.663	0.638
2014	1.064	0.892	0.914	0.715	0.676	0.765	0.710	0.773	0.706	0.686	0.657
增长率（%）	2.87	4.27	3.93	4.05	3.35	3.65	3.24	3.85	3.34	4.60	3.91

资料来源：根据《中国信息年鉴》数据整理，《中国信息年鉴》中公布了 2000 ~ 2009 年信息发展指数 I，2005 ~ 2012 年信息发展指数 II，为使数据具有可比性，把 2000 ~ 2004 年转化成信息发展指数 II。2013 年和 2014 年为根据历史数据外推估计得到。

表 2－18　　　　　长江经济带 11 省市信息化发展指数描述性统计

省市	观测数	最小值	最大值	均值	标准差
上海	15	0.716	1.064	0.90	0.11
浙江	15	0.533	0.914	0.73	0.12
江苏	15	0.497	0.892	0.69	0.13
湖北	15	0.463	0.765	0.62	0.09
重庆	15	0.455	0.773	0.62	0.10
湖南	15	0.455	0.710	0.58	0.08
四川	15	0.446	0.706	0.58	0.08
安徽	15	0.410	0.715	0.56	0.10
江西	15	0.426	0.676	0.55	0.08
贵州	15	0.366	0.686	0.53	0.10
云南	15	0.384	0.657	0.52	0.09

表 2－19　　　　　　　　　　信息化发展指数指标体系

总指数	分类指数		指标
信息化发展总指数（Ⅱ）	一、基础设施指数	1	电话拥有率（部/百人）
		2	电视机拥有率（台/百人）
		3	计算机拥有率（台/百人）
	二、产业技术指数	4	人均电信业产值（元/人）
		5	每百万人发明专利申请量（个/百万人）
	三、应用消费指数	6	互联网普及率（户/百人）
		7	人均信息消费额（元/人）
	四、知识支撑指数	8	信息产业从业人数比重（%）
		9	教育指数
	五、发展效果指数	10	信息产业增加值比重（%）
		11	信息产业研发经费比重（%）
		12	人均国内生产总值（元/人）

　　从信息化发展指数均值看，上海平均为 0.9，2012 年达到 1，完成工业化阶段。浙江均值为 0.73，到 2014 年工业化已完成 90%。江苏均值为 0.69，到 2014年接近 0.9。湖北和重庆均值为 0.62，湖南、四川为 0.58，安徽和江西为 0.55，

贵州和云南为 0.52。

从增长率看，贵州年均增长 4.6%，江苏、安徽年均增长超过 4%。浙江、云南、重庆年均增长接近 4%。湖北、江西、四川年均增长约 3.5%，湖南和上海年均增长约 3%。

（7）城镇化率

从城镇化率指数看，上海最高，2014 年已接近 90%。从均值看，浙江、江苏城镇化率均值超过 50%。重庆、湖北城镇化率均值超过 40%。其他省城镇化率均值超过 30%。

从年均增长率看，江西、云南、安徽、四川年均增长率超过 4%。贵州、重庆、湖南年均增长率超过 3.5%。江苏年均增长 3.28%。浙江和湖北年均增长约 2%。上海年均增长 1.32%（见表 2 - 20 和表 2 - 21）。

表 2 - 20　　　　　　　　　　长江经济带 11 省市城镇化率　　　　　　　单位：%

年份	上海	江苏	浙江	安徽	江西	湖北	湖南	重庆	四川	贵州	云南
2000	74.60	41.50	48.70	28.00	27.69	42.72	29.75	35.59	26.69	23.87	23.36
2001	75.30	42.58	50.56	29.30	30.41	40.80	30.80	37.40	27.95	23.96	24.86
2002	76.40	44.55	51.40	30.70	32.20	41.40	32.00	39.91	29.21	24.29	26.01
2003	77.60	46.44	51.98	32.00	34.02	42.00	33.50	41.90	30.47	24.77	26.60
2004	81.20	47.60	52.67	33.50	35.58	42.60	35.50	43.51	31.73	26.28	28.10
2005	83.80	49.31	54.94	35.46	36.96	43.17	36.96	45.18	32.99	26.84	29.45
2006	85.80	51.18	55.48	37.10	38.68	43.80	38.71	46.70	34.30	27.96	30.50
2007	86.80	52.52	56.15	38.70	39.80	44.30	40.45	48.34	35.60	29.25	31.60
2008	87.46	53.70	56.58	40.51	41.36	45.20	45.22	49.99	37.40	30.70	33.00
2009	88.25	54.99	56.85	42.10	43.18	46.00	43.20	51.59	38.70	32.10	34.00
2010	89.29	60.58	61.62	43.01	44.06	49.70	43.30	53.01	40.17	33.80	34.81
2011	89.30	61.90	62.30	44.80	45.70	51.83	45.10	55.02	41.83	34.96	36.80
2012	89.30	63.00	63.20	46.50	47.51	53.50	46.65	56.98	43.53	36.41	39.31
2013	89.60	64.11	64.00	47.86	48.87	54.51	47.96	58.34	44.90	37.83	40.48
2014	89.60	65.21	64.87	49.15	50.22	55.67	49.28	59.60	46.30	40.01	41.73
增长率	1.32	3.28	2.07	4.10	4.34	1.91	3.67	3.75	4.01	3.76	4.23

资料来源：国家统计局，中经网数据库。

表 2 - 21		长江经济带 11 省市城镇化率描述性统计			单位：%
地区	观测数	最小值	最大值	均值	标准差
上海	15	74.60	89.60	84.29	5.72
浙江	15	48.70	64.87	56.75	5.28
江苏	15	41.50	65.21	53.28	8.08
重庆	15	35.59	59.60	48.20	7.61
湖北	15	40.80	55.67	46.48	5.14
湖南	15	29.75	49.28	39.89	6.52
江西	15	27.69	50.22	39.75	6.92
安徽	15	28.00	49.15	38.58	6.95
四川	15	26.69	46.30	36.12	6.33
云南	15	23.36	41.73	32.04	5.80
贵州	15	23.87	40.01	30.20	5.40

（8）农业机械总动力

农业机械总动力指全部农业机械动力的额定功率之和。农业机械是指用于种植业、畜牧业、渔业、农产品初加工、农用运输和农田基本建设等活动的机械及设备。农业机械总动力在某种程度上能反映农业机械化水平和农业现代化水平。

由于上海市第一产业所占比重相对较小，上海市农业机械总动力非常少，均值仅为 110 万千瓦，最多的安徽均值为 4 600 万千瓦，上海农业机械总动力不足安徽的 1/40。湖南、江苏农业机械总动力均值超过 3 500 万千瓦。四川、湖北农业机械总动力均值超过 2 500 万千瓦。江西、浙江、云南农业机械总动力均值超过 2 000 万千瓦。贵州均值约为 1 380 万千瓦。重庆均值约为 900 万千瓦。

从增长率来看。上海为负增长，年均减少 1.35%。增长率最高的为贵州，年均增长超 10%。湖北年均增长 8.26%，湖南、四川、云南年均增长约 7%。江西年均增长 6.29%。安徽、重庆年均增长约 5.5%。江苏年均增长 3.37%，浙江年均增长 1.41%（见表 2 - 22 和表 2 - 23）。

单位：万千瓦

表 2－22　　长江经济带 11 省市农业机械总动力

年份	上海	江苏	浙江	安徽	江西	湖北	湖南	重庆	四川	贵州	云南
2000	142.50	2 925.29	1 990.09	2 975.87	902.31	1 414.02	2 209.74	586.47	1 679.68	618.63	1 301.34
2001	133.92	2 957.93	2 017.24	3 164.98	1 002.04	1 469.24	2 358.02	628.07	1 735.10	647.93	1 397.83
2002	126.87	2 983.89	2 053.21	3 372.11	1 111.82	1 557.43	2 498.09	665.57	1 803.68	699.41	1 460.43
2003	112.61	3 029.10	2 039.66	3 544.66	1 220.52	1 661.75	2 664.45	695.67	1 891.06	761.99	1 542.91
2004	105.15	3 052.51	2 026.74	3 784.44	1 465.20	1 763.61	2 923.92	728.31	2 006.78	797.18	1 608.48
2005	96.46	3 135.33	2 111.27	3 983.83	1 781.26	2 057.37	3 189.86	775.96	2 181.70	1 011.52	1 666.05
2006	97.23	3 278.53	2 293.00	4 239.93	2 137.09	2 263.15	3 437.15	820.01	2 344.87	1 207.19	1 763.98
2007	97.68	3 392.44	2 331.63	4 535.30	2 506.32	2 551.08	3 684.43	860.31	2 523.05	1 411.74	1 861.91
2008	95.32	3 630.86	2 343.45	4 807.46	2 946.43	2 796.99	4 021.14	903.15	2 687.55	1 537.50	2 013.92
2009	99.23	3 810.57	2 384.03	5 108.85	3 358.93	3 057.06	4 352.39	967.41	2 952.66	1 606.42	2 159.40
2010	104.06	3 937.34	2 427.46	5 409.78	3 805.00	3 371.00	4 651.54	1 071.09	3 155.13	1 730.31	2 411.05
2011	105.68	4 106.11	2 461.25	5 657.08	4 200.03	3 571.23	4 935.59	1 140.30	3 426.10	1 851.40	2 628.39
2012	112.73	4 214.64	2 489.40	5 902.77	4 599.68	3 842.16	5 189.24	1 162.00	3 694.03	2 106.65	2 874.45
2013	113.17	4 405.62	2 462.20	6 140.28	2 014.13	4 081.05	5 433.99	1 198.88	3 953.09	2 240.80	3 070.33
2014	117.76	4 649.98	2 420.13	6 365.83	2 118.39	4 292.90	5 672.10	1 243.34	4 160.12	2 458.40	3 215.03
增长率	－1.35	3.37	1.41	5.58	6.29	8.26	6.97	5.51	6.69	10.36	6.67

资料来源：国家统计局。

表 2 - 23　　　　　　长江经济带 11 省市农业机械总动力　　　　　　单位：万千瓦

地区	观测数	最小值	最大值	均值	标准差
安徽	15	2 975.87	6 365.83	4 599.54	1 126.31
湖南	15	2 209.74	5 672.10	3 814.78	1 175.57
江苏	15	2 925.29	4 649.98	3 567.34	583.32
四川	15	1 679.68	4 160.12	2 679.64	837.47
湖北	15	1 414.02	4 292.90	2 650.01	1 004.02
江西	15	902.31	4 599.68	2 344.61	1 196.37
浙江	15	1 990.09	2 489.40	2 256.72	191.93
云南	15	1 301.34	3 215.03	2 065.03	632.62
贵州	15	618.63	2 458.40	1 379.14	616.44
重庆	15	586.47	1 243.34	896.44	221.85
上海	15	95.32	142.50	110.69	14.39

（9）单位能源效益

单位能源效益为实际 GDP 与能源消耗总量（标准煤）的比值，采用 2000 年可比价。

从单位能源效益的均值看，上海、江苏和浙江平均产出较高，均超过 1 万元每吨标准煤（2000 年可比价）。重庆、江西、安徽、湖北、湖南、四川超过 0.75 万元每吨标准煤。云南为 0.6 万元每吨标准煤，贵州仅为 0.3 万元每吨标准煤。

从单位能源产出的增长率看，湖北年均增长 5.61%，安徽、贵州、四川、上海、重庆年均增长率介于 4%～5%，浙江、江西、云南、江苏年均增长率高于 2%，湖南不足 1%（见表 2 - 24 和表 2 - 25）。

表 2 - 24　　　　　　长江经济带 11 省市单位能源效益

单位：万元/吨标准煤，2000 年可比价

年份	上海	江苏	浙江	安徽	江西	湖北	湖南	重庆	四川	贵州	云南
2000	0.868	0.993	0.936	0.595	0.800	0.566	0.831	0.743	0.603	0.241	0.580
2001	0.894	1.061	0.936	0.617	0.829	0.608	0.866	0.759	0.629	0.252	0.574
2002	0.939	1.096	0.924	0.652	0.821	0.628	0.823	0.762	0.629	0.274	0.567
2003	0.970	1.081	0.921	0.694	0.794	0.605	0.740	0.764	0.571	0.243	0.572
2004	1.016	1.006	0.928	0.714	0.808	0.564	0.671	0.799	0.554	0.249	0.544

续表

年份	上海	江苏	浙江	安徽	江西	湖北	湖南	重庆	四川	贵州	云南
2005	1.016	0.931	0.942	0.736	0.811	0.585	0.623	0.851	0.590	0.260	0.513
2006	1.055	0.964	0.974	0.765	0.837	0.599	0.614	0.865	0.603	0.265	0.522
2007	1.115	1.007	1.016	0.798	0.874	0.624	0.646	0.866	0.632	0.278	0.544
2008	1.159	1.074	1.076	0.836	0.929	0.666	0.681	0.949	0.660	0.299	0.571
2009	1.235	1.109	1.137	0.884	0.973	0.924	0.712	1.002	0.826	0.384	0.599
2010	1.261	1.150	1.174	0.928	1.027	0.968	0.749	1.035	0.843	0.406	0.623
2011	1.356	1.192	1.211	0.967	1.059	1.010	0.785	1.089	0.912	0.412	0.644
2012	1.446	1.255	1.290	1.009	1.126	1.147	0.827	1.169	0.970	0.427	0.665
2013	1.512	1.310	1.340	1.082	1.169	1.147	0.870	1.231	1.092	0.448	0.772
2014	1.572	1.359	1.442	1.150	1.207	1.216	0.929	1.287	1.153	0.465	0.804
增长率	4.33	2.27	3.14	4.82	2.98	5.61	0.80	4.00	4.74	4.81	2.36

资料来源：根据各省统计年鉴数据资料整理。

表 2 - 25　　　　　　　长江经济带 11 省市单位能源效益描述统计

单位：万元/吨标准煤，2000 年价格

	观测数	最小值	最大值	均值	标准差
上海	15	0.868	1.572	1.16	0.23
江苏	15	0.931	1.359	1.11	0.13
浙江	15	0.921	1.442	1.08	0.17
重庆	15	0.743	1.287	0.94	0.18
江西	15	0.794	1.207	0.94	0.15
安徽	15	0.595	1.150	0.83	0.17
湖北	15	0.564	1.216	0.79	0.25
湖南	15	0.614	0.929	0.76	0.10
四川	15	0.554	1.153	0.75	0.20
云南	15	0.513	0.804	0.61	0.09
贵州	15	0.241	0.465	0.33	0.08

（10）工业固体废物综合利用率

　　工业固体废物综合利用率指工业固体废物综合利用量占工业固体废物产生量的百分比。工业固体废物综合利用的主要方式有建筑材料、能源、再循环利用、有效成分回收利用等。

从工业固体废物综合利用率均值看，上海、江苏综合利用率超过了90%，浙江为88.7%，安徽、重庆、湖北利用率高于70%，湖南接近70%。四川为56%，云南、贵州和江西仅为40%左右。

从工业固体废物综合利用率增长率看，江西增长率最高，高于10%。其他省市均低于5%，上海、江苏不足1%（见表2-26和表2-27）。

表2-26　　　　　长江经济带11省市工业固体废物综合利用率　　　　单位：%

年份	上海	江苏	浙江	安徽	江西	湖北	湖南	重庆	四川	贵州	云南
2000	93.30	85.50	79.30	71.60	14.64	53.74	47.00	71.00	35.80	30.30	35.50
2001	94.53	88.00	81.85	73.27	22.31	62.20	62.20	65.30	41.40	36.30	32.05
2002	95.77	88.50	84.39	74.95	19.21	66.40	63.50	68.20	47.00	29.00	36.03
2003	97.00	91.70	86.94	76.63	22.13	72.10	63.00	68.43	52.60	29.20	40.00
2004	97.20	92.30	87.83	78.30	25.30	72.01	66.50	70.93	58.20	40.30	40.10
2005	96.31	94.90	92.90	79.32	27.10	73.31	70.00	72.07	59.70	34.10	35.00
2006	94.70	94.10	91.77	82.00	35.63	72.33	73.00	73.70	55.00	36.00	41.00
2007	94.21	96.10	92.23	82.22	36.40	74.92	74.30	76.71	52.20	37.50	42.70
2008	95.53	98.72	92.19	83.00	39.63	74.72	78.90	79.07	61.50	39.90	47.80
2009	98.60	96.80	91.55	83.13	41.61	74.81	76.70	79.80	57.50	45.60	49.00
2010	96.20	96.10	82.07	84.55	46.54	80.50	81.00	80.40	54.80	50.90	51.00
2011	96.56	96.40	91.07	78.70	48.42	82.37	75.67	76.86	63.19	52.74	49.00
2012	97.03	96.70	90.45	81.50	51.48	84.32	70.33	81.56	64.99	60.90	49.00
2013	97.21	97.00	93.24	84.00	54.54	86.27	65.00	84.01	66.80	50.50	49.00
2014	97.39	97.30	92.75	85.70	57.60	88.22	79.60	84.20	68.61	56.51	49.00
增长率	0.31	0.93	1.13	1.29	10.28	3.60	3.83	1.23	4.76	4.55	2.33

注：根据相关统计资料数据整理所得，缺失数据通过线性内插或外延、曲线模拟等方法估计。

表2-27　　　长江经济带11省市工业固体废物综合利用率描述性统计　　　单位：%

地区	观测数	最小值	最大值	均值	标准差
上海	15	93.30	98.60	96.10	1.43
江苏	15	85.50	98.72	94.01	3.96
浙江	15	79.30	93.24	88.70	4.68

续表

地区	观测数	最小值	最大值	均值	标准差
安徽	15	71.60	85.70	79.92	4.28
重庆	15	65.30	84.20	75.48	6.02
湖北	15	53.74	88.22	74.57	9.20
湖南	15	47.00	81.00	69.78	8.92
四川	15	35.80	68.61	55.95	9.22
云南	15	32.05	51.00	43.08	6.42
贵州	15	29.00	60.90	41.98	10.27
江西	15	14.64	57.61	36.17	13.81

（11）实际利用外资

从实际利用外资均值看，江苏年均约为201亿美元，浙江年均约为110亿美元，上海年均约为100亿美元。四川、重庆、湖南、安徽、江西年均约为40亿美元，湖北年均约为34亿美元，云南年均约为10亿美元，贵州年均约为5亿美元。

从实际利用外资年均增长率看，江西、安徽、重庆年均增长约30%，云南、重庆、贵州、湖南、湖北年均增长约20%，浙江、江苏、上海年均约10%（见表2-28和表2-29）。

表2-28　　　　　长江经济带11省市实际利用外资总额　　　　　单位：亿美元

年份	上海	江苏	浙江	安徽	江西	湖北	湖南	重庆	四川	贵州	云南
2000	63.90	65.95	24.89	4.15	2.27	9.44	11.08	3.45	9.56	1.95	2.21
2001	74.10	73.52	45.19	4.83	3.96	12.10	11.87	4.24	11.00	0.28	2.07
2002	50.30	108.25	46.95	7.41	10.87	14.02	13.77	4.50	10.66	0.37	2.84
2003	58.50	158.02	75.78	10.95	16.12	15.57	17.90	5.67	9.25	0.56	2.95
2004	65.41	121.38	97.46	5.47	20.52	20.71	16.37	4.08	10.01	0.65	2.14
2005	68.50	131.80	139.38	6.88	24.23	21.85	16.37	5.21	11.02	1.08	2.92
2006	71.07	173.04	145.06	13.94	28.07	24.49	25.93	7.02	14.74	0.94	4.29
2007	79.20	218.92	143.20	29.99	31.04	27.66	32.71	10.89	20.12	1.53	5.52
2008	100.84	251.20	124.50	34.90	36.04	32.45	40.05	27.37	33.42	1.74	9.36
2009	105.40	253.23	108.77	38.84	40.24	36.58	45.98	40.44	41.29	1.80	9.10
2010	111.21	284.98	132.26	50.14	51.01	40.50	51.84	63.70	70.13	3.40	13.29

年份	上海	江苏	浙江	安徽	江西	湖北	湖南	重庆	四川	贵州	云南
2011	126.01	321.32	153.98	66.29	60.59	46.55	61.50	105.79	110.27	7.17	17.38
2012	151.85	357.60	162.23	86.38	68.24	56.66	72.80	105.77	105.51	10.98	21.89
2013	167.80	332.59	141.59	106.88	75.51	68.88	87.05	105.97	105.75	15.74	25.10
2014	183.75	281.70	157.97	123.40	84.51	79.28	102.66	106.29	106.53	21.31	27.06
增长率	7.84	10.93	14.11	27.41	29.47	16.42	17.24	27.73	18.79	18.61	19.61

资料来源：中经网数据库。

表 2 - 29　　　　长江经济带 11 省市实际利用外资总额描述性统计　　单位：亿美元

地区	观测数	最小值	最大值	均值	标准差
江苏	15	65.95	357.60	208.90	96.87
浙江	15	24.89	162.23	113.28	45.08
上海	15	50.30	183.75	98.52	42.02
四川	15	9.25	110.27	44.62	42.22
湖南	15	11.08	102.66	40.53	29.30
重庆	15	3.45	106.29	40.03	44.41
安徽	15	4.15	123.40	39.36	39.54
江西	15	2.27	84.51	36.88	25.98
湖北	15	9.44	79.28	33.78	21.15
云南	15	2.07	27.06	9.87	8.93
贵州	15	0.28	21.31	4.63	6.43

（12）进出口总额

从进出口总额均值看，11 省市差异较大。江苏年均超过 3 000 亿美元，上海年均超过 2 500 亿美元，浙江年均超 1 700 亿美元。四川、重庆年均超 200 亿美元，约占沿海三省市的 1/10。安徽年均约为 190 亿美元，湖北年均约为 180 亿美元，江西年均约为 150 亿美元，湖南年均约为 120 亿美元，云南年均约为 100 亿美元，贵州仅为 32.8 亿美元。

从进出口总额增长率看，均保持了非常高的增长率，均超过 15%。增长率最快的是重庆，为 32.87%。其次为四川和江西，增长率超 25%。云南、贵州、安徽、湖北年均增长超 20%。浙江、江苏和湖南接近 20%（见表 2 - 30 和表 2 - 31）。

97

表2-30　长江经济带11省市进出口总额

单位：亿美元

年份	上海	江苏	浙江	安徽	江西	湖北	湖南	重庆	四川	贵州	云南
2000	547.08	456.36	278.33	33.47	16.24	32.23	25.12	17.86	25.45	6.60	18.13
2001	608.83	513.48	327.97	36.15	15.31	35.77	27.58	18.34	30.99	6.46	19.88
2002	726.27	702.89	419.56	41.81	16.94	39.53	28.76	17.93	44.69	6.91	22.27
2003	1 123.40	1 136.17	614.11	59.48	25.28	51.09	37.32	25.95	56.34	9.84	26.69
2004	1 600.10	1 708.49	852.05	72.12	35.28	67.66	54.44	38.57	68.67	15.14	37.41
2005	1 863.37	2 279.23	1 073.90	91.19	40.65	90.55	60.00	42.93	79.02	14.04	47.43
2006	2 275.24	2 839.78	1 391.42	122.45	61.95	117.62	73.52	54.70	110.21	16.18	62.25
2007	2 828.54	3 494.72	1 768.47	159.32	94.49	148.69	96.86	74.38	143.78	22.70	87.94
2008	3 220.55	3 922.72	2 111.34	201.84	136.18	207.06	125.47	95.21	221.14	33.66	95.97
2009	2 777.14	3 387.40	1 877.31	156.78	127.79	172.51	101.49	77.13	241.69	23.04	80.48
2010	3 689.51	4 657.99	2 535.35	242.73	216.19	259.32	146.56	124.27	326.94	31.47	134.30
2011	4 375.49	5 395.81	3 093.78	313.09	314.69	335.87	189.44	292.08	477.24	48.88	160.29
2012	4 365.87	5 479.61	3 124.01	392.85	334.14	319.64	219.49	532.04	591.44	66.32	210.14
2013	4 412.68	5 508.02	3 357.89	455.19	367.47	363.80	251.75	686.92	645.75	82.90	253.04
2014	4 664.00	5 635.53	3 550.40	491.77	427.31	430.40	308.32	954.32	702.03	107.71	296.07
增长率	16.54	19.67	19.94	21.16	26.31	20.34	19.61	32.87	26.74	22.07	22.08

资料来源：中经网数据库。

表 2 - 31　　　　　　长江经济带 11 省市进出口总额描述性统计　　　　单位：亿美元

地区	观测数	最小值	最大值	均值	标准差
江苏	15	456.36	5 635.53	3 141.21	1 935.33
上海	15	547.08	4 664.00	2 605.20	1 487.81
浙江	15	278.33	3 550.40	1 758.39	1 162.62
四川	15	25.45	702.03	251.03	240.08
重庆	15	17.86	954.32	203.51	289.54
安徽	15	33.47	491.77	191.35	155.38
湖北	15	32.23	430.40	178.12	134.11
江西	15	15.31	427.31	148.66	145.29
湖南	15	25.12	308.32	116.41	89.33
云南	15	18.13	296.07	103.49	89.37
贵州	15	6.46	107.71	32.79	30.73

（13）固定资产投资中非国家预算资金占比

从固定资产投资中非国家预算内资本占比均值看，江苏最大，为 98.71%，上海为 97.71%，浙江为 96.73%，安徽、湖南、四川、江西约 94%，贵州为 93.37%，湖北、重庆约为 92%，云南约为 90%。

从该项指标年均增长率看，上海从 2012 ~ 2014 年非预算资金占有所减少，2012 年下降了 4 个百分点。浙江先增后减，最高为 2006 年的 98.46%，总体上略有下降。四川同样为先增后减，最高为 2007 年的 97.39%，总体上略有下降。其他省份均为增加。湖北年均增长 0.48%，重庆年均增加 0.44%，江西年均增加 0.32%，贵州年均增加 0.27%，云南年均增加 0.21%，湖南年均增加 0.16%，安徽年均增加 0.1%，江苏年均增加 0.08%（见表 2 - 32 和表 2 - 33）。

表 2 - 32　　　长江经济带 11 省市固定资产投资中非国家预算资金占比　　　单位：%

年份	上海	江苏	浙江	安徽	江西	湖北	湖南	重庆	四川	贵州	云南
2000	97.35	97.55	95.69	93.69	92.43	90.05	92.83	89.00	95.27	91.35	87.82
2001	97.37	97.88	96.15	92.11	89.46	88.78	92.28	87.00	95.44	93.49	85.24
2002	98.79	98.58	97.34	92.11	93.99	88.15	93.28	81.90	95.72	92.41	88.05
2003	98.76	98.29	98.10	95.01	94.20	91.68	94.71	89.52	96.60	94.58	88.50
2004	98.93	98.85	98.25	94.99	94.42	91.25	95.92	93.92	96.78	96.28	90.08

续表

年份	上海	江苏	浙江	安徽	江西	湖北	湖南	重庆	四川	贵州	云南
2005	98.89	99.27	97.88	94.87	93.06	91.87	96.01	94.14	96.80	96.82	89.52
2006	98.49	99.38	98.46	95.11	92.60	91.75	96.09	94.47	96.56	95.72	86.76
2007	98.21	99.03	98.10	94.48	92.86	91.16	95.36	94.58	97.39	95.00	92.98
2008	98.51	99.05	96.78	95.23	93.16	91.77	93.47	95.51	95.50	93.60	87.93
2009	98.63	98.77	96.53	94.31	94.04	91.98	91.94	93.44	89.85	91.12	85.75
2010	98.18	98.94	96.88	94.17	95.24	92.96	93.32	92.39	89.57	91.34	93.26
2011	98.80	98.86	95.82	94.91	95.56	95.50	94.94	93.81	91.99	89.34	93.56
2012	94.66	98.80	95.18	94.80	95.72	96.23	94.35	93.81	89.65	91.37	91.29
2013	95.30	98.77	95.04	95.41	96.45	96.46	95.28	95.36	91.55	93.18	92.44
2014	94.75	98.67	94.72	94.96	96.72	96.23	94.93	94.69	94.62	94.91	90.39
增长率	-0.19	0.08	-0.07	0.10	0.32	0.48	0.16	0.44	-0.05	0.27	0.21

资料来源：国家统计局。

表 2-33　　　　　长江经济带 11 省市固定资产投资中非国家
预算资金占比描述性统计　　　　　　　　　　　单位：%

地区	观测数	最小值	最大值	均值	标准差
江苏	15	97.55	99.38	98.71	0.49
上海	15	94.66	98.93	97.71	1.54
浙江	15	94.72	98.46	96.73	1.26
安徽	15	92.11	95.41	94.41	1.03
湖南	15	91.94	96.09	94.31	1.37
四川	15	89.57	97.39	94.22	2.86
江西	15	89.46	96.72	93.99	1.86
贵州	15	89.34	96.82	93.37	2.19
湖北	15	88.15	96.46	92.39	2.63
重庆	15	81.90	95.51	92.24	3.80
云南	15	85.24	93.56	89.57	2.72

（14）城镇就业中非国有单位就业占比

从城镇就业中非国有单位就业占比均值看，比例最大的浙江，为 81.69%。
其次为江苏 77.08%，上海 75.88%。重庆、安徽约为 70%。湖北、湖南、四川、云南、江西约为60%。贵州约为50%。

从该项指标的年均增长率来看，云南、湖南、江西年均增长超过5%。湖北、贵州、重庆、四川、江苏和上海年均增长超过4%。安徽年均增长3.41%。浙江年均增长率最低，为2.32%（见表2-34和表2-35）。

表2-34　　　　长江经济带11省市城镇就业中非国有单位就业占比　　　单位：%

年份	上海	江苏	浙江	安徽	江西	湖北	湖南	重庆	四川	贵州	云南
2000	52.40	51.60	65.80	52.00	38.50	42.50	38.50	47.40	41.00	34.20	35.20
2001	57.90	55.80	69.40	54.40	39.90	41.80	41.50	51.00	43.20	36.00	39.70
2002	64.50	60.00	72.10	57.70	43.30	47.30	43.60	56.10	47.90	35.90	42.70
2003	68.60	67.00	75.90	59.90	46.80	51.60	47.90	61.00	52.50	39.00	45.90
2004	73.50	72.20	78.70	60.30	53.50	54.90	53.90	62.30	56.50	44.70	52.10
2005	76.90	76.70	80.10	61.70	57.50	57.90	62.00	65.30	60.60	47.90	57.30
2006	77.43	80.07	82.73	62.70	60.39	60.85	62.22	65.44	62.24	50.14	57.61
2007	78.60	81.70	85.20	66.30	61.50	60.50	63.90	71.80	64.00	51.00	63.90
2008	79.45	83.90	85.50	65.57	62.05	63.96	65.09	73.79	66.32	49.48	67.22
2009	80.40	85.10	86.20	68.30	61.70	68.50	67.60	76.00	67.40	51.30	68.30
2010	80.23	86.36	86.88	73.26	63.19	71.12	69.19	76.48	67.38	51.58	70.50
2011	83.00	86.80	87.90	73.70	70.50	74.40	73.70	81.10	68.60	52.40	73.50
2012	85.20	87.10	88.50	75.40	71.10	75.80	74.40	83.60	68.60	58.40	74.70
2013	89.30	90.80	89.80	81.10	77.00	79.60	78.50	86.60	73.40	64.40	77.60
2014	90.80	91.10	90.70	83.10	79.30	82.30	81.40	88.50	76.50	65.50	78.00
增长率	4.00	4.14	2.32	3.41	5.30	4.83	5.49	4.56	4.56	4.75	5.85

资料来源：根据各省市统计年鉴资料数据整理。

表2-35　　　长江经济带11省市城镇单位中非国有单位就业占比描述性统计　　单位：%

地区	观测数	最小值	最大值	均值	标准差
浙江	15	65.8	90.7	81.69	7.78
江苏	15	51.6	91.1	77.08	12.89
上海	15	52.4	90.8	75.88	10.91
重庆	15	47.4	88.5	69.76	12.73
安徽	15	52.0	83.1	66.36	9.35

续表

地区	观测数	最小值	最大值	均值	标准差
湖北	15	41.8	82.3	62.20	13.03
湖南	15	38.5	81.4	61.55	13.64
四川	15	41.0	76.5	60.98	10.66
云南	15	35.2	78.0	60.28	14.34
江西	15	38.5	79.3	59.08	12.73
贵州	15	34.2	65.5	48.79	9.66

（15）教育人力资本

舒尔茨于 1960 年提出了现代人力资本理论，认为人力资本是蕴藏在人身上的知识和技能，是经济增长的重要源泉。人力资本积累途径主要有正规教育、培训、医疗保健、劳动力迁移等。教育人力资本是人力资本的重要构成部分，一般采用受教育年限来计量。

本报告采用从业人员人均受初等教育等效年限来计量教育人力资本。文盲半文盲人力资本为 1 年，小学毕业从业人员人力资本为 6 年，初中毕业为 10 年，高中毕业为 15 年，大学毕业为 23 年，即小学、初中、高中、大学阶段教育对人力资本积累效用的权重分别为 1、1.3、1.7 和 2。

从人力资本均值看，最高的是上海，为 14.41 年。然后依次是江苏 10.62 年，湖南 10.55 年，浙江 10.50 年，湖北 10.35 年，江西 10.14 年，重庆 9.44 年，四川 9.21 年，安徽 9.17 年，贵州 8.44 年，云南 8.15 年。

从人力资本年均增长率来看，11 省市年均增长率相差不大，最快的是浙江 2.61%，其次是云南 2.6%。重庆、贵州、湖南、四川、上海、安徽年均增长率超过 2%。年均增长最慢的是江西，1.64%（见表 2-36 和表 2-37）。

表 2-36　　　　　　　　　　长江经济带 11 省市人力资本　　　　　　单位：年

年份	上海	江苏	浙江	安徽	江西	湖北	湖南	重庆	四川	贵州	云南
2000	12.87	9.44	8.83	8.15	9.05	9.39	9.32	8.24	8.21	7.36	6.92
2001	13.03	9.76	8.98	8.59	9.53	9.92	9.61	8.43	8.69	7.66	7.15
2002	12.82	9.39	9.78	8.24	9.02	8.71	9.57	8.69	8.74	7.93	7.13
2003	14.13	9.74	9.86	9.06	10.56	9.40	9.83	8.88	8.91	8.38	6.90
2004	14.30	9.74	10.49	9.19	9.90	9.76	10.00	8.47	8.89	8.37	8.09
2005	13.51	10.16	9.47	8.39	9.19	9.46	9.73	8.75	8.03	7.44	7.41

年份	上海	江苏	浙江	安徽	江西	湖北	湖南	重庆	四川	贵州	云南
2006	14.62	10.12	9.92	8.37	9.18	9.81	9.63	8.74	8.17	7.46	7.65
2007	14.53	10.07	9.85	8.32	10.16	9.89	9.87	8.95	8.54	7.85	7.64
2008	14.68	10.19	10.00	8.70	9.97	10.02	10.00	9.01	8.51	8.18	7.82
2009	15.05	10.34	10.43	8.85	10.45	10.25	10.17	9.20	8.94	8.11	7.94
2010	14.31	11.37	10.92	9.67	10.33	10.70	10.77	10.22	9.50	8.67	8.72
2011	15.01	11.89	11.87	10.20	10.93	11.90	12.41	10.66	10.54	9.46	9.43
2012	15.22	12.24	12.09	10.53	11.14	11.82	12.34	11.06	10.63	9.69	9.57
2013	15.52	12.36	12.36	10.46	11.29	11.95	12.46	11.05	10.86	10.01	9.91
2014	16.58	12.50	12.67	10.79	11.37	12.25	12.50	11.30	10.94	10.01	9.91
增长率	1.82	2.02	2.61	2.02	1.64	1.92	2.12	2.28	2.07	2.22	2.60

资料来源：根据历年《中国劳动统计年鉴》数据整理。

表 2 - 37　　　　　　　　长江经济带 11 省市人力资本描述性统计　　　　　单位：年

地区	观测数	最小值	最大值	均值	标准差
上海	15	12.82	16.58	14.41	1.04
江苏	15	9.39	12.50	10.62	1.12
湖南	15	9.32	12.50	10.55	1.22
浙江	15	8.83	12.67	10.50	1.22
湖北	15	8.71	12.25	10.35	1.11
江西	15	9.02	11.37	10.14	0.82
重庆	15	8.24	11.30	9.44	1.09
四川	15	8.03	10.94	9.21	1.03
安徽	15	8.15	10.79	9.17	0.93
贵州	15	7.36	10.01	8.44	0.93
云南	15	6.90	9.91	8.15	1.09

（16）地方财政公共支出

从地方财政公共支出均值看，江苏支出约 2 550 亿元（2000 年可比价），上海、四川年均支出约 2 100 亿元，浙江年均支出约 1 700 亿元。湖南、安徽年均支出约 1 400 亿元，湖北、云南年均支出约 1 300 亿元，江西、重庆年均支出约 1 000 亿元，贵州约为 810 亿元（见表 2 - 38 和表 2 - 39）。

表 2-38

长江经济带 11 省市地方财政公共支出

单位：亿元，2000 年可比价

年份	上海	江苏	浙江	安徽	江西	湖北	湖南	重庆	四川	贵州	云南
2000	608.56	591.28	431.30	323.47	223.47	368.77	347.83	187.64	452.00	201.57	414.11
2001	716.57	727.27	588.09	393.06	284.19	481.95	436.12	234.59	592.47	272.11	498.67
2002	881.44	853.94	716.55	449.60	335.49	511.79	541.75	294.69	701.29	311.35	533.37
2003	1 071.44	1 007.10	810.56	490.14	370.37	525.41	569.39	320.60	721.77	313.63	585.35
2004	1 288.77	1 200.77	916.51	542.64	404.64	590.06	661.16	350.96	831.31	373.94	610.50
2005	1 488.36	1 414.59	1 068.58	638.59	483.04	681.26	766.09	421.74	977.45	434.51	683.89
2006	1 590.36	1 672.75	1 205.17	832.09	563.75	888.33	897.95	512.08	1 171.78	487.11	774.81
2007	1 883.66	2 037.26	1 422.25	1 043.88	689.25	1 013.64	1 072.22	641.24	1 441.20	590.72	922.90
2008	2 181.66	2 451.98	1 672.52	1 295.53	867.97	1 223.50	1 297.78	783.56	2 247.75	705.37	1 108.39
2009	2 544.09	3 065.52	2 042.77	1 673.10	1 154.21	1 537.89	1 634.85	1 015.84	2 790.63	931.44	1 522.20
2010	2 717.36	3 515.13	2 291.86	1 885.94	1 311.93	1 714.41	1 865.22	1 296.36	3 136.42	1 061.99	1 709.23
2011	3 116.48	4 167.06	2 566.81	2 207.07	1 570.84	2 039.34	2 234.95	1 796.55	3 236.63	1 359.09	2 023.39
2012	3 405.60	4 707.91	2 799.27	2 637.53	1 877.15	2 342.26	2 583.78	2 122.50	3 742.83	1 573.89	2 405.24
2013	3 672.15	5 180.07	3 160.74	2 862.12	2 134.62	2 691.13	2 915.05	2 138.55	4 250.12	1 678.32	2 693.73
2014	3 954.66	5 615.97	3 486.33	3 091.04	2 402.48	3 017.14	3 109.10	2 293.72	4 659.51	1 865.11	2 912.83
增长率	14.30	17.44	16.10	17.49	18.49	16.20	16.94	19.58	18.13	17.22	14.95

资料来源：根据中经网数据库数据整理。

104

从增长率来看，按可比价均实现了两位数的增长。增长最快的是重庆，年均增长约20%。江西年均增长约18.5%，四川年均增长约18%，安徽、江苏、贵州、湖南年均增长约17%，湖北、浙江年均增长约16%，云南年均增长约15%，上海年均增长约14%。

表2-39　　　　长江经济带11省市地方财政公共支出描述性统计　　　单位：亿元

地区	观测数	最小值	最大值	均值	标准差
江苏	15	591.28	5 615.97	2 547.24	1 718.67
上海	15	608.56	3 954.66	2 074.74	1 109.84
四川	15	452.00	4 659.51	2 063.54	1 457.19
浙江	15	431.30	3 486.33	1 678.62	988.68
湖南	15	347.83	3 109.10	1 395.55	939.85
安徽	15	323.47	3 091.04	1 357.72	968.92
湖北	15	368.77	3 017.14	1 308.46	872.02
云南	15	414.11	2 912.83	1 293.24	859.39
江西	15	223.47	2 402.48	978.23	724.22
重庆	15	187.64	2 293.72	960.71	770.14
贵州	15	201.57	1 865.11	810.68	565.65

（二）长江经济带科技进步贡献率实证分析

1. 主因素分析模型与方法

1942年首届诺贝尔经济学奖获得者丁伯根对CD总量生产函数作了改进，将常数 A 改进为随时间变化的变量 $A(t) = Ae^{\lambda t}$。

依据内生增长理论方法，认为科技进步（全要素生产率）并非虽时间呈指数增长，而是认为科技进步的变化受技术创新、经济结构、生态效率、开放度和人力资本五项主因素的影响，是五项因素共同起作用的结果。本报告的理论模型为：

$$\begin{cases} Y = AK^{\alpha}L^{\beta} \\ A = A_0 e^{\sum_i \gamma_i B_i} \\ B_i = \sum_j a_{ij} C_{ij}^* \end{cases} \quad (2-11)$$

式中，Y 为产出，用实际 GDP（2000 年可比价）表示。K 为物质资本存量（2000 年可比价）。L 为劳动。A 为科技进步，由技术创新 B_1、经济结构 B_2、生态效率 B_3、开放度 B_4 和人力资本 B_5 五项主因素构成。C_{ij}^* 为 C_{ij} 的标准化数据，a_{ij} 为因子分析过程因子得分系数，C_{ij} 的含义如表 2-6 所示。

对式 2-11 两边取对数转化为线性形式：

$$\ln Y = \ln A_0 + \alpha \ln K + \beta \ln L + \sum_i \gamma_i B_i \quad (2-12)$$

对式 2-12 两边求全微分得到：

$$\frac{\dot{Y}}{Y} = \left(\alpha \frac{\dot{K}}{K} + \beta \frac{\dot{L}}{L} \right) + \left(\gamma_1 \dot{B}_1 + \gamma_2 \dot{B}_2 + \gamma_3 \dot{B}_3 + \gamma_4 \dot{B}_4 + \gamma_5 \dot{B}_5 \right) \quad (2-13)$$

经济产出由物质资本、劳动力两个投入要素和科技进步共同作用下实现增长。资本、劳动和科技进步对经济增长的贡献率计算公式分别为：

$$CR_K = \alpha \frac{\dot{K}/K}{\dot{Y}/Y} \quad (2-14)$$

$$CR_L = \beta \frac{\dot{L}/L}{\dot{Y}/Y} \quad (2-15)$$

$$CR_A = \frac{\gamma_1 \dot{B}_1 + \gamma_2 \dot{B}_2 + \gamma_3 \dot{B}_3 + \gamma_4 \dot{B}_4 + \gamma_5 \dot{B}_5}{\dot{Y}/Y} \quad (2-16)$$

2. 参数估计

（1）数据说明

实证分析采用 2000~2014 年时间序列数据。

①经济产出 Y

经济产出用国内生产总值表示。国内生产总值数据来源于《中国统计年鉴》（2014）和各省区市统计年鉴，为消除价格因素，折算成 2000 年可比价数据。

②物质资产存量 K

物质资本存量的估计大多采用永续盘存法。即：

$$K_t = K_{t-1} + C_t - D_t \quad (2-17)$$

式中，K_t 为当期物质资本存量，K_{t-1} 为上期物质资本存量，C_t 为当期固定资本形成, D_t 为当期固定资产折旧。

在我国国民经济统计中, 有固定资本形成和折旧序列的统计, 所以关键问题就在于确定基期的物质资本存量。在 20 世纪 90 年代以来, 有很多学者对我国物质资本存量进行了估计 (张军扩, 1991; 贺菊煌, 1992; 周, 1993; 扬, 2000; 张军, 2004; 等等)。其中张军 (2004) 的研究成果得到学者广泛引用, 他对各年投资流量、投资品价格指数、折旧率、基期资本存量的选择与构造及缺失数据进行了处理和研究, 用永续盘存法估计了中国大陆 30 个省区市 1952～2000 年各年年末的物质资本存量时间序列。本文基期定于 2000 年, 基期年末数据采用张军教授估算的结果, 折旧率取 9.6%。用 GDP 平减指数折算成 2000 年可比价。

③从业人员 L

数据来源于各省区市统计年鉴。

(2) 估计方法

采用时间序列模型, 为消除多重共线性采用岭回归方法。

岭回归是一种专用于共线性数据分析的有偏估计回归方法, 实质上是一种改良的最小二乘估计法, 通过放弃最小二乘法的无偏性, 以损失部分信息、降低精度为代价获得回归系数更为符合实际、更可靠的回归方法, 对病态数据的拟合要强于最小二乘法。

(3) 估计结果

①参数估计

为观察各科技进步因素对经济增长的重要性, 采用标准化数据进行岭回归, 标准化系数见表 2 - 40。

标准化系数越大, 其对经济产出差异的解释力就越强, 对经济产出就越重要。

表 2 - 40　　　　　　　　　　参数估计结果

地区	项目	α^*	β^*	γ_1^*	γ_2^*	γ_3^*	γ_4^*	γ_5^*
上海	系数	0.1933	0.1619	0.1620	0.1635	0.0419	0.1644	0.1152
	T 值	13.3900	5.3900	8.8900	7.0700	0.1360	6.0000	4.6000
	sig. T	0.0000	0.0005	0.0000	0.0001	0.1078	0.0003	0.0012
江苏	系数	0.2549	0.2048	0.0672	0.2166	0.0665	0.0613	0.1403
	T 值	9.0700	4.7700	1.7800	8.7500	1.6400	1.8200	4.3300
	sig. T	0.0000	0.0010	0.0590	0.0003	0.0721	0.0560	0.0017

续表

地区	项目	α^*	β^*	γ_1^*	γ_2^*	γ_3^*	γ_4^*	γ_5^*
浙江	系数	0.1810	0.1997	0.0851	0.1922	0.0782	0.1246	0.1391
	T值	17.3100	8.1700	3.2000	12.1600	2.6500	5.2600	5.1700
	sig. T	0.0000	0.0000	0.0076	0.0000	0.0170	0.0000	0.0000
安徽	系数	0.2130	0.1950	0.1551	0.1668	0.0962	0.0518	0.1239
	T值	10.6400	7.5900	6.1800	7.1300	2.8400	1.5300	3.6000
	sig. T	0.0000	0.0000	0.0002	0.0000	0.0125	0.0844	0.0044
江西	系数	0.2279	0.2016	0.1433	0.0159	0.2832	0.0681	0.0326
	T值	8.3700	5.8200	3.2300	1.2400	7.0200	1.6400	0.9900
	sig. T	0.0000	0.0003	0.0072	0.1277	0.0001	0.0724	0.1775
湖北	系数	0.1873	0.1650	0.1673	0.2245	0.0346	0.0731	0.1525
	T值	9.0500	4.2600	4.0000	7.5200	0.7400	1.6900	3.3700
	sig. T	0.0000	0.0019	0.0026	0.0000	0.2420	0.0674	0.0060
湖南	系数	0.3122	0.0701	0.1926	0.1980	0.0599	0.0574	0.1207
	T值	8.0400	1.7000	4.1300	5.2400	2.4300	1.3800	3.0700
	sig. T	0.0000	0.0661	0.0022	0.0006	0.0227	0.1041	0.0090
重庆	系数	0.2539	0.1763	0.0491	0.1582	0.1643	0.1368	0.1065
	T值	13.4400	3.9600	1.5200	10.3200	5.1000	4.0800	6.9200
	sig. T	0.0000	0.0027	0.0856	0.0000	0.0007	0.0023	0.0001
四川	系数	0.2157	0.2135	0.1810	0.1980	0.0540	0.1029	0.0364
	T值	13.4900	6.3500	7.3800	8.4800	1.4100	2.6800	1.0400
	sig. T	0.0000	0.0001	0.0000	0.0000	0.1006	0.0158	0.1671
贵州	系数	0.2674	0.1626	0.0926	0.2366	0.1174	0.2530	0.0361
	T值	13.6100	13.6100	2.8900	8.7800	3.3600	7.5500	1.0200
	sig. T	0.0000	0.0000	0.0101	0.0000	0.0050	0.0000	0.1687
云南	系数	0.2747	0.1593	0.1002	0.1837	0.0680	0.1199	0.1009
	T值	4.9000	1.2600	1.7100	5.2900	1.2700	1.9100	2.7100
	sig. T	0.0009	0.1235	0.0655	0.0006	0.1227	0.0492	0.0151

上海、江苏、浙江三省市的开放度、经济结构调整对经济增长的影响较大，上海的技术创新对上海经济增长起了较大作用。

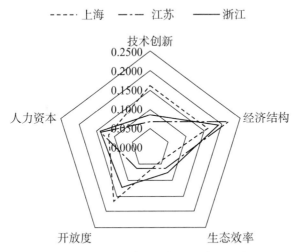

图 2 – 13　长江下游科技进步主因素对经济增长的标准化系数

安徽、江西、湖北、湖南四个省份的经济增长受技术创新和经济结构调整的影响较大，江西的生态效率对经济增长的影响非常大。

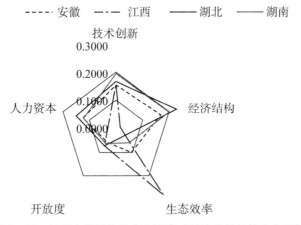

图 2 – 14　长江中游科技进步主因素对经济增长的标准化系数

重庆、四川、贵州、云南四个省份的经济增长受经济结构调整和开放度的影响相对较大，四川的技术创新对经济增长的影响也较大。

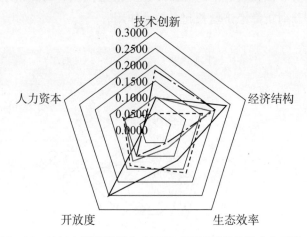

图 2 - 15　长江上游科技进步主因素对经济增长的标准化系数

②科技进步贡献率测算

依据式 2 - 14、式 2 - 15 和式 2 - 16，各因素对经济增长的贡献率见表2 - 41。

表 2 - 41　长江经济带 11 省市各因素对经济增长的贡献率（2000 ~ 2014 年）　　单位：%

地区	要素投入	资本	劳动	科技进步	技术创新	经济结构	生态效率	开放度	人力资本
上海	31.99	19.74	12.24	68.01	16.78	16.3	4.58	17.28	13.06
江苏	33.46	31.38	2.08	66.54	8.22	25.93	8.79	7.16	16.43
湖北	35.12	19.86	15.26	64.88	18.23	21.64	3.73	7.12	14.17
浙江	35.72	18.68	17.04	64.28	9.21	18.60	8.32	13.20	14.95
湖南	38.43	32.01	6.43	61.57	19.11	19.82	4.91	6.04	11.69
安徽	38.95	21.36	17.59	61.05	16.45	16.88	10.41	5.06	12.25
重庆	39.86	26.85	13.01	60.14	5.65	16.61	13.85	13.51	10.52
贵州	41.04	24.09	16.94	58.96	8.65	20.98	8.25	18.06	3.02
江西	41.42	23.11	18.31	58.58	14.58	4.97	28.56	7.18	3.29
四川	42.45	22.01	20.44	57.55	18.88	20.36	6.03	8.72	3.56
云南	44.53	29.58	14.95	55.47	9.13	19.53	5.69	11.27	9.85

科技进步对经济增长贡献率由高往低依次为上海、江苏、湖北、浙江、湖

南、安徽、重庆、贵州、江西、四川和云南。11 省市中有 7 省市的贡献率超过 60%，最低的云南贡献率超过了 55%。

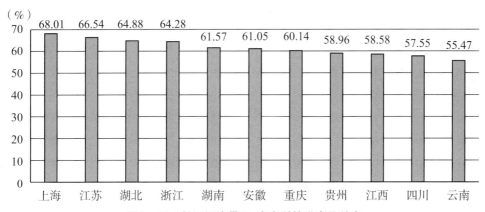

图 2－16　长江经济带 11 省市科技进步贡献率

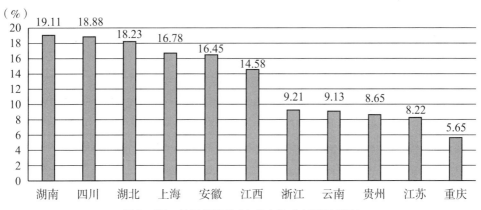

图 2－17　长江经济带 11 省市技术创新贡献率

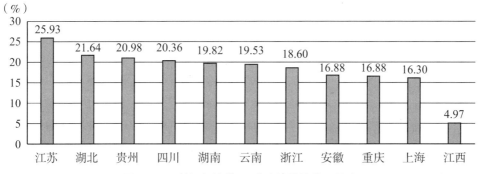

图 2－18　长江经济带 11 省市经济结构贡献率

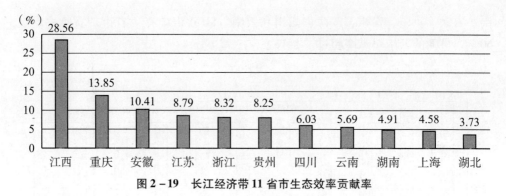

图 2-19　长江经济带 11 省市生态效率贡献率

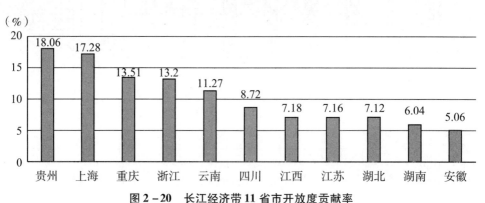

图 2-20　长江经济带 11 省市开放度贡献率

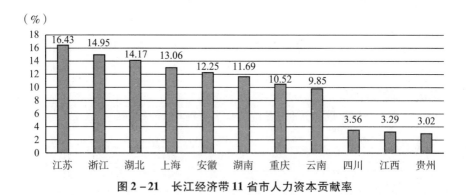

图 2-21　长江经济带 11 省市人力资本贡献率

（三）结论

　　科技进步是推动经济增长和发展的第一推动力。科技进步对经济增长的贡献率测算一直是经济增长理论重点研究的热点问题之一，研究方法归纳起来主要有索洛余值法、经济增长核算法、生产率指数法、数据包络方法、生产函数法和内生增长理论方法。国内的测算结果也因测算方法、基础数据不同而存在较大差异。

五大发展理念（创新、协调、绿色、开放、共享）是党的十八届五中全会最大的理论成果，是改革开放经验与教训的总结。长江经济带的发展，也必须以五大发展理念为指导。五大发展理念既是发展目标，又是发展手段。以五大发展理念为指导，把科技进步分解为技术创新、经济结构、生态效率、开放度和人力资本五项主因素。

上海：经济结构、技术创新、开放度三项对经济增长的解释力（重要性）相当，是科技进步的"三驾马车"。生态效率对经济增长的解释力大致为"三驾马车"的1/4。

江苏：经济结构对经济增长的解释力非常强，其次是人力资本，技术创新、生态效率和开放度的解释力大致相等。

浙江：经济结构调整对经济增长具有较强的解释力，其次是人力资本和开放度，技术创新和生态效率对经济增长的解释力相对较小。

安徽：经济结构调整和技术创新对经济增长的解释力较大，人力资本次之，生态效率和开放度相对较弱。

江西：生态效率对经济增长的解释力最大，技术创新对经济增长的重要性只有生态效率的一半左右。开放度、人力资本和经济结构的作用相对较弱。

湖北：经济结构调整、技术创新和人力资本对经济增长的解释力较大，开放度和生态效率相对较弱。

湖南：经济结构、技术创新对经济增长的解释力较强，人力资本居中，生态效率和开放度相对较弱。

重庆：生态效率、经济结构对经济增长的解释力较强，开放度、人力资本次之，技术创新相对较弱。

四川：经济结构、技术创新对经济增长的解释力较强，开放度次之，生态效率和人力资本相对较弱。

贵州：开放度、经济结构对经济增长的解释力较强，经济结构和技术创新次之，人力资本相对较弱。

云南：经济结构对经济增长的解释力较强，开放度、人力资本、技术创新次之，生态效率相对较弱。

在"强"领域里，技术创新出现的频次为3次，为上海、湖南和四川。经济结构出现的频次为10次，除江西外，经济结构对其他10省市经济增长都非常重要。生态效率出现的频次为2次，分别为江西和重庆。开放度出现的频次为3次，为上海、重庆和贵州。人力资本出现的频次为0。

在"中"领域里，技术创新的频次为5次，经济结构的频次为0，生态效率的频次为 1 次，开放度的频次为 3 次，人力资本的频次为 8 次。

在"弱"领域里，技术创新的频次为 3 次，为江苏、浙江、重庆。经济结构的频次为 0。生态效率的频次为 7 次。开放度的频次为 5 次。人力资本的频次为 4 次（见表 2 - 42）。

表 2 - 42　　　长江经济带 11 省市科技进步主因素对经济增长的解释力（Ⅰ）

程度	上海	江苏	浙江	安徽	江西	湖北	湖南	重庆	四川	贵州	云南
强	B4 B1 B2	B2	B2	B2	B3	B2	B2 B1	B3 B2 B4	B2 B1	B4 B2	B2
中	B5	B5	B5 B4	B1 B5	B1	B1 B5	B5	B5	B4	B3 B1	B4 B5 B1
弱	B3	B1 B3 B4	B1 B3	B3 B4	B2 B4 B5	B4 B3	B3 B4	B1	B3 B5	B5	B3

注：B1 为技术创新、B2 为经济结构、B3 为生态效率、B4 为开放度、B5 为人力资本。

采用加权平均方法对五项主因素对经济增长解释力进行综合评价。

$$e_i = \sum_j w_j p_{ij} \qquad (2-18)$$

式中，e_i 为第 i 项主因素对经济增长的综合解释力。j 表示解释力的强度，$j = 1$，表示对经济增长的解释力为"强"；$j = 2$，表示对经济增长的解释力为"中"；$j = 3$，表示对经济增长的解释力为"弱"。p_{ij} 为第 i 项主因素解释力为 j 的频次。

若给权重赋值，$w_1 = 3$，$w_2 = 2$，$w_3 = 1$，则五项主因素的解释力依次为 2，2.82，1.45，1.48，1.82，1.73（见表 2 - 43）。按其解释力由高往低排序依次为经济结构、技术创新、开放度、人力资本和生态效率。

表 2 - 43　　　长江经济带 11 省市科技进步主因素对经济增长的解释力（Ⅱ）

	B1 技术创新	B2 经济结构	B3 生态效率	B4 开放度	B5 人力资本
强	上海、湖南、四川（3）	上海、江苏、浙江、安徽、湖北、湖南、重庆、四川、贵州、云南（10）	江西、重庆（2）	上海、重庆、贵州（3）	（0）

	B1 技术创新	B2 经济结构	B3 生态效率	B4 开放度	B5 人力资本
中	安徽、江西、湖北、贵州、云南（5）	（0）	贵州（1）	浙江、四川、云南（3）	上海、江苏、浙江、安徽、湖北、湖南、重庆、云南（8）
弱	江苏、浙江、重庆（3）	江西（1）	上海、江苏、浙江、安徽、湖北、湖南、四川、云南（8）	江苏、安徽、江西、湖北、湖南（5）	江西、四川、贵州（3）
解释力	2	2.82	1.45	1.82	1.73

注：括号内数字为频次。

在2000～2014年，科技进步对经济增长贡献率由高往低依次为上海、江苏、湖北、浙江、湖南、安徽、重庆、贵州、江西、四川和云南。11省市中有7省市的贡献率超过60%，最低的云南贡献率超过了55%。

第二篇　科技支撑与区域振兴

- 中部地区崛起战略研究
- 江西在中部地区崛起方略研究
- 农民增收长效机制研究

第三章

中部地区崛起战略研究

一、"中部塌陷"与中部崛起 *

　　东部、中部、西部三大地区的划分，是我国区域经济最高层次上的空间划分，是我国宏观区域经济结构发展均衡和差异的反映。早在 1992 年，在沿海发展战略方兴未艾之时，江西一批很有责任感的学者，在全国率先倡导研究中部发展战略问题，并在进行区域比较分析后，提出要"谨防中部塌陷"的问题。

　　1994 年，湖北、江西等中部地区的社会科学工作者集聚武汉，发起了中部发展战略的研究，呼吁全国关注中部发展的特殊情况。

　　1999 年 9 月，安徽省政府发展研究中心发起"'十五'中部地区发展战略研讨会"，来自中部地区的政府官员与专家学者们在分析中部地区的战略地位时，认为中部地区论市场发展和经济发达程度不如东部，论贫困和地缘政治上的敏感度不如西部，因而中部地区往往会成为国家宏观调控的盲点，容易成为被中央倾斜政策遗忘的角落。在那次研讨会上，人们再次流露出对"中部塌

　　* 载于《南昌大学学报（社会科学版）》，2003 年 11 月第 34 卷第 6 期。
　　作者：周绍森、胡德龙、王志国。
　　王志国，1954 年 11 月生，研究员，曾任江西省政府发展研究中心副主任，现任江西省政府参事。

陷"的焦虑。

本书先通过对 2000 年以来中部与东部、西部的主要经济社会发展指标进行对比分析，来透视"中部塌陷"的问题。然后针对中部地区的现状和经济社会发展态势提出谨防"中部塌陷"，加快"中部崛起"的战略构想。

（一）中部与东部、西部经济社会发展现状对比

1. 经济总量增长速度比较：2002 年首次出现东快西次中慢的新态势

改革开放以来，我国东部、中部、西部地区国内生产总值（GDP）的增长速度一直是东快西慢中部居中的态势。在西部大开发战略和国家有关政策的引导下，地区发展差距缩小。东部地区继续保持快速增长态势，成为支撑国民经济全局的重要力量。西部地区经济"亮点"不断生成，经济增长速度明显加快。

2000 年，东部地区经济启动快、增幅大，增长率平均为 10.3%。全国 31 个省（市、区）中增幅超过 10% 的省份全部集中在东部。西部（不含西藏）地区经济发展速度明显提高，经济增长率达到 8.5%。与 1999 年相比，中部提高了 0.9 个百分点，西部却提高了 1.6 个百分点，中部与西部的差距缩小。

2001 年，东部地区的经济总量增长速度仍保留在 10% 以上。东部地区经济总量增长速度低于 10% 的只有河北（8.7%）、辽宁（9%）、福建（9%）和广东（9.3%）这 4 省。而中部没有一个省份的增长速度超过 10%。西部却有 2 个地区的增长速度超过 10%，这 2 个地区为西藏（12.6%）和宁夏（10.1%）。东部、中部和西部地区经济总量增长速度分别为 10.03%、9.16% 和 8.84%，东部比中部高 0.87 个百分点，比西部高 1.19 个百分点。

2002 年全国各地国内生产总值增长数据表明，我国以往东快西慢中部居中的经济增长基本格局已被打破，经济发展呈现出东部最快、西部居中、中部较慢的增长态势。东部、中部和西部 GDP 增长率分别为 10.92%、8.53% 和 9.04%。东部各省（市）对全国经济增长继续起着领跑作用，在经济增长最快的前 10 个省（市、区）中，有天津（12.5%）、浙江（12.3%）、江苏（11.6%）、山东（11.6%）、上海（10.9%）和广东（10.8%）6 省（市）。2002 年西部 GDP 增长快于中部 0.51 个百分点，这是近年罕见的变化，在经济增长最快的前 10 个省（市、区）中有 3 个西部省（区），分别是青海（12.4%）、内蒙古（12.1%）和四川（10.6%），西部大开发战略正在取得明显成效。中部经济增长较为缓慢，在经济增长最快的前 10 个省（市、区）中，只有山西（10.8%）1 个省。中部

经济增长减慢，一方面是由于中部在经济技术发展水平上竞争不过东部地区，在政策上与西部相比不占优势，因而经济发展受到一定影响；另一方面是中部地区内在发展动力不足，经济发展仍停留在较多依靠国家支持阶段，市场活力不足制约其快速发展。

2. 人均 GDP 增长比较：中部与东部差距拉大，与西部差距缩小

现在专家学者普遍采用人均 GDP 法评价一国内部各地区的经济发展水平。而对地区经济发展水平差距的考察，一般采用变异系数法，即用样本的标准差除以样本的均值。在实际计算时，考虑到样本空间中数据的重要性不同，通常采用加权平均的形式。比如，在计算各地区人均 GDP 的变异系数时，一般应以各地区的人口数作为权数进行加权评价。

从表 3 - 1 可以看出，近 3 年来三大地区的人均 GDP 差距仍然逐渐扩大，特别是东部地区与中部地区之间的差距越来越大，而西部地区与中部地区之间的差距越来越小。

表 3 - 1   三大地区人均 GDP 比较

年份	东部人均 GDP（元）	中部人均 GDP（元）	西部人均 GDP（元）	平均值	标准差	变异系数	东部与中部之比	西部与中部之比
2000	11 800.44	5 927.93	4 630.48	7 759.83	3 134.50	0.41	1.99	0.781
2001	12 811.06	6 395.21	5 006.84	8 365.49	3 412.02	0.41	2.00	0.783
2002	14 170.59	6 459.81	5 461.97	9 250.70	3 930.60	0.43	2.19	0.846

注：2002 年西部地区不含西藏。标准差为各地区人均 GDP 与平均值的离差平方平均值的算术平方根。

3. 固定资产投资增长率比较：西部一直明显高于中部

《中华人民共和国国民经济和社会发展第八个五年规划纲要》实施以来，东部、中部、西部地区固定资产投资增长呈现由东向西依次递增的势头，西部地区的投资增长幅度高于东部和中部地区，为 21 世纪开发西部地区打下了基础。

2000 年，在积极财政政策的作用下，西部地区固定资产投资规模进一步扩大，基础设施状况继续改善。东部和中部地区固定资产投资规模分别为 19 135.75 亿元和 7 481.02 亿元，比 1999 年增长 8.96% 和 11.42%；西部地区（不含西藏）投资 6 145 亿元，增长 12.95%，分别高于东部和中部 3.99 个百分点和 1.53 个百

分点。

2001 年，随着西部大开发战略的实施，西部地区的固定资产投资迅速增加。东部、中部和西部地区固定资产投资增长率分别为 11.34%、9.6% 和 16%。中部地区增长率低于东部地区 1.74 个百分点；大大低于西部地区，差额为 6.4 个百分点。2002 年，三大地区固定资产投资增长率都有所提高。东部、中部和西部地区固定资产投资增长率分别为 15.7%、18.15% 和 20%。东部地区市场因素带动投资增长加快，西部地区政策性因素作用投资增长较快，在市场和政策的双重作用下，中部地区固定资产投资增长加快。但相比之下，中部地区投资增长率仍低于西部。

4. 现代化水平比较：第一次、第二次现代化东中部之差远大于中西部之差，新经济指数前进位次中部下降、西部攀升

二次现代化理论是 20 世纪 90 年代末形成的。根据何传启的观点，二次现代化理论不仅是一个现代化理论，也是一种人类文明理论，它使现代化理论与人类文明理论形成一个有机的整体。这种理论把 18 世纪~21 世纪的世界现代化进程分为第一次和第二次现代化两个阶段。如果说，第一次现代化是以发展工业经济为特征的经典现代化即工业化阶段，那么，第二次现代化则是以发展知识经济为特征的新现代化即知识化阶段。

（1）第一次现代化

第一次现代化实现程度指数的含义：第一次现代化评价都以 1960 年工业化国家的平均值为标准值。当实现程度达到 100% 时，表明第一次现代化的 10 个经济和社会发展指标大约达到 1960 年工业化国家的平均水平，完成工业化进程。第一次现代化进程评价包括 10 个评价指标和 4 个信号指标（见表 3-2）。

2000 年地区第一次现代化实现程度指数水平：上海、北京、天津、辽宁、江苏、浙江、广东和黑龙江第一次现代化实现程度分别为 97%、94%、93%、87%、83%、83%、81% 和 81%。实现程度最低的 5 个地区分别是云南、贵州、西藏、甘肃和河南。

2001 年地区第一次现代化实现程度指数水平：上海、北京和天津第一次现代化实现程度分别为 97%、95% 和 94%，其他排 10 名的地区是辽宁、浙江、江苏、黑龙江、广东、吉林、湖北、陕西、福建和山东，它们第一次现代化实现程度分别为 89%、86%、86%、83%、83%、81%、81%、81%、80% 和 79%。实现程度最低的 5 个地区分别是西藏、云南、贵州、甘肃和河南。

表 3 - 2　　　　　　　　　2000～2001 年三大地带第一次现代化水平比较

东部	年份		中部	年份		西部	年份	
	2000	2001		2000	2001		2000	2001
北京	94	95	山西	77	78	内蒙古	72	74
天津	93	94	吉林	78	81	广西	68	69
河北	74	75	黑龙江	81	83	重庆	74	77
辽宁	87	89	安徽	69	71	四川	69	71
上海	97	97	江西	68	69	贵州	60	62
江苏	83	86	河南	67	69	云南	60	61
浙江	83	86	湖北	79	81	西藏	59	60
福建	79	80	湖南	72	73	陕西	78	81
山东	77	79				甘肃	67	68
广东	81	83				青海	71	72
海南	70	71				宁夏	72	74
						新疆	72	74
平均	83.455	85.000	平均	73.875	75.625	平均	68.500	70.250

　　资料来源：中国现代化战略研究课题组．中国现代化报告 2003．北京：北京大学出版社，2003 年。

　　（2）第二次现代化

　　第二次现代化实现程度指数的含义：第二次现代化评价都以 2000 年（或最近几年）高收入国家的平均值为基准值。第二次现代化指数的大小，反映评价对象与 2000 年高收入国家平均发展水平（世界先进水平）相比的相对水平（或差距）。第二次现代化进程评价包括知识创新、知识传播、生活质量（知识应用改进生活质量）、经济质量（知识应用改进经济质量）4 大类指标和 16 个具体指标，还有 4 个信号指标（见表 3 - 3）。

　　2000 年地区第二次现代化水平：北京处于第二次现代化的准备阶段。北京、天津、上海的第二次现代化实现程度指数分别为 74 点、54 点和 66 点。辽宁、陕西、浙江、黑龙江、江苏、吉林、广东、山东、山西、湖北和福建第二次现代化指数超过 30 点。第二次现代化指数最低的地区是西藏、贵州和云南。

表 3 - 3   2000 年三大地带第二次现代化水平比较

东部	第二次现代化	中部	第二次现代化	西部	第二次现代化
北京	74	山西	32	内蒙古	29
天津	54	吉林	34	广西	25
河北	29	黑龙江	35	重庆	27
辽宁	40	安徽	27	四川	30
上海	66	江西	26	贵州	22
江苏	35	河南	26	云南	23
浙江	35	湖北	31	西藏	22
福建	31	湖南	28	陕西	39
山东	32			甘肃	27
广东	34			青海	27
海南	26			宁夏	29
				新疆	28
平均	41. 455	平均	29. 875	平均	27. 333

资料来源：中国现代化战略研究课题组. 中国现代化报告 2003. 北京：北京大学出版社，2003 年。

（3）新经济指数

北京大学杨开忠教授率其学生王彩凤等人潜心研究，推出了我国首份区域新经济指数报告，对我国 31 个省区市的新经济品质和发展潜力进行了分析。他们以美国进步政策研究所测度方法为基础，结合我国实际，形成了中国新经济指数体系。

这个指数体系由 5 类 15 个指标组成。他们对各个指标赋予权重，测算出各省区市新经济指数并对其进行排序（见表 3 - 4）。

表 3 - 4   三大地带新经济指数比较

东部	分值	指数排序	前进位次	中部	分值	指数排序	前进位次	西部	分值	指数排序	前进位次
北京	97. 3	1	1	山西	42. 2	19	1	内蒙古	40. 8	25	- 9
天津	59. 1	4	- 1	吉林	44. 8	12	2	广西	43. 3	16	11
河北	42. 8	18	- 7	黑龙江	39. 4	30	- 20	重庆	45. 4	11	8
辽宁	47. 9	9	- 1	安徽	40	26	- 4	四川	43. 7	14	12

东部	分值	指数排序	前进位次	中部	分值	指数排序	前进位次	西部	分值	指数排序	前进位次
上海	73.3	2	-1	江西	41.3	24	-1	贵州	40	27	4
江苏	48.4	7	0	河南	41.8	22	-4	云南	41.4	23	2
浙江	51.6	6	-2	湖北	42.1	21	-8	西藏	35.9	31	-3
福建	51.6	5	1	湖南	43.5	15	2	陕西	48.2	8	21
山东	47.0	10	-1					甘肃	39.8	28	2
广东	60.0	3	2					青海	42.9	17	4
海南	42.2	20	-5					宁夏	44.5	13	11
								新疆	39.7	29	-17
平均	56.5		-1.3	平均	41.9		-4	平均	42.1		3.8

注：前进位次表示为新经济指数位次与人均 GDP 的位次之差。

资料来源：武力．三十一省区市新经济排序如何——解读我国首都《区域新经济指数报告》．经济日报，2003 年 6 月。

中部地区新经济指数位次仅吉林（12）、湖南（15）和山西（19）处于中等状态（11~20），其他 5 省都处于后进状态（21~31），没有一个省份处于先进状态（1~10）。而东部地区新经济指数处于先进状态的有 9 个省（市），仅河北（18）、海南（20）处于中等状态。西部地区仅陕西省（8）处于先进状态。

从总体来看，东部、中部和西部地区新经济指数分值分别为 56.5、41.9 和 42.1，中部地区分值低于东部 14.6 分、低于西部 0.2 分。中部地区新经济指数与人均 GDP 分别在全国排位前进位次平均落后 4 个位次，然而西部地区却前进了 3.8 个位次。这足以说明在知识经济来临的当今时代，西部地区经济发展后劲十足。

5. 消费潜力比较：中部远低于西部，略低于东部

2002 年，东部居民人均月可支配收入和人均月消费支出低于西部地区，但略高于中部地区。东部、中部、西部居民人均月可支配收入和人均月消费支出均呈现出西部最高、东部次之、中部最低的运行格局。最值得关注的是，西部居民消费倾向（消费与收入之比）比较高，居三大地区首位。根据计算，2002 年东部、中部和西部（不含西藏）三大地区居民消费倾向分别为 77.40、76.70 和 81.50，西部地区居民分别比东部、中部高 4.1 个和 4.8 个百分点（见表 3 - 5）。

表 3 – 5   2002 年三大地带消费倾向比较

东部	人均月消费支出（元）	消费倾向指数	中部	人均月消费支出（元）	消费倾向指数	西部	人均月消费支出（元）	消费倾向指数
北京	857.05	82.52	山西	392.58	75.56	内蒙古	404.99	80.31
天津	599.33	77.02	吉林	414.49	79.45	广西	451.09	81.88
河北	422.40	75.88	黑龙江	371.84	73.15	重庆	530.02	87.87
辽宁	445.22	81.89	安徽	394.71	78.52	四川	451.09	81.88
上海	872.00	78.97	江西	379.11	71.81	贵州	383.19	77.36
江苏	503.55	73.89	河南	375.39	72.13	云南	485.66	80.49
浙江	726.09	74.37	湖北	467.41	82.62	陕西	448.17	84.95
福建	552.64	72.17	湖南	464.56	80.11	甘肃	422.02	82.33
山东	466.36	73.50				青海	420.29	81.74
广东	749.04	80.71				宁夏	425.41	84.14
海南	454.97	80.02				新疆	469.70	81.70
平均	604.40	77.40	平均	407.00	76.70	平均	444.00	81.50

资料来源：根据《中国统计年鉴》（2003）整理而得。

综上所述，我们可以看出中国经济的三个梯度经济带当中，东部经济实力远远超过中部和西部，中部整体来讲位居第二，但随着"西部大开发"战略的实施，西部地区经济增长已明显加快。所以中部地区的"塌陷"之危绝非杞人忧天，目前中部正处于"东西夹击"的尴尬境地：一方面，中部与东部的差距进一步扩大，在近几年的国内生产总值比率中，东部占 65% 以上，中部仅占 20% 左右，20 世纪 90 年代以来东部与中部的差额扩大了 5 倍；另一方面，随着西部大开发战略的实施，中部与西部的差距急剧缩小，西部正在努力赶超中部并取得了显著效果。由于中部和西部的经济实力相差不是很大，如此下去，不久的将来西部地区的经济水平很有可能赶上甚至超过中部地区。上述 5 个经济社会发展指标警示中部地区应行动起来，谨防中部地区"塌陷"。

（二）加快中部发展的战略构想

1. 发展思路

根据对中部战略地位、地区经济特征和发展背景的分析，中部发展的基本思路是：紧紧抓住 21 世纪头 20 年重要战略机遇期，坚持以新型工业化道路为核心，以大开放为主战略，以体制机制创新为强大动力；大力推进信息化、城镇化、农业产业化和生态化；牢牢把握投资是"第一拉动力"、科学技术是"第一生产力"、人力资源是"第一资源"等加速经济增长的三大要素，作为全面提高区域综合竞争力的切入点；大力建设长江中游、黄河中游、黑龙江—吉林三大经济区，以及 10 多个都市圈和一大批经济强县；创立现代制造业、生态农业加工与供应、能源和原材料加工与供应三大基地和国内外旅游胜地；在积极参与国内经济大循环和国际经济大竞争中全面建设小康社会，实现中部地区的崛起。

2. 发展目标

发展目标和战略步骤分为两大步：第一步，用 8 年左右时间，到 2010 年，使中部地区人均 GDP 达到全国平均水平，即由 2002 年人均 GDP 占全国平均水平的 87% 提高到 2010 年的 100%，这是主要指标。同时，三产结构、城镇化水平、开放度和现代化指数等均接近或达到全国平均水平。

第二步，再用 10 年左右时间，到 2020 年，使中部 8 省人均 GDP 超过全国平均水平 8% ~ 10%。这一水平即为中部崛起的主要目标。同时，三产结构、城镇化水平、开放度和现代化指数等达到或好于全国平均水平。

要实现这一宏伟目标，中部地区 GDP 年均增长速度要求领先全国平均水平 3% ~ 4%，这是非常不容易的。中部崛起的目标任务非常艰巨。

3. 发展模式

中部地区发展的基本模式如何选择？一是由于目前中部地区的资金、人才、需求市场还不是十分充裕，中部各省地域大，产业体系、发展条件并不一致，而且，开放的世界生产要素加速流动，在这样的发展条件下，中部发展的基本模式总体上应该采取非均衡战略，并充分运用梯度和反梯度规律；二是中部的发展如果完全按照产业梯度转移，则中部只能亦步亦趋地跟在发达国家和先进地区后面发展，按部就班先推进一次工业化，再进行二次工业化，这就不是超常规的新型工业化的路子，也难以实现中部崛起；三是为了实现中部人均 GDP 达到并超过全国平均水平，在发展速度上必须缩小与东部地区的差距，并超前西部地区，这就必须采取跨越式发展战略，这主要是指大力开发人力资源，加快科技创新，充分利用高科技和信息化，通过技术跨越实现生产力跨越，从而获得稳定、持续、较高的增长速度，实现中部地区的崛起。总之，加快中部地区发展的模式需采取非均衡、超常规、跨越式发展模式。

4. 加快中部发展的基本方略

根据中部发展的基本思路和非均衡、超常规、跨越式发展模式，为加快中部发展应实施以下基本方略：

（1）加快中部地区区域经济协调发展

党的十六大报告强调指出，在全面建设小康社会中，要"促进区域经济协调发展"。在建设惠及全国1/3人口的中部地区小康社会中，我们必须加快中部地区区域经济的协调发展。

根据中部地区的实际，可分层次地进行"整合"，以加快中部地区区域经济的协调发展。从经济空间的最高层次上论，是建立长江中游、黄河中游和黑龙江—吉林三大经济区，而在每个经济区又以相互连通、最后融合的都市圈为基础。在长江中游经济区中，以武汉及其周边孝感、鄂州、黄石、咸宁构成的"大武汉都市圈"为核心，连同合肥及沿江马鞍山、芜湖、铜陵、安庆构成的"皖江都市圈"；南昌、九江、景德镇形成的"昌九景都市圈"；长沙、株洲、湘潭形成的"长株潭都市圈"；以及由沙市、荆门、襄樊、江陵、宜昌以至重庆市的万县等组成的"三峡都市圈"。黄河中游经济区可以郑州及其周边新乡、开封、许昌、洛阳的"中原都市圈"和以太原为中心，忻州、阳泉、晋中等城市构成的"晋中都市圈"为支撑，形成带动豫晋两省的经济区域体系。黑龙江—吉林的东北内陆经济区的核心区是连接"哈尔滨都市圈"和"长春都市圈"的哈长线以及连接齐齐哈尔和牡丹江沿线的都市圈。应特别强调，经济区、都市圈的形成都是依据市场经济自身的规律，外来力量只能促进而不能强求，如与"长三角"紧连的安徽强调与长江下游经济区的合作；而作为"长三角""珠三角"的共同腹地的江西提出"对接长珠闽，融入国际化"等战略。

（2）走新型工业化道路

党的十六大提出，我们要坚持走一条"科技含量高、经济效益好、能源消耗低、环境污染少、人力资源优势得到充分发挥"的新型工业化道路，在21世纪前20年基本实现工业化。新型工业化道路包括三个重要的维度：一是"信息化带动工业化、工业化促进信息化"；二是转变发展方式，使经济增长和发展转移到主要依靠劳动者素质和技术进步的轨道上来；三是实现人口、资源、环境和发展的协调，走可持续发展道路。实现这三个维度的目标关键之一就在于利用新技术，发展知识经济。中部地区走新型工业化道路要着重从以下四个方面深化认识和取得突破：一是新型工业化是具有现代意义上的、建立在信息化基础上的工业化；二是新型工业化将在农村引发一场深刻的产业革命和社会变革，加快农村工业化、城镇化进程；三是新型工业化是能够增强中部地区可持续发展能力的工业化；四是新型工业化是能够充分发挥中部人力资源优势的工业化。同时，根据中部经济发展水平和现阶段的特征，在工业化进程中，把发展资金技术密集型产业和劳动密集型产业很好地结合起来，在促进产业结构不断优化升级的同时，既充分发挥中部地区劳动力资源丰富、成本相对较低的优势，又能解除信息化条件下劳动力转移的障碍，有利于就业和劳动者福利的增加。

（3）以工业化的思维解决"三农"问题

为了实现全面建设小康社会的目标，必须统筹城乡经济和社会发展。当前我们要解决好"三农"问题，必须超越农业的范围、超越农村的范围、超越农民的范围加以思考，以工业化的思维来解决"三农"问题。一是实施"三化"联动来解决"三农"问题。为此，必须大力推进农业产业化、农村工业化、农村城镇化进程。二是突破市场化这个重要而又薄弱的环节。鼓励发展各种新型的农民专业合作组织、行业协会等中介组织，积极培育市场营销大户、商贸流通大户、运输大户，并发挥大户的示范带动作用；把信息技术引入流通领域，以农产品信息中心、农业信息服务中心为重点，构筑农业信息交流平台；把现代流通业引入农村，积极发展直供直销、代理配送、连锁超市、电子商务等新型流通业态，加强流通网络建设；鼓励龙头企业在省内外大中城市建立展销、批发和配送中心，发展连锁经营，逐步建立辐射中部地区的农产品市场营销网络和农产品现代物流体系。三是推进土地流转制度改革。改革的原则是依法、有偿、自愿。既要积极推进，又要稳妥行事，尤其要保护既没有脱离土地，又没有特别种田能力的一般农户的利益。四是减轻农民税费负担。减少农民负担，从根本意义上来说，只有发展农村经济，增加对农村的公共事业投入，减少农村公共管理开支，才能真正解决农民增收减负的问题。五是建立国家支农体系。在支农方式上，应努力实现"四个转变"，即从以价格支持为主向以保障农业收入和降低农业风险为主转变，从以对流通、消费环节支持为主向以生产环节为主转变，从以支持农业生产为主向更多地兼顾农村基础性公共产品转变，从以对农业"硬件"扶持为主向"软硬件"相结合转变。六是加快农业信息化进程。要不断加快农业信息化建设进程，把农业信息化渗透到农业生产、市场、消费及农村社会、经济、技术等各个环节；要加强信息基础设施建设，加大末端信息站的建设力度，使广大农民能及时获得政策、市场、科技等致富信息；要加强农业信息队伍建设，对基层农业科技人员和农户进行远程多媒体教学和培训，提高信息服务质量。

（4）大力培育优势产业群

优势产业群是一个地区的经济特色和产业形象，是一个地区经济增长的动力，是竞争实力的核心。根据中部地区的产业基础、发展前景和在区域竞争中的地位，中部地区主要有6大优势产业群。一是现代制造业产业群。以汽车为主体的现代机械制造工业是高加工度工业，产业链长、带动作用大。中部地区汽车等机械制造工业有较强基础，要利用现有骨干企业和优势产品，做大做强现代机械制造产业群。二是优势能源、原材料产业群。以煤炭、电力、冶金、石化、建材为主的中部能源、原材料工业，不仅是中部发展的主要支撑部门，对全国经济稳定增长也有重要作用。中部能源、原材料工业拥有长期稳定发展的资源基础、产业基础和市场前景。要继续强化中部作为东部动力之源的地位。利用煤炭和水力资源优势，发展电力工业。另外还可利用中部铀资源优势，在适当时机建设中部核电站。三是高新技术产业群。中部地区部分高新技术产业起步较早，有一定基础。高新产业开发区在高新技术产业发展中具有特别重要地位，要进一步创造良好环境，重点把中部地区的国家高新区建设好。四是生态农业优势产业群。目前，中国农产品供求矛盾已由总量不足转为结构性不适应的矛盾。解决的办法就是依靠科学技术，推广良种、良法，提高优质、安全农产品生产比重，发展附加值高的经济作物；大力发展畜牧业，促进粮食的深度转化；利用中部地区淡水资源优势发展特色水产业。要大力提高农业生产组织形式的效率，大力发展种养业、加工业、流通业领域的农业产业化龙头企业。五是轻纺食品产业群。中部地区轻纺食品工业要围绕农村产品加工业，围绕绿色、安全食品工业，围绕劳动力优势来作文章，依靠民营企业发展壮大。要培育品牌，提高质量水平，开拓潜在市场空间，在高起点上振兴传统产业优势。六是旅游产业群。中部地区旅游资源有得天独厚的优势。随着经济发展、社会文明进步，旅游服务、旅游购物已成为新兴时尚和消费热点，旅游产业已经成为欣欣向荣、蓬勃发展的朝阳产业。中部地区应抓住这一时机，完善旅游基础设施，加强宣传推广，提高服务水平，把旅游产业做成中部发展的一个重要经济增长点。

（5）努力构筑开放型经济体系

中部地区历来就比沿海地区具有更多的封闭性。大开放是中部发展的必然选择，是中部发展的主导战略。大开放战略的核心是建立开放型经济体系。中部地区要通过对世界市场特别是主流市场上的商品、资金、技术要素的交流与引进和对体制性要素包括管理方法、市场机制、企业制度、宏观调控等方面的交流与借鉴，来提高开放水平，建立开放型经济体系。同时最大限度地利用两种资源、两种市场，使中部地区产业参与国际产业分工、重组和结构调整，使中部经济与全国一道融入世界经济一体化进程。为此，一是积极引进先进技术和先进机制、管理和理念；二是坚持不懈地搞好招商引资；三是千方百计扩大外贸出口；四是抓紧体制改革，实现与国际市场接轨。

（6）大力推进产业结构和经济结构调整

加快中部地区发展，要抓住工业发展和民营经济发展两个主要矛盾，大力推进产业结构调整和所有制结构调整，做大工业总量，提高产业竞争力，激发所有制结构活力。为此，一是调整轻重工业结构，改变轻轻重重格局；二是调整加工业与原材料工业结构，改变以初级产品、原材料输出为主的局面；三是大力调整农业结构，改变种粮为主的发展局面；四是大力调整第三产业结构，改变三产"虚高"局面；五是大力调整所有制经济结构，改变国有经济偏重、非公有制经济发展不足的矛盾。

（7）提高区域创新能力

创新是发展的动力，增长的源泉。推进区域创新体系建设，充分发挥科学技术第一生产力的作用，是中部地区发挥后发优势，实现跨越式发展的必由之路，是实现中部崛起的关键性战略。一是建立区域创新体系。以人力资本为基础，以企业、科研院校、政府为主体，以产品创新、技术创新、组织创新、管理创新为主要内容，以增强区域产业竞争能力、经济发展的活力和综合竞争实力为目标。二是坚持企业是创新主体。要鼓励企业增加研究开发投入；充分发挥税收政策的引导作用；大力支持中小企业的创新活动；加强科技基础设施建设，形成功能齐全、开放高效的网络化科技基础平台。各中心城市的科研机构、高等学校的科研力量要加强与企业的产学研联合，加大科研成果转化为现实生产力的速度。政府要创造良好科研创新环境，加大科研投入力度，加快科技市场建设，组织中部地区重点产业发展和重点社会发展项目攻关。三是大力推进制度创新。主要是收缩国有经济战线，推进企业制度改革，进一步转变政府职能，提高经济效率。政府不直接干预企业，致力于创造公平、公开、公正的市场环境和法制环境。大力推行电子政务，进一步减少和改进行政审批核检制度，提高服务质量，降低行政成本。建立公务员选任、激励、约束机制，建设规范协调、公正透明、廉洁高效的行政管理体制。四是开发人力资源。人力资源是创新的根本资源。推进区域创新战略要把人力资源的培育、开发作为基本战略。要进一步巩固基础教育，大力发展高等教育和职业教育。要创造优秀人才、拔尖人才脱颖而出优良环境，吸引国内外、境内外优秀人才来中部创业，进一步形成尊重劳动、尊重知识、尊重人才、尊重创造的浓厚氛围，为中部崛起构筑起人才高地。

（8）提高市场化程度，发育和完善金融市场

提高市场化程度，对增强中部地区经济活力，改善中部发展环境，提高资源配置效率具有重要意义。在提高市场化程度和培育各类市场的过程中，要特别注重改革投融资体制。针对中部地区投资严重不足的情况，一是国家加大对中部投资力度。加强对中部地区基础设施、水利设施、生态环境项目的投资；加大对中部能源、原材料工业投资，加大对中部老工业基地的技术改造投资支持；加大中

131

部地区债转股力度，给中部更多的国债建设资金额度。二是改善中部地区的融资环境。尽快在中部中心城市开放外资银行，或设立金融机构，并允许设立民营金融机构；在中部经济中心设立第三证券交易所；中央银行对中部商业银行和金融机构实行差别准备金和差别利率政策；对其再贷款和同业拆借实行有利于中部发展区域贴现政策，促进中部资金更多投入本区经济建设；给中部更多银行核销呆坏账准备金，对中部企业多给上市融资机会。提高金融机构现代化水平，发展电子银行、网络结算、开拓新兴金融业务。三是改革投资体制，促进投资主体多元化，进一步开放投资领域。实行投资主体、决策主体、收益主体和风险责任一体化，由市场检验投资效果，调动多种投资主体的积极性，特别是民间投资的积极性。四是继续给中部地区吸收外资优惠政策。降低外商在中部投资的规模起点和技术起点限制；给予中部外商投资企业低于沿海地区的税收和优惠的出口贸易政策，增强中部地区吸收外资的能力。五是提高中部地区企业融资水平。给中部企业更宽松的上市辅导条件，鼓励大型企业、有特色的企业走出国门融资。加强企业信用建设，改善中小企业抵押担保机制，增加中小企业资金供给机会。降低银行信贷难度，开辟多样化金融业务，提高金融服务水平，为企业提供更多的融资机会。六是提高中部地区政府资金杠杆能力。发挥政府的资金的引导功能、种子功能和风险保障功能，提高政府土地、项目、规划、政府无形资产等资源的融资能力，发挥政府资金的乘数效应，以投资这第一拉动力，加快中部地区的崛起。

二、中部崛起战略探讨[*]

（一）中部地区发展背景

进入 21 世纪，世界政治、经济格局发生了巨大的变化，国内市场和产业成长阶段性也发生了变化，国家地区经济政策也有重大调整。这些都对中部崛起的

* 节选自《中部崛起与人力资源开发》. 南昌大学中国中部经济发展研究中心编著，北京出版社，2005 年 2 月。

作者：周绍森、朱文渊、胡德龙、陈运平。

朱文渊，1964 年 9 月生，湖南大学工商学院副教授。

陈运平，1971 年 6 月生，博士、教授，现任江西师范大学副校长。

战略产生重要影响。

1. 经济全球化和一体化

全球经济一体化是以跨国公司经营为主体，以资本、技术扩散为载体，以经济贸易秩序化为保障的全球范围内的资本重组、结构调整和产业分工。我国加入WTO更加紧密地融入了世界经济一体化进程，在这个产业结构调整和分工中，世界产业资本和制造业技术大量涌入我国，中国正在成为世界制造业中心。这对中部地区发展的影响和要求是，必须把中部的产业发展放在世界产业发展背景上考虑，充分利用开放世界的两种市场、两种资源，发展中部地区有比较优势的产业，参与国际产业分工和结构调整，建立与世界经济充分接轨的开放型经济体系。加入WTO后，扩大了中部地区的煤炭，原材料以及一些劳动密集产品的出口机会，有利于接受发达国家产业转移，扩大利用外资和技术引进的机会，促进体制改革的深化和与国际接轨。但中部地区部分农产品如小麦、玉米，以及汽车和重型装备工业将在一定程度上受到冲击与考验。

2. 世界科技进步加速，国内产业成长阶段性变化

世界范围内，以电子技术、生物工程、新材料、空间技术为核心的新技术革命加速发展，产业化周期缩短，发达国家的产业结构、经济结构进一步提升，出现了新经济模式。在国内，20世纪最后几年内，我国由短缺经济进入结构性剩余时代，市场消费热点上升到汽车、住房、教育、保健和旅游，为新的优势产业的成长，为经济加速发展提供了广阔市场空间。这一趋势对中部地区发展的影响和要求是，抓住新技术革命的机遇，抓住产业成长新空间，大力引进先进适用技术，加快新兴产业发展，改造传统产业，提升产业结构，培育壮大新的优势产业，实现中部地区跨越式发展。

3. 我国市场化改革深化，全国统一市场形成

在计划经济体制下的区域分工，主要是注重生产资源在生产过程中的分配调拨。由于缺乏市场机制，各地区之间的经济，并没有形成密切的产业链条及分工协作关系。改革以来买方市场的形成，经济发展的主要约束逐步从资源短缺转变为有效市场不足，这对全国经济的发展形成了明显的制约，对资源丰富但发展水平相对落后的中西部地区的制约更为严重。中央政府从全国统一大市场的全局出发，认真考虑了市场经济条件下区域经济如何协调发展的思路和政策。根据各地区具体情况，形成促强扶弱的区域政策和对国内市场的适当保护政策。各地区充

分发挥相对比较优势和相对竞争优势，使企业成为市场竞争的主体。通过扩大各地区以市场机制为基础的经济协作关系，促进了全国统一市场的形成和区域经济的协调发展。

4. 扩大内需方针和西部大开发战略

进入21世纪前后，欧美经济增长放慢，日本出现衰退，亚洲部分国家还未完全摆脱金融危机的阴影，世界经济发展势头减缓，世界贸易增长较难，我国对外贸易和外向型经济也受到严重影响。作为一个大国，我们在进一步努力开拓国际市场的同时，必须寻求新的出路，立足于国内十几亿人口的大市场，通过扩大内需拉动经济增长，实现外向型经济和扩大内需双轮驱动经济增长。与东部比较，中西部拥有广阔的国土，有资源优势和低成本优势，经济发展滞后一个发展阶段，未开发的领域很多。"十五"以来，国家实施西部大开发，大量基础设施建设和生态工程正在中西部开工兴建，形成了一个巨大的投资需求市场；同时，中西部发展水平的提高，将带来巨大的消费需求市场。因此，扩大内需，中西部首当其冲。必须抓住这一历史机遇充分运用西部大开发提供的政策空间，创造更多的市场需求；发挥中部的比较优势，承接东部产业转移，加快我国生产力的东西向战略推进，实现中部的快速发展。

（二）区域发展的几种理论模式

区域发展的理论模式很多。由于区域的边界具有相对性和层次性，在一个较大的具有综合功能的经济区域内，有关发展和增长的理论都可以作为区域发展的理论模式。

1. 均衡发展理论

主要包括大推动理论，新古典主义增长理论和分散地域一体化理论。以大推动理论为典型理论。英国著名发展经济学专家罗森斯坦—罗丹提出：为了克服需求和供给对经济发展的限制，一个工业化的地区必须充分地"大"，必须对相互补充的几个产业部门进行同时投资，以促进这些部门平衡增长，取得"外部经济效果"，推动国家或地区经济整体发展。他认为对相互补充的部门同时投资，可以互为需求，创造市场，降低成本，增加净产出；可以利用国内外双向投资。他主张发展中国家应最先投向基础设施部门和轻工业部门；注重发挥政府对基础设施投资的作用。

2. 非均衡发展理论

主要包括增长极理论，循环因果积累原理和职能空间一体化理论。其中增长极理论最为人熟知。法国经济学家佩鲁最初提出的增长极理论指围绕主导部门组织一些富有活力且高度联合的一组工业，其本身能够高速成长并带动其他部门增长。以后一些学者把增长极由产业空间推广到地域空间，认为经济增长不会同时出现在所有地方，它将首先出现在具有优势条件的地方，例如，港口、主要城市、交通要道，资源富集地等；通过生产经营活动，对主要产业产生相互补充和互惠互利的交换，起推动作用的主要产业和与之关联的产业获得足够的增长，并促进有利的外部经济和理想的集聚效果；最后通过扩散的回波效应或涓流效应，带动腹地和整个区域经济增长。增长极理论意味着要把生产要素集中投入到最有希望发展的较小区域和主要产业上来，形成集聚效应，再利用扩散效应带动整个区域发展。

3. 梯度发展理论

梯度发展理论来源于美国经济学家弗农等创立的工业生产生命循环阶段理论。该理论认为，工业部门甚至各种工业产品和生物一样，都会经历创新、发展、成熟和衰老几个阶段。运用于区域经济发展中就是，一个区域的经济部门特别是主要产业部门所处于的生命循环阶段决定了区域发展的梯度，处于创新，发展阶段的为高梯度，有大量的新产业，新产品、新技术、新管理方法产生，区域经济处于蓬勃生机、快速发展状况；相反，处于成熟后期或衰退阶段的为低梯度，低梯度区经济增长缓慢，失业率上升、收入下降，甚至出现危机。随着生命周期的变化，高梯度区的产业、产品、技术源按经济联系的密切程度，距离的远近，接受新事物能力的差别向低梯度区转移。梯度发展理论提出了产业转移中起主导作用的一般规律。

4. 反梯度理论

我国学者于20世纪70年代末根据我国区域发展的实际情况提出的理论。认为生产力转移的梯度顺序并不一定等于引进先进技术和经济发展的顺序。只要有发展的需要和可能，不管处于何种梯度，低梯度区可以引进世界最新技术，发展新产业，实行跨越式发展，向上一级梯度区推进。并认为，在不同时代，不同国家和地区，梯度和反梯度作用都是存在的，可以创造条件使它们发挥作用。我国改革开放实践提供了梯度和反梯度理论很好的证明。

5. 地域生产综合体理论

苏联地理经济学家柯洛季夫斯基在总结 20 世纪 30 年代苏联区域规划实践经验基础上提出来的一种理论。地域生产综合体是以建立在一定区域自然、经济社会基础上的专业化部门为核心，充分发挥专业化部门的生产联系所形成的包括生产部门、非生产部门的经济体系，通过合理安排产业结构、动力循环、空间分布和组织优化外部联系，使地域生产综合体成为具有特定功能的高效率的生产组织。

6. 劳动地域分工理论

即各个地域依据自身条件的优势，着重发展有比较优势的产业，通过贸易与外部交换，促进本区发展。地域分工理论认为，随着生产力的发展，地域分工规模范围不断扩大，深度层次不断延伸，由此决定区域生产专业化水平、区际联系、区内经济部门的比例关系及空间特征。地域分工协作可极大地提高劳动生产率，获得效益。通常用产业集团化、增长极地域经济一体化等发展模式来组织协调区域发展进程，优化重组区域空间结构，促进地域分工合理化，促使区域经济加速发展。

（三）中部崛起的战略构想

1. 发展思路

在"东部高速、西部提速"的形势下，加快中部发展，要有东部"拉动"、西部的"促动"，更要有中部"自动"，特别是要有中央"启动"。只有实行东部、中部、西部互动，协调共进的"三轮驱动"战略，才能真正实现东部、中部、西部地区都能快速、持续、协调地发展。

根据对中部战略地位、地区经济特征和发展背景的分析，中部发展的基本思路是：紧紧抓住 21 世纪头 20 年重要战略机遇期，坚持以科学发展观为指导，新型工业化道路为核心，以大开放为主战略，以体制改革和机制创新为强大动力；大力推进信息化、城镇化、农业产业化和生态化；牢牢把握人力资源是"第一资源"和科学技术是"第一生产力"这两大加速经济增长的要素，全面提高区域综合竞争力；大力建设长江中游和黄河中游经济区，以及十多个都市圈和一大批经济强县；创立现代制造业、生态农业加工与供应、能源和原材料加工与供应三大基地和国内外旅游胜地；在积极参与国内经济大循环和国际经济大竞争中全面建设小康社会，实现中部地区的崛起。

2. 发展目标

发展目标和战略步骤分为以下三大步：

第一步，走新型工业化道路，到 2010 年，使中部地区人均 GDP 达到全国平均水平。同时，三产结构、城镇化水平和开放度等均接近或达到全国平均水平。

第二步，再用 10 年左右时间，到 2020 年，中部地区基本实现工业化，全面建成小康社会，使中部六省人均 GDP 超过全国平均水平 8～10%。同时，三产结构、城镇化水平和开放度等达到或好于全国平均水平。

第三步，再用 30 年时间，坚持走"工业化 + 知识化"的综合现代化道路，到 2050 年，中部地区基本实现现代化，达到中等发达国家水平。

3. 发展模式

中部地区发展的基本模式如何选择？一是由于目前中部地区的资金、人才、需求市场还不是十分充裕，中部各省地域大，产业体系比较齐全，发展条件并不一致，而且，开放的世界生产要素加速流动，在这样的发展条件下，中部发展的基本模式总体上应该采取非均衡战略，并充分运用梯度和反梯度规律；二是中部的发展如果完全按照产业梯度转移，则中部只能亦步亦趋地跟在发达国家和先进地区后面发展，按部就班先推进一次工业化，再进行二次工业化，这就不是超常规的新型工业化的路子，也难以实现中部崛起；三是为了实现中部人均 GDP 达到并超过全国平均水平，在发展速度上必须缩小与东部地区的差距，并超前西部地区，这就必须采取跨越式发展战略，这主要是指大力开发人力资源，加快科技创新，充分利用高科技和信息化，通过技术跨越实现生产力跨越，从而获得稳定、持续、较高的增长速度，实现中部地区的崛起。总之，加快中部地区发展的模式需采取非均衡、超常规、跨越式发展战略。

（四）加快中部发展的基本方略

根据中部发展的基本思路和非均衡、超常规、跨越式发展战略，为加快中部发展应实施以下基本方略：

1. 加快中部地区区域经济协调发展

区域经济是一种地理经济，但又不等同于地区经济。区域经济有不同的含义和规模，大可以是若干国家经济的"整合"，小可以是一个镇、县、市等小区域经济，既与行政区划有关，又博弈于行政区划。通常是由区域的社会、科技、文化和经济等综合形成，具有地域性、历史性和一定的自发性。在一般的情况下，区域经济的发展取决于资源优势、规模效应和营运成本三大要素，尤其强调资本是促进区域经济繁荣的主要原因。

（1）加快中部地区区域经济的发展，适应国内外市场竞争的新形势。

一是随着经济市场化的推进，各地区之间要素流动不断加快，区际经济联系和交往越来越紧密，由此进一步加快了区域经济一体化的进程。这种区域经济的一体化，不仅体现在基础设施、产业结构、城市和空间结构的一体化，而且体现在生活习惯和居民消费形态的一体化，乃至政府调控和经济政策的相互协调上。二是加入 WTO 后，由于进口关税的逐步降低、出口配额的取消以及开放领域的扩大，进入中国国内市场的外国商品和外商投资都会有所增加。在这种情况下，国内市场的竞争将进一步加剧，并出现"国际竞争国内化、国内竞争国际化"，国际竞争与国内竞争日趋融合为一体的趋势。市场竞争的国际化和产业组织的变革，将促使中国产业布局逐步由分散走向集中，各种生产要素开始向优势地区和优势企业集聚。在家电、汽车、机械、计算机、医药等加工行业，这种向优势地区和优势企业集中的趋势将更加明显。随着小城镇建设和户籍制度改革的加快，中国乡镇工业布局也将会出现向小城镇和工业小区相对集中的趋势。三是地区比较优势和企业竞争优势共同决定了一个地区优势产业的发展，它是市场经济条件下地区产业分工形成和发展的充分必要条件。在地区比较优势和企业竞争优势的综合作用下，我国地区间产业分工格局也将随之发生变化。沿海地区将进一步向技术和资金密集型产业方向发展，而中部地区在劳动和资源密集型产业上的优势将进一步强化。由此可以看到，随着市场经济的发展，特别是加入 WTO 后，为了充分发挥地区的比较优势和企业竞争优势，参与国内外产业分工和市场竞争，必须加快中部地区区域经济的发展。

（2）加快中部地区区域经济的发展，促进"沿海沿江'T'字型"发展战略的实施，让长江"经济长龙"舞起来。

20 世纪 80 年代以来，我国生产力布局呈现一个鲜明的"T"字型态势，即东部沿海地带和长江流域共同构成全国经济空间发展的一级轴线，并成为我国经济增长的核心区。然而上述东部的三大经济区和 7 个都市圈构成了"T"字型的东部沿海的一横。长江三角洲经济区，包括苏锡常都市圈和南京都市圈处于

"T"字型的横竖交叉点上，对于沿海这一横来说是中心，对长江这一竖来说是龙头。现在长江这一"经济长龙"，龙头已经高昂。长江三角洲经济区的15个城市中，共有19个国家级开发区，不下百个省级开发区，南京以下的长江段已建成和待建的万吨以上码头位共100多个。连接宁波与上海的杭州湾跨海大桥，使三角洲最右端与上海连成一体。以上海为龙头，苏、浙为两翼的长江三角洲人流、车流、信息流、资金流的互动，资本、科技、人才、信息化成果互融，一派繁荣新气象。"长三角"地区已经成为中国经济巨轮的领航者，甚至可能成为世界经济下一轮复苏的"发动机"。处于长江巨龙龙尾的重庆，虽然没有列入上述14个经济区域之内，但是这个拥有3 100万人口的庞大城市已经成为西部大开发的重要一极，被国内外誉为"中国西部的希望"，现在已是中国第三大汽车生产基地和第一大摩托车生产基地。从2003~2010年，重庆将获得2 000亿美元的投资，其中15%来自国家投资，40%来自银行贷款，10%来自金融市场，35%来自私人投资。2002年重庆经济增长率已接近9%，而2003年开始将超过10%，重庆已有1 122个码头，三峡工程的建设将使万吨巨轮能从上海一直行驶到重庆，重庆正想成为中国内地的上海。重庆这长江巨龙的龙尾已经开始摆动。长株潭都市圈和皖江都市圈都在长江中游，但这两个都还在建设阶段，其规模和经济力量都无法和东部地区相比。长江巨龙龙头的昂起，龙尾的摆动都呼唤着龙身的舞动。我们认为，以武汉为中心形成长江中游经济区是继"长三角""珠三角""渤海湾"之后最具有经济发展潜力的地区之一，要让长江"经济龙头"舞起来，让沿海沿江"T"字型开发战略得以实现，现在关键是长江中游经济区的形成。人们首先呼唤"大武汉"都市圈能重振昔日雄威，和"大上海""大广州""大北京"等并驾齐出，然后加快"皖江都市圈"和"长株潭都市圈"建设，并启动建设"南昌都市圈"，实现鄂、湘、皖、赣四省联动，形成长江中游经济区，让龙身舞动，实现长江"经济长龙"的腾飞。

（3）加快中部地区区域经济的发展，促进中部经济腾飞。

2002年，东、中、西三大地带经济增长都明显加快，工业效益增长也明显加快。但是东部GDP的增长比中部快1.15%，西部GDP的增长也比中部快0.27%，在东部和西部相比之下，中部经济增长缓慢。而就工业效益来说，东部地区工业继续保持高盈利水平。实现利润4 007亿元，增幅为22.4%，比中部地区实现利润1 167.3亿元，增幅16.5%遥遥领先。西部地区虽然工业利润仅446.1亿元，但增幅为15.8%，已经和中部地区很接近。面对这种态势，为了加快中部地区经济的发展，很重要的方法是进行经济"整合"，加快区域经济的发展。

按照法国学者戈特曼的观点，建立经济区和都市圈应依照五条原则：①区域内有比较密集的城市；②有相当多的大城市和都市区；③有联系方便的交通走廊把核心城市连接起来，都市区之间有密切的社会经济联系；④必须达到相当大的总规模，人口在2 500万以上；⑤属于国家的核心区域，具有国际交往枢纽的作用。当然，如果严格按照戈氏五原则，中国目前称得上"大都市圈"的除"长三角""珠三角""京津唐"之外就寥寥无几了。为此，现在一般套用戈氏的五项原则，区域经济概念主要包括三要素：一是"区"或"圈"内要有一个既有经济实力又有较强集聚辐射能力的大城市或一组城市。这是"区""圈"的内核，是增长极和辐射源。二是要有一个广阔的经济腹地，其内涵是经济中心吸引和辐射所能达到的范围。经济腹地是经济中心赖以存在的基础，两者唇齿相依。三是"区""圈"内各城市间要有紧密的经济联系。这种联系既包括人流、物流、信息流、资金流等各种经济要素间的关联，也包括交通运输网络和通信网络等基础设施的互通共享。根据中部地区的实际，可分层次地进行"整合"，以加快中部地区区域经济的发展。从经济空间的最高层次上论，是建立长江中游、黄河中游经济区，而在每个经济区又以相互连通，最后融合的都市圈为基础。在长江中游经济区中，以武汉及其周边孝感、鄂州、黄石、咸宁构成的"大武汉都市圈"为核心，连同合肥及沿江马鞍山、芜湖、铜陵、安庆构成的"皖江都市圈"，以南昌为核心辐射全省的"南昌都市圈""长株潭都市圈"等，以及可由沙市、荆门、襄樊、江陵、宜昌以至重庆市的万县等组成的"大武汉都市圈"；黄河中游经济区应以郑州及其周边新乡、开封、许昌、洛阳的"中原都市圈"和以太原为中心，忻州、阳泉、晋中等城市构成的"晋中都市圈"为支撑，形成带动豫晋两省的经济区域体系。应特别强调，经济区、都市圈的形成都是依据市场经济自身的规律，外来力量只能促进而不能强求。同时，一个都市圈可以同时和几个大的经济区交流、合作、相融。例如，紧靠长江下游的"皖江都市圈"应积极投向"长三角经济区"；处于"长三角""闽东南"和"珠三角"腹地的江西应同时接受这三强区的经济辐射，实施"对接长珠闽，融入全球化"的战略，成为它们的"三个基地一个后花园"等。

（4）加快中部地区区域经济的发展，建立公平竞争的宏观调控机制。

良好的区域经济协调发展是区域经济健康发展的"润滑剂"和"加速器"，这需要政府通过宏观调控加以有效解决。政府在实现区域经济协调发展方面具有举足轻重的作用，有效的政府干预即宏观调控是缩小区域之间差距的重要手段。市场是实现资源高效配置的有效手段，如果一味地采取强制性手段对区域经济进行调控，就会违背客观经济规律，使有限的资源得不到充分利用。但一味地强调市场调节，就会使得"循环积累因果效应"和"马太效应"十分明显，区域经济发展的差距越来越大。改革开放之初就是利用市场调节的"聚集效应"，使得国家资金、人才等生产要素流入东部地区，使得区域差距拉大。因此，在发挥市场对资源配置起基础作用的同时，国家必须进行宏观调控，消除区域差距过大造成的"市场失灵"。

政府要在区域之间建立公平竞争、机会均等的宏观调控体机制。为各区域发展创造一个公平竞争的外部环境。主要包括：一是取消造成区域市场分割的地方性政策和法规；只有打破市场分割，竞争机制才能建立，区域内外各种资源才能充分有效利用，区域经济才能协调发展。二是打破资源的地方所有权制度。资源是区域发展重要的自然资源。交易价格主要按调拨价格进行，这既不利于调动相关区域开发资源、发展区域经济的积极性和主动性，又造成资源所属区域的经济利益流失及资源的低效开发、浪费，从而影响了资源的可持续利用。三是建立区际劳动力资源的正常流动机制。发达地区往往具有产品输出的比较优势，而落后地区往往具有劳动力优势。但在现实经济运行中，发达地区对落后地区的劳动力输入设置了种种限制性障碍。为此，必须消除阻碍落后地区劳动力输出的各种制度和人为因素，通过自由流动实现其最大利益。考虑到落后区域劳动力整体素质不高，为实现其正常输出，政府必须经常性的对其进行职业培训，使他们掌握必要的技术和技能，提升其人力资本含量。同时还要组织劳务输出和提供各种劳务信息。四是加快中部地区的基础设施建设步伐。在国家加快实施"西部大开发"战略的同时，还应扩大对中部地区的投资，推动更多的资本参与中部基础设施建设。五是培育中部落后地区经济增长的微观经济组织，建立一套行之有效的"造血"机制。国有企业改革要以建立现代企业制度为目标，加快战略性调整、改组改造的步伐；鼓励民营经济的发展。

2. 走新型工业化道路

我们要坚持走一条"科技含量高、经济效益好、能源消耗低、环境污染少、人力资源优势得到充分发挥"的新型工业化道路，在 21 世纪前 20 年基本实现工业化。新型工业化道路包括三个重要的维度：一是信息化带动工业化、信息化促进工业化、工业化促进信息化；二是转变发展方式，使经济增长和发展转移到主要依靠劳动者素质和技术进步的轨道上来；三是实现人口、资源、环境和发展的协调，走可持续发展道路。实现这三个维度的目标关键之一就在于利用新技术、发展知识经济。这是我们党认真总结国内外工业化的经验、深刻洞察世界经济科技发展的大趋势后做出的战略决策。这对工业化水平比较低、必须坚持主攻工业，以工业化为核心的中部地区尤其重要。中部地区走新型工业化道路要着重从以下四个方面深化认识和取得突破：

（1）新型工业化是具有现代意义上的、建立在信息化基础上的工业化。

所谓工业化是指一国或地区的经济结构由农业占统治地位向工业占统治地位转变的经济发展过程，而工业现代化则主要分析工业是否和如何建立在当代最新科学技术基础之上，工业的各项技术经济指标是否和如何达到当代世界的先进水平。在当代，工业化、工业现代化越来越依赖于以信息技术为代表的高技术的驱动。信息化与工业化、现代化密不可分、相互促进。在完成工业化的过程中，必须注重运用信息技术来提高工业化水准。这种基于信息化的工业化，正是人类社会现阶段工业现代化的核心内涵。信息技术和信息产业的发展程度，是衡量一个国家工业现代化水平的重要标志。工业现代化进程就是产业技术水平升级以及新兴产业发展并在经济结构中所占比重不断上升的过程。用信息技术改造传统产业是推进工业现代化的重要步骤。当前，信息技术的普及和 20 世纪积累起来的科学知识和技术发明，正使传统工业面貌发生巨大变化。信息技术正在创立全新的产业，全面改造和提升传统工业，赋予各工业部门全新的内容。信息化是一场带有深刻变革意义的科技创新。信息智能工具能优化现代生产过程的控制、流动过程的控制和金融资本流动过程的控制，从而大大提高社会劳动生产率，实现生产力跨越式发展。现代信息技术将为中部地区建立强大的高新技术产业、改造和提升传统产业、特别是装备制造业，提供崭新的发展平台，把中部地区建设成为现代制造业的强大基地。为此，一是要优先发展信息产业。要使我国信息产业从目前以电子信息产品制造业为主体的产业格局，发展成为信息产品制造业、软件与信息服务业均衡发展、良性互动的产业格局，力争把武汉等地建设成为重要的电子信息产品的制造业基地、研发基地。同时，要大力促进信息服务业和信息安全业的发展。采取各项措施全面提速和提升信息服务业，使其规模和水平尽快接近或达到国际先进水平。二是要在工业领域普及信息技术应用，加快传统产业改造。要使信息技术投入量、信息技术普及率和信息技术对国民经济的贡献率接近或达到发达国家水平。为此，信息技术投入要占到社会总投资的 2% ~ 3%；信息技术普及率要达到 50%；信息技术对国民经济的贡献率要达到 1/3 以上的水平。在整个工业领域，要通过广泛应用信息技术，改善工业装备，促进工业产品升级换代。要加快关键装备制造业的信息技术改造，提高生产技术和装备产品的信息技术含量，促进工业设备的更新换代，进而带动整个工业提高自动化、智能化水平，实现节能降耗、防治污染和提高劳动生产率。中部地区要以先进的信息技术促进机械、冶金、化工、建材、家电等传统行业产品的升级换代。三是要加快企业信息化进程。要不断提高认识，更新观念；制定有关政策措施，鼓励和引导不同行业的企业根据自身的特点，选准信息化建设重点，加大信息化投入。充分发挥市场竞争机制的作用，引导企业从实际出发，从解决突出问题入手，进行统筹规划；促进企业信息化建设与引进先进的管理理念，提高企业信息化的服务能力和水平。四是要营造有利于以信息化带动工业化、推进工业现代化的综合环境。要完善投资政策，改善投资环境，从财政、税收、投融资等方面，为信息化带动工业化、推进工业化提供坚实的资金支持。还要加强信息技术教育，促进信息人才培养和有效利用，加强信息产业监管及配套的法律法规体系建设，创造公平竞争的市场环境。

（2）新型工业化将在农村引发一场深刻的产业革命和社会变革，加快农村工业化、城镇化进程。

我国的新型工业化应该包含更加广泛的内容，即传统农业部门的改造和农村工业的发展。技术进步是传统农业改造和农业产业化发展的基础，农业技术进步和生产链条的延长，赋予农业十分明显的工业化经营特征，并为农业和非农产业的发展不断提供产品贡献、要素贡献、市场贡献和外汇贡献。生物技术的进一步创新，孕育着一场深刻的农业技术革命、生产组织方式革命，这场革命通过生物技术革命特别是基因技术革命推动第二次"绿色革命"，通过技术革命引发农业生产、经营、组织、管理及一系列制度的全方位变革，实现农业的工厂化种植、工厂化养殖和产业化经营，带动农业工业化和城镇化。所以，这场革命将为农业逐渐摆脱自然资源的束缚、充分利用先进科学技术与丰富的人力资源、广泛参与国际竞争提供新的优势。

（3）新型工业化是能够增强中部地区可持续发展能力的工业化。

我们不能走以大量消耗资源（能源）和粗放经营为特征的传统工业化道路，而应由过去粗放型的工业发展战略转向效益型和集约型的新工业战略。其中，关键是建立可持续发展的技术支撑体系，大力发展以信息技术、生物技术、新能源技术、新材料技术等为代表的高科技和在工农业实践中有利于环保、节能的先进适用技术，并"用高新技术和先进适用技术改造传统产业"，大力提高能源、原材料利用率，改善经济增长的质量和效益，优化经济结构，形成全新的生态工业和生态农业，以确保"生态—经济—社会"三维复合系统的良性循环，走一条生态效益型的经济增长之路，把中部地区建设成为全国能源、原材料及生态农业加工和供应基地。

（4）新型工业化是能够充分发挥中部人力资源优势的工业化。

从世界范围来看，社会经济的发展，已经大致经历了要素驱动阶段、资本驱动阶段和技术驱动阶段。当前，科技进步和人力资本对经济增长的贡献已取代物质资本要素，上升到首要位置。为此，要发展教育文化事业，增加人力资本投资，培养数以千万计的专业人才，优化人力资源结构，增强人力资源各梯度之间的衔接和连动，实现各类人才的最佳配置。同时，根据中部经济发展水平和现阶

143

段的特征，在工业化进程中，把发展资金技术密集型产业和劳动密集型产业很好地结合起来，在促进产业结构不断优化升级的同时，既充分发挥中部地区劳动力资源丰富、成本相对较低的优势，又能解除信息化条件下劳动力转移的障碍，有利于就业和劳动者福利的增加。

3. 以工业化的思维解决"三农"问题

为了实现全面建设小康社会的目标，必须统筹城乡经济和社会发展。针对中部地区是我国主要农业生产基地、农产品加工供应基地和农业人口比例最大地区的特点，要把解决好农业、农村和农民问题作为加快中部发展，实现中部崛起的重中之重，放在更加突出的位置。当前我们要解决好"三农"问题，必须超越农业的范围、超越农村的范围、超越农民的范围加以思考，以工业化的思维来解决"三农"问题。

（1）实施"三化"联动来解决"三农"问题。

首先，是要大力推进农业产业化进程。中部大部分省农业生产基础较好，具有一定的比较优势。我们要把发展农业产业化作为重中之重，作为推进农村工业化、城镇化的切入点和突破口来抓。一是围绕主导产业和主导产品，全面推行标准化生产，提高主导产业基地建设水平。二是立足当地特色，大力发展有市场、有特色、有潜力的农产品加工业；重点培育壮大骨干龙头企业，完善产业链。三是高度重视和加强农民流通组织建设。其次，要大力推进农村工业化进程。结合乡镇工业园区建设，千方百计吸引更多的民间资本、工商资本、社会资本和外来资金，借助外力兴办更多的农村工业项目，逐步形成具有区域特色的产业聚集圈。并有重点地选择一批民营科技型、外向型工业企业和农业产业化龙头企业，给予扶持，促其尽快增强辐射带动能力。同时，积极寻求为本地区内外的大企业、大集团配套生产，拓展发展空间。最后，要大力推进农村城镇化进程。把小城镇建设摆上更加突出的位置，按照重点推进、梯次开发的原则，突出发展县城镇，重点发展中心镇，加快农村城镇化步伐。形成人流、物流、信息流，最大限度地促进土地向规模经营者集中、工业企业向园区集中、农民向城镇集中，全面繁荣农村经济，提高城镇化水平。

（2）以工兴农，工农互动。

历史的经验和实践证明，我们再也不能"就农业抓农业、就农村抓农村"。必须坚持以工兴农、工农互动，走"科技含量高、经济效益好、资源消耗低、环境污染少、人力资源优势得到充分发挥"的新路子。中部地区的最大特点在于自然资源和劳动力资源丰富，工业主要以资源密集型和劳动密集型为主，处于工业化初期向中期过渡或中期开始阶段的中部各省应紧紧把握区域比较优势，以资源合理开发和综合利用为突破口，大力推进工业化进程。一是用可持续发展理念搞好资源深加工。突出农业、林业、水力、矿产、旅游等资源优势的深度加工和综合利用，特别是围绕农业主导产业和农业重点产品，搞好农产品精加工、深加工，拉长产业链，做大产业群。二是用现代工业手段改造和装备农业。提高农产品生产和加工的技术和装备水平。三是突出企业、项目、园区三个关键环节，用现代经营理念和组织方式管理农业生产和农业经营。

（3）突破市场化这个重要而又薄弱的环节。

加快中部经济发展必须突破市场化这个重要而又薄弱的环节。鼓励发展各种新型的农民专业合作组织、行业协会等中介组织，积极培育市场营销大户、商贸流通大户、运输大户，并发挥大户的示范带动作用；把信息技术引入流通领域，以农产品信息中心、农业信息服务中心为重点，构筑农业信息交流平台；把现代流通业引入农村，积极发展直供直销、代理配送、连锁超市、电子商务等新型流通业态，加强流通网络建设；鼓励龙头企业在省内外大中城市建立展销、批发和配送中心，发展连锁经营，逐步建立辐射中部地区的农产品市场营销网络和农产品现代物流体系。

（4）加快农业产业化经营。

农业产业化经营是以农产品生产、加工或流通的优势骨干企业为龙头，以优质、品牌农产品生产经营为载体，以家庭生产为依托，以利益关系为纽带的农工贸、农科贸一体化生产经营方式。它通过龙头企业的带动作用，用经济利益的一头联系市场，另一头联系千万家农户，集分散的小商品生产为大生产，把无名的小商品变成大品牌，克服了分散情况下的家庭生产不成规模、不成品牌、难以走向市场、难以承担风险的弊端。中部各省都有各自的特色农业，要大力培育扶持各种龙头企业，大力推广公司加农户、农场加农户、股份制农业等形式，把农民组织动员起来，开展一村一品、一乡一业活动，把小商品做成大产业。

（5）推进土地流转制度改革。

在解决我国农产品总量不足的矛盾后，由于一大批农民进城务工、经商，相当一批农民已实际脱离了土地，要有效利用这部分土地，就需要这部分土地合理流转；从农业长期发展看，农业生产终究要走上规模经营之路，因此要推动土地向种田能手集中；同时，农村还有一批荒山、荒坡、荒水、荒地，这部分土地资源也需要通过流转得到合理开发利用。这些都在呼唤土地流转制度改革。改革的原则是依法、有偿、自愿。既要积极推进，又要稳妥行事，尤其要保护既没有脱离土地，又没有特别种田能力的一般农户的利益，他们是农村的大多数。土地是他们生存的根基，终身的保险，绝不能使他们失去土地而又没有可靠生活来源。可选择工商业较发达的城市郊区，经商、务工较多的乡村试点，逐步推进。

145

（6）减轻农民税费负担。

由于农民的小规模家庭经营，农业劳动生产率在现有条件下难以从根本上提高。农产品的价格上升早在20世纪90年代中期就差不多到了顶。所以，农民除了一部分人经商、务工带来一定的现金收入增加外，土地收入增加可能性空间很小。这是农民增收困难的基本原因。另外，农村公益事业开支、农村公共管理开支几乎年年增加，在中部大多数农村没有任何集体经济收入而国家又不能大量增加乡村政权补贴的情况下，这些开支最后都会落到农民头上。这是农民负担不断加重的基本原因。近两年来，农村税费改革在以中部各省为主试点的基础上，正在全面推开。实行了税费改革的农村，农民确实减少了负担。但是，减少农民负担，从根本意义上来说，只有发展农村经济，增加对农村的公共事业投入，减少农村公共管理开支，才能真正解决农民增收减负的问题。

（7）建立国家支农体系。

目前，我国不仅支农体系不够健全，而且支农方式也不适应社会主义市场经济和加入世贸的要求，必须最大限度加大农业投入，逐步形成国家支农资金稳定增长的机制。要重点加大对农村的交通、通信、电网、水利设施、生态环境建设投入，加大对农业科技研究推广、教育培训、病虫害防治投入，加大对信息网络、质量检测检疫体系建设投入。抓紧培育农村市场体系、社会化服务体系、农业保护体系，为农业降低生产成本、提高竞争力创造良好的外部条件。在支农方式上，应努力实现"四个转变"，即从以价格支持为主向以保障农业收入和降低农业风险为主转变，从以对流通、消费环节支持为主向以生产环节为主转变，从以支持农业生产为主向更多地兼顾农村基础性公共产品转变，从以对农业"硬件"扶持为主向"软硬件"相结合转变。

（8）加快农业信息化进程。

实现农业信息化是改革农业生产方式，促进农业结构调整，拓宽农业增收渠道，增加农民收入的重要途径。面对农业发展新阶段和中国加入WTO的新形势，面对全面建设小康社会的宏伟目标，迫切需要建立与市场经济相适应的农村经济信息体系，通过发挥信息的导向作用，强化对农村和农民的信息服务，推进农业现代化战略目标的快速实现。然而，由于信息技术在农业领域的应用起步较晚，农业信息化建设滞后，目前，农业信息化没有渗透到农业生产、市场、消费及农村社会、经济、技术等各个环节。为此，要不断加快农业信息化建设进程，促进传统农业改造，大幅度提高农业生产效率和农业生产力水平，推进农业持续、稳定、高速发展。一是要加大末端信息站的建设力度，把农业信息化建设投入重点放在末端信息网站的建设上。加强信息基础设施建设，真正解决好信息到农民手里的问题，使广大农民能及时获得政策、市场、科技等致富信息。二是要加强农业信息队伍建设，提高信息服务质量。通过远程培训网络和利用网上直播及点播技术等现代化手段，对基层农业科技人员和农户进行远程多媒体教学和培训，同时，在政府搭建信息平台的基础上，传播广大农民需要的农业信息。三是要利用现有的农资市场体系，尽快实现农业生产资料信息化。尽快建立和完善以计算机网络为基础的农产品市场信息网络，正确引导农民快速走向市场，在市场化农业发展的过程中实现真正意义上的增收。

4. 大力培育优势产业群

优势产业群是一个地区的经济特色和产业形象，是一个地区经济增长的动力，是竞争实力的核心。优势产业群必须根据本地区的产业基础、发展前景和在区域竞争中的地位来确定。中部地区主要有六大优势产业群：

（1）现代机械制造产业群。以汽车为主体的现代机械制造工业是高加工度工业，产业链长、带动作用大。中部原有的重工业比重大，主要是采掘和原材料工业比重大，加工度不高。提高中部产业结构层次主要是提高后加工业水平。中部地区汽车等机械制造工业有较强基础，要利用现有骨干企业和优势产品，做大做强现代机械制造产业群十堰、武汉、南昌、景德镇、合肥、芜湖等地的制造中心和周边配套产业，加强资本重组，加快产品开发，扩大规模，抓紧加入 WTO 后的宝贵过渡期，组建中部重型、轻型、家用轿车几大集团，与国际产业资本竞争。机械制造工业要抓紧利用新技术，特别是自动控制技术、新材料技术、改造原有产品的性能，提高产品智能化、精确化水平。重型机械重点抓好飞机、铁路机车、拖拉机、机床、发电设备、矿山设备等优势产品；轻型机械重点抓好家用电器机械和办公机械、空调机、洗衣机、照相机等优势产品。

（2）优势能源、原材料产业群。以煤炭、电力、冶金、石化、建材为主的中部能源、原材料工业，不仅是中部发展的主要支撑部门，对全国经济稳定增长也有重要作用。作为一个发展中地区，我们必须拥有足够的基础产业群，以保证经济高速增长需要。也就是说中部能源、原材料工业拥有长期稳定发展的资源基础、产业基础和市场前景。要继续强化中部作为东部动力之源的地位。加快建设山西、豫西、两淮煤炭基地，利用煤炭和水力资源优势，发展电力工业。要大力开发水电资源，加快黄河水资源控制性开发和长江主要支流的梯级开发。特别是经历了 70 年梦想、40 年论证、10 年建设的艰难历程，2003 年 6 月 1 日，随着大坝 22 个导流底孔徐徐关闭，三峡工程开始蓄水，"防洪、发电、通航"三大目标正变成现实，中部各省将首先分享三峡首批机组的强大电能。另外还可利用中部铀资源优势，在适当时机建设中部核电站。还要不断巩固中部已经形成的矿山采选、冶炼压延业、石油和化学工业的优势，发挥人才、技术、管理的优势，加快钢铁工业和铜、铝、钨、钼、铅、锌、稀土、铝铌有色金属工业的发展，加快水泥、玻璃、陶瓷工业的发展，加快煤化工、石油化工、硫磷化工等化工业的发展。加快技术改造步伐，扩大生产规模，提高产品技术含量，延伸产业层次。钢铁工业要加快对现有骨干企业的改扩建、扩大规模、降低成本消耗，增加优质、特殊钢材的生产能力。中部有色金属工业优势更为突出，最有条件成为优质产业群。要重点抓好河南的氧化铝、电解铝，以及赣湘两省的其他有色金属矿的采选、冶炼。大力发展有色金属的后续加工业，发展各种合金材料，稀土材料、铜制品、铝制品，改变以原料和初级加工品输出为主的状况。建材工业要利用当前建筑业良好的发展势头，以节能降耗、提高效益为中心，加快用新技术、新工艺改造落后技术、落后工艺的步伐，扩大水泥、平板玻璃生产规模，发展新型墙体材料、装饰材料、厨浴卫生陶瓷材料，开发利用高岭土、大理石、石膏等为原材料的建材系列产品，提高产品质量和档次。化学工业要合理利用煤炭、石油资源，大力开发利用硫、磷、盐资源，提高基本化工的经济规模，加快新技术应用，发展三酸、两碱、电石、纯苯、有机硅和有机原料溶剂、柠檬酸、乳酸等产品，为轻工、纺织、建材等工业提供充足的化工原料。

（3）高新技术产业群。中部地区部分高新技术产业起步较早，有一定基础，如超大型银河计算机、光纤生产和光电等新材料等走在产业前头。要抓住新技术革命有利时机，利用中部中心城市的科技人才优势，大力发展电子信息、生物技术、新材料等高技术产业，提高中部高新技术产业在全国中的地位，发挥高新技术产业对中部传统产业改造、产业结构升级的带动作用。现代制造业重点抓好微型计算机、光电子材料、电子元器件、交换机以及新兴消费类电子产品和办公电子产品；软件业重点抓好国民经济管理系统、科教文系统和企业管理系统的信息管理，大力加强电子信息基础设施建设，抓好信息高速公路的建设，建立和改善光纤通信网，大力提高中部国民经济信息化水平，以信息化带动工业化。在生物工程方面，要围绕医药、食品、饲料、农林、渔业，加强生物技术的开发和应用，提高产业竞争力。中部地区医药产业有一定优势，基本原料药、中成药有一批优势产品和骨干企业，要利用生物工程技术和现代制造技术进一步做强做大。新材料产业要重点发展光电子信息技术材料、稀土材料、特种功能材料和结构材料、生物运用材料，改变中部地区原材料工业初级化和低技术含量的状况。高新产业开发区在高新技术产业发展中具有重要地位，要进一步创造良好环境，重点把中部地区的国家高新区建设好。

（4）生态农业优势产业群。农业优势是中部地区的基本优势，农业稳定是中部稳定乃至中国稳定的基础。目前，中国农产品供求矛盾已由总量不足转为结构性不适应的矛盾。随着农业生产能力的提高和人们消费水平的提高，农产品供求总量已大体平衡，而优质、安全的农产品不能满足人们日益增长的消费需求，农产品的收益也满足不了农民增收的需要。解决的办法就是依靠科学技术，推广良种、良法，提高优质、安全农产品生产比重，发展附加值高的经济作物；大力发展畜牧业，促进粮食的深度转化；利用中部地区淡水资源优势发展特色水产业。要大力提高农业生产组织形式的效率，大力推进农业产业化经营方式，推广公司加农户、农场加农户、股份制农业等有效形式。大力发展种养业、加工业、流通业领域的农业产业化龙头企业，依靠龙头企业的联系带动作用，联结千万家农户，按照区域专业化分工，集约化生产，把小产品做大，把特色农业做大。从中部地区的农业特点和比较优势上看，中部特色农业优势产业群包括全国最大的优质商品粮、棉、油生产基地，高效益茶、烟、麻生产基地，高品质肉禽蛋奶专业化生产基地和高效益的特种淡水产品的生产基地。

（5）轻纺食品产业群。中部地区有农副产品优势，劳动力优势和居中的内需市场优势，发展轻纺食品产业有很好的条件。而且中部地区原有轻纺食品产业基础也很雄厚。只是20世纪90年代以来，由于国有企业体制转轨慢，民营经济发展滞后，在沿海外资企业、乡镇企业大发展的冲击下败下阵来，几乎一蹶不振。轻纺、食品产业作为中部优势产业群仍有大发展的潜力，这是因为中部的资源优势和市场条件在今后长时期内仍然存在，而且事实已经证明，一些民营企业，外商投资企业如双汇、旺旺、统一集团，武汉、长沙的汉派、湘派服装等经过近几年的奋斗，已经成长为大型企业集团，已在国内市场独树一帜。中部地区轻纺食品工业要围绕农村产品加工业，围绕绿色、安全食品工业，围绕劳动力优势来作文章，依靠民营企业发展壮大。要培育品牌，提高质量水平，开拓潜在市场空间，在高起点上振兴传统产业优质。

（6）旅游产业群。中部地区旅游资源有得天独厚的优势。山西有尧舜禹先祖遗迹，三晋、北魏、金朝文化遗风，惊天憾地的黄河壶口瀑布。河南有中原文化，历朝故都。安徽有黄山俊秀，九华山佛教天人合一。湖北有神农架密林，三国古战场遗迹。湖南有张家界的鬼斧神工，有韶山、岳阳楼等伟人故居和咏志之地，有湘西风俗的风情野趣。江西有庐山、鄱阳湖秀丽风光，有英雄城、井冈山革命圣地，有三清山、龙虎山、云居山等道教佛教名刹祖庭和婺源等生态景观区。随着经济发展、社会文明进步，旅游服务、旅游购物已成为新兴时尚和消费热点，旅游产业已经成为欣欣向荣、蓬勃发展的朝阳产业。中部地区应抓住这一时机，完善旅游基础设施，加强宣传推广，提高服务水平，把旅游产业做成中部发展的一个重要增长点。

5. 努力构筑开放型经济体系

中部地区历来就比沿海具有更多的封闭性。这种封闭性在当代严重阻碍着中部地区经济的快速发展，遏制着中部地区的产业进步和结构调整。中部加速发展中所迫切需要但又短缺的资金、技术、人才等生产要素，中部经济体制的进一步转轨变型等，都需要大开放来推动、引导。因此，大开放是中部发展的必然选择，是中部发展的主导战略。

大开放战略的核心是建立开放型经济体系。开放型经济体系的主要内容是经济体制、机制、运行规则与国际接轨，资金、技术、劳动等生产要素充分自由有序流动，国际国内市场一体化；同时，配套有发达的能满足物质、信息流动需要的开放型基础设施。中部经济体系目前与这一要求有很大的差距。因此，要通过对世界市场特别是主流市场上的商品、资金、技术要素的交流与引进，通过对体制性要素包括管理方法、市场机制、企业制度、宏观调控等方面的交流与借鉴，来提高开放水平，建立开放型经济体系。通过最大限度地利用两种资源、两种市场，使中部地区产业参与国际产业分工、重组和结构调整，使中部经济与全国一道融入世界经济一体化进程。

（1）积极引进先进技术和先进机制、管理和理念。

抓住世界科技进步、技术扩散加速的有利时机，加快国外先进技术、设备和先进管理经验、管理模式的引进。不仅引进本区跨越式发展、高新技术产业成长需要的电子信息、生物工程、新材料领域的产业技术，还要引进改造中部传统产业需要的先进适用技术。大力推广引进、消化吸收、创新一体化的引进模式，加快中部产业升级与技术进步，构筑 21 世纪中部新型产业结构体系。积极引进先进机制、管理和理念，推进体制创新和观念创新。把对外开放与深化改革有机结合起来，加快与国际接轨的步伐，加快建立外向型城市、外向型社会的步伐。

（2）坚持不懈地搞好招商引资。

利用当前国际直接投资、证券投资、资产并购、跨国经营空前活跃，投资者看好中国市场的机遇，大力引进国外资金，解决中部工业化和加速发展资金不足的矛盾。要充分用好国家对中西部利用外资的优惠政策，以中部地区优势农业资源、矿产资源、劳动力资源、区内市场条件，吸引国外投资者来中部投资；利用区内优势产业基础，吸引国内外大集团、大公司来区内发展高新技术产业、高加工度产业；鼓励区内大企业、大集团、新兴产业骨干企业到境外、海外上市融资，吸收国外风险投资，把利用外资提高到一个新的水平。通过引进外资，推进传统产业高新化和高新技术产业化，加快新型工业化步伐。要充分发挥重点骨干企业的载体作用，包装推出一批优势企业，加快其股权转让和海外上市步伐。同时，要积极承接国际间产业结构的梯次转移，努力建设具有国际竞争力的出口加工制造基地。以商贸物流、旅游会展和金融业为重点，抓紧与外资对接。

（3）千方百计扩大外贸出口。

既要从国际市场引进资金，更要向国际市场推出产品，使更多的产品走出国门、漂洋过海，在广阔的国际市场上一展风采、获取利润。利用中部生态农业、劳动密集型产业优势，开拓国际市场，使中部地区绿色安全农产品、纺织服装、花卉、玩具等产品尽可能地占领国际市场。中部地区机电产品也有一定基础，要在大力发展高新技术、高加工度产业基础上大力提高机电产品出口比重，尤其要提高有色金属、稀有金属的加工程度，改变以初级原材料形式出卖战略性资源的痛心局面。

（4）抓紧体制改革，实现与国际市场接轨。

遵照 WTO 规则，按照国民待遇，市场准入，降低关税和取消非关税壁垒，知识产权保护等国际准则和要求，推进中部产业组织制度、经济运行和管理制度的改革。在废止与 WTO 不相适应的规章制度基础上，建立和修订新的规制。根据加入 WTO 后运作一段时间的情况，调整修订当前和中长期政策措施。积极参与对外经济技术交流与合作，大力实施"走出去"战略。鼓励和支持有比较优势的各种所有制企业对外投资，带动商品和劳务出口，充分利用国内国外两个市场、两种资源。

沿海开放带经过 20 多年的发展，开放型经济比较成熟，已进入产业升级、低端产业向外转移、产业资本向外扩张的阶段。当前，长三角、珠三角、渤海湾区域一体化趋势明显，中部地区作为中国发展水平最高的这三大区域经济体的腹地，具有接受辐射，承接转移的有利条件，要利用这一有利时机，以商贸物流、旅游会展和金融业为重点，抓紧与外资对接，同时以本区资源和低成本优势，吸引沿海投资，努力把中部地区的大中型城市建设成为物流、资金流、信息流中心。

（5）完善财政税收政策。

中部各省财政收入水平较低，财政调控能力低，严重影响了中部经济的开放度，为了提高开放水平必须从以下几个方面完善财政税收政策：

一是改善地区税收分配关系。分税制度实行以来，中西部与东部由于改制基数确定不均衡，地区增长速度差距大，不仅固化了财政包干体制形成的各地区财力上的贫富不均格局，还导致了税收分配发展上的差距日益扩大。应在"效率优先，兼顾公平"的原则下，改善地区税收分配关系，科学测定基数，合理确定分配比例。使发达地区在经济快速增长的情况下，获得更多利益，同时又使增长较慢的地区获得加快发展的必要条件，避免收入差距恶化。中部各省要加强税源培养，加强税收征管，开源节流，增强自身财政调控能力。

二是规范转移支付办法。目前，中央对地方专项拨款补助不够规范，各种转移支付缺乏协调机制，随意性大。可以借鉴市场经济发达国家的成熟做法，将转移支付分为一般转移支付和专项转移支付两类。专项转移支付分为项目专项和特殊因素补助。前者根据国家产业政策、区域发展政策，对国家急需发展的"瓶颈"产业、基础设施项目、区域发展政策项目给予支持；后者对贫困地区，受灾地区给予补助。一般性转移可根据地区人口、管理半径，经济发展水平科学确立地方政府支出基本需要，当地方财政收入小于基本支出需要时，中央按统一比例无条件给予补助。一般性转移支付科学测定，操作规范，体现公平，可防止地方苦乐不均，避免差别扩大，因此应成为转移支付的主要部分。

6. 大力推进产业结构和经济结构调整

中部地区经济发展水平滞后，从产业结构上看是第二产业特别是工业发展水平不高，优势产业成长缓慢，产业结构、产品结构不适应市场转换、市场变化要求；从所有制结构上看是国有经济比重过大，民营经济发展不足。因此，加快中部地区发展，要抓住工业发展和民营经济发展两个主要矛盾，大力推进产业结构调整和所有制结构调整，做大工业总量，提高产业竞争力，激发所有制结构活力。

（1）调整轻重工业结构，改变轻轻重重格局。重工业是资金技术密集型产业，中部缺资金，缺人才，重工业过重使中部工业发展背上沉重的负担，一些重工业由于技术更新改造困难，发展面临困境。因此，中部在轻重产业调整方向上，增量调整应更多倾向于发展现代新型轻工业，如新型家用电器、五金制品、医药、日用化工产品，发展中部具有资源的纺织、服装、食品加工业；存量调整应更多倾向中部现有优势重工业使原有具有优势的骨干企业焕发青春，在保持中部重工业优势的基础上，使新型轻工业得到较快发展。

（2）调整加工业与原材料工业结构，改变以初级产品、原材料输出为主的局面。主要围绕中部优势资源和优势原材料工业，延伸产业链，提高加工度。重点发展煤化工、石油化工、有机化工、有色金属后加工业以及特殊合金钢，新兴机电仪产品。利用中部部分高新技术产业的优势，大力发展培育提高高新技术产业在加工业中的比重。

（3）大力调整农业结构，改变种粮为主的发展局面。种植业结构调整主要发展优质作物生产，在保证粮食总量平衡和必要调出的情况下，大力发展优质经济作物，提高单位面积产出率；利用中部林地优势，发展林业，尤其要发展林产品加工业，提高林业产出率；利用中部淡水资源优势，发展淡水养殖业，极大地提高中部林业和渔业在农业中的比重。依靠农业结构的大调整，提高农民收入水平，提高农业综合生产能力，为现代工业的发展提供坚实的基础。

（4）大力调整第三产业结构，改变三产"虚高"局面。中部地区第三产业与沿海比，规模小，业态陈旧，发展缓慢。调整的方向是利用中部现有基础大力发展现代流通业、金融业和信息服务业。以中部中心城市为基础，大力发展新兴流通业，发展集商流、物流和信息流为一体的大型专业批发市场和综合性市场，发展物流配送、连锁经营、仓储商场、电子商务、网络销售等新型业态，提高商品流通规模、档次和效率。大力发展中部金融业，积极引进外资金融机构，改善信用环境，提高金融服务水平。大力发展信息咨询服务业，发展会计、律师、审计服务，发展产权交易、信息交流、成果转化、劳动就业服务，提高经济发展的社会化服务水平，发展社区服务业。特别是要大力发展旅游产业、影视、出版、报业等文化产业，非义务教育阶段的教育产业。

（5）大力调整所有制经济结构，改变国有经济偏重，非公有制经济发展不足的矛盾。在经济结构调整中要加大国有经济退出力度，加快非公有经济发展速度。在竞争性领域，国有中小企业大部分通过股份制拍卖、出售，进入民营经济行列；大中型骨干企业要通过产权多元化，建立规范的有限责任公司，推行现代企业制度。大力发展民营经济，不得对民营经济设任何有形、无形禁区，除国家法律规定外，所有投资领域都应给民营经济同等进入机会；大力降低民营经济市场准入门槛，为民营经济提优质、高效的服务；政府资源要按市场方法分配，坚决取消所有制歧视；鼓励民营经济参与国有企业改革、改制，鼓励民营经济购买、兼并国有企业；保护民营企业经营者的合法经营、合法收入、合法财产不受侵犯。

通过民营经济的大发展，改善中部所有制结构，增强中部经济发展的活力。

7. 提高区域创新能力

创新是发展的动力，增长的源泉。在历史发展过程中，中部地区的创新能力和变革现实的要求曾居于全国领先水平。近现代工业文明中，中部创新能力下降。改革开放以来，中部开放滞后，经济转型缓慢，与东部的发展差距拉大，创新地位进一步下降。中部的科技人员比例、科技活动经费、科技成果拥有量都低于全国平均水平，更低于东部水平；中部市场化程度低，企业制度改革慢，严重影响了中部发展的制度效率。推进区域创新体系建设，充分发挥科学技术第一生产力的作用，是中部地区发挥后发优势，实现跨越式发展的必由之路，是实现中部崛起的关键性战略。

（1）建立区域创新体系。

区域创新战略的基本任务是建立区域创新体系。这个体系以人力资本为基础，以企业、科研院校、政府为主体，以产品创新、技术创新、组织创新、管理创新为主要内容，其目标是增强区域产业竞争能力、经济发展的活力和综合竞争实力。中部地区有优良的传统学风，人才辈出。科研院所和大学是创新知识源，而中心城市有一批实力较强的科研院所和大学、大型产业集团的研究机构，发挥中部潜在的创新优势，可以振兴中部的创新能力和创新地位。创新体系建设就是从根本上致力于科技与经济的根本结合，使科技更好地服务于地方经济和社会的发展。要紧紧围绕当地经济和社会发展所面临的突出问题，设计区域创新体系建设的指导思想、组织结构、进行机制和保障及服务体系，着力于发现制约区域创新能力提高的薄弱环节和存在的问题，采取有力的措施予以解决。在推进科技体制改革的同时，加大对科研院所和大学的支持。

（2）坚持企业是创新主体。

企业是科技创新的投入主体，产业转化的主体，收益和风险承担主体。要鼓励企业增加研究开发投入，加强企业开发机构的建设；充分发挥税收政策的引导作用，加大对企业研究开发投入的税收抵扣；大力支持中小企业的创新活动，对中小企业提供技术援助和建立健全市场投融资机制；加强科技基础设施建设，形成功能齐全、开放高效的网络化科技基础平台；要发挥中部钢铁、有色金属、汽车、飞机制造、重型机械、化工大型产业集团的研发力量的优势，组建行业和企业集团的技术开发中心，提高研究开发经费占销售收入的比例；武汉、合肥和各中心城市的科研机构、高等学校的科研力量要加强与企业的产学研联合，加大科研成果转化为现实生产力的速度。政府要创造良好科研创新环境，加大科研投入力度，加快科技市场建设，组织中部地区重点产业发展和重点社会发展项目攻关。要按市场原则分配科研资源，进行科研评价和产业转化，重奖有突出贡献的科研人才。

（3）推进制度创新。

制度创新对于激发国民经济活力，发掘区域经济增长潜力具有基础作用。中部地区制度创新的主要内容是收缩国有经济战线，推进企业制度改革，改善政府调控职能。中部国有经济比重过大，民营经济发展缓慢，严重影响了国民经济活力。要通过资本重组、外资嫁接、股权转让、国有中小企业拍卖出售等形式，使国有经济从大部分竞争领域退出。大型产业集团、骨干中型企业应按照《中华人民共和国公司法》推行现代企业制度，建立健全规范的企业决策、执行、激励和约束机制，提高企业的核心竞争力，发挥优势产业、大型企业集团在加快中部发展和实现在中部崛起中挑大梁的作用。进一步转变政府职能，提高经济效率。政府不直接干预企业，致力于创造公平、公开、公正的市场环境和法制环境。大力推行电子政务，进一步减少和改进行政审批核检制度，提高服务质量，降低行政成本。建立公务员选任、激励、约束机制，建设规范协调、公正透明、廉洁高效的行政管理体制。

（4）开发人力资源。

人力资源是创新的根本资源。没有一大批科技人才、企业家精英，没有一支高素质的训练有素的劳动者队伍，便不可能有科技创新、企业创新，也就不可能有持续的高速经济增长。中部地区的人民历来勤奋好学，基础教育扎实，但其高等教育、职业教育落后于东部。推进区域创新战略要把人力资源的培育、开发作为基本战略。要进一步巩固基础教育，大力发展高等教育和职业教育。高等教育要以现有中心城市高等院校为基础，进一步扩大办学规模，满足当前正在迅速增长的教育需求，根据中部发展需要调整专业结构，培养适销对路的专业人才。中部地区"211 工程"国家重点建设大学共 12 所，部属院校有武汉大学、华中科技大学、中国地质大学、武汉理工大学、湖南大学和中南大学，国防科工委属学校有中国科学院属学校有中国科学技术大学，省属学校有太原理工大学、安徽大学、南昌大学、郑州大学、湖南师范大学。这些学校要依托其强大的科技、师资力量，办成研究型大学或教学研究型大学，培养更多的高层次高素质创新人才。发挥民间办学积极性，广泛开展高等和中等职业技术教育，培养多层次的职业劳动者队伍。创造优秀人才、拔尖人才脱颖而出优良环境，吸引国内外、境内外优秀人才来中部创业，在中部地区进一步形成尊重劳动，尊重知识，尊重人才，尊重创造的浓厚氛围。培养造就一批企业家精英队伍，创造企业家施展才华的宽松环境。对人才不要求全责备，限制个性发展。要从价值观导向和激励、约束机制上，引导企业家敢闯、敢冒风险，把企业做强做大，为中部崛起构筑起人才高地。

（5）提升区域创新能力。

当今时代，创新能力和竞争力已经密不可分，区域创新能力正日益成为地区经济获取国际竞争优势的决定性因素，成为区域发展最重要的能力因素。面对日趋激烈的国际竞争态势，面对产业的大转移、结构的大调整所带来的不确定性的挑战，面对区域就业和增收所产生的压力，提高区域创新能力和竞争力从来没有像今天这样紧迫和重要。

提升区域创新能力是区域创新的核心，重点要把握好以下五个方面：一是把区域创新体系建设纳入到地方经济社会发展的十五计划和中长期规划当中，在项目、资金等方面集中力量切实予以支持；二是打破行政区划的界限，更加重视有较强内在经济和科技联系的区域；三是各地应根据现实需求，解决好当前区域经济发展所面临的科技创新问题，做好长期服务于经济和社会发展需要的准备；四是在着力提高区域创新能力的同时，应在实现国家目标、完成国家任务、完善国家创新体系等方面，确立区域创新体系在国家创新体系建设中的支撑性地位；五是转变政府职能，发挥示范和引导作用，逐步完善区域创新体系的各项功能。

总的来说，加强区域创新需要做好以下工作：一是需要加强区域创新体系的战略研究；二是继续深入推进地方科技体制改革，促进创新体制与机制不断完善；三是加强科技中介机构建设，完善创新服务体系；四是大力扶持民营科技企业的发展；五是进一步促进高新技术园区的建设和发展，充分发挥其在高新技术产业化中的龙头作用；六是重视和发挥大学在区域创新体系建设中的作用，促进创新知识的生产、流动和创新人才的培养，促进产业群的形成和升级。

8. 提高市场化程度，发育和完善金融市场

提高市场化程度，对增强中部地区经济活力，改善中部发展环境，提高资源配置效率具有重要意义。可从发育完善要素市场和中介组织，改善市场经济法制环境，转变政府职能几个方面着手。

（1）发育完善要素市场，加快资本市场发育。

一是加速推进国有银行商业化进程，放宽其他金融机构进入限制，允许外资银行和金融机构进入中部地区，允许设立民营金融机构，形成金融业的竞争格局，促进信贷资金市场化分配；二是加快技术市场发育，提高知识产权意识，增强技术商品化观念，建立技术市场网络，推进技术商品交易，使技术交易额有很快的增长；三是加快劳动力市场发育与完善。我国劳动力新增就业基本上是市场化选择机制，但这很大程度上不是市场发育的结果，而是人口与就业矛盾膨胀的无奈选择。劳动力供大于需，严重不平衡，大量劳动力后备军存在，使就业者在市场竞争中处于弱势地位。而劳动力市场法制不健全，操作不规范，执法监督不力，往往使就业者的权益得不到保护，尤其是进城务工的农民，其获得劳动报酬、劳动安全、医疗和其他社会保障的权益经常受到严重侵害。没有法制保障的劳动力市场，无论其市场化就业比例达到多高，也是不完全的。中部剩余劳动力最多，外出务工农民最多，是劳动力输出的主要省份，发育完善劳动力要素市场的任务最重。完善的方向是健全法律，强化执法监察，保障劳动者合法权益，引导劳动力有序流动。

（2）促进市场中介组织发育和法律制度完善。

重点发展律师、会计、招标、签证、知识产权中介、消费权益保护、信息咨询服务业，完善市场经济法律，规范中介服务，加强经济纠纷的仲裁，提高社会信用。当前社会信用观念、法律观念淡薄，经济案件受理难、结案难，执行就更难，严重影响了市场法制化程度的提高。要大力普及法律知识，加强法制观念，加强执法队伍建设，提高司法效率，加大执法监督力度，建设公平、公正、廉洁的司法环境。

（3）改善政府与市场关系。

按照政府调控市场，市场引导企业的基本模式进行宏观经济运行调控，政府保障经济资源市场化分配，保障每一个经济主体具有独立的平等的市场权利；并通过总供给、总需求控制，通过利率、税率、汇率等调节手段调控宏观经济运行，不直接干预企业；政府不断提高行政效率，降低行政成本。中部地区由于市场经济发育程度低，受过去计划经济影响较深，改善政府与市场关系的任务也较重，要大力推进政府体制改革，加快政府职能转变。在当前，要进一步减少行政审批事项，推行政府经济分配招标制，抓紧建立、完善国有资产管理体制，收缩国有经济战线，发展民营经济，加强政府产业政策指导，提高政府服务质量、办事效率，建立公平、公开、高效的行政环境。

在提高市场化程度和培育各类市场的过程中，要特别注重改革投融资体制。中部各省历年投资水平与全国各省相比，差距很大。按人均量计算，最低的江西、安徽只有全国平均水平一半左右，最高的山西、湖北为全国70%～90%。投资水平低是制约中部发展的关键性因素。其基本原因是国家投资少，各省自身积累投资能力低，投融资体制机制不健全。改革开放以来五个"五年计划"中，"六五""七五""八五"期间，国家政策投资和项目投资的重点是沿海地区，沿海地区因此获得了大量国家投资和外商投资。山西省由于国家加强能源基础建设，得到了较多的投资，前两个五年计划，人均量超过全国平均水平。湖北省国家大项目较多，自身投资能力也较强，大体获得了略低于全国平均水平的投资。其余各省普遍获得国家投资很少，而自身投资能力都很低，因而投资水平差距很大。"九五"以来，沿海经济实力大大增强，其自身积累的投资能力大为提高，利用外资水平也有大幅度增长，投资继续处于强势。而中部地区，利用外资水平虽然有一定提高，但与东部相比，相差两个数量级，国家投资增长也不很多，自身投资能力由于经济实力相对处于更加弱势地位而仍然没有很大提高，因此中部的投资水平与东部比差距拉得更大。如"六五"期间，中部全社会固定资产投资占全国比重的26.8%，"九五"下降到22.3%；与东部相比，"六五"期间中部相当于东部58.1%，此后持续下降，"九五"仅为37.1%。

针对中部地区投资严重不足的情况，必须从以下几个方面着手，才能更快地扭转投资不足的局面。

一是加大对中部投资力度。国家加强对中部地区基础设施、水利设施、生态环境项目的投资；加大对中部能源、原材料工业投资；加大中部地区债转股力度，给中部更多的国债建设资金额度。

二是改善中部地区的融资环境。尽快在中部中心城市开放外资银行，或设立金融机构，并允许设立民营金融机构；在中部经济中心设立第三证券交易所；中央银行对中部商业银行和金融机构实行差别准备金和差别利率政策；对其再贷款和同业拆借实行有利于中西部发展区域贴现政策，促进中西部资金更多投入本区经济建设；给中部更多银行核销呆坏账准备金，对中部企业多给上市融资机会。提高金融机构现代化水平，发展电子银行，网络结算，开拓新兴金融业务。

三是改革投资体制，促进投资主体多元化，进一步开放投资领域。除了极少数必须由国家控制的领域外，其他都向国内外投资主体开放。政府投资按市场方法分配，竞争性领域非政府投资改审批、核准制为登记制。实行投资主体、决策主体、收益主体和风险责任一体化，由市场检验投资效果，调动多种投资主体的积极性，特别是民间投资的积极性，充分挖掘中部地区民间投资。

四是继续给中部地区吸收外资优惠政策。降低外商在中西部投资的规模起点和技术起点限制；给予中西部外商投资企业低于沿海地区的税收和优惠的出口贸易政策，增强中西部地区吸收外资的能力。

五是提高中部地区企业融资水平。给中部企业更宽松的上市辅导条件，鼓励大型企业，有特色的企业走出国门融资。加强企业信用建设，改善中小企业抵押担保机制，增加中小企业资金供给机会。降低银行信贷难度，开辟多样化金融业务，提高金融服务水平，为企业提供更多的融资机会。

六是提高中部地区政府资金杠杆能力。发挥政府资金的引导功能、种子功能和风险保障功能，提高政府土地、项目、规划、政府无形资产等资源的融资能力，发挥政府资金的乘数效应，为加快中部崛起提供充分的保障。

三、提高区域创新能力是促进中部崛起的关键 [*]

（一）引言

运用新增长理论模型，建立了中部六省（山西、安徽、江西、河南、湖北和

---

[*] 节选自周绍森、陈栋生（原为中国社科院工业经济研究所研究员，曾任西部发展研究中心主任、中国区域经济学学会副会长）主编：《中部崛起论》，经济科学出版社，2006 年 5 月。

本文作者：周绍森、罗良针、何筠、胡德龙。

罗良针，1965 年 12 月生，博士、教授，美国南加州大学访问学者，先后任南昌大学教育系主任、教育学院副院长。

何筠，1964 年 7 月生，博士、教授，先后任南昌大学经济管理学院院长、党委书记；中国工业经济学会常务理事，江西人力资源与社会保障厅咨询专家。

湖南）动态生产函数，并测算了中部六省 1978～2002 年期间各生产要素与全要素生产率（TFP）对经济增长的贡献。结果发现中部六省全要素生产率对经济增长的贡献远低于全国平均水平，而物质资本的贡献高于全国平均水平见表 3 - 6。在此期间，中部走的是依靠物质资本驱动为主的高消耗、高污染、低产出、低效益的"粗放型"发展道路。

表 3 - 6　　　　　1979～2002 年中部六省各生产要素对经济增长的贡献表　　　单位：%

	物质资本的贡献			劳动力	人力资本	全要素生产率（TFP）
		#物质资本积累	#全社会固定资产投资			
山西	45.28	17.20	28.08	7.81	16.09	30.82
安徽	40.74	20.60	20.14	14.52	16.76	27.97
江西	44.40	25.04	19.36	17.23	13.18	25.19
河南	46.67	24.12	22.55	19.14	14.38	19.81
湖北	46.70	22.85	23.85	7.54	18.38	27.38
湖南	45.90	18.85	27.05	9.54	17.35	27.20
全国平均*	37.4～38.5			—	8.6～9.9	42.7～45.7

注：测算过程及数据详见周绍森等：《中部崛起与人力资源开发》。
资料来源：中国教育与人力资源问题报告课题组：《从人口大国迈向人力资源强国——中国教育与人力资源问题报告》（第 151～152 页）。

全要素生产率体现生产要素对经济增长效用，是衡量经济增长质量的一个重要指标。全要素生产率贡献越大，说明投入一定量的生产要素可带来更多的产出。影响 TFP 的因素有很多，主要有科技进步与创新、制度因素、资源配置效率等，而科技进步与创新（特别是自主创新）是提高区域核心竞争力、落实科学发展观的重要举措。

中部地区联结东西、贯穿南北，具有区位、资源、生态、产业的优势，是国家粮食、能源和原材料重要基地，在中国政治、经济与地域版图中具有举足轻重的地位。中部六省如何抓住 21 世纪头 20 年的战略机遇期实现中部地区崛起，在很大程度上取决于是否拥有自己的核心竞争力。因此大力提高中部地区区域创新能力，尤其是自主创新能力，是实现中部崛起强有力的突破口。

本书试图对中部六省与区域创新能力较强的东部经济区进行比较研究，旨在进一步分析全要素生产率对经济增长贡献不高的内在成因，分析中部六省的区域创新能力的相对优劣势，为中部地区之间加强区域合作与交流、实现中部地区的崛起提供一个参考。

（二）中部地区区域创新能力水平分析

区域创新能力是一个地区将知识转化为新产品、新工艺、新服务的能力。区域创新能力体系为一个区域内有特色的、与地区资源相关联的、推进创新的制度网络，其目的是推动区域内新技术或新知识的产生、流动、更新和转化。在我国，区域创新能力体系建设在改革开放中发挥着重要的作用。这个体系的形成使各地的创新积极性得到了充分的展示和释放，使我国走上一条以市场经济为基础、呈现区域多样性的科学发展路径。

区域创新能力主要用"区域创新能力综合指标"来衡量，又具体可分解以下几个要素：

①知识创造能力，即不断地创造新知识的能力，取决于研究开发的投入水平、科技产出的水平和过程管理的水平，即科技的投入产出比三项；②知识获取的能力，即不断地利用全球一切可用知识的能力，知识在各创新单位之间流动的能力，反映了一个地区、企业对知识需求的程度、对创新的冲动水平和知识流动基础设施的水平，可细分为科技合作、技术转移和外国直接投资三项子指标描述；③企业的技术创新能力，是指企业应用新知识推出新产品、新工艺的能力，从技术创新的投入、过程和产出的框架出发来系统评价企业总体的基础创新能力；④创新的环境，是指为知识的产生、流动和应用所提供的环境，从创新基础设施的发达程度、市场需求水平、劳动者素质、金融环境和创业水平四个方面来刻画；⑤创新的经济绩效，即创新对经济增长的推动能力，从宏观经济、产业结构、产品国际竞争力、居民收入水平和就业水平五个方面来考察。

中国科技发展战略研究小组借鉴哈佛大学波特教授和麻省理工斯特恩教授主持的美国《创新指标》、瑞士洛桑国际管理开发学院的《国际竞争力报告》和世界经济论坛的《全球竞争力报告》等国际通用的一些评价体系，动态而客观地分析了我国各省（直辖市、自治区）的区域创新能力。现把我国分四大经济区创新能力指标值见表3-7。

表 3-7　　　　　　　　我国四大经济区区域创新能力分布

地区	综合指标	二级指标				
		知识创造能力	知识获取的能力	企业的技术创新能力	创新的环境	创新的经济绩效
东部经济区	38.47	31.35	35.73	44.15	35.50	42.46
北京	56.53	83.40	39.74	47.26	49.90	68.82
天津	38.60	26.94	40.15	38.17	28.99	58.75
河北	22.39	19.10	14.66	28.52	24.92	19.83
上海	56.35	40.37	54.04	64.97	52.32	64.34
江苏	42.61	24.54	42.90	57.30	43.01	37.09
浙江	37.40	24.07	36.46	42.27	38.89	40.15
福建	28.97	18.02	33.30	34.96	23.61	33.15
山东	36.82	22.36	35.19	51.44	36.25	31.33
广东	46.83	27.74	47.00	58.02	44.07	50.46
海南	18.17	27.00	13.83	18.60	13.04	20.70
东北经济区	28.00	22.34	23.45	33.14	26.80	30.72
辽宁	32.66	24.65	31.23	42.73	32.95	26.80
吉林	25.21	22.31	15.81	26.04	22.82	36.38
黑龙江	26.13	20.06	23.30	30.65	24.64	28.99
中部经济区	23.10	18.70	18.59	30.22	23.36	20.57
山西	22.92 (17)	16.89 (22)	14.95 (20)	27.86 (19)	21.09 (23)	29.56 (11)
安徽	21.70 (20)	15.56 (23)	17.05 (17)	33.06 (14)	21.49 (22)	15.83 (30)
江西	20.72 (22)	17.92 (20)	16.03 (18)	24.72 (23)	23.66 (17)	17.69 (29)
河南	21.60 (21)	14.18 (25)	12.00 (28)	29.98 (16)	23.74 (16)	21.22 (20)
湖北	27.06 (10)	25.37 (6)	24.27 (11)	36.20 (9)	26.26 (11)	19.99 (24)
湖南	24.59 (16)	22.25 (15)	27.21 (10)	29.51 (17)	23.90 (15)	19.11 (27)
西部经济区	20.00	16.20	14.29	23.89	19.64	22.99

续表

地区	综合指标	二级指标				
		知识创造能力	知识获取的能力	企业的技术创新能力	创新的环境	创新的经济绩效
内蒙古	20.62	18.63	14.91	24.25	21.72	20.51
广西	18.98	9.47	13.18	25.93	17.31	23.84
重庆	25.47	14.10	19.94	34.51	26.76	25.23
四川	25.57	22.87	17.80	33.99	26.92	21.21
贵州	16.71	13.61	9.83	26.81	14.73	14.04
云南	16.67	17.79	10.63	18.19	15.55	19.84
西藏	10.50	9.14	6.57	2.90	14.44	19.02
陕西	26.43	24.60	17.90	34.12	25.36	25.94
甘肃	18.44	12.56	18.09	22.81	15.12	21.80
青海	20.64	13.43	13.05	19.49	21.84	31.67
宁夏	18.86	14.74	14.72	20.29	17.31	25.20
新疆	21.77	23.67	14.81	23.40	28.56	27.53

资料来源：中国科技发展战略研究小组：《区域创新能力谁执牛耳?》，载于《经济日报》，2005 年 4 月 12 日，第 13 版；中国科技发展战略研究小组：《区域创新能力五大因素谁占先?》，载于《经济日报》，2005 年 4 月 13 日，第 13 版。

　　从总体上看，我国区域创新能力是东强西弱，从东部沿海地区向西部内陆地区由高到低呈梯形分布。东部经济区 10 个省（市）区域创新能力综合指标平均分值达到 38.47，其中北京最强；中部六省区域创新能力综合指标平均分值为 23.1，只有湖北省位居第十名而进入全国前十位；河南和江西两省均位居全国后十位；西部经济区 12 个省（市、区）区域创新能力综合指标平均分值为 20。中部经济区区域创新能力比东部经济区低 15.37 分，比东北三省低 4.9 分，而只比西部经济区高 3.1 分。中部六省区域创新能力明显弱于东部经济区，与西部经济区相比优势却不明显，而且西部有 1/4 的地区区域创新综合指标超过了中部六省平均值。东部经济区区域创新能力综合指标远高于中部六省，主要是因为东部经济区企业的创新机制更加灵活，市场经济的作用较强，企业已基本成为技术创新的主体。而中部六省观念落后，机制僵化，政府对企业的干预多，经济绩效太低。

　　从区域知识创造能力二级指标来看，中部六省中有三个省份居全国后十位，只有湖北较强（全国排名第 6）。湖北之所以知识创造能力居全国前列，主要是

162

因为湖北有良好的科技教育资源，高等院校众多，科研机构林立，高校数目和在校生也居全国前列，培养的人才和创新成果较多。中部六省知识创造能力平均分值为 18.7，比东部经济区低 12.65 分，比东北三省低 3.64 分，比西部经济区仅高出 2.48 分。在这一指标上更体现出中部经济区远弱于东部经济区，而与西部经济区能力相差不大的总体规律。

从知识获取二级指标来看，中部六省区域知识获取能力平均分值为 18.59，比东部经济区低 17.14 分，比东北三省低 4.86 分，而比西部经济区只高出 4.3 分，也体现出区域创新能力的总体规律。中部地区的湖南进入全国前十位；而河南太弱，排全国倒数第 4 位，主要是因为企业、科研机构与高校间的合作研究少，创新体系不健全，知识流动差，成果转化能力弱，对外开放度较低，招商引资力度不强。

从企业的技术创新能力二级指标来看，中部六省总体上在全国排名居中游，平均分值为 30.22，比东部经济区低 13.93 分，比东北三省低 2.92 分，比西部经济区高出 6.33 分。湖北省企业的技术创新能力较强，排全国第 9 位；江西相对较弱，居全国后十位行列。江西企业自身设计、开发能力较弱，专利授权量相对较少（特别是实用新型专利授权量），虽企业 R&D 经费支出占产品销售收入比重较高（居中部第一），但总量太少，江西 2003 年工业总产值排全国倒数第 9 位。

从创新环境二级指标来看，中部六省创新环境平均分值为 23.36，比东部经济区低 12.14 分，比东北三省低 3.44 分，比西部经济区高 3.72 分。湖南、河南和江西三个省份的实力相当，居全国中位；湖北稍强，安徽与山西两省稍弱。在该指标中，中部六省普遍的问题是金融环境较弱，表现在资本市场总量规模小，发育程度低；银行间接融资与资本市场直接融资结构不合理；资本市场流动性不强，资本市场金融工具不足，产品结构不合理；创业园、孵化器的功能不强，风险投资体制不完善。

从创新的经济绩效二级指标来看，中部经济区为最弱，平均得分为 20.57，比东部经济区低 21.89 分，比东北三省低 10.15 分，比西部经济区低 2.42 分。创新的经济绩效问题是中部六省最为突出的问题，创新的最终落脚点是在为经济建设服务上，这个指标直接影响到中部地区经济发展的潜力与后劲，是中部地区崛起的一大障碍。中部六省中只有山西省较好，居全国第 11 位，然后是河南（第 20 位）、湖北（第 24 位）、湖南（第 27 位）、江西（第 29 位）、安徽（第 30 位）。中部经济区除山西外，都为农业大省，是我国商品粮基地，第一产业所占比重大，产业结构不合理；2003 年中部六省乡村劳动力占总劳动力比例为 80.8%，而全国整体水平为 65.55%，过多的乡村劳动力势必造成大量的农村剩余劳动力，中部地区农村剩余劳动力约 9 058 万人，超过全国农村剩余劳动力总量的 1/2，其中安徽、河南、湖南均超过千万人；此外技术创新对提升产业结构和增加经济绩效的作用不明显。

（三）中部地区区域创新能力不强的原因分析

为更加直观地看出我国区域创新能力的差异性与不平衡性，我们运用 SPSS 软件对各省区市区域创新能力进行了聚类分析，结果表明把我国各省区市按区域创新能力综合指标分为三类～五类为宜（见表3-8）。

表3-8　　　　　　　　　　我国各省区市区域创新能力差异表

分三类		分四类		分五类	
类别	所含省（市、区）	类别	所含省（市、区）	类别	所含省（市、区）
I（强）	京、沪	I（强）	京、沪	I（最强）	京、沪
II（中）	粤、苏、津、浙、鲁、辽	II（稍强）	粤、苏、津、浙、鲁、辽	II（强）	粤、苏
III（弱）	闽、鄂、陕、黑、川、渝、吉、湘、晋、冀、疆、皖、豫、赣、青、蒙、桂、宁、甘、琼、贵、滇、藏	III（中）	闽、鄂、陕、黑、川、渝、吉、湘、晋、冀、疆、皖、豫、赣、青、蒙、桂、宁、甘、琼、贵、滇	III（中）	津、浙、鲁、辽
				IV（弱）	闽、鄂、陕、黑、川、渝、吉、湘、晋、冀、疆、皖、豫、赣、青、蒙、桂、宁、甘、琼、贵、滇
		IV（弱）	藏	V（最弱）	藏

从聚类分析结果看，中部六省区域创新能力综合指标都处于弱或较弱等级。区域创新能力综合指标排名分布与经济实力强弱排名分布基本上符合，北京、上海经济实力最强，其区域创新能力也最强。中部六省区域创新能力不强，其成因是多方面的。与创新能力较强的东部经济区相比，主要有以下几个不足：

第一，科研投入不足。2003 年，东部经济区十个省（市）的 R&D 活动人员折合全时当量平均为 7 585.1 人年，其中科研人力投入最多的广东省为 30 834 人／年；而中部六省 R&D 活动人员折合全时当量平均仅为 1 769 人／年，其中最多的湖北省科研人力投入量（3 290 人／年）只有东部经济区的平均投入量的 43% 左右，只有广东省投入量的 10.67%。从 R&D 经费投入来看，2003 年，东部、中部经济区 R&D 经费投入占 GDP 比例平均依次为 1.56%、0.66%，中部六省 R&D

经费投入占 GDP 比例不到东部经济区的 45%。

第二，自主创新意识不强。自主创新意识薄弱是中部地区的根本弱点，具体表现在专利申请与授权量的过少。2003 年，东部、中部经济区专利申请量分别为 158 329 项、24 803 项，其所属省（市）平均申请量分别为 15 833 项、4 134 项，中部六省专利申请平均量约为东部经济区平均量的 26%，远低于东部沿海地区（如广东省为 43 186 项、上海为 22 374 项、浙江为 21 463 项）。从专利授权量看，中部六省平均授权量（2 172 项）不到东部经济区各省（市）平均授予量（9 921 项）的 1/4。

第三，企业创新能力过弱，成果转化滞后。企业是科技创新的主体，要把科研成果转化为现实生产力，其任务最终是落在企业身上，因而企业才是区域创新能力的真正开拓者。企业创新能力可从新产品销售利润与实用新型、外观设计专利授权量三个指标阐明。2003 年，中部六省新产品销售利润平均为 29 594.67 万元，而东部经济区各省（市）平均为 278 391.6 万元，约为中部六省平均值的 9.5 倍，中部六省新产品销售收入占产品销售总收入比重（11%）也低于东部经济区（19.88%）。实用新型专利授权量东、中部经济区平均分别为 3 761 项、1 341 项，中部六省平均值约为东部地区的 36%；而中部与东部经济区的外观设计专利授权量差距更大，中部六省平均授权量（575 项）只有东部经济区平均授权量（5 520 项）的 10% 左右。中部地区的科研成果转化也是比较滞后，从万人技术成果成交额这个指标来看，东部经济区为 300 万元、而中部六省却只有 27 万元，是东部经济区的 9%。当今时代是知识经济时代，知识含量越高的产品价值越高，高新技术含量直接影响到企业的核心竞争力，新产品的研发与专利授权量的多寡、企业的自主创新能力关系到企业的兴衰。

第四，引进外资与高新技术等方面力度不大，计划经济成分过多。提高区域创新能力不能闭门造车，必须加大招商引资的力度，加强与外界合作交流。2003 年，东部经济区实际利用外资 4 256 212 万美元，各省（市）平均为 425 621 万美元；中部六省实际利用外资 531 907 万美元，平均每省实际利用外资 88 651.17 万美元，约为东部经济区的 1/5。中部的江西省随着 2001 年的思想大解放运动，加大了招商引资与吸引人才的力度，已取得显著成效，2003 年以 161 202 万美元的成绩位居中部省份首位，居全国第 9 位，增长速度排全国第 2 位，但总量上与位居第一的江苏省（1 056 365 万美元）还相差甚远。

（四）提高中部区域创新能力的对策建议

我们在看到中部六省区域创新能力不足的同时，更应该看到提高中部地区区域创新能力的比较优势，这主要表现在自然资源、人力资源与环境等几个方面。中部地区的自然资源优势是引人瞩目的。山西的煤炭资源毋庸置疑是其突出优势之一；江西已发现地下矿产 140 多种，其中铜、钨、钽、铌等 11 种矿产储量居全国第一，其中铜、钨、铀钍、钽铌和稀土是江西著名的五朵金花，水、电资源也非常丰富；安徽省矿产资源种类繁多，储量丰富，分布集中。已发现各类矿产130 多种，其中探明储量的有 67 种，已开发利用的有 49 种，保有储量居全国 10位的矿产有 38 种；河南省矿产资源也比较丰富，已发现矿产资源 154 种，探明储量的 81 种，是中部地区最大的火电基地；湖北则拥有全国最大的水电站。在能源紧缺的今天，能源产品价格又已经大多放开的情况下，中部的资源优势显得尤为重要。中部地区的人力资源也是一个比较优势。中部地区教育实力居全国前列，大专院校集中，各类专业技术人员荟萃。中部各省人力及人才资源丰富，比如江西省每年大学毕业生在 10 万人以上，劳动成本只有深圳、上海的 1/3，江西省与沿海地区在投资成本至少可节省 20% 以上。中部地区的环境也是非常优美。安徽与江西的空气质量指数排在全国前五位。江西境内的五条河流 70% 的河段，及鄱阳湖的主体水质，达到国家二类水质标准以上，江西省委书记孟建柱同志及时提出了"既要金山银山，又要绿水青山"的发展思路。中部地区的以上比较优势一方面使其在吸引外资、高新技术、高级科研及管理人才等方面具有较强的竞争力，另一方面凭借其自身的教育实力可培养大量高素质的创新人才，进而提高区域创新能力。中部就是中国的"腰"，"腰板"直，才能行得正、走得稳，中国经济才能健康协调发展。如今，党中央、国务院按照全面建设小康社会要求和地区协调发展促进共同富裕的部署已经提出了中部崛起战略。但中部如何崛起？靠什么崛起？这些问题一直困扰着关心中部经济发展的领导、专家学者们。在2005 年 3 月 10 日南昌大学在北京钓鱼台国宾馆隆重举办的《中国中部崛起研讨会》上，就有专家提出中部崛起是赶上还是超越的问题。这从侧面阐明了中部崛起一定要注重自身能力的建设，孕育出中部自身的核心竞争力，要吸收、创新发达地区发展的经验而不是简单地照搬。也就是说中部要崛起，一定要注重提高自身的区域创新能力。通过对中部地区区域创新能力与东部地区的比较，我们提出关于中部地区培养区域创新能力，进而促进中部地区崛起的几点粗浅建议。

1. 增强科技创新意识，促进经济增长方式的转变

中部六省科技创新意识相比之下还比较薄弱，还没看到科技在经济增长过程中的主要推动作用。我们根据新增长理论模型对中部六省 1978～2003 年各生产要素对经济增长的贡献进行了测算（见表 3 - 9），结论告诉我们中部六省经济增

长的基本形态，主要还是建立在要素投入和劳动力比较优势的基础之上。全社会生产过程中的能源、原材料消耗过高，产品的技术含量和附加值低，科技进步对经济增长的贡献还不突出。

表 3 – 9　　　　　　　中部六省全要素生产率对经济增长的贡献份额　　　　　单位：%

份额	全国平均	中部平均	山西	安徽	江西	河南	湖北	湖南
全要素生产率贡献份额	42.7 ~ 45.7	26.4	30.8	28	25.2	19.8	27.4	27.2

　　注：全要素生产率（TFP）反映物质资本、劳动力、人力资本等生产要素的使用效率，主要由技术进步因素体现，此外还包括制度因素、产业结构、资源配置等因素。
　　资料来源：为1978 ~ 2000 年期间的贡献份额，来源于中国教育与人力资源问题报告课题组：《从人口大国迈向人力资源强国——中国教育与人力资源问题报告》（第 151 ~ 152 页）；中部六省数据为1978 ~ 2003 年期间的贡献份额，来源于南昌大学中国中部经济发展研究中心：《中部崛起与人力资源开发》。

　　1978 ~ 2003 年期间中部六省 TFP 对经济增长的贡献平均只有 26.4%，而全国平均贡献份额高达 42.7% ~ 45.7%，中部六省 TFP 的贡献份额明显低于全国平均水平。当然 TFP 贡献份额是一个相对概念，一个地区的 TFP 贡献份额比另一个地区大，并不说明这个地区 TFP 的贡献绝对值就会比另一个地区大，而只是这个地区 TFP 与生产投入要素的比值大，即经济增长对 TFP 依赖度大。各种研究表明，改革开放以来，中国的经济增长率之所以高于改革前，重要原因是 TFP 大幅度提高，所以中部经济发展中更重要的是要依靠全要素生产率推动经济增长，尤其要靠科技创新。胡鞍钢（2001）认为今后影响中国经济增长的关键因素仍是全要素生产率，因此中部要崛起，必须转变产业结构，转变经济增长方式，使人力资本、自然资本和物质资本均衡发展，从依靠生产要素投入向依靠全要素生产率转变。在东部发达地区，技术进步与科技创新直接推动了产业结构的升级和经济增长方式的转变，是发达地区经济增长的强劲动力，经济增长方式转变的最根本动力是技术进步。中部六省要吸取东部发达省（市）的经验，从根本上转变原有的粗放型工业化模式，走出一条科技含量高、经济效益好、资源消耗低、环境污染少、人力资源优势得到充分发挥的新型工业化路子，紧紧依靠创新、科技进步发展生产力，依靠科学技术实现经济、社会的协调发展。

　　一是加快科技创新。科学技术是第一生产力，科技创新能力是全要素生产率的集中体现。山西的全要素生产率对经济增长的贡献之所以高，很大程度上是与科技创新相关的。必须以科技进步和创新为支撑，推进经济结构调整，促进经济

167

增长方式的转变。

二是提高政策质量和政府质量。当前提高经济增长水平和增长质量最核心的问题是提高政策的质量和政府管理社会的质量，要改变政府与企业和个人传统的命令关系变成新型的伙伴关系，把一个看不见的政府变成一个看得见的政府。

三是加快产业结构调整与升级。中部地区产业结构的特点体现为第一产业比重较高，而第二、第三产业比重相对较低。加速农业产业化、农业现代化进程，在巩固粮食生产基础上，大力发展特色、高效农业，促使中部地区第一产业升级；积极扶持高新技术产业，培育新的经济增长点；在发展培育自身加工制造能力的同时积极承接国际间产业结构的梯度转移。

2. 构建科技创新人才高地

人力资源是第一资源。无论是物质的创造、知识的创造，还是知识的运用、推广和技术的转化，都得依靠专门人才，培养这些专门人才的唯一途径就是开发人力资源（含正规教育与在职培训），教育在经济社会发展过程中，具有基础性、先导性、全局性的战略地位和作用。

我们同样测算了1978～2003年期间中部六省人力资源总量对经济增长的贡献为28.65%，其中人力资源数量的贡献为12.63%，人力资源质量贡献为16.02%。从表3-10中可以看出中部六省的人力资源对经济增长的贡献要大于全国平均水平，这也正体现了中部地区的人力资源优势。由于农业剩余劳动力转移一方面可提高第一产业的生产效率，另一方面可为劳动力供给不足的高次产业提供劳动力，从而可以大大提高农民收入，增加社会财富。所以我们还对1985～2001年期间教育对江西农村剩余劳动力转移的作用做了实证分析，分

表3-10　　　　　中部六省人力资源对经济增长的贡献份额　　　　单位：%

人力资源	全国平均	中部平均	山西	安徽	江西	河南	湖北	湖南
人力资源数量	—	12.63	7.81	14.52	17.23	19.14	7.54	9.54
人力资源质量	8.6～9.9	16.02	16.09	16.76	13.18	14.38	18.38	17.35
人力资源总量	16.5～18.7	28.65	23.90	31.28	30.41	33.52	25.92	26.89

注：人力资源总量贡献为人力资源数量与质量贡献之和。

数据来源：1978～2000年期间的贡献份额，来源于中国教育与人力资源问题报告课题组：《从人口大国迈向人力资源强国——中国教育与人力资源问题报告》（第151～152页）；中部六省数据为1978～2003年期间的贡献份额，来源于南昌大学中国中部经济发展研究中心：《中部崛起与人力资源开发》。

析表明教育等效年限每增加一年，可以促使 67.065 万农村剩余劳动力向高次产业转移。通过这些数据可见人力资源（特别是人力资源质量）对经济增长的巨大作用。

鉴于中部地区科研人力投入不足，应优先发展教育事业、大力开发人力资源为中部地区提供雄厚的科研型、技能型和综合型后备人才队伍，构建科技创新人才高地。另外，近年来由于科学技术的迅猛发展，技术创新及产业化的周期大大缩短。企业要适应外界环境的变化，也必须通过在岗培训、继续学习及时更新企业知识库。具体可从以下几个方面考虑：一是加强支柱产业发展急需人才的教育培训；二是充分利用大中专院校、各级党校和各类培训机构的教育培训资源，采取委托培养、定向培养、联合培养、对口培养等方式，依法开展国家公务员培训，提高公务员素质，尤其是要提高创新能力和行政水平；三是大力培养一流人才，强化核心人才队伍；四是高度重视对外开放培养人才，充分利用各类培训渠道，开展各类高层次人才的国（境）外培训；五是实施好"新世纪百千万人才工程"，切实做好高层次创新人才的选拔、培养、使用，要通过制定实施人才培养规划，对中部经济社会发展急需紧缺的人才有计划、有针对性地进行重点培养，鼓励用人单位和人才成为主动自觉的培养主体，建立目标明确、综合激励的人才培养机制，不断改善人才结构，提升人才层次，壮大人才队伍；六是重点培养造就优秀企业家，围绕发展具有国际竞争力的大型企业集团，加快培养造就一批职业化、现代化、国际化的优秀企业家。以创新精神、创业能力和经营管理水平为核心，大力提高企业家素质。

3. 加快创新力度和转化周期，创建产学研一体化创新体系

中部地区区域创新能力最突出的问题就是研发和产业的脱节。在中部地区科研投入不足、财力有限的条件下，建议政府鼓励社会组织成立诸如企业发展战略研究会等各种研究会与咨询机构，在进一步深化改革的过程中提高企业的自主创新能力，努力构建新型的产学研的技术创新体系，加强科学研究机构与科研转化机构的交流和合作。

首先，加大产学研合作力度，鼓励成立研究会与咨询机构，大力推动和协调高校科研机构及有实力的企业集团进行改组联合，加快建设重点领域工程技术中心和中试基地，通过对具有市场应用前景的重大应用科研成果进行后续的工程化研究，逐渐形成以发展生产力为中心，以企业为主体，研究开发生产一体化的新体制。

其次，进一步深化科技体制改革，引导和促进高等学校、科研单位创办高新技术企业，支持其与有实力的大企业进行联合和重组。加大科研院所改革力度，

鼓励高等院校、科研院所创办高新技术企业，与企业共建技术中心，联合开发新产品，或与企业进行联合和重组，优化高新技术成果转化机制。重点抓好高校、大院大所的产业化工作，充分发挥其高新技术产业化的生力军作用。

最后，建立创业风险投资基金，引导社会资金投入到科技研发和科技成果产业化上，使科技成果转化得更快，效益更好。政府既要注重对具体企业的服务，更要注重创造公平公正的制度环境，激发所有企业的创造活力。另外鼓励成立研究会与咨询机构，专门针对企事业单位当前面临的难题展开研究，提供咨询服务。

4. 建立中部区域科技创新圈，形成中部六省技术创新高地和产业发展龙头地区

鉴于中部六省科研成果转化为现实生产力严重滞后，科技对经济的促进效果不强，科技资源主要集中在某些重点地区和优势科技领域，建议通过建立科技创新圈，对具有优势的科技领域进行产业化转变，形成技术创新高地和产业化发展龙头地区，将局部科技优势转化为区域主导产业竞争胜势。在资金、技术和人才等资源的约束下，发展中部科技要坚持重点突破，"有所为，有所不为"的原则和"市场导向、技术驱动、自主创新、开放引进、重点突破、总体跟进"的方针，通过宏观指导，适当集中人力、财力、物力，组织优势资源，在技术、产业和区域等领域确立发展的突出难点、关系全局的焦点和重点，争取从局部取得突破，再以点—线—面的方式，带动整个中部科技、经济和各区域的全面发展。同时，通过政策引导，逐步建立完善高新技术产业风险投资机制，营造优质软环境，加快风险投资业发展，促进形成市场主导科技型企业家成长和高新技术产业发展的态势。在建立中部科技圈时，应按照自愿平等、互惠互利和发展高新技术与运用高新技术改造传统产业并举的原则，全面开展科技协作，在资源开发、传统产业改造、技术创新、人才互动等方面进行整合，以增强和"放大"科学技术的整体功能和综合竞争力。加强高新技术开发区建设，优化高新技术产业化环境，重点支持一批科技型中小企业，加强科技中介服务体系建设，继续办好若干农业产业基地，初步形成以湖北、湖南、安徽、江西四省组成的长江中游科技圈，山西—河南的黄河中游科技圈，互相联系，通过扩散效应，在中部六省形成科技产业相互呼应、共同发展的格局。

5. 提升自主创新能力，增强核心竞争力

170

改革开放以来，我国创造了经济持续保持 9% 以上增长速度的奇迹。但是，

我们应该清醒地认识到，传统发展模式，特别是依靠资源的高消耗和廉价劳动力密集产业的发展模式，越来越受到能源、资源、环境瓶颈的约束。在经济、科技全球化的新形势下，区域创新能力已经取代自然资源成为国家竞争力的决定性因素。而区域创新能力的核心问题在于自主创新能力，真正的核心技术是买不来的，只有拥有强大的科技创新能力，拥有自主的知识产权，才能提高国际竞争力，才能打造在世界上昂首挺胸的强健筋骨。中央经济工作会议提出，提高自主创新能力是推进经济结构调整的中心环节。要坚持把推动科技自主创新摆在全部科技工作的突出位置，坚持把提高科技自主创新能力作为推进结构调整和提高国家竞争力的中心环节，加快建设中国特色国家创新体系。要确立自主创新的战略目标、加强国家自主创新体系建设、造就自主创新的人才队伍。

中部地区自主创新能力相对还是比较强的，从 2004 年国家三大奖高校获奖总数排名看，地处湖南的中南大学与清华大学排名并列第 1 位，并且夺得连续六年空缺的国家技术发明奖一等奖；地处湖北的武汉大学、华中科技大学与北京大学、复旦大学等名牌大学并列排名第 6 位，武汉理工大学与东北大学、中山大学等十所重点大学并列排名第 12 位。进一步提高自主创新能力，提高中部地区自主创新能力整体水平，促进高新技术成果产业化，使之转化为中部地区的核心竞争力，中部地区有很大的科技优势和人才优势。同时，需要注意的一点是自主创新并不排斥国外技术，应在充分利用全球技术资源的基础上，采取多种方式实现自主技术创新。自主创新不一定是自己去研究开发每一个单项技术，可以通过成熟技术的自主集成，获得集成技术的创新；不一定从头做起，可以在已有技术的基础上，进行改进创新。在国力和科技实力有限的情况下，我们应在优势领域进行原始性创新，在追赶领域进行集成创新和引进技术的适应性创新，不断提高自主创新的实力和能力，鼓励和支持自主创新的政策环境，加快中部地区技术创新体系的建立和完善。

四、关于促进中部崛起的政策建议[*]

2005 年 3 月 10 日由南昌大学主办、中国区域经济学会和北京出版集团协办，在北京钓鱼台国宾馆八方苑召开了"中国中部崛起研讨会"。出席会议的有国家

---

　*　节选自周绍森、陈栋生主编：《中部崛起论》，经济科学出版社，2006 年 5 月。

　　作者：周绍森、朱文渊、胡德龙。

发改委和中部省市发改委领导、两院院士和首都及中部各省关于区域经济研究领域的专家学者。我们根据会议收到的论文和会上的发言提出以下促进中部崛起几点政策建议。

（一）建议成立国务院中部发展办，作为专门援助和促进中部崛起的常设机构，抓紧制定"十一五"期间和到 2020 年促进中部实现工业化和小康社会的发展战略规划

1. 建议整合现有的国务院西部地区开发领导小组及办公室、国务院振兴东北领导小组及办公室，统一成立国务院区域协调发展领导小组，下设东部发展办公室、中部发展办公室、西部发展办公室、东北发展办公室。

2. 从全国的战略全局和促进中部崛起的战略层面上明确中部地区"十一五"期间和到 2020 年分阶段的发展定位、战略和目标，制定阶段性任务和分步骤实施的具体政策。

（二）国家要对中部地区农业经济的发展给予特别优惠政策

1. 增加对中部地区粮食主产区的农业综合开发资金投入，增加粮食风险基金，确保全国粮食安全。建议今后国家新增农业、农业综合开发资金主要用于中部地区等粮食主产区，提高粮食安全系数，完善粮食储备制度；增加粮食风险基金，实行粮食销区对口扶持产区的政策，引导销区对产区的投入，建立由销区主要承担粮食风险基金的机制，进一步发挥中部作为全国粮食生产基地的比较优势；支持中部地区农产品生产基地和农业产业化体系的建设，尽快取消粮食主产区的农业税，适当增加对粮食主产区粮食风险基金补助。加强主产区农田基础设施建设，增强粮食生产抗灾能力，增强水利对粮食生产的支持力，提高复种指数和粮食总产量。

2. 从经济政策上加快中部地区农业人口、农村劳动力向城镇的转移，尽快提高城镇化水平，设立农村市场商贸流通建设引导基金，加快中部地区农村市场建设。制定农民工权益保障和人口迁移权益保障政策，继续引导中部地区农村人口向东部发达地区和中部地区的城市集聚。

3. 建立国家对农业、农民的补贴机制。扩大粮食直补与其他补贴的标准和规模，直补可由每亩 10 元提高到 50 元，落实好农机购置补贴政策，提高农业机械化和现代化水平；建议中央对农业大省和粮食主产区逐年安排因取消农业税而

给予转移支付补助，并不断扩大对中部各省的转移支付规模。

4. 加大对中部地区农业科技发展、农业生态环境保护和建设、农业病虫害防治和救助等的投入力度。适当调减农业综合开发财政资金及其他财政资金的地方配套比。

5. 进一步深化农村综合配套改革，完善中央支持农业各项政策。重点围绕农村基层政权建设、农村社会事业发展、农产品流通、劳动力流动、跨省区户口迁移等深层问题，在中部地区率先进行改革试点，探索和形成城乡协调发展的新机制。在认真落实基本政策，稳定家庭承包经营的基础上，积极探索加快土地经营权流转和鼓励使用先进农业生产技术，引导农民建立农业专业合作组织，实行规模化经营的政策，提高农业生产效率。

6. 大力发展外向型农业，提高对外开放水平。支持中部粮食批发市场建设，鼓励粮食和其他大宗农产品期货交易品种开发。加快农业在产业、标准、市场、信息等方面与国际市场和东部地区的对接，形成全方位、多层次、宽领域的开放格局。

（三）国家要创造条件，形成有利于加快中部地区新型工业化进程的政策支持体系

1. 支持中部地区加快结构调整，促进中部六省新型工业化进程。振兴东北老工业基地的政策要逐步延伸到中部地区的老工业基地。加大对中部地区已形成产业集群规模和具有产业集群潜力的工业园区的财政支持力度和金融支持力度，建议设立中部地区工业园区或高科技开发区优势产业集群发展基金，确立优惠重点工业产业的财政支持思路，重点支持对中部各省经济发展主要指标有明显关联带动效应的优势工业产业，重点支持中部各省工业具有明显比较优势的工业产业项目。从项目布局、土地使用、资金、税收、研究与开发等方面加大对现代机械制造、优势能源与原材料、高新技术、农产品深加工和生态农业、轻纺、冶金、旅游等优势产业群的支持力度，依托现有的工业基地，促进中部地区形成若干具有国际竞争力的产业集群。

2. 建议中央尽快研究并布局和启动一批加快中部崛起的重大工业项目与标志性工程建设。中部各省应努力争取中央在中部地区部署一批重大投资项目，如核电及重大能源建设项目、矿产品深加工、化工、汽车及汽车配套、装备制造、农产品深加工、物流产业等项目。

3. 坚定不移地支持中部优势工业企业实行名牌战略，努力打造中部地区优势工业的国内名牌和国际名牌。国家应对中部名牌企业的技术改造、产品线的拓

展，在财政上应予支持，在资金融通等方面予以支持；对名牌企业进行产权的兼并、重组、扩散给予鼓励，对名牌产品与名牌工业企业要予以保护与支持。

4. 进一步开拓上市融资的机会和空间，加快中部地区优势工业产业及重点工业企业的跨越式发展。进一步扶持中部地区一批资源性企业及农产品深加工企业改制上市，扩大中部地区在"一板"市场上数量；在保证上市质量的前提下，对中部地区民营高科技中小企业到创业板上市要给予更多的扶持和关照。

5. 将中部地区一批因历史原因形成的老工业基地中等城市纳入全国老工业基地的盘子，中部地区配合中央支持老工业基地城市改造。对在计划经济体制主导时期中部各省发展的一批有国家工业项目的中等城市，一方面要争取中央比照振兴东北改造老工业基地城市的做法予以支持，另一方面是中部各省对这些老工业基地城市的发展要予以一定政策倾斜，防止这些城市在经济发展、城市建设、居民生活出现"边缘化"。

6. 建议国家从财政支持角度加强对中部地区国有企业改制和技术改造给予财力支持，帮助中部地区民营中小工业企业完善信用担保体系，进一步加大中小企业信贷支持力度，充分发挥民营工业特别是民营中小工业企业的作用，特别是对于与大工业企业进行配套、协作并具有产业集群功能的民营中小工业企业，一定要认真解决其融资难的问题。建议国家每年安排一定额度的资金，用于帮助建立中小企业信用担保机构的启动资金和风险补偿。

7. 积极扶植和引导中部地区尽快构建适应工业化发展的流通体系，借助区位优势建立覆盖全国的流通大市场。

（四）调整对中部地区的财政体制，加大国家对中部地区的基础设施、重大项目环境治理等财政资金投入力度，实行差别化税收政策

1. 加大对中部地区一般性转移支付的力度，取消中部地区的体制上解。对于低于标准人均财力的地区，通过一般性转移支付予以补偿，保证各地区享有均衡的公共服务能力。转移支付除按原渠道安排外，建议对中部地区上划的"两税"增量由中央财政予以全额返还。目前中部地区是财政相对困难的地区，但仍然有部分省份担负财政体制上解和向中央做贡献上解任务，建议予以取消。

2. 国家应加大对中部地区基础设施、重点工程、交通网络、环境治理财政投入力度，改变中部投入比重过低的状况。

（1）加大对中部地区基础设施建设力度，重点支持交通、大江大河及农业基础设施建设，完善中部与东部、西部地区交通通道和网络，进一步改善中部发展的基础条件。

（2）优先安排中部地区一批重点工业建设项目，如核电与能源建设项目、农业品深加工、汽车及机械装备制造、医药化工、建材等。

（3）增加对中部地区的铁路、机场、高速公路、航道港口、县乡公路的建设投入，特别是加大山区与湖区农村的路网与电网建设投入，进一步改善中部农村的消费环境，防止城乡差距进一步扩大。

（4）增加对中部地区洞庭湖、鄱阳湖、巢湖水域及长江、黄河、淮河中部地区水系的治理及重点水利工程建设的投入，增加解决中部地区一批危险水库的资金投入。

（5）加大对环境污染的治理力度，尽快摸索和建立生态环境保护补偿机制。重点支持污染严重的河流、湖泊以及煤炭、有色金属资源开发区环境的综合治理，特别是塌陷区和泥沙堆积区的治理。

3. 加大对中部地区的社会保障投入与扶贫投入。中部地区国有经济比重高，应从实际出发扩大对国企职工的社会保障投入，扩大对贫困地区及贫困人口的扶贫投入。

4. 调整国家对中部地区的税收政策。

（1）调整区域产业税收优惠政策。对中部地区投资周期长、风险大的农业、能源及其他"瓶颈"产业应在流转税或其他税种上实行优惠；对中部地区吸纳下岗工人多的行业企业实行优惠税收政策，鼓励企业多吸纳下岗工人；对中部地区的大学毕业生、复员军人及下岗工人创业的企业实行一定期限的税收优惠政策。

（2）对中部地区的企业实行定期减免所得税和低税率的所得税政策，并在减免期限到期后，实行按标准生产率70%征收企业所得税的政策。

（3）在中部地区推行增值税转型改革，帮助中部地区的企业降低流转税负担，对影响地方财政收入的部分通过中央转移支付补助。适当调整中央与中部地区的增值税分配的比例，中部各省都是"财政穷省"，中央可根据中部各省经济发展的不同程度，有差别地实施不同的分成比例，或"五五分成"，或"六四分成"，或"七三分成"以促进中部工业化的发展。

（4）建议调整现行增值税先征后返政策，完善具有区域调节功能的税收政策。将目前在东北老工业基地试行的增值税转型政策，尽快把可行的政策在中部地区推行，帮助中部地区的企业降低流转税负担；取消对民族贸易、文化出版企业的增值税先征后返政策转向对中部优势支柱产业、高新技术产业的政策扶持；

对符合国家产业政策，有发展前景的企业，在实施中部崛起战略的初期阶段，实行延期纳税或贴息返还的扶持政策。

（5）将中部地区铁道、银行、保险公司集中缴纳的营业税和城市维护建设税完全划归中部地区各省，成为名副其实的地方税；将证券交易印花税对中部地区实行按营业部证券交易额分成。

（五）国家要拓宽投融资政策空间，实施向中部地区适度优惠的金融政策

1. 政策性银行应对中部地区的基础建设项目、农业开发、农产品商品基地及生态保护项目等给予贷款支持，积极争取世界银行贷款和外国政府援助项目在中部地区落户，扩大世行贷款、外国政府对中部地区的投入规模，并对中部贫困地区的世行贷款项目的还贷由中央财政预算拨专款偿还。

2. 设立中部发展基金，资金来源包括中央财政专项拨款，合并现行"支持不发达地区发展基金""少数民族贫困地区温饱基金""老区发展基金"和财政扶贫资金，以及社会和民间资本。

3. 对中部地区发展地方性金融机构，如城市商业农村信用合作社要给予更多的支持与援助。

（六）采取多极网络空间组织模式，支持中部都市圈建设，加快中部地区城市化进程

1. 国家要指导和支持中部六省以中心城市和交通要道为依托，加快发展城市群和经济带等经济密集区。加大对中部地区高速公路建设、农村公路建设的资金补助标准，进一步加强对国家公路枢纽建设的领导，加大对枢纽站场的投资力度，帮助建立中部地区经济圈电子化办公通信系统和公用型信息平台。

2. 从城市规划、基础设施建设、土地政策、开发区政策、行政区划优化等方面采取措施，支持中部地区重点建设一批城市群，使之成长为国家级区域经济增长极；同时建设一批省域的都市圈和与东部发达地区之间的快速交通与通信网络，培育区域热点，激发中部地区经济活力。目前在中部省会城市以及沿长江、京广线、京九线、陇海线等干线通道一带的设区市已具备了较好的发展条件，中部城市群的发展必须得到国家的重点扶持。

3. 建议中央考虑在中部地区省份条件成熟的城市逐步设立副省级别的超大

型城市，形成中部城市化增长极，以点连线，串线带面，加速中部地区城市化的发展。

（七）大力支持中部地区，特别是革命老区和贫困地区社会事业的发展，加大对中部地区农村的教育及科研开发投入，推动教育领域的区域合作，大力开发人力资源，促进中部地区巨大的人口存量转化为雄厚的人力资本

1. 支持中部六省基础教育、职业技术教育、大学与研究生教育的发展。建立中央、省、县三级财政对九年制义务教育投入的合理分担机制，加大中央和省投入比重。

2. 大力保持农村九年制义务教育的巩固率和提高适龄儿童入学率，免收革命老区和贫困地区的农民子女接受九年制义务教育的费用。鼓励东部发达地区的中小学接纳中部地区农民工的子女就读，并就地参加高考。

3. 国家适当增加中部地区的高考本科招生尤其是博士和硕士研究生名额和扩大东部发达地区高校在中部地区的招生比例。

4. 采取任务分配和国家财政补贴、中部地区受益单位出资相结合的政策，鼓励东部发达地区的教育机构为中部后进地区培训师资和开展合作办学。国家给予财政补贴，支持中部地区内部教育机构开展跨区域的合作办学。

5. 在科研方面享有西部大开发和振兴东北老工业等同政策优惠。加强科技信息网络建设、加快推进高新技术产业发展；搭建中部与东部西部科技合作与交流的平台；组织实施科技人才培训和科普工程。

五、中部地区崛起面临的困难问题及潜力[*]

为了全面深入研究中部地区崛起问题，我们在阐述中部地区的有利条件的基础上，着重分析中部地区崛起面临的困难、问题及潜力。

---

　　[*] 节选自《促进中部地区崛起的思路与对策研究》，主编：陈元，副主编：郑新立、刘克崮，中国财政经济出版社，2007 年 10 月版。
　　本文作者：周绍森、王志国。

（一）中部地区崛起的有利条件

中部地区具有很多优势，实现中部地区崛起具有许多有利条件。

第一，中部地区具有承东启西的区位优势。居中的区位优势造就了中部地区独特的交通中心和通信中心优势，已经建成了四通八达的综合交通网络和信息高速公路网络，整体上形成了以"三纵三横"干线为骨架的交通网，是全国交通运输的枢纽。由北京—广州铁路、北京—九龙铁路、北京—珠海高速公路构成的三纵是中部南北向联系的重要运输通道；由连云港—兰州铁路、上海—成都高速公路、长江航路等构成的三横是中部东西向联系的重要运输通道。这"三纵三横"起着连接东西南北、推进东西互动、辐射四面八方的重要作用，更加显示了中部地区特有的区位优势。

第二，中部地区具有丰富的自然资源。首先，中部地区矿产资源种类繁多。中部属环太平洋成矿带内的重要成矿地区，矿产资源种类齐全，储量丰富，引人注目。山西的煤炭资源储量占全国储量的1/3；江西已发现地下矿产140多种，铜、银、金、钽、铷、铯、钪、硫铁矿、粉石英等含量居全国第一位，有的储量占全国总储量的80%以上，而江西的铜、钨、铀、钽、稀土、金、银被誉为"七朵金花"；安徽省矿产资源种类繁多，储量丰富，分布集中，已发现有用矿种138种，探明储量的有70种，其中煤、铁、铜、硫、磷、明矾石、水泥石灰岩等矿产储量居全国前十位；河南省矿产资源也比较丰富，已发现矿产资源154种，探明储量的81种，其中，有色金属钼、铝储量分别居全国第一、二位；湖北矿产具有种类多、规模大、相对集中的特点，已发现矿产136种，占全国的81%，已探明储量的矿产有87种，占全国的58%。其中，磷矿石、硅灰石等矿产储量居全国首位；湖南矿产资源比较丰富，矿业比较发达，特别是有色金属、非金属矿产在全国占十分重要的地位，钨、铋、海泡石黏土、陶粒页岩、普通萤石、隐晶质石墨、玻璃用白云岩、石榴子石、铌、钽、轻稀土矿等11个矿种的保有储量居全国前列。从东部、中部、西部已探明矿产资源的开发利用情况看，中部地区矿产资源优势最大，开发利用潜力也很大，对传统工业的持续发展和支柱产业系列的形成起到重要的支撑作用。中部地区拥有重要或稀有矿产资源的丰度远优于东部，密度也高于西部，且资源配套程度较高，具有广阔的开发前景。中部地区已形成三大基地，即以山西、河南、安徽为三角的煤炭基地，以江西、湖北、湖南为三角的有色金属基地，以湖北、湖南为中心的磷化矿基地。中部地区的煤炭、有色金属和部分非金属矿资源为发展能源、原材料工业奠定了基础，也为发展高加工度工业打下了基础。其次，中部地区农业资源十分丰富。中部六省地处亚热带和温热带，气候温和，日照充足，雨量充沛，拥有宜农平原、宜林山地、宜牧草场和宜渔湖泊等多种农业自然生态系统。中部六省耕地面积占全国的23.5%，林地面积占全国的19.2%，其中，江西、湖南森林覆盖率均超过50%，淡水养殖面积占全国的46.2%。中部六省的动植物资源种类繁多，动物资源最多的湖北达700余种，植物资源最多的江西达4 000余种。最后，中部地区水资源相对富余。在全国十大流域中，中部拥有第一大流域长江，面积180.82万平方公里，年径流量9 513亿立方米，涉及湖北、湖南、江西、安徽、河南等19省市；第二大流域黄河，面积75.24万平方公里，年径流量222亿立方米，涉及湖北、河南、安徽等5省；第六大流域海河，面积26.36万平方公里，年径流量228亿立方米，涉及山西、河南等8省市。在全国五大淡水湖中，中部拥有第一大淡水湖鄱阳湖，面积3 913平方公里，蓄水量300亿立方米；第二大淡水湖洞庭湖，面积2 740平方公里，蓄水量187亿立方米；第四大淡水湖巢湖，面积776平方公里，蓄水量36亿立方米。2002年，中部水资源总量7 029.36亿立方米，占全国的25%。除山西较贫乏外，中部其他省的水资源相对富余。最后，中部地区旅游资源独具特色。在全国119个重点风景名胜区中，中部拥有27个，其中庐山、黄山等风景名胜区被列入"世界遗产名录"。在全国751处重点文物保护单位中，中部地区拥有187处，其中，江南三大名楼（岳阳楼、黄鹤楼、滕王阁）、洛阳龙门石窟等闻名中外。在全国84处革命遗址及革命纪念建筑物中，中部六省拥有22处，其中，井冈山、瑞金、韶山等革命遗址闻名全国。在全国99座历史文化名城中，中部六省拥有20座，其中，景德镇、开封、岳阳等历史文化名城享誉中外。在全国45个森林及动植物类自然保护区中，中部六省有9处，湖北的神农架、江西的鄱阳湖、山西的庞泉沟、河南的伏牛山、湖南的八公山和安徽的扬子鳄自然保护区独具特色。中部独特的旅游资源为在经济发展较高级阶段发展旅游产业提供了优良条件。

　　第三，中部地区具有扎实的经济基础。首先，中部地区是我国重要的农副产品生产与输出基地。中部地区中有黄淮平原、长江中下游平原、云梦平原、鄱阳湖平原，都是全国重要的商品粮基地、饲料粮基地，重要的棉花、油料等经济作物基地以及重要的畜牧、水产基地，而长江中游平原是我国重要的大豆产区。据测算，中部六省光、热、水等气候因素综合作用可形成的生物产量为2 850～5 000公斤/亩，经济产量1 000～1 750公斤/亩。从一定意义上讲，中部农业发展的好坏，对全国主要农产品供给状况及粮食安全具有决定性的影响。多年来，中部六省以占全国不到20%的土地，生产了超过全国1/3的农产品，无论是计划经济时期还是市场经济条件下，中部地区每年都向全国各地输出相当数量的粮食、肉禽蛋和各种农副产品。中部六省输往省外的粮食占全国各省粮食纯输出量的50％以上；河南省每年有2 000多万头生猪和400万头活牛销往京、沪、粤等大中城市；素有"鱼米之乡"盛誉的湖北的水产品已进入全国31个省区市及港、澳、台地区；山西的榆林大枣、同川梨，安徽的黄山毛峰，江西的南丰蜜橘、赣南脐橙、泰和乌鸡，河南的信阳毛尖、黄河鲤鱼、中牟大蒜，湖北的武昌鱼，湖南的君山银针等特色农副产品畅销全国。其次，中部地区是我国重要的能源生产与输出基地。中部能源资源丰富，尤其以水能资源和煤炭资源最为著名。2004年，中部地区发电量4 880.6亿度，占全国22.3％，其中水电1 052.7亿度，占全国32.1％。长江三峡工程是世界第一大水电站，其供电半径1 000公里，跨东部、西部两大地区，葛洲坝、隔河岩、五强溪、小浪底均是国内重要的水电及综合水利基础设施。中部六省的石油剩余可采储量占全国的近1/2。山西原煤产量为3.72亿吨，占全国总产量的19.02％，列全国第一位；河南原煤产量1.44亿吨，占全国总产量的7.36％，列第四位。东部各省市所需的煤炭资源90％左右来自中部地区。河南、湖北两省原油产量为601.61万吨，占全国总产量3.43％。从总体上看，中部煤炭资源和产量高于其他地带，电力供给能力也比较强。河南、湖北的石油及天然气资源，江西、湖南的太阳能资源，江西、湖北、湖南的地热资源均在全国占有一定的份额。从能源输出看，仅山西每年的煤炭外调量就达2.5亿吨，电力外调量也达212亿千瓦时，北京1/4的电力来自山西。三峡电站涉及装机容量高达1 820万千瓦，目前，2号、3号、5号和6号机组已正式投产发电，将逐步向湖北、湖南、江西、安徽、河南、上海等9省市输送电力。在今后相当时期内，中部六省仍是我国能源生产和开发的重点地区，源源不断地给全国特别是沿海地区提供强大的能源动力。再次，中部地区是我国工业原材料重要生产与输出基地。中部六省的优势原材料工业有钢铁、有色金属、基本化工、建材及部分非金属矿产制品。武钢、冶钢、马钢等在全国冶金行业占有重要地位；地方钢铁在全国各省也处于强势；重型机械厂有武重、武锅、长动、洛重等，能生产大型矿山、冶金和电力等重型设备；山西铝业、中州铝业是全国重要铝业基地；江西铜业、钨业、稀土、钽、铌等有色金属采选冶炼业，湖南锑、铅、锌、钨等有色金属业采选冶炼业在全国有绝对优势；贵溪冶炼厂是亚洲第一大铜冶炼厂，株洲有色金属冶炼厂在全国有重要地位，冷水江有"世界锑都"之誉。它们是我国板材、特殊钢、铁合金材料的重要生产基地，铜、钨、铝、铅、锌、锑、中重稀土、钽、铌的主要生产基地。中部地区原材料产业成为我国现代工业体系的重要组成部分和工业化的坚实基础。最后，中部地区是我国机械制造和部分高新技术产业基地。中部是全国较为重要的机械制造基地，拥有全国最大的中型货车生产基地，第二大汽车生产基地，十堰、武汉、南昌、景德镇、合肥都是我国重要的汽车生产基地。东风汽车集团是国内最重要的卡车和轿车生产厂家。江铃、昌河、奇瑞是国内轻型车、微型车、家用轿车的重要生产厂家，洛阳、南昌的农用机械也在全国占重要地位。在高新技术产业中，中部电子信息产业、软件业、机电仪一体化、生物工程与医药、新材料在全国也有一定的地位。武汉、合肥、南昌、长沙、太原等中心城市以及一批中等城市分布有电子元器件、光电材料、微电脑、软件设计、生物制药等骨干企业，拥有一批新兴家用电器如彩色电视机、空调机、电冰箱、照相机等有竞争实力的企业。中部地区高新技术产业是我国产业成长结构升级的重要力量。

第四，中部地区具有深厚的文化底蕴，良好的生态环境和丰富的人力资源。中部地区具有浓厚的历史文化底蕴。中部是华夏文明的发祥地，其传统文化源远流长，丰富多彩的河南中原文化、殷商文化；通变弥新的安徽的徽文化；勤俭敬业、诚信和谐的优良传统的山西的晋文化；积极进取、革新鼎故和不屈不挠的湖北、湖南的楚文化；素有物华天宝、人杰地灵的江西的赣文化和道教文化，另外，还有湖南的湘西文化、山西的晋商文化、安徽的徽商文化等都曾在中国历史上辉煌一时。珍贵的历史遗产，丰富的文化资源，众多的历史名人，不仅显示出重要的精神和文化价值，更为区域发展提供了强大思想动力。这些传统文化具有鲜明的地域特色和巨大的融合能力，在市场经济和对外大开放的背景下，传统文化与现代工业文明相交融，敢为人先，开拓创新的精神进一步得到弘扬。这些为实现中部崛起，创造了一个良好的人文社会环境。另外，中部地区拥有较强承载力的生态环境。中部地区的自然资源环境承载力，包括土地资源承载能力、水资源的支撑能力、能源的支撑能力以及生态环境的承载能力，总体上来说不如东部地区那么高，也不像西部地区那么脆弱，属于比较高的地区，正是国家应重点开发的地区。中部地区生态环境好，在未来10~20年中将成为我国产业发展的重点。中部地区大部分省份森林覆盖率都比较高，江西居全国第二位，湖南居全国第五位；中部地区河流湖泊纵横交错且受污染不严重，水质都比较好。江西境内的主要河流及鄱阳湖的主体水质达到国家二类标准；中部地区大部分省份的空气新鲜，安徽与江西空气质量指数排在全国前五位。"既是金山银山，又是绿水青山"，正是将来中部地区经济全速启动而又保证生态环境不遭破坏的保障。中部地区具有丰富的劳动力资源。中部地区劳动力密集，尤其是河南、湖北、湖南、江西和安徽，劳动力资源总量都比较丰富，中部六省劳动力资源总量占全国31个省（市、区）劳动力总量的30%左右。全国40%左右的农民工来自中部。

（二）中部地区崛起面临的主要问题

中部地区崛起具有自身的有利条件，但也面临着不少问题。

1. 工业化进程滞后，经济结构不够合理

从经济总量来看，从 2000 ~ 2004 年，东部地区在全国经济总量中的比重从 57.03% 上升到 64.61%；中部地区的份额从 22.12% 增加到 23.44%；2004 年，中部六省生产总值为 32 088.3 亿元，占全国经济比重为 23.4%；GDP 总量只相当于东部地区的 36.3%。反映在人均 GDP 水平上，2004 年中部地区人均 GDP 为 8 814 元，比东部地区少 4 795.4 元。从增长速度上看，在 1992 ~ 2004 年的 10 多年里，中部六省除了 1995 ~ 1997 年少数年份外，大多数年份都要慢于东部地区，这反映了中部地区经济竞争力远低于东部地区，与东部的差距正在进一步扩大。

中部地区长期偏重发展农业、能源、原材料产业，造成经济结构严重不合理、层次偏低。表现为：第一产业比重过高，第二产业优势不够突出；重工业比重高，轻工业比重低；原材料和初级产品比重大，深加工产品没得到应有发展；资源加工企业规模小、能力弱，现代高科技企业起点低、数量少。中部地区目前绝大多数仍是农业大省，农业在生产总值中仍占有较大份额，农业劳动力在全部劳动力中占一半以上。2004 年，第二产业比重山西为 59.5%，安徽为 45.1%，江西为 45.6%，河南为 51.2%，湖北为 47.5%，湖南为 39.5%，除山西外的其他中部省份皆低于全国平均水平。2004 年，中部地区的三次产业结构的比例为 17.27∶48.07∶34.66，与全国平均水平相比，第一产业高 2.07 个百分点，第二产业低 4.83 个百分点。

二元经济结构矛盾在中部地区反映得最为突出。第一产业的产值与就业结构偏差过大。中部地区第一产业就业比重高达 52.3%，比全国平均水平高 5.4 个百分点，比东部地区水平高 13.16 个百分点；而产值结构在三大区域中相对较小，中部为 17.27%，比全国平均水平高 2.07 个百分点。这就导致中部地区第一产业的产值结构与就业结构的偏差比东部地区及全国平均值分别偏大 5.5 个和 6.95 个百分点，即中部地区二元结构矛盾比东部及全国平均水平要更加突出。

近年来中部工业虽然也有较快的增长，但传统工业仍占主导位置，能源、原材料和一般加工业所占比重较大，高科技产业占的比重很小。而且，中部地区支柱产业结构雷同，重复建设现象非常突出。在 39 个产业中，共有 14 个产业被各省列为支柱产业。烟草、石化、电力、食品、钢铁为五省共有，有色金属、煤炭

采选、汽车为三省共有。因此，中部地区崛起无论从产业规模整合，还是产业链延伸，都还必须进行大幅度的改革。仅以汽车制造业的发展现状为例，我们可以发现中部地区产业链的关联性不强，质量不高。汽车制造业是中部的支柱产业，但五省的发展各自为政，在战略布局上各自圈地，在品牌上各打旗号，在技术上互不往来，在经营上缺乏联盟，最终结果是不能形成品牌价值极高、竞争力极强的汽车品牌。

中部地区传统基础工业比重大，新兴工业发展缓慢。2003 年，中部六省资源型产业占工业增加值的比重达 45.1%，比全国平均水平高 8.5 个百分点，而高新技术产业占工业增加值比重仅为 4.09%，比全国平均水平低近 4 个百分点。就重工业本身而言，中部六省重工业的层次和产品质量也较低，主要以采掘业和能源原材料等中间产品为主。事实上，重工业的核心和实质应该是后续的加工和组装工业，或者称为以机械和装备制造为主的机械电子工业的发展，而在这方面，中部六省远不如东部地区。在产品质量上，即使是中部六省具有优势的采掘业和能源原材料工业，其产品的加工深度也不够，产品的档次和质量也较低。

中部地区低层次的生产分工格局，导致资源利用率低、产业技术水平低、产业关联度低、产业效率低、产业竞争力弱，因此，正确认识和能动地调整中部的分工定位，是加快中部发展遇到的重要问题。

2. 非公有制经济发展滞后，体制改革仍然艰难

中部地区国有企业比例过大，削弱了整个地区经济发展活力。2003 年，国有工业占全部工业产值的比重，湖南为 53.29%，山西为 56.38%，安徽为 55.13%，湖北为 56.76%，而东部的浙江仅为 13.11%。在经济转型中，一批国有企业没有解决好体制变革问题，处于亏损、停产或破产状态，导致职工下岗失业人数越来越多，地区经济发展缓慢。中部地区产业结构调整和升级缓慢，与国有企业资产及投资比重过大密切相关。在规模以上工业企业中，中部地区国有及控股企业占 78.83%，比东部高 28.83 个百分点。虽然近几年民间投资的比重不断提高，但国有投资占主导的投资结构没有改变。中部地区不仅存量资本严重倾斜于国有企业，而且增量资本也呈现相似的格局，只是倾斜的程度比过去有所弱化。国有资产比重偏高，由于"路径依赖"的影响，必然导致新增资源配置继续倾向于国有企业，这使得一方面本来就面临严重的资本短缺问题的中部地区在资源配置方面更加低效率化，另一方面有活力的非国有企业所获资本严重不足。

中部地区非公有制经济发展不快，民营企业差距很大。2003 年非公有经济人数比重，山西为 17.7%，河南为 26.5%，湖北为 24.2%，湖南为 13.3%，江

西为 15.8%，安徽为 25.1%，而东部的浙江为 46.2%。2003 年，全国工商联对上规模的民营企业调研结果显示：被入选的 2 268 家企业中中西部地区仅占 22%，被选为 500 强的民营企业中中部地区仅占 6.2%。可见，中部与经济发达的东部地区相比，民营经济的发展还存在相当大的差距。

3. 农村劳动力转移滞后，"三农"问题突出

中部地区农业比重大，农村人口多。2003 年，中部六省农业占 GDP 比重达 18.9%，高于全国平均水平 4.12 个百分点；农村人口高达 2.44 亿，占全国农村总人口的 31%；农民人均纯收入只相当于全国平均水平的 81.3%。2003 年，中部六省农村劳动力 17 691.82 万人，剩余劳动力约占 40%，达 7 071.93 万人，其中，安徽、河南、湖南的剩余劳动力均超过千万人。农村剩余劳动力转移问题成了中部地区当前面临的重大难题和解决中部地区"三农"问题的"瓶颈"。

中部地区农村工业化、城镇化和农业产业化"三化"的水平低。2003 年中部地区城镇人口比重为 30.7%，比全国平均数 39% 低 9 个百分点，比东部地区平均数 52.9% 低 22.2 个百分点。统计数据说明：中部地区的工业化、城镇化、产业化水平依然很低，农村剩余劳动量大，无法通过中部地区自身的产业发展解决就业问题。

中部地区农业现代化、农村小康社会建设任务很艰巨。中部农业基础薄弱，农业综合生产能力较差。2003 年，中部地区农业机械总动力、有效灌溉面积、农村用电量分别相当于全国平均水平的 95%、94%、39%。同时，中部县域经济发展缓慢，城镇化水平低，阻碍了城镇化进程，加大了统筹城乡的难度，加大了农业现代化和农村全面小康社会建设任务的艰巨性。

4. 对外开放滞后，经济开放度仍然很低

由于中部地区处于产业低端位置，造成中部利用外资规模较小、质量较低。其主要表现为外商投资项目规模小、投资产业结构不合理、外资来源渠道窄等方面。2003 年，中部各省利用外资数量分别为：山西 2.1 亿美元，河南 5.4 亿美元，湖北 18.0 亿美元，湖南 10.2 亿美元，江西 16.1 亿美元，安徽 3.7 亿美元，而东部的浙江为 49.8 亿美元，全国为 561.6 亿美元。在外贸依存度方面，山西为 56.6%，河南为 50.4%，湖北为 38.7%，江西为 43.4%，安徽为 44.8%，而浙江为 52.6%，全国为 52.2%。2004 年，中部六省出口总额和实际利用外商直接投资分别仅占全国的 3.5% 和 12%，出口依存度为 5.3%，与全国平均水平 35.9% 相比差距很大。中部地区外贸进出口总额仅相当于东部地区的 3.27%。中部六省的外商投资主要集中在资源开发业、一般性制造业和房地产业，而投向农

业、基础设施和国有企业的数量不多，投向高新技术产业的更少。

中部各省在区域内的相互开放程度也很不够。省际之间经济联系少，区域内协调联动发展机制没有形成。中部地区各省的经济活动以行政区划为限，构成相对封闭的经济体，因此，中部区域还停留在一种地理区域的意义上。不仅经济内在联系少，更缺乏深层次的文化、技术、人员、制度改革等方面的交流和影响。在周边发达地区的吸引下，中部地区内部也出现了经济协作上的分化。在促进中部崛起的过程中，六省缺乏区域经济联动发展的协调手段，没有设立区域间经济协作的协调机构，在区域经济联动发展中政府没有发挥应有的作用，市场机制对区域经济的作用也由于行政区划的限制而大大缩小。

与经济发展水平低、经济位势低相关联，中部地区大量人才、资金外流的趋势难以遏制，相当一部分中高级人才、博士、硕士和热门专业的大学生、优秀经营管理者流向东部地区，形成了较长时期的"孔雀东南飞"现象。与此同时，受资金回报率和投资成本的影响，中部地区不少资金通过银行中介或民间组织流向东部地区，更加重了中部地区资金投入的不足。

（三）中部地区崛起的主要制约因素

从更深层次分析，中部地区崛起还面临不少制约因素。

1. 思想观念保守落后，经济运行机制封闭

中部地区农耕意识浓厚，经济发展观念落后。中部地区长期以农业经济为主，农业经济、自然经济条件下形成的思想观念与商品经济、市场经济相冲突和矛盾。由于地处内陆、相对封闭和良好的农耕资源条件，中部地区人民创造了灿烂的农耕文明，但也在农业经济、自然经济条件下形成了封闭保守、小富即安、害怕风险等保守陈旧落后的思想。虽然不乏晋商、徽商、江右商，在著名的十大商帮中中部地区占其三，但就整体而言，中部地区的投资意识、经营意识、市场意识、风险意识不强。中部地区浓厚的农耕意识，对加快其商品经济发展起到了阻碍作用，不利于中部地区市场经济的快速发展。

中部地区面临产业结构低水平同化，企业竞争力不强，经济结构条块分割等问题。在中部地区，生产要素合理流动机制尚未建立，低水平重复建设现象比较严重，相关的市场政策法规不健全，至今仍有很多政策没有脱离计划经济运作模式。另外，在计划经济下形成的发展靠优惠政策、投入靠国家拨款，习惯于行政手段，习惯于分钱分物，习惯于照搬照套等旧思想，忽视制度创新，政府职能的实现过程较为缓慢，不少领域存在"越位""错位"和"不到位"的现象，地方

185

保护主义情况较为严重，很大程度上制约了非国有经济发展和要素市场的发育。再者，中部地区共有老区县（市、旗、区）475个，占全国的34.2%，老区乡镇7 281个，占全国的38.3%，在计划经济封闭运作下更是形成了"等、要、靠"的习惯。所有这些都是中部区域经济发展的思想障碍。

2. 投入规模过小，产业结构调整迟缓

中部地区资金投入和产业规模较小。2004年，中部六省全社会固定资产投资总额12 629亿元，占全国全社会固定资产投资的18%，比中部六省GDP总量占全国的比重低5.4个百分点。从三次产业构成来看，2004年，中部六省农业增加值5 721亿元，占全国农业增加值的27.5%，只比GDP的比重高4.1个百分点，人均农业增加值的优势更小。以工业为主的第二产业较弱，中部六省第二产业增加值15 300亿元，占全国第二产业增加值的比重为21.1%，比GDP的比重低2.3个百分点。

中部地区产业结构调整长期偏慢。现阶段，中部地区虽属以第二产业为主导的产业结构，但第二产业的优势仍不明显。2004年，中部地区第二产业的比重比全国低5.2个百分点，突出地反映了中部地区工业化水平较低的问题；而第三产业的比重虽比全国高2.6个百分点，却是以传统的流通和服务业为主，为现代工业服务的金融、通信和信息产业相当薄弱，现代化水平不高。

中部地区现有的支柱产业汽车、摩托车、空调、石油化工等基本上是传统产业，高新技术产业的比重较低。中部地区普遍工业化程度较低，传统农业生产仍占很大比重，农业产业化水平较低，高效农业发展不快，支柱产业数量不多，优势不明显。由于原有基础较为薄弱，自我发展能力不强，在技术、资金、人才以及观念、信息和企业制度创新等方面存在投入不足和"瓶颈"制约，造成产业升级的推动力不足，进展缓慢，成效不大。一些地方"靠山吃山""有水快流"，大矿大开，小矿小开，小煤窑、小铝矿、小铁矿过度开采，资源浪费非常严重，资源储存量与开采量的比重逐年下降。这种低层次的生产分工格局，导致资源利用率低、产业技术水平低、产业关联度低、产业效率低、产业竞争力弱、经济增长乏力。特别是在目前资源约束日渐增强的情况下，这些以基础资源、原材料为支撑的工业体系，面临着资源约束的压力。

3. 科技投入不足，人力资本短缺

中部地区人口占全国1/4，是我国人力资源最丰富的地区。但科技投入不足，用人机制、劳动制度、就业制度的改革尚不到位，加上人才外流严重，人才引进困难，造成人力资本短缺，科技创新能力不足，已严重地制约了中部地区的

发展。

科技投入作为科技进步的能源，是开展科技活动的基本条件。科技投入不足首先，是科技人力投入不足。2003 年，中部六省研发活动人员折合全时当量平均仅为 1 769 人/年，而东部的研发活动人员折合全时当量平均为 7 585 人/年。其次，科技投入还表现为科技经费投入不足。2003 年，中部研发经费投入占 GDP 比重、科技人员人均经费、科技三项费用占财政支出比重、企业产品开发费占销售收入比重四项指标分别为 0.60%、2.16 万元、0.81%、0.68%，全都低于全国平均水平。再次，是科技活动人员总数偏少。2003 年，中部六省科技活动人员总数仅占全国总量的 25.5%。从各省情况分析，除湖北和河南两省科技活动人员数高于全国平均水平外，其他各省都低于全国平均水平，尤其是江西省，其科技活动人员总数几乎只有全国平均水平的 1/2。最后，是中部六省科技人员分布不尽合理，科技活动人员与研究开发人员中直接与生产发生联系的比例较小。六省中不但科学家与工程师所占科技活动人员的比重都低于全国平均水平，且每万人口中科学家和工程师人数也不高。

科技产出是科技活动效果和科技成果转化的体现，包括直接产出和科技产业化能力。直接产出包括科技论文、专利和技术市场成交额；科技产业化能力包括高技术发展规模、经济效益以及高新技术产品在国际市场上的竞争能力，它们反映了区域内科技活动的效率。总体而言，中部六省科技产出湖北、湖南最高，江西最低，山西、河南排在中位数以前。自主创新能力较弱是中部地区的科技投入产出效率低的基本原因。具体表现在专利申请和授权量过少。2003 年，东部、中部专利申请量分别为 15 833 项、4 134 项，中部六省专利申请平均量约为东部地区的 26%，远远低于东部沿海地区（广东为 43 186 项、上海为 22 374 项、浙江为 21 463 项）。而从专利授权量来看，中部六省平均授权量 2 172 项，不到东部地区各省（市）平均授权量 9 921 项的 1/4。从最能代表自主创新的发明专利来看，2003 年，中部六省发明专利申请受理量为 4 497 件，占全国发明专利申请量的 17.74%，不到东部地区发明专利申请总量的 1/6；发明专利申请授权量为 1 268 件，占全国发明专利申请授权量的 20.53%。

中部地区科技人才效能平均值高，人才分布不合理。所谓人才效能，是指人才总量（人）与百万元 GDP 的比值。对一个地区而言，人才效能低，表示该区域人才利用水平高、人才浪费小，即该值越小越好。计算表明，2002 年，东部地区的人才效能平均值为 2.08，中部地区的人才效能平均值为 3.16，西部地区的人才效能平均值为 3.92。2002 年，中部地区专业技术人才利用水平从高到低依次是：湖北、安徽、湖南、河南、江西和山西。造成中部人才效能较低的一个重要原因是人才分布不合理。据有关部门统计，2002 年，中部地区专业技术人才总量752.9万人，相当于东部地区的64.2%，且大部分专业技术人才集中在国有企事业单位，占到近2/3，而这一比例在东部地区只有一半左右，而且在东部还有继续下降的趋势。而在国有企事业单位中，科技人员集中在教育、科研单位，企业单位很少。

中部地区人力资源开发不足，人力资本短缺。人力资本积累是区域经济发展的重要因素。中部地区是全国重要的教育基地。但是，在工资和其他社会经济条件差异的诱引下，这种潜在优势条件在实际的经济运行中产生了偏移，人才外流现象严重，中部地区培养的人才大量流向东南沿海。企业家才能是另一类重要的人力资本。垄断信息理论认为，企业家所掌握的信息，对交易对手的判断以及企业家的"成事能力"是企业人力资本最重要的组成部分和关键因素，对企业经营的兴衰成败起着决定性的影响。据有关调查数据表明，中部地区的经营管理人才在企业家所必需具备的素质如创新精神、扩张意识、市场洞察力和组织协调等方面，与东部地区的企业家存在着一定的差距，这种差距虽然难以量化确定，但又确实是客观存在的，并且是制约中部地区崛起的最重要因素之一。

4. 制度创新缓慢，投融资环境亟待改善

中部地区长期以来思想封闭，计划经济的束缚强，制度改革创新缓慢。这种现象在实际经济运行中表现为相当多企业技术的效率低下，在经营管理上机制僵化、缺乏活力。这对中部地区经济发展造成极大制约。

中部地区地方保护主义还比较严重，国有企业改革慢，市场经济体系建设进程较缓，还有许多领域无法形成公平竞争，以及城市化水平低，社会服务、基础设施落后，致使中部地区的投资环境较东部差。一些地方存在"重招商，轻安商""失信违约"现象，一些部门"办事效率低""上热下冷"，不时会出现"梗阻"和"吃拿卡要"的情况。

中部地区的资本、技术、人才引进机制效率不高，人际融合、制度融合、文化融合、成果融合的机制有待加强，这些都是影响中部投资环境和扩展投资渠道的制约因素。

由于中部各省自身投资能力较弱，引进投资规模小，使中部各省固定资产投资水平大幅度低于全国平均水平：2004年，中部六省固定资产投资水平平均人均3 432元，只有全国平均水平的64%，只有广东的48.5%和浙江的28%。

当前，中部六省储蓄投资转化的一条主渠道主要是通过银行信贷市场，融资渠道90%左右集中在银行。由于中部经济发展和经济活力相对东部省份有较大差距，在逐利性和规避风险的思路指导下，中部的存款资金在商业银行吸收后大

量投向其他地区，邮政储蓄更是只吸取难回投，近年来每省的存差都在 1 000 亿元以上。资金外流不利于中部地区发展。

（四）中部地区崛起的主要潜力

1. 富裕的能源矿藏和现有优势产业使中部具有实现工业腾飞的巨大潜力

要发挥中部现有传统四大优势产业的潜力，打造中国现代制造业中心。中部地区能源资源十分丰富，煤炭资源和水资源尤为突出，矿产资源种类齐全、储量丰富，对传统工业的持续发展和支柱产业系列的形成起着重要支撑作用。中部地区是我国传统的重工业生产基地，是全国最大的中、厚、薄板和特殊钢生产基地，最大的中型货车生产基地，最大的重型机床和包装机械生产基地，第二大汽车生产基地等。中部地区已形成了以煤炭、电力、冶金、汽车、机械、化工、卷烟、原材料和农副产品加工等为主的门类齐全的工业体系。其中，煤炭采选、有色金属采掘和加工、食品加工和机械制造等四个产业占全国比重较大，具有一定的比较优势和巨大的发展潜力。这些产业集中了一批国有大中型企业，一方面要用现代化技术改造这些传统产业，延长产业链，实现产业升级，提高产品附加值；另一方面要深化国有企业体制改革，建立混合所有的股份制，实现投资主体多元化，在此基础上形成规范的公司制和科学的治理结构。只有这"双管齐下"才能使传统产业尽快做大、做强，焕发出活力。必须抓住世界制造业第四次转移的大好时机，充分发挥中部作为中国老工业基地、经济几何中心、能源和矿产资源密集地的优势，发挥传统优势产业的潜力，以低工资、低水电、低地价、低运输成本等吸引海外和东部地区产业向中部顺利转移，吸引海内外投资，吸引高新技术，把中部建设成为中国最大的现代制造业基地。

要发挥中部现有技术密集型产业的潜力，打造中国新型高新技术产业基地。高新技术产业发展的一般市场条件主要是以下七个要素：充足的科技与智力资源、良好的创业环境、发达的创业投资、明晰的知识产权安排、政府管理的效率、产业的多样化和技术创新、产业的网络和集群化。中部完全有能力为高新产业发展提供上述基础条件。经过近十年建设，中部地区已经形成了若干各具特色的高新技术产业聚集区，一些城市的电子信息、生物制药、新材料、新医药、精细化工、环保六大高新技术等行业已跨入全国先进行列，拥有了一大批在国内同行业中具有优势地位和突出特色的明星企业。依托这些高新技术产业和优势企业，不失时机地加快高新技术产业的发展，使之成为中部地区的产业创新区和提升区域经济竞争力的"龙头"，将对中部地区的经济增长产生持久的拉动力。同时，中部的冶金、轻纺、建筑和建材、机械、化工、医药、食品等七大传统支柱产业，也正在利用高新技术改造升级。依托水线（长江、黄河、汉江）、路线（陇海、京九、京广、京珠、沪蓉）的高新区、经济开发区，正在使富有中部特色的光电子、汽车、钢铁、水电、农产品深加工等中部产业集群不断壮大。要努力构建人才、研发、金融和服务四大支撑体系；充分发挥已有的科技研发优势，突破高新产品的研发"瓶颈"；努力开拓市场，实现技术改造、升级和产业化，走一条基础厚、积累高、创新强、发展快的新追赶式发展道路，推动产业沿着技术密集度阶梯攀升，从低技术产业向高技术产业快速演进，实现追赶式发展。力争 2020 年以前形成 1~2 个在全国乃至在世界竞争优势突出的高新技术密集型产业或产业群，使其成为中部地区新的经济增长点。

2. 优越的生态环境和广袤的粮食生产基地，使中部蕴藏实现农业现代化的巨大潜力

要继续扩大中部农业特别是粮食生产方面的潜力，大力发展粮食经济和出口创汇农业。在全国的发展格局中，中部的农业地位是不可替代的。中部地区优越的自然条件和生态环境使中部地区成为我国重要的农副产品生产与输出基地，具有巨大的进一步发展潜力。但长期以来中部农业资源开发程度较低，生产较为粗放。中部地区传统的成分还比较大，农业科技水平不高，农业技术进步动力不足，特色农业不显著，经营规模小，农业技术进步较慢。农户作为农业生产经营主体，与市场体系连接渠道和方式及科技体制衔接不紧密，抗御市场和自然风险的能力不强。中部粮食主产区应抓住当前国家高度重视"三农"问题，加大对农业扶持的大好机遇，努力完善农村基本经济制度，加大对农业科研和农技推广支持力度，加快开通、搞活农产品绿色通道，积极实施优质粮食工程。要按市场需要调整种植结构，发展农产品加工来带动种植业发展，把粮食产业做大做强，使中部粮食产区巨大潜力焕发出来，真正成为全国主要农产品供应和确保粮食安全的重要基地。

要充分发挥中部农村剩余劳动力的潜力，优化产业结构，增加农民收入。通过实地调研和理论分析，农民增收主要与人均耕地面积、上年末人均拥有的生产性固定资产原值、农业科技水平及其推广程度、农村劳动力人力资本、农村劳动力数量和非农劳动力数量等有关。在这些因素中，农村剩余劳动力向非农产业的转移，非农劳动力数量的减少对于农村经济的发展意义重大。农民拥有的生产性固定资产原值是反映农民生产规模和生产能力的重要指标。农村劳动力人力资本

提升（主要途径是农村义务教育、职业教育和农民工培训）是决定农业科技推广和应用程度的关键因素，是实现劳动力向非农产业转移，是增加农民收入的有效途径。特别是20世纪90年代以来农民收入结构发生了变化，表现为农业收入比重大幅度下降，非农收入比重显著提高，非农劳动收入已成为农民增收的主要来源。在对江西等中部农业省份农民人均纯收入增长的影响因素的分析模型中，以非农劳动力数量、农民的生产性固定资产原值和农村劳动力人力资本（即农村劳动力人均受教育等效年限）这三个要素来解释农民人均纯收入的增长。通过对1985～2004年调查数据作的实证分析，结论表明，江西农村劳动力受教育培训平均提高一年可使农民年收入增加180元左右。目前，中部地区农村劳动力文化素质还不高，也基本没参加过职业技能培训，发展潜力很大，在中部地区大力发展农村教育和职业技能培训，将快速提升中部地区农村劳动力人力资本，促进农民增收。另外，中部地区存在着大量的农村剩余劳动力，这些农村剩余劳动力除了部分外出打工创造社会价值外，还有很多闲置劳动力想就业而得不到就业机会。中部地区拥有约9 000万农村剩余劳动力，将近是中部地区或西部地区就业人员总量的一半，是东北三省就业人员总量的两倍左右。有资料显示，2003年，仅湖南农村外出务工的人员就接近1 200万人，劳务收入达540亿元，劳务总收入为全省财政总收入的91.1%，占全省GDP的9.5%。事实说明，把劳务经济引导好、发展好，把蕴藏在他们中的巨大潜能激发出来是解决中部地区"三农"问题的一条极为有效的渠道。如果能让中部地区农村剩余劳动力充分转移出来，使其能充分就业，则将使中部地区经济实力增强一半。从产业结构的角度来看，农村剩余劳动力的转移一方面提高了农业人口的人均资源占有量，增加了农业生产效率，另一方面为第二、第三次产业输送了劳动力，增加了第二、第三产业的产值。这意味着农村剩余劳动力的转移能有效地调整产业结构，加速农业现代化的实现，使国民经济发展走上健康、持续、快速的轨道。

3. 特有的区位优势和发达的流通体系，使中部具有建设现代物流中心的巨大潜力

中部处于我国腹地，这一特有的区位优势使其成为我国重要的人流、物流、商流、信息流的中心，既是要素资源中心，又是加工中心、市场中心，交易成本较低，区位竞争力强，易于生产要素集聚和经济集群化发展，具有辐射和承接梯度转移的双重作用。随着市场机制作用的日益增强，中部地区对长三角、珠三角和环渤海经济圈的相互关联、相互影响日益加深，这就是中部地区对全国经济发展蕴藏的最大潜力。

要发挥中部日益增强的消费潜力，打造现代大市场体系。随着经济的快速发

展和居民收入水平的不断提高，恩格尔系数将逐步下降，居民消费将不断升级换代，消费热点不断涌现。未来居民消费结构变化的总体趋势是：从物质消费为主转变为非物质消费为主；生存消费比重将进一步降低，享受和发展消费比重上升；消费结构的变化越来越体现生活质量阶段的特征。当前，居民消费热点主要集中在住房、教育、汽车、通信、旅游和健康六大领域，消费结构升级正在进行，这为经济快速发展提供了巨大的市场空间。中部地区城镇居民购买力增强，但相对而言市场整体规模偏小、市场效益水平偏低，消费倾向偏低。2004 年人均消费支出最高的湖南居全国第十位，湖北居第十五位，山西和安徽位居后列，江西和河南位居最后两位。这并非中部地区城镇居民人均可支配收入低，而是中部地区消费倾向不高所致。从各地区消费倾向看，2004 年东、中、西和东北四大地区居民消费倾向指数分别为 74.4、74.42、80.34 和 77.88。西部城镇居民消费倾向比较高，居全国首位。中部地区消费倾向指数较低，比全国平均水平低 1.81 个百分点。虽然东部地区城镇居民消费倾向比中部地区低 0.02 个百分点，但东部地区人均月收入远高于中部地区，东部地区人均可支配收入为中部地区的 1.5 倍左右。以上数据显示，中部地区城镇居民在政策引导下完全可以有更多的消费，消费的潜力非常大，若中部地区消费倾向提高 2 个百分点，那么一年内将至少增加 570 亿元的消费市场，约占中部地区国内生产总值的 1.78%。

要发挥中部区位居中的潜力，打造全国性、国际化的现代物流中心。近几年，中部地区高速公路建设、路网改造、农村公路建设及水运、航空都发展到历史最高水平，境内铁路纵横交错，公路星罗棋布，水运网络相连，空运方便快捷，形成了铁路、公路、水运、航空等多种运输方式组成的现代交通网。中部地区可充分利用自己的区位优势和交通优势首先发展各类专业市场。从 2004 年全国货物周转量分布情况来看，中部六省只占 14%，远低于东部地区，但中部六省货物周转量都保持了持续快速的增长，这就是中部地区发展物流市场，建设现代物流中心的潜力。中部地区必须充分发挥得天独厚的区位优势和交通、市场、信息、综合资源、特色产业等优势，加强中部地区物流基础设施建设，发展现代商贸流通和物流业，培育大型物流集团，把中部地区更多的中心城市组合起来，建设成为全国性、国际化的现代物流中心。从建设现代物流中心的战略角度看，要坚持"政府引导，企业运作，产业协调，环境配套"的发展方针，以市场为导向，以企业为主体，以现代信息技术为支撑，以降低全社会物流成本和提高社会综合服务质量为中心，整合现有物流资源，加快传统物流向现代物流转变，积极引进国际先进的物流管理经验和技术，使物流业成为中部六省未来经济发展的重要支撑和新增长点。遵循"重点突破、区域联动、分层开发"的战略思路，把中部物流建成立足中部城市群、产业带、交通网，并成为辐射西部、承接东部，连接全国的现代物流综合网络体系。

4. 丰富的人力资源和科技资源，使中部具有实现经济跨越式发展的巨大潜力

要发挥中部人力资源和科技资源的潜力，转变经济增长方式，促使中部经济持续、快速、健康发展。进入 21 世纪，随着经济全球化、信息化和知识化进一步推进，人类社会正在经历深刻的变革。这场变革的一个显著特点，就是经济和社会赖以发展的战略资源发生了根本性的变化，传统经济理论的资本和劳动两大生产要素已不能完全解释现代经济增长的来源，科技进步与人力资本对经济增长的驱动作用日益凸显，已成为一个国家（地区）经济增长和社会发展的重要的战略资源和生产要素。运用新增长理论模型，建立中部六省动态生产函数，测算中部六省 1978～2003 年物质资本、劳动力、人力资本三个生产要素和全要素生产率（TFP）对经济增长的贡献。结果表明，1978～2003 年，中部六省全要素生产率对经济增长的年均贡献为 26.4%，远低于全国平均水平 44.2%；而物质资本的年平均贡献为 44.9%，远高于全国平均水平 37.95%。这说明，中部地区长期经济增长是以物质资本驱动为主，走的是一种"高投入、高产出、低效益"的"粗放型"发展道路。因此，充分发挥中部地区丰富的人力资源和科技资源潜力，切实转变经济增长方式，走科学发展的道路，是促使中部经济持续、快速、健康发展的唯一选择。从人力资源来看，中部拥有全国近 1/3 的人口总量，人力资源丰富，但人力资源利用率只有 76.14%，只有河南的劳动力资源利用率略高于全国 0.91 个百分点，其他五省都低于全国平均水平；而且中部地区劳动力素质普遍低于东部地区。从科技资源来看，中部地区高等院校众多，科研机构林立，科技人力资源、科研物质条件、科技进步环境、高新技术产业化评价等都相对较好，但知识创造能力和成果转化能力却大大弱于东部地区。中部地区拥有比较丰富的人力资源与科技资源，但质量不高、使用率不高，这是中部地区经济发展的问题所在，同时这也正是中部地区经济发展的潜力所在。中部地区必须充分挖掘人力资源和科技资源的潜力，下大力气提升人力资本，促进科技进步，加速经济结构调整和产业优化升级，提高经济增长的质量，使中部经济增长速度与结构、质量、效益相统一，真正走一条科技含量高、经济效益好、物质资源消耗低、人力资源得到充分发挥的新型工业化的路子，以保证中部经济的持续快速健康发展。

要挖掘中部地区创新潜力，提高区域核心竞争力，推进中部经济跨越式发展。区域创新能力是一个地区将知识转化为新产品、新工艺、新服务的能力，它决定了一个地区经济的长期竞争力。区域创新能力主要由知识创造能力、知识获

取能力、企业的技术创新能力、创新环境、创新的经济绩效五个指标来衡量。计算表明，中部地区区域创新能力综合指标平均分值为23.1，只有湖北省位居第十名而进入全国前十位，河南和江西两省均位居全国后十位。中部地区区域创新能力比东部地区低15.37分，比东北三省低4.9分，而只比西部地区高3.1分。中部六省区域创新能力明显弱于东部地区，与西部地区相比优势却不明显，而且西部有1/4的地区区域创新综合指标超过了中部六省平均值。为此，中部地区需挖掘区域创新潜力，建立一个与地区资源优势密切关联、具有中部特色的区域创新体系，推动中部地区新技术、新知识的产生、流动、更新和转化。

中部地区相对东部发达地区来说，高层次人才仍然不足，培养乏力。目前，北京、上海高等教育毛入学率都已超过50%，江苏等省也已达40%，而中部地区各省皆低于20%。中部地区要优先发展教育科技事业，转换机制，增大投入，深度开发人力资源，为中部地区崛起提供大量的科研型、技能型和应用型高素质、高层次创新人才，构建科技创新人才高地。要建立目标明确、综合激励的人才培养机制，不断改善人才结构，提升人才层次，壮大人才队伍，特别要重点培养造就现代企业的管理人才、金融人才和技术创新人才。围绕发展具有国际竞争力的大型企业集团，加快培养造就一批职业化、现代化、国际化的优秀企业家。以创新精神、创业能力和经营管理水平为核心，大力提高企业家素质。

除此之外，一是需要进一步加大产学研合作力度，倡导高等院校、科研机构和企业的同类资源共享、异类资源互补，以改进资源配置效率，带来经济效益增加和社会福利增长，带动区域经济的发展；二是依托现有高新区的信息资源和信息网络，引导和促进高等学校、科研单位人区创办科技型企业或中试基地，支持他们与有实力的大企业进行联合和重组，建设创新研究平台；三是在进一步深化体制改革的过程中提高企业自身的自主创新能力，努力构建新型的产学研的技术创新体系，企业主动加强与科学研究机构、科研转化机构的交流和合作，以产品、产业为中心，对中部诸省重点实验室、工程技术中心、高等院校、科研院所等科技资源进行整合，推进科研成果转化平台的建设。通过建设中部地区区域创新体系，使区域创新能力快速内化为中部地区经济发展的核心竞争力，依靠高新技术的自主创新，全面超越原有产业，实现"跨代"的产业升级，打破传统发展路径，促使中部经济跨越式发展。

充分发挥中部现代制造业和高新技术产业、新型农业以及现代物流市场体系的巨大潜能，深度开发人力资源，大力发展科学技术自主创新，这些在中部地区将孕育出极大的创造性，爆发出极大的生产力。这就是蕴藏在中部地区在未来大发展中的巨大潜力。

六、依靠科技支撑　加快中部经济发展方式转变[*]

中央实施促进中部地区崛起战略以来，中部六省经济发展速度明显加快，经济运行质量不断提高，总体实力进一步增强，特别是"十一五"期间成效更加显著。但是中部与东部的差距仍然很大，西部赶超势头强劲，中部面临经济增长模式粗放，经济结构失衡，能耗过高，污染严重，收入分配不均等各种严峻挑战。因此，中部必须进一步增强加快经济发展方式转变的紧迫感，抢抓"十二五"这个重要战略机遇期的关键阶段，把实施区域发展总体战略和主体功能战略由省级行政区域层面提升到中部区域板块整体层面，加快传统经济发展方式向现代经济发展方式转变，把经济增长从依靠资源消耗转到依靠内生动力科技进步（全要素生产率 TFP）上来，调整经济结构，发展新兴产业和创新型经济，打造中部区域创新体系，为全面建成小康社会打下基础。

（一）科技进步是转变中部经济增长方式提高经济效率的动力

1. 科技进步是转变中部经济增长方式的内生动力

（1）中部地区经济增长现状分析

随着中部崛起战略的实施，中部地区（山西、安徽、江西、河南、湖北、湖南）在"十一五"期间经济总量增长较快，2006～2009 年间 GDP 平均增长速度（按水平法计算）为 17.28%，比东部地区（北京、天津、河北、上海、江苏、浙江、福建、山东、广东、海南）高 2.64 个百分点，比东北三省（辽宁、吉林、黑龙江）高 1.70 个百分点，比西部地区（内蒙古、广西、重庆、四川、贵州、云南、西藏、陕西、甘肃、青海、宁夏、新疆）低 1.06 个百分点。从 GDP 占全国比重来看，中部地区 GDP 占全国比重从 2006 年的 18.68% 增加到 2009 年的19.36%，每年约提高 0.33 个百分点，中部地区经济地位逐步增强。

从人均 GDP 来看，2009 年中部地区人均 GDP 为 19 737.5 元，比东部地区低

---

* 曾发表于《江西社会科学》2011 年第 1 期。
作者：周绍森、胡德龙。

20 647.79 元，比东北地区低 8 349.22 元，仅高于西部地区 1 480.75 元。从这些数据可以看到，我国人均 GDP 地区分布呈明显的梯形，第一梯队是东部地区，第二梯队是东北地区，第三梯队是中部与西部地区。然而西部地区在 2006～2009 年期间人均 GDP 年均增长速度为 17.95%，中部地区年均增长 16.94%。若中、西部地区人均 GDP 分别按其相应增长速度增长，西部地区人均 GDP 将在 10 年后赶超中部地区。

（2）各因素对中部经济增长贡献率的分析

以新增长理论模型为基础，结合中部经济发展实际，我们建立了以下形式的柯布－道格拉斯生产函数来对中部经济增长进行描述：

$$Y = AK_{-1}^{\alpha_1} I^{\alpha_2} L^{\beta} H^{\gamma} R^{\delta} N^{\tau} e^{\rho S} e^{\lambda M} e^{\varepsilon} \tag{3-1}$$

式中，Y 为国内生产总值；K_{-1} 为上年末的物质资本存量；I 为当年固定资产投资；L 为全社会就业人员总量；H 为就业人员的人力资本；R 为研究与开发（R&D）投入；N 为单位能源经济效益；S 为产业结构系数；M 为市场化程度。

实证分析结果表明：中部地区生产要素（含物质资本积累、固定资本投资和劳动力）对经济增长的贡献率为 57.58%，科技进步（全要素生产率）对经济增长的贡献率为 42.42%。可见，中部地区经济快速增长主要得益于生产要素投入的迅猛扩张，如中部地区 1978～2009 年固定资产投资年均增长 23% 左右，而科技进步（全要素生产率）对经济增长的促进作用相对较弱。物质资本和自然资源等生产要素的高增长势必造成生态环境的破坏、能源短缺，这将严重制约经济的可持续发展。科技进步（全要素生产率）对经济增长的贡献不高表明中部地区经济结构还不够合理、科技投入与产出不足、劳动者素质提高不快等，这引致了中部地区经济增长后劲乏力。

（3）中部地区经济增长模式的判别

中国中部地区科技进步（全要素生产率）对经济增长的贡献率为 42.42%，低于全国平均水平 45.62%。中部地区经济增长中科技进步（全要素生产率）的贡献率小于生产要素投入增长的贡献率 57.57%，这种增长方式仍然是一种高投入、高消耗、高污染、低效益的粗放型增长方式。中部地区经济要确保持续稳定增长就必须依靠科技进步（全要素生产率），加快经济增长模式的转变，要从依靠物质资本和自然资源转移到依靠科技进步（全要素生产率）支撑上来，提高增长质量和效益，实现经济增长方式的转变。

2. 科技进步是提高中部经济效率的重要手段

结构效率和环境效率是衡量一个国家或地区经济效率的重要指数。2009 年，中部地区结构效率指数比较低，比东部地区低 3.25%，比东北地区低 4.45%，仅高于西部地区 2. 16%。中部地区环境效率指数最低，相当于东部地区的 12% 左右，相当于西部地区的 56%，相当于东北地区的 92%（见表 3 – 11）。

表 3 – 11　　　　　我国四大经济区经济效率（2009 年）

地区	结构效率指数	环境效率指数
东部地区	42. 43	3. 59
中部地区	39. 18	0. 44
西部地区	37. 02	0. 78
东北地区	43. 63	0. 48

资料来源：根据《世界经济年鉴 2009 ~ 2010》整理。

中部地区经济效率较低的主要根源还是科技进步（全要素生产率）指数较低。从 R&D 经费支出看（见表 3 – 12），2008 年中部地区省均 R&D 经费支出为 101. 33 亿元，不足东部地区的 1/3，比东北地区低 8. 54 亿元，比西部地区高 56. 26 亿元；同时中部地区 R&D 人员人均经费比东部地区少 0. 71 亿元，比东北地区少 0. 15 亿元，比西部地区多 0. 1 亿元；从地方财政科技支出看，2008 年中部地区地方财政科技支出占财政收入比例为 1. 34%，比东部地区低 1. 94 个百分点，比东北地区低 0. 35 个百分点，比西部地区高 0. 21 个百分点。

表 3 – 12　　　　　我国四大经济区科技投入（2008 年）

地区	省均 R&D 经费 （亿元）	省均地方财政 科技拨款 （百万元）	地方财政科技 拨款占地方财政 收入比例（%）	R&D 人员 全时当量 （千人年）
东部地区	313. 75	6 808. 70	3. 28	119. 42
中部地区	101. 33	2 210. 83	1. 34	52. 70
西部地区	45. 07	1 298. 58	1. 13	24. 65
东北地区	109. 87	2 750. 67	1. 69	53. 04

资料来源：根据《中国科技统计数据（2009）》整理。

我们以 2009 年全国 31 个省区市为样本，建立了结构效率指数与地方财政科技支出占财政收入比例之间的计量模型和环境效率指数与地方财政科技支出之间的计量模型，用加权最小二乘法估计结果如下：

$$str = 3. 53rinc + 33. 43$$

$$(8. 23^{***})　(58. 99^{***}) \tag{3 – 2}$$

$$R^2 = 0. 70　F = 68　D. W. = 2. 37$$

式中，*str* 为结构效率指数，*rinc* 为地方财政科技支出占财政收入比例，括号内为 *t* 统计量，*** 表示 1% 显著性水平。

$$env = 0.00026rdinv + 0.25$$
$$(15.52^{***}) \quad (2.39^{**}) \tag{3-3}$$
$$R^2 = 0.89 \quad F = 241 \quad D.W. = 1.78$$

式中，*env* 为环境效率指数，*rdinv* 为地方财政科技支出，** 表示 5% 显著性水平。

从方程（3-2）和方程（3-3）可以看出，科技进步（全要素生产率）对经济发展效率都具有显著的影响。地方财政科技支出占财政收入的比例增大1个百分点，结构效率将增加 3.53 个百分点，方程决定系数达到 0.7。地方财政科技支出对环境效率指数也具有非常显著的影响，方程决定系数达到 0.89。这两个实证结果都表明科技进步（全要素生产率）是提高经济发展效率的重要手段。

（二）科技进步是增加城乡居民收入缩小城乡差距实现小康的关键

1. 城乡居民收入及城乡收入比的四大区域对比分析

从城乡居民人均收入情况来看，2009 年中部地区城镇居民家庭人均可支配收入为 14 321.2 元，比东部地区少 6 636 元，仅相当于东部地区的 68%；比西部地区多 422 元，比东北地区多 210 元。2009 年中部地区农村居民人均纯收入为 4 762.45 元，比东部地区少 3 282.54 元，仅相当于东部地区的 59%；比东北地区少 714.45 元，仅比西部地区高 974 元。

从反映居民收入分配是否公平的指标城乡居民收入比来看，中部地区 2009年城乡居民收入比为 3，比东部地区高 0.44，比东北地区高 0.42，比西部地区低0.67。特别注意的是中部地区城乡差距在逐步拉大，2001 年东部地区城乡收入比为 2.35，中部地区为 2.53，西部地区为 3.65，东北地区为 2.36。从这一组数据我们可以看到，中部地区城乡收入比从 2001 年的 2.53 倍扩大到了 2009 年的 3倍，而东部地区、东北地区和西部地区变化都不大，尤其是西部地区几乎没有发生变化（见表 3-13）。

表3－13   我国四大经济区科技投入（2009 年）

地区	城镇居民人均可支配收入（元）	农村居民人均纯收入（元）	城乡人均收入比（％）
东部	20 957.2	8 044.99	2.60
中部	14 321.2	4 762.45	3.00
西部	13 890.2	3 788.45	3.67
东北	14 102.2	5 476.90	2.58

资料来源：根据《中国统计摘要（2010）》整理。

2. 科技进步是增加城乡收入缩小城乡差距的关键

我们以全国 1980～2007 年的样本数据进行实证分析结果表明，从长期看城镇科技进步（全要素生产率）指数增加 1％，城镇居民人均可支配收入增长 0.6981％，科技进步（全要素生产率）对城镇居民人均可支配收入增长的贡献率为 40.43％；从长期看农村科技进步（全要素生产率）指数增加 1％，农村居民人均纯收入可增长 1.57％，科技进步（全要素生产率）对农村居民人均纯收入增长的贡献率为 60.51％。从长期看城乡科技进步（全要素生产率）差异对城乡收入差异具有非常显著的影响，城乡科技进步（全要素生产率）差距拉大 1％，城乡居民人均收入差距将拉大 6.8741％。

（三）依靠科技支撑，加快中部地区经济转型

1. 依靠科技进步，加快经济结构调整，为中部经济转型夯实基础

第一，加快农业结构调整，以加强粮食生产基地建设为重点，大力发展以科技先导为主要特征的现代农业。对中部安徽、江西、河南、湖北、湖南五个粮食主产省和山西晋南粮食大县来说，首要的是加快农业发展方式的转变，加快农业科技进步和创新，为现代农业发展提供支撑。要切实抓好良种繁育和农技推广、农业机械化、防灾减灾、农业环保、粮食仓储物流等重大工程，建设区域化、规模化、集约化的国家级商品粮食生产基地。在长江中游广大区域大力发展棉花、油料等经济作物和特色农业，利用长江和淮河流域江河湖泊丰富的水利资源建设现代渔业生产基地。抓好农村沼气工程，促进农业资源循环利用，把中部打造为全国现代农业示范基地。

第二，加快能源结构调整，大力发展新能源，巩固提升中部地区重要能源基

地地位。加强山西、安徽、河南大型现代化煤炭基地建设，强化煤矿安全技术改造，实施煤层气开发利用和瓦斯综合治理技术工程，开发新一代煤气化技术。积极发展新能源和可再生能源，逐步推进核电建设。

第三，加快原材料产业结构调整，以钢铁、有色、石化、建材等优势产业为重点，巩固提升中部地区重要原材料基地地位。努力推动大型钢铁企业技术改造和钢铁产品结构优化，加快高技术含量和高附加值钢材产品开发；积极发展有色金属精深加工，支持大型企业及产品结构重组，建成全国重要铜精深加工基地；支持铝镁深加工，有效利用铅锌、镁、钛等资源；积极发展石化工业，加快形成中部地区大型原油加工基地，实现集约发展。大力提升建材工业水平，开发利用粉煤灰、煤矸石、矿渣、低品位原料等进行建材生产的技术。

2. 推进自主创新，发展新兴产业，为中部经济转型提升水平

第一，以核心、关键技术研发为着力点，大力发展现代装备制造业，大力提升中部地区现代装备制造基地的水平。发挥中部地区重大技术装备、交通设备制造业的优势，增强自主创新能力，大力开发新能源汽车；积极开发轨道交通设备制造业，提高船舶工业自主研发能力和设备制造能力，把中部地区打造成世界现代制造业的研发创新中心。

第二，强化自主创新能力，促进高技术产业发展，建设在国内外有影响的高技术产业基地。大力发展电子信息产业，加快新一代信息技术、信息网络、光电子器件、LED、集成电路、新型显示、高端软件、数控系统的开发应用产业化；大力发展生物产业，加快生物育种、生物制药、现代中药和生物产业的发展；壮大新能源和新材产业，加快高效率、低成本太阳能光伏发电、热发电和建筑一体化技术与设备，以及新信息材料、新能源材料等产业的技术水平；加快民用航空配套产业基地建设，形成高技术产业集群。同时以高新技术和先进适用技术改造传统制造业，提升绿色食品加工，高端纺织服装、现代造纸、家用电器等产业化水平。把中部地区建设成为我国高新技术研发和产业化中心。

3. 加强资源节约和环境保护，发展创新型经济，为中部经济转型提升开辟道路

第一，加强资源综合利用，大力发展循环经济。执行最严格的耕地保护制度和最严格的节约用地制度，提高土地节约利用水平，切实提高水资源综合效益，大力实施节水工程；提升矿产资源综合利用水用，提高矿山废异物的循环利用和综合利用水平；加快淘汰落后产能，遏制高耗能、高排放，提高能源利用率。

第二，积极应对气候变化，大力发展低碳经济。全面实施应对气候变化的国家方案，引导建立低碳生活方式，努力实现向低碳社会转型。积极开发和推广低碳技术，不断提高非化石能源比重，控制温室气体排放；积极开发清洁发展项目；加强气候变化基础研究，实现应对气候变化的综合治理。

第三，加强生态建设和保护，大力发展生态经济。中部地处长江、黄河的中下游，江河湖泊水网纵横，是全国重点水源涵养区、水土流失严重区、生态环境自然保护区，调水工程重点区。要认真实施水土流失综合治理，积极推进生态水网建设，防护林体系建设，落实退耕还林专项规划，加强重点湿地恢复和保护；要加大环境污染防治力度，严格控制入河污染物排放总量，强化工业点源污染治理。实施水源地保护工程；进一步做好大江大湖整治，完善自然灾害监测预警体系，提高防灾抗灾能力，在保护、利用、开发生态资源的同时，大力发展生态经济，注重经济系统与生态系统的有机结合，促进经济与生态协调发展；大力发展节能环保产业，倡导绿色消费，实施生态化、规模化开发利用，实现生态保护和经济发展的互利双赢。

4. 培育创新人才，打造区域创新体系为中部经济转型提升提供有力支撑

第一，加快教育发展，培育创新人才。造成中部地区与东部地区经济发展的差距主要原因是科技创新落后，而科技创新的关键在人才，人才的基础在教育。中部发展的最根本的问题是把人口多的压力转化为丰富的人力资源。中部地区教育发展与东部发达地区相比的差距集中体现在高等教育上，与东部相比中部地区国家重点高校少、重点学科少、重点实验室、工程中心和人文社科基地少、博士和硕士研究生授予单位和招生数量少，高等教育毛入学率低，高考录取率低，中部地区高校生均经费普遍较低，高层次人才队伍不足。中部地区高等教育这一系列问题，需要国家的高度重视从政策和资金上予以倾斜才能解决。中部地区高校本身更应在改革中求发展，在创新中育人才，把提高教育质量作为核心任务，建设现代大学制度，肩负起培养经济社会和科技发展急需人才的重任。

第二，推进产学研紧密结合，构建中部地区创新体系。要努力构建市场引导、企业主体、高校和科研院所主动参与、政府主导协调的中部地区创新体系，推进企业、高校科研院所"产学研"紧密结合，引导和支持创新要素向企业集聚，促进科研成果向现实生产力转化。进一步推动企业成为技术创新需求主体、科技投入主体、技术创新活动主体和创新成果应用主体。让科技人才进企业，科技资源进产业，科技成果进市场，形成优势互补，互利共赢，务实高效，开放灵活的创新、创业、创优新格局，对重大工程和关键性技术，联合攻关、全力突破。

5. 改革体制机制，强化区域合作为中部经济转型提升提供保障

第一，加快改革开放和体制机制创新，增强中部地区发展的活力。中部地区不靠海、不靠边，必须着力打造对外开放平台，建立中部地区科技兴贸创新基地，建设一批承接产业转移重点地区，完善中部地区承接产业转移的具体政策措施。进一步以市场为导向，创新激励制度，包括产权制度、分配制度、自主创新制度，进一步激发市场主体活力，在利益杠杆的撬动下，推动企业加强自主创新，强化管理、提高效率，实现资源价值的最大化。大力推进行政管理体制改革，转变政府职能；继续深化大中型国有企业改革，发展混合所有制经济，支持非公有制经济发展；重点加强对新兴产业企业的支持，使各类企业在经济转型中各安其位，奋发有为。

第二，加强区域经济合作，打造中部主体功能区。加强中部地区与东西部地区合作，扩大与京津冀、长三角、珠三角和海峡西岸地区的合作交流，积极推进泛长三角、泛珠三角产业分工与合作，有序承接沿海产业转移。提升中部地区与港澳台地区合作层次，扩大合作领域。要特别强调深化中部地区省际间合作，加强武汉城市圈"两型"社会建设综合配套改革试验区、长株潭"两型"综合配套改革试验区、鄱阳湖生态经济区、皖江城市带承接产业转移示范区以及中原城市群、太原城市圈之间的紧密联系与合作，打破行政界限和市场分割，加快建设区域市场体系，建立区域生态建设和环境保护协作机制，建立区域性合作组织，推进区域重大合作项目，使区域发展总体战略和主体功能战略的实施成为中部六省的共同行动。

七、中国中部经济社会竞争力研究*

（一）区域竞争力

关于区域竞争力，以世界经济论坛（WEF）与瑞士洛桑国际管理发展学院

---

* 节选自《中国中部经济社会竞争力报告（2011）》，南昌大学中国中部经济社会发展研究中心编著，社会科学文献出版社，2012 年 4 月版。

作者：周绍森、王圣云。

王圣云，1977 年 5 月生，博士、副研究员，南昌大学中国中部经济发展研究中心区域经济研究所所长。

（IMD）联合发表《全球竞争力报告》和波特（1990）提出的"钻石模型"最具代表性，认为区域竞争力的核心是创造竞争优势，区域竞争力即区域创造竞争优势的能力，或获得高生产力水平及持续提高生产力的能力。我国学者倪鹏飞（2009）指出，区域竞争力是指区域所具有的吸引、支配和转化资源，占领和控制市场，从而更多、更快、更好和可持续地创造物质和非物质财富，为其居民提供福利的能力。决定区域竞争力的因素是产业体系、金融资本、科技创新、人力资本、资源环境、基础设施、制度文化、外部条件、企业聚合，这九个方面的强弱和不同组合，决定区域综合竞争力。

（二）区域经济社会竞争力

区域经济社会竞争力属于区域竞争力范畴，它不仅仅限于经济范畴，重点通过考察经济生产率来揭示区域的竞争优势，还从创新角度，通过技术创新和人力资本途径，分析区域创新优势；同时更多重视社会建设的保障作用和目标导向性以及资源环境的支撑作用和对经济社会发展的约束，从而反映经济、社会、科教、文化、资源、环境等因素的协同作用及产生的区域竞争优势。

我们认为，区域经济社会竞争力由经济发展竞争力、资源环境竞争力、科教文化竞争力和民生保障竞争力组成。其中，经济发展竞争力是获取中部经济社会竞争优势的基础；资源环境竞争力是获取中部经济社会竞争优势的支撑；科教文化竞争力是获取中部经济社会竞争优势的动力；民生保障竞争力是中部经济社会竞争力培育和提升的目标（见图3-1）。

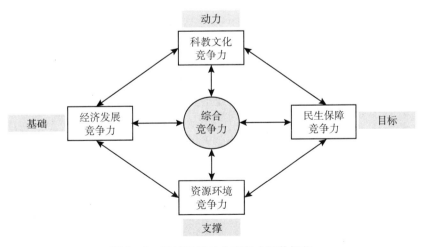

图3-1 区域经济社会竞争力评估框架

区域经济社会竞争力是经济发展竞争力、资源环境竞争力、科教文化竞争力和民生保障竞争力的函数，可以用以下公式来表示：

区域经济社会竞争力 = F(经济发展竞争力，资源环境竞争力，
科教文化竞争力，民生保障竞争力)

（三）中部经济社会竞争力综合评价指标体系

根据区域经济社会竞争力概念，我们按照"中部地区经济可持续发展为主线，资源承载和环境保护为支撑，科技文化创新为动力，民生保障为目标"的思想构建出中部经济社会竞争力的"目标层——准则层——维度层——指标层"（1－4－12－86）评价框架（见表3－14）。

表3－14　　　　　　　　　中部经济社会竞争力综合评价指标体系

	一级指标	二级指标	三级指标
中部经济社会竞争力综合评价（A）	经济发展竞争力（B1）	规模维度（C1）	D1 GDP 总量
			D2 人均 GDP
			D3 财政收入总量
			D4 固定资产投资额
			D5 进出口净额
			D6 实际利用外资总额
			D7 社会零售消费品总额
		速度维度（C2）	D8 GDP 增长率
			D9 人均 GDP 增长率
			D10 财政收入增长率
			D11 固定资产投资增长率
			D12 进出口净额增长率
			D13 实际利用外资额增长率
			D14 人均社会零售消费品总额增长率
		结构维度（C3）	D15 全要素生产率对经济发展贡献份额
			D16 第三产业占 GDP 比重
			D17 第二、第三产业占三次产业总值的比重
			D18 高新技术产业占工业增加值比重
			D19 工业化率

一级指标	二级指标	三级指标
经济发展 竞争力 （B1）	结构维度 （C3）	D20 外贸依存度
		D21 城镇化率
		D22 消费支出占 GDP 比重
资源环境 竞争力 （B2）	资源维度 （C4）	D23 人口总量
		D24 劳动力数量占总人口比重
		D25 人均淡水资源
		D26 人均耕地面积
		D27 人均矿产占有量
		D28 人均能源占有量
		D29 人均高速公路占有量
		D30 人均货运量
		D31 人均旅游总收入
	生态维度 （C5）	D32 森林覆盖率
		D33 人均林地面积
		D34 人均新增造林合格面积
		D35 绿化覆盖率
		D36 绿化覆盖率提高率
		D37 生物多样性
	环保维度 （C6）	D38 环保投入占 GDP 比重
		D39 万元产值"三废"排放量
		D40 万元 GDP 能耗
		D41 万元 GDP 水耗
		D42 人均 CO_2 排放量
		D43 工业污水处理率
		D44 养殖业污水处理率
		D45 工业固体废物综合利用率
		D46 农村垃圾处理率
		D47 农业化肥使用量
科教文化 竞争力 （B3）	科技维度 （C7）	D48 每万人拥有专业技术人员数
		D49 每万人拥有科学家和工程师数
		D50 R&D 活动人员全时当量

（注：一级指标列最左侧合并单元格为"中部经济社会竞争力综合评价（A）"）

205

续表

	一级指标	二级指标	三级指标
中部经济社会竞争力综合评价（A）	科教文化竞争力（B3）	科技维度（C7）	D51 R&D 经费占 GDP 比重
			D52 每万人拥有专利授权量
			D53 高新技术市场成交额
		教育维度（C8）	D54 人均平均受教育年限
			D55 九年义务教育巩固率
			D56 每万人接受职业教育在校学生数
			D57 高等教育毛入学率
			D58 每万人大学生数
			D59 财政性教育支出占 GDP 的比重
			D60 教育支出占财政总支出的比重
		文化维度（C9）	D61 文化产业从业人员比重
			D62 文化产业增加值占 GDP 比重
			D63 文化事业费支出占财政总支出比重
			D64 每万人公共文化设施数
			D65 广播电视覆盖率
			D66 互联网普及率
	民生保障竞争力（B4）	民生维度（C10）	D67 城镇居民人均可支配收入
			D68 农村居民人均纯收入
			D69 城乡居民收入比
			D70 基尼系数
			D71 CPI 指数
			D72 恩格尔系数
			D73 人均居住面积
			D74 居民储蓄存款
		社保维度（C11）	D75 失业保险覆盖率
			D76 医疗保险覆盖率
			D77 基本住房保障率
			D78 养老保险覆盖率
			D79 万人拥有病床数
			D80 城镇新增就业人数

	一级指标	二级指标	三级指标
中部经济社会竞争力综合评价（A）	民生保障竞争力（B4）	安全维度（C12）	D81 城镇失业率
			D82 每万人刑事案件数
			D83 重大安全生产事故数
			D84 重大食品药品安全事故数
			D85 重大交通事故数
			D86 重大火灾事故发生数

（四）评价方法

1. 线性加权评价法

首先考虑到中部六省经济社会发展的阶段性，采用的是线性加权加法模型来对中部六省经济社会发展竞争力总体情况进行综合评价。

$$F_a = \sum_{b=1}^{4} w_b \times x_b = \sum_{c=1}^{12} w_c \times x_c = \sum_{d=1}^{86} w_d \times x_d \qquad (3-4)$$

式中，F_a 是经济社会竞争力，w_b 是分项竞争力权重，w_c 是各维度权重，w_d 是指标权重。

采取层次分析法（AHP）和 Delphi 专家咨询法来对指标的权重进行运算确定。采用极差标准化方法对原始数据进行标准化处理。

2. 加权 TOPSIS 评价法

首先，对初始数据矩阵 $X = \left[x_{ij} \right]_{n \times m}$ 利用功效系数法进行无量纲化处理：

$$Z = \left[z_{ij} \right]_{n \times m} = \begin{bmatrix} z_{11} & z_{12} & \cdots & z_{1m} \\ z_{21} & z_{22} & \cdots & z_{2m} \\ \cdots & \cdots & \cdots & \cdots \\ z_{n1} & z_{n2} & \cdots & z_{nm} \end{bmatrix} \qquad (3-5)$$

其次，由各项指标最优值和最劣值分别构成最优值向量 Z^+ 和最劣值向量 Z^-

$$Z^+ = (z_1^+, z_2^+, \cdots, z_m^+);$$
$$Z^- = (z_1^-, z_2^-, \cdots, z_m^-) \qquad (3-6)$$

其中，$z_j^+ = \max \{ z_{1j}, z_{2j}, \cdots, z_{mj} \}$；$z_j^- = \min \{ z_{1j}, z_{2j}, \cdots, z_{nj} \}$，$j = 1, 2, \cdots, m$。

再次，计算被评价对象与最优理想系统 $Z^+ = (z_1^+, z_2^+, \cdots, z_m^+)$ 与最劣系统 $Z^- = (z_1^-, z_2^-, \cdots, z_m^-)$ 之间的加权距离：

$$d_i^+ = \left(\sum_{j=1}^m w_j (x_{ij} - z_j^+)^2 \right)^{\frac{1}{2}};$$

$$d_i^- = \left(\sum_{j=1}^m w_j (x_{ij} - z_j^-)^2 \right)^{\frac{1}{2}} \qquad (3-7)$$

式中：w_j 为权重。最后，计算相对贴近度为：

$$c_i^t = \frac{d_i^-}{(d_i^+ + d_i^-)} \qquad 0 \leqslant c_i \leqslant 1 \qquad (3-8)$$

（五）中部六省经济社会发展竞争力组合评价模型

线性加权评价法属于对自身的评价，其优点在于进行竞争力自身发展的时序比较。加权 TOPSIS 评价法是属于相对评价法，其优点在于能进行相对竞争优势的优劣比较。为此，在进行中部六省经济社会发展竞争力评价时，把线性加权评价法和加权 TOPSIS 评价法组合构成组合评价模型，即以线性加权评价法作为主体，能体现评价的科学性，并具有较好的连续性及时序可比性；以加权 TOPSIS 评价法作为辅助，能反映中部经济社会竞争力的动态性，具有较强的学术性及区域比较性。

为了使综合计算值具有可比较性，首先，对这两种方法计算的中部经济社会分项竞争力和综合竞争力得分进行无量纲化处理，采用极值化法：

$$z_{ij} = \frac{x_{ij}}{\max(x_{ij})} \qquad (3-9)$$

式中，x_{ij} 表示线性加权评价法或加权 TOPSIS 评价法计算的 i 省 j 竞争力得分，$\max(x_{ij})$ 表示线性加权评价法或加权 TOPSIS 评价法计算的 i 省的 j 竞争力得分的最大值。

其次，赋予线性加权评价法权重 w_f，加权 TOPSIS 评价法权重 w_t。

最后，将线性加权评价法和加权 TOPSIS 评价法进行加权组合，构建中部经济社会竞争力的组合评价模型：

$$C_{ij} = w_f \times C_{fij} + w_t \times C_{tij} \qquad (3-10)$$

式中，C_{ij} 为组合评价法计算的 i 省的 j 竞争力得分，C_{fij} 为线性加权法计算的 i 省 j 竞争力得分，C_{tij} 为加权 TOPSIS 评价法计算的 i 省 j 竞争力得分。

（六）中部六省经济社会竞争力组合评价结果

将线性加权法和加权 TOPSIS 法计算的中部六省经济社会综合竞争力结果，

应用中部经济社会竞争力组合评价模型，计算得到中部六省经济社会综合竞争力（见表3-15）：

表3-15　　　　　中部六省经济社会竞争力组合评价的分项、综合得分与排名

地区	经济发展竞争力		资源环境竞争力		科教文化竞争力		民生保障竞争力		综合竞争力	
	得分	排序	得分	排序	得分	排序	得分	排序	得分	排序
山西	0.668	6	0.889	2	0.679	2	0.844	4	0.788	3
安徽	0.843	2	0.744	5	0.650	3	0.570	6	0.747	4
江西	0.752	4	1.000	1	0.308	6	0.794	5	0.742	5
河南	0.688	5	0.616	6	0.480	5	0.919	2	0.712	6
湖北	1.000	1	0.815	3	1.000	1	1.000	1	1.000	1
湖南	0.772	3	0.756	4	0.630	4	0.860	3	0.788	2

1. 经济发展竞争力

从经济发展竞争力来看，湖北的得分最高，线性加权法计算结果为0.611，加权TOPSIS法计算结果为0.597，组合得分为1，在中部六省中都是最高的；安徽排名第二，线性加权法计算结果为0.510，加权TOPSIS法计算结果为0.524，组合得分为0.843；湖南排名第三，线性加权法计算结果为0.466，加权TOPSIS法计算结果为0.482，组合得分为0.772；江西排名第四，线性加权法计算结果为0.452，加权TOPSIS法计算结果为0.479，组合得分为0.752；河南排名第五，线性加权法计算结果为0.407，加权TOPSIS法计算结果为0.462，组合得分为0.688；山西排名第六，线性加权法计算结果为0.398，加权TOPSIS法计算结果为0.438，组合得分为0.668。

经济发展竞争力的经济发展规模维度来看，河南排名第一，其经济规模维度综合得分值达到了0.819，湖北次之，随后依次是湖南、安徽、山西和江西，虽然河南的经济规模六省中最大，但其经济发展速度和结构综合排名却很低；从经济发展速度维度来看，发展最快的是江西，其综合得分值为0.835，安徽0.746次之，湖北、湖南、山西紧随其后，河南最低，其综合得分值仅只有0.094，与排名第一的江西相差甚大；再从经济发展结构维度来看，山西由于工业化、城镇化的发展进程相对较快，使得其结构维度综合得分为0.612，排在中部六省的第一位，湖北次之，安徽、湖南、江西紧随其后，河南最低。

2. 资源环境竞争力

从资源环境竞争力来看，江西排名第一，优势十分明显，线性加权法计算结

果为 0.588，加权 TOPSIS 法计算结果为 0.550，组合得分为 1；山西第二，线性加权法计算结果为 0.517，加权 TOPSIS 法计算结果为 0.510，组合得分为 0.889；湖北第三，线性加权法计算结果为 0.471，加权 TOPSIS 法计算结果为 0.478，组合得分为 0.815；湖南第四，线性加权法计算结果为 0.434，加权 TOPSIS 法计算结果为 0.455，组合得分为 0.756；安徽第五，线性加权法计算结果为 0.426，加权 TOPSIS 法计算结果为 0.451，组合得分为 0.744；河南第六，线性加权法计算结果为 0.346，加权 TOPSIS 法计算结果为 0.399，组合得分为 0.616。

首先从资源环境竞争力的资源维度来看，山西排在第一，安徽次之，随后分别是湖北、河南、江西、湖南，其中，对资源维度衡量指标的数据进行深入挖掘，可以发现山西资源维度之所以能排在第一，固然与其本省资源条件有关，同时与山西的人口基数过小也不无关系，因为资源维度的衡量指标基本上是人均指标，比如，山西人均矿产占有量达到了 2 399.55 万吨，安徽 154.55 万吨、河南 126.27 万吨，而江西、湖北和湖南的人均矿产占有量仅有 30 万吨左右，另外，山西 2010 年的人均旅游收入达到了 3 031.51 元，也大大高于中部其他省份。从生态维度来看，虽然江西的经济实力比较弱，但是江西生态条件很好。截至 2010 年，江西森林覆盖率、人均林地面积、当年新增种草面积、绿化覆盖率以及提高率指标均高于中部其他省份，其生态竞争力综合得分值为 0.965，排在中部第一，随后是湖南 0.433，山西、湖北、安徽和河南分别次之。再从环保维度来看，湖北在环境保护方面的付出了努力，取得了显著的成效，其综合得分值达到了 0.628，而山西的环境治理、环境保护方面的工作还需改进，其综合得分值在中部六省中最低，因此，山西资源环境竞争力之所以能在中部六省中名列前茅，得归功于其资源维度的综合竞争力得分。

3. 科教文化竞争力

在资源环境竞争力方面，湖北排名第一，优势十分突出，线性加权法计算结果为 0.701，加权 TOPSIS 法计算结果为 0.592，组合得分为 1；山西第二，线性加权法计算结果为 0.455，加权 TOPSIS 法计算结果为 0.472，组合得分为 0.679；安徽第三，线性加权法计算结果为 0.436，加权 TOPSIS 法计算结果为 0.450，组合得分为 0.650；湖南第四，线性加权法计算结果为 0.420，加权 TOPSIS 法计算结果为 0.445，组合得分为 0.630；河南第五，线性加权法计算结果为 0.307，加权 TOPSIS 法计算结果为 0.383，组合得分为 0.480；江西第六，线性加权法计算结果为 0.184，加权 TOPSIS 法计算结果为 0.290，组合得分为 0.308。

首先从科教文化竞争力的科技维度来看，排名第一的是湖北，其综合得分值为 0.996，远高于中部其他省份，随后是安徽和湖南，山西第四，河南和江西分列后两位；从教育维度来看，2010 年，山西教育指标普遍较高，财政性教育支出占 GDP 的比重这一指标最为突出，达到了 3.24，位于中部六省的首位，这使得山西教育维度综合得分值达到了 0.679，中部六省排名第一，湖北综合得分值为 0.622，排在第二位；从文化维度来看，排名第一的是湖南，其综合的得分值为 0.603，其中，2010 年湖南省的文化产业从业人员达到了 11.76 万人，文化产业产值占 GDP 的比重也达到了 0.38，均都大大高于中部其他省份，随后是安徽为 0.501，这个结果与这两省的文化发展现状是吻合的。

4. 民生保障竞争力

从民生保障竞争力来看，湖北排名第一，优势十分明显，线性加权法计算结果为 0.609，加权 TOPSIS 法计算结果为 0.573，组合得分为 1；河南第二，线性加权法计算结果为 0.558，加权 TOPSIS 法计算结果为 0.533，组合得分为 0.919；湖南第三，线性加权法计算结果为 0.520，加权 TOPSIS 法计算结果为 0.507，组合得分为 0.860；山西第四，线性加权法计算结果为 0.509，加权 TOPSIS 法计算结果为 0.503，组合得分为 0.844；江西第五，线性加权法计算结果为 0.475，加权 TOPSIS 法计算结果为 0.487，组合得分为 0.794；安徽第六，线性加权法计算结果为 0.336，加权 TOPSIS 法计算结果为 0.368，组合得分为 0.570。

首先从民生保障竞争力的民生维度来看，湖北排在第一，其综合得分值为 0.805，湖南 0.622 排在第二，随后分别是河南、江西、山西和安徽，需要指出的是，中部六省中，山西城乡收入差距最大，达到了 3.30，安徽次之，也达到了 2.99；另外，从 CPI 指数这个指标来看，湖北物价控制势头最好，2010 年 CPI 指数为 102.90，较 2009 年仅上涨了 2.9 个百分点。从社保维度来看，河南排在第一，其综合得分值为 0.650，湖北次之，随后是山西、湖南、江西和安徽，而安徽排名之所以靠后，原因在于安徽的失业保险和养老保险覆盖率过低，这两项指标直接拉低了安徽社保的整体竞争力。再从安全维度来看，江西的安全维度综合得分值最高，这主要是由于其交通安全以及防火防灾方面发生事故低所致。

5. 综合竞争力

从经济社会综合竞争力来看，在中部六省中，湖北始终处于领头羊的地位，排名第一实至名归，且中部其他省份与之相比还存在不小的差距，在短期内这种不小的差距比较难以消除。

湖南处于第二的地位，这主要是湖南发展比较均衡，四个分项竞争力得分都处于中等水平。但值得注意的是，湖南的经济社会发展竞争力得分值为 0.464，而山西为 0.461，两省间的差距微乎其微，与皖、赣、豫三省相差也不是很大。为此，如果湖南滞步不前，今后极有可能被其他省进位赶超；

山西位列第三，主要长处在资源优势和科教文化发展较快，其调整经济结构、转变经济发展方式是头等重要任务，同时要高度重视生态建设和环境保护。

安徽虽然经济社会发展综合排第四，但近年来经济发展迅速，经济发展竞争力位列六省第二，仅次于湖北，所以其前景很好，但短板是民生保障竞争力过弱，在六省中排名最后，且差距较大，尤其是社会保障方面还存在着诸多的问题，必须引起高度重视。

江西虽然位列第五，但其经济发展速度和资源环境竞争力在六省中都位居首位，经济社会发展综合竞争力评价值与安徽相差很小（只差 0.004）。江西的症结在于科教文化竞争力不强，为六省之末，其社会民生保障竞争力也很低，仅高于河南。为此，应进一步加强科技创新的力度，加快教育和文化事业的发展，提高居民收入和社会保障，江西的进位赶超则指日可待。

河南经济规模居六省之首，但发展速度和结构调整两维度都为六省之末，而且人口众多，人均值大大降低，使其经济发展竞争力、资源环境竞争力、科教文化竞争力都处于六省中后进状态，所以经济社会竞争力综合排名最后，但其社会保障方面在六省最好。为此，河南今后一段时间内要结合自身优势与中部其他省份错位发展，重点调整经济发展的结构，加快工业化和城镇化的步伐，大力发展现代服务业，加强生态环保，发展科技、教育、文化，其经济社会竞争力必将大大提升。

八、新形势下中部地区在国家现代化过程中的战略地位[*]

当前我国正处于经济重大转型期、城镇化重大发展期、区域空间格局重大战略调整期、生态文明制度重大建设期。新形势下中部地区如何适应国家空间梯度转移的新趋势、产业经济升级的新态势、新型城镇化推进的新走势、稳中求进改革创新的新定势，着力打造成为中国"新经济转型发展区"，是关系到中国经济

[*] 国务院参事室重点调研课题："新形势下促进中部崛起的战略对策研究"成果之一，2013 年 12 月。
作者：周绍森、刘耀彬。

刘耀彬，1970 年 9 月生，博士生导师，教育部长江学者特聘教授，国家万人计划—哲学社会科学领军人才培养人选、国家百千万人才工程人选；现任南昌大学经济管理学院院长，南昌大学中国中部经济社会发展研究中心主任，长江经济带协同创新中心主任。

持续健康发展、全面建成小康社会，实现中华民族伟大复兴中国梦的重大发展战略问题。

（一）中部地区在国家现代化过程中具有重要战略地位，集中体现为"五大关键"

1. 实现我国区域格局重大战略调整的关键在中部

区域经济学理论指出，一个国家的发展要从沿海起步，发展相对成熟之后沿内河而上，逐步带动内陆腹地。中部地区承东启西、连接南北，处于我国"大十字架构"的枢纽和"两大丝绸之路"的交汇地带，是长三角、珠三角、环渤海三大经济圈由东向西、由南向北梯次推进的腹地。中部地区的发展对中国经济今后 20～30 年新的一轮发展至关重要，是全国区域格局重大战略调整的脊梁。

2. 保障国家粮食安全及创新农业经营体系的关键在中部

中部地区农业自然资源和劳动力资源丰富、气候条件良好，是我国重要的商品粮生产基地、农产品供给的优质橱仓，是保障国家粮食安全的关键；中部地区"三农问题"突出，解决中部农业问题不仅事关中部地区农村自身发展，也是解决全国"三农"问题的关键；在中部地区加快构建农业经营体制、改变农业经营方式、发展现代农业、促进农民增收和实现"四化同步"，是推进全国农村改革创新发展的关键。

与粮食安全密切相关的是，中部地区水资源丰富，不仅拥有长江、黄河两大水系，而且拥有鄱阳湖、洞庭湖、巢湖等大型湖泊，以及珠江水系的东江源头，既是我国南水北调的输出地，也是我国南方清洁水源的涵养地，是保障我国南北水生态安全的屏障。

3. 解决产能过剩实现国家经济转型的关键在中部

中部地区能源矿产资源丰富、工业建设基础雄厚，是我国装备制造业的重要基地；中部地区产业承接能力强、产业调整回旋余地大，是我国产业承接的战略基地；中部地区重工业比重高、产能过剩问题突出，是我国实施创新驱动发展的潜在基地。中部地区是我国调整产业结构、发展新能源新材料和现代制造业、解决产能过剩问题，实现国家经济转型的关键。

213

4. 实现我国新型城镇化扩大内需的关键在中部

中部地区总人口和农业人口众多，是创新城乡一体化实践的核心地区。由武汉城市群、长株潭城市群、环鄱阳湖城市群、皖江城市带所构成的长江中游城市集群，以及由中原城市群、太原城市群所构成的黄河中游城市集群，将成为中国最具活力的新型产业基地和最具有潜力的消费市场，正处于产业和消费双升级的时期。中部地区是破解城乡二元结构、推进大中小城市和小城镇协调发展、产业和城镇融合发展、城镇化和新农村建设同步发展，实现"城乡一体化"改革创新的关键。

5. 改善民生构建和谐社会的关键在中部

中部是华夏文明主要发祥地，具有悠久深厚的历史文化底蕴，在我国经济社会发展过程中占有重要地位。中部地区是我国革命老区和连片贫困集中区域，贫困落后面大、贫富差别严重、获取改革红利较少，是我国社会矛盾比较聚焦的地区。"中原定则天下定"，中部地区和谐稳定是全国和谐稳定的关键。

（二）中部地区打造国家"新经济转型发展区"任务紧迫，建议采取"五大举措"

1. 支持中部沿江中游城市集群一体化建设

要加大力度支持长江中游城市集群一体化建设，尽快编制国家层面的《长江中游城市群区域规划》以及综合交通、旅游、农业现代化、生态环境保护、区域一体化等重点专项规划，将长江中游城市集群建设上升为国家发展战略。将长江中游城市集群跨界运输大通道、航空港群、内河航运港口群、综合交通运输网络枢纽和交通信息化智能化体系等方面建设，将长江中游城市集群打造成中国经济发展的第四极。同时要积极推进黄河中游城市集群，特别是中原城市群一体化建设，形成中部崛起的南北支撑。

2. 支持中部城乡一体化改革建设

要统筹革命老区和贫困地区城乡基础设施建设和社区建设，推进城乡基本公共服务均等化建设工程。完善粮食主产区利益补偿机制，创新中部地区农业人口市民化和财政转移的挂钩机制。探索中部地区"省直管县"模式。加快建立扩大消费需求的长效机制，切实发挥消费对经济增长的稳定拉动作用，使中部地区成为我国扩大消费的新型增长区。改革城市建设投融资机制，选择农业生产率高、城镇相对发育地区创建中部城乡一体化改革试验区。

3. 支持中部生态经济发展转型模式建设

依托中部生态资源、旅游资源和科技优势，转变发展方式、创新发展模式，完善治理结构，建立以生态经济和绿色经济为主体的生态经济发展转型模式。建立江河湖泊地区的水利益共享、生态治理共担的生态补偿机制，以及森林资源、湿地资源等生态补偿机制，为中部地区经济转型提供后劲。

4. 支持中部服务业发展的国家示范区建设

大力促进中部地区发展具有比较优势的服务业，承接东部地区产业转移，支持非公有制经济进入，建立混合经济的服务业发展国家示范。实现现代物流业和服务业跨越式发展，满足我国生产资料特别是大宗物资跨区域快捷、经济、可靠运输的需要，发挥中部地区交通区位优势，设立国家级现代物流发展示范区。

5. 支持中部对外开放的新型试验区建设

大力支持中部地区的沿江开发，发挥内河自由贸易区的导向作用，选择若干具备条件的地方建立自由贸易园（港）区；实施主体功能区制度，建立中部地区跨区域协调发展机制；支持中部省份城市增开国际客货运航线，发展多式联运，建立对外开的内陆临空经济区，使中部成为横贯东西、联结南北、积极参与国际经济合作竞争、全方位开放的新经济试验区。

第四章

江西在中部地区崛起方略研究

一、江西在中部地区崛起的理性分析和战略构思*

（一）江西崛起的理性分析

1. 江西在中部地区崛起是时代的呼唤和历史的选择

（1）经济全球化和我国加入 WTO 呼唤着江西在中部崛起

从世界潮流看，当今世界正朝着经济全球化、知识化的方向发展，国际环境发生了重大变化，以高科技竞争为核心的综合国力竞争日益激烈。我省在工业化尚未完成的情况下，肩负着实现工业化和信息化的双重任务。我国加入世界贸易组织（WTO）后，跨国公司的涌入，江西省大部分企业不得不面对以科技竞争为核心的激烈经济竞争，企业原来占有的市场将面临前所未有的冲击和震荡，人

* 节选自《江西在中部地区崛起方略》：周绍森、尹继东（教授、博导，时任南昌大学经济管理学院院长、中国中部经济发展研究中心副主任）等著，江西人民出版社，2002 年 6 月版。
作者：周绍森。

才、资金等宝贵的资源也有可能进一步被跨国公司吸引而去，江西面临的将是一场严峻的挑战。但同时，全球经济现在面临一次新的结构调整，加入 WTO 也为江西带来了难得的机遇。加入世界贸易组织后，国际资本、技术等先进生产力首先从沿海城市登陆，我省属于中部省份接受沿海经济辐射的前沿阵地，既有几年的缓冲期，又可主动出击，抢先一步接受辐射。我省将在更大范围和更深程度上参与经济全球化，将在更广阔、更高层次的领域参与和介入国际经济大循环，将更加直接地与国际强手进行合作和竞争。这有利于我们在全球经济结构的调整中找到自己在国际分工中的最佳位置。

在挑战和机遇并存的国际大背景下，江西要应对激烈的竞争，要跟上时代前进的步伐，首先必须尽快地实现经济的崛起，化压力为动力，以经济实力的提升来提高竞争力。江西必须把自身的发展放到全国乃至世界发展的大趋势、大格局中去考虑，用更加开放的眼光关注自己，用更加开放的胸怀博采众长，用更加积极的姿态来抓住机遇，迎接挑战。

（2）"东西夹击"的态势和中部各省的竞争要求江西在中部崛起

当前，江西正处于"东西夹击"的境地：一方面，东部沿海地区经过改革开放 20 年的快速发展，基本进入健康的发展轨道，并正在进一步利用积累的优势充当我国经济快速起飞的领头雁。中部与东部的差距急剧拉大，近几年的国内生产总值比例中，东部占 65% 以上，中部仅占 20% 左右，20 世纪 90 年代以来东部与中部的差额比扩大了 5 倍。另一方面，西部地区与中部地区差距不是很大，例如农村人均收入只低 500 元。随着西部大开发战略的实施，广袤的西部地区正在抓紧政策性机遇，掀起如火如荼的赶超热潮。1998 年、1999 年西部固定资产投资增长 31%，比中部分别高 17 个和 2.5 个百分点。在东部大发展、西部大开发这种东西夹击的态势中，江西省经济发展水平与东部沿海发达地区相比有很大差距，许多主要经济指标低于全国平均水平，江西唯有首先实现在中部地区崛起，才能在未来的区域竞争中占据较有利的位置，才有条件进一步向发达地区靠拢。在这一过程中，江西通过承接东部大发展的产业转移，积极参与西部大开发壮大自己，变"东西夹击"为承东启西，左右逢源。

同时，中部地区各省都在充分发挥自身优势，加快发展步伐。科教实力高居全国前列的湖北率先提出"把湖北建成全国重要的经济增长极"；国内生产总值居全国第五的河南拥有了"中部奋起看河南"的抱负；"大包干"的发源地安徽正逐步形成发挥农业的体制优势，加速经济的全面提升；山西省近两年正抓住国家政策调整的有利时机，实现经济大幅上升；湖南的主导产业在全国具有明显的竞争优势。中部各省在奋起直追，江西如果再按原有的速度发展下去，必将在中部地区处于非常不利的位置。在中部处于后进状态的江西要生存，要发展，除了首先在中部崛起，已别无选择。从这个意义上讲，确定"在中部地区崛起"的战略目标，是江西目前所处的区域竞争态势提出的紧迫要求。

再者，从国家经济布局合理化来看，也给江西在中部地区崛起提供了良好的发展机遇。目前国家明确提出要"坚持区域经济的协调发展，逐步缩小地区发展差距"的方针。我国经济增长核心区均集中在东部沿海地区，长江三角洲、珠江三角洲、闽南三角洲以及环渤海地区，而且东、西部经济发展的差距相当大，在经济上具有异质性，在当前难以对接，难以由此及彼的直接过渡，需要借助与两者接近的中部地区的发展来带动两者矛盾的转化。换句话说，从全国区域经济发展的战略考虑，打破"东西夹击"的局面，解决东中西三大地区发展不平衡的矛盾，关键要靠中部的大发展，靠在中部地区建立新的经济增长核心区来解决。我省在国土资源、人口密度、人口素质、科技力量、文化底蕴方面，都具有巨大的优势或潜力，完全可以成为中部地区崛起的先锋。

（3）江西经济发展的形势迫使我们选择江西在中部崛起

从现状看，我省处于工业化的初期末，正向中期转变的阶段，产业结构不尽合理，亟待调整。江西是农业大省，但不是农业强省，农业占的比重大，现代化程度低；工业规模较小，且传统工业占主导地位；高科技产业虽然发展迅速，但整体规模不大；第三产业占的比重较大，但占主体地位的是传统的第三产业，金融、流通、旅游、信息服务等新兴第三产业发展规模偏小。总之，产业层次较低，经济低水平运行，与工业化、信息化和现代化的发展要求存在相当大的差距。如果不尽快缩短这种差距，我省将面临被淘汰的危险。

承认落后就是一种开明，就是一种争取进步的勇气，暂时的滞后，往往蕴含着强大的发展后劲。应该看到，江西正处于一个加速发展的战略机遇期。新科技革命突飞猛进和经济全球化趋势增强，不断推动发达国家和我国沿海发达地区结构调整和产业转移。江西具有毗邻我国经济最发达的长江、珠江三角洲和经济最具活力的浙江、福建两省的区位优势。继京九铁路贯通、浙赣铁路复线建成之后，随着高速公路网加速建设，出省高速公路将在三年内全面打通。同时，江西资源丰富，劳动力、水、土地和电力等基本生产要素相对发达地区具有低成本优势。这两大优势的组合为江西承接沿海及海外产业梯度转移、加快经济发展创造了极为有利的条件。加之江西山川秀丽、生态环境优良，经济发展思路日趋完善，干部群众具有锐意进取、加快发展的强烈愿望。危机往往就是转机，挑战往往孕育着希望。能否抓住机遇而不丧失机遇，既关系江西的今天，也关系江西的未来。我们一定要以史为鉴，增强捕捉机遇的敏锐性，强化用好机遇的历史责任感，牢牢抓住这一十分难得的历史机遇，集全省之智，举全省之力，大力推进工业化，以信息化带动工业化，以技术的跨越带动生产力的跨越，以经济的振兴来回应现代经济发展的节奏，通过经济的低成本快速增长实现在中部地区崛起，使我们的现代化目标如期实现。

总之，江西在中部地区崛起的战略目标，不仅顺应世界经济全球化和我国加入 WTO 的时代潮流，而且符合江西在东西部中部地区中所处的区域竞争态势，不仅充分考虑了江西目前在转折时期所面临的挑战和机遇，而且集中反映了 4 200 万江西人民的强烈愿望。落后就会挨打，落后必须赶超。这个再简单不过的历史逻辑告诉我们，江西在中部地区崛起是时代的呼唤，历史的选择。

2. 江西在中部地区崛起的优势分析

实现江西的崛起，关键在于正确分析我省的优势，并充分发挥其优势。在经济欠发达阶段，经济发展至关重要的是区位优势和低成本优势。改革开放以来，沿海地区正是抓住机遇，利用这两个优势实现了大发展，但目前正在丧失经济低成本优势。西部目前虽然具有低成本优势，但其区位优势比较弱。而现在江西不仅具备这两大优势，还具有得天独厚的生态优势和自然资源优势。

（1）区位优势

区位条件的优劣主要取决于地理位置、交通等条件的优劣。区位条件作为区域经济成长的物质条件，在实现经济发展中起着极其重要的作用。一般而言，在一个资源自有配置的经济循环圈内，在其他条件相同情况下，资源总是向区位条件好的区域聚集，这是市场经济发展的一条重要规律。

从地理位置看，江西位于长江中下游南岸，东邻浙江、福建，南连广东，西接湖南，北毗湖北、安徽，与武汉、南京、上海、深圳、港澳等中心城市相邻近；江西处在长江三角洲、珠江三角洲、闽东南三角区这三个经济最具活力、最富饶的核心区的辐射交叉点上，是上海、浙江、江苏、广东、福建四省一市的共同腹地。江西的区域优势在中部地区是独一无二的，是西部地区无法比拟的。可以预见，沿海地区经济发展水平的提高和产业结构的升级，对江西的发展将产生巨大的辐射和带动作用。

从交通条件看，江西扼中南、华南与华东交通枢纽之要冲。铁路营运里程 2 241 公里，居全国第 12 位，境内现有京九、浙赣、皖赣、鹰厦、武九、横南 6 条国家铁路干线和支线，京九线纵贯南北、浙赣线横跨东西，均为我国最重要、最繁忙的铁路干线之一。公路里程 37 318 公里，有 105、206、319、316、320、323 共 6 条国道过境，昌九、九景、昌樟高速公路已建成通车，赣粤、梨温、京福高速公路正在建设之中，全省已形成以高速公路、国道、省道为主干的公路网络。水路较为发达，长江通航里程为 133 公里，内河航道里程为 5 537 公里，年吞吐量万吨以上的港口 55 个，形成了以长江、赣江航道为主的水上交通网。民航事业得到迅速发展，民航旅客周转量 2000 年达到 86 356 万人公里，比 1999 年增长 68%，比 1995 年增长 1.2 倍，已经成为重要的运输方式，在促进对外开放中起着重要作用。

由上可见，江西地理位置和交通条件具有承东启西、沟通南北、通江达海的优点，在发展和壮大区域经济上具有得天独厚的区位优势。但是，我们也应该清醒地看到，江西良好的区位条件，在一定的条件下尤其在经济尚不发达的阶段，很容易造成人才、资金等市场稀缺资源的外流；而且，本地与沿海发达地区相比发展不快，差距拉大，容易在心理上产生信心不足的倾向。这都是应该引起注意的。

（2）生态优势

从江西可持续发展能力分析，特别是环境支持系统分析可以看到，江西生态环境优越，自然生态条件较好，江西区域生态水平在全国排第 6 位，区域环境水平排第 8 位，江西的环境污染程度轻：第一，空气质量较好。2000 年全省城市空气质量基本达到国家二级标准。第二，工业"三废"较少。全省工业废气排放量为 2 220.4 亿立方米，其中经过净化处理的占 35%，工业废水排放量为 4.2 亿吨，其中达标排放量为 2.9 亿吨；工业固体废物产生量为 4 815 万吨，综合利用量为 702.2 万吨。从全国范围看，江西属于工业"三废"排放总量较少的几个省份之一。第三，水质较好。全省主要河流环境质量状况总体良好，在地表水监测的 109 个断面中，69.7% 达到国家一类水质标准。

（3）自然资源优势

江西自然资源丰富，自然禀赋较高。第一，水资源丰沛。江西水资源总量和人均拥有量列全国第 6 位，每平方公里水资源量列全国第 5 位，而且江西有全国水质最好、规模最大的鄱阳湖。第二，土地资源比较丰富。江西的宜农用地面积占全省土地总面积的 83%，比全国平均水平高 14 个百分点；耕地面积 4 490 万亩，人均耕地 1.08 亩，在全国排在第 9 位，在中部仅次于湖南。第三，森林资源十分丰富。全省森林面积 13 346 万亩，居全国第 9 位，是全国主要林区之一；活立木蓄积量 2.77 亿立方米，居全国第 8 位；森林覆盖率近 60%，居全国第 2 位，大大高于全国平均 16.55% 的水平；其中毛竹和油茶资源的优势极为明显，均居全国第 2 位。第四，矿产资源有特色。江西地下矿藏丰富，是我国矿产资源配套程度较高的省份之一，尤其是有色、稀有、稀土矿产优势显著。截至 1999 年底，全省共发现各类矿产 158 种，其中 101 种已经探明储量，居全国前 5 位的有 35 种。其中，铜、银、铀、钽、钍、铯、铷、碲、伴生硫、滑石粉、石英、化工用白石岩 12 个矿种探明储量居全国第 1 位。铜和钨的储量分别占全国的 20.8% 和 20.81%。铜、钨、金、银、铀、钽、稀土被誉为江西矿产的"七朵金花"。第五，物种资源丰富、江西野生植物种类占全国的17%，脊椎动物种类占全国的13.4%，珍稀种类占的比重更大，生物多样性在全国占有重要位置。第六，气候资源得天独厚。江西地处亚热带暖湿气候区，气候温暖，光照充足，雨量充沛，无霜期长，条件优越，十分有利于作物生长，绝大部分地方农作物可以一年三熟，具有发展生态农业的先天优势、江西的气候指数达73.16，在全国排名第5位。

（4）低成本优势

第一，劳动力成本低。我省经济欠发达，职工收入水平低和相对丰富的劳动力资源，导致劳动力价格低廉。2000年底，江西人口为4 148万人，人口密度比全国高1倍。全省劳动力资源人数为21 498.2万人，占全省总人口的69.8%，劳动力资源利用率为21.1%、社会从业人数为2 060.9万人，占全省人口的49.6%，其中从事第一产业的人口占46.6%，从事第二产业的占24.4%，从事第三产业的占29%。据测算，全省现有农村剩余劳动力650万人以上，城市下岗、待业、失业人员约100万人。劳动力资源供过于求，劳动力价格优势明显。江西职工年人均工资仅为全国职工年人均工资的80%，列全国第26位。劳动力是生产因素中最重要、最活跃的因素，劳动力成本也是生产成本中最重要的组成部分。对企业而言，劳动力成本低，其生产成本也相对较低，产品在价格上更具有市场竞争力，相应地，投资风险降低，投资回报率增高。因此，劳动力成本低是吸引海外、省外投资的一个重要因素。

第二，原材料成本低。前面已经提到，江西的自然资源丰富，初级农产品产量高，活立木储量尤其是毛竹储量大，许多金属矿产人均占有量在全国名列前茅，建筑材料如黄沙、水泥等价格大大低于东部沿海地区。原材料成本比较低，很适合发展一些对原材料需求大的产业。

第三，基础设施建设费用低。江西土地、水、电的价格比其他省低，加之劳动力成本低和原材料成本低，因此基础设施建设费用也很低。江西的土地面积居华东各省市之首，人均土地拥有量最大，土地价格远远低于东部沿海地区。电力、水利和交通等基础设施建设及房地产开发等投资项目费用低，有利于在市场竞争中赢得价格优势。比如在江西修建高速公路，1公里2 000万元可能就够了，但如果在浙江和广东修建，都超过4 000万元，在上海修建超过6 000万元，有些地区甚至需要1亿元，江西的基础设施建设成本只需要其他省的1/3到1/2。再如，2000年全省竣工房屋每平方米造价654元，在全国31个省区市中最低。

江西不仅在区位、自然资源、生态环境、建设成本等物质条件上具备一定的优势，而且拥有党中央的大力支持、宝贵的井冈山精神以及一个凝聚力和战斗力强的领导班子，可谓天时、地利、人和齐具。

3. 江西在中部地区崛起的目标定位

（1）未来五年实现位次前移的目标定位

江西未来五年在中部诸省中位次前移的目标定位，必须遵循两个原则，一个是客观性原则，即目标的制定必须符合经济发展的客观规律，要切实考虑江西的基础和起点，不应制定过高或过低的目标；二是发展性原则，即目标的制定不仅需要考虑自身发展过程中可能遇到的有利因素或不利因素，而且还要考虑中部诸省的积极发展态势，因此，我们的目标应该定位于动态的追赶，而不是静态的比较。

从这两个原则出发，先看中部地区六省目前的经济水平及各自在"十五"计划中提出的经济发展目标（见表4-1）。按照中部各省的"十五"计划，由于六省的经济增长率的接近和经济基数的差距，截至2005年，中部六省经济水平的序位不仅不会改变，而且差距会越拉越大。届时，河南、山西、安徽、湖北和湖南五省的人均GDP平均将达8 250元，而江西仅为6 800元，居第六位，与中部五省平均水平的差距将达1 450元，这意味届时江西在中部地区不仅位置没有前移，而且落差将继续拉大。这是省十一次党代会精神相违背的，也是4 200万江西人民不愿看到的，因此，应该适当调整我省原来"十五"计划中的经济发展目标。

表4-1　　　　　　　　　中部六省"十五"计划中的经济发展目标

地区	2000 年		计划到 2005 年		
	GDP（亿元）	人均 GDP（元）	GDP（亿元）	人均 GDP（元）	年经济增长率
湖北	4 276.30	7 188	6 280	10 000	8%以上
湖南	3 691.88	5 639	5 700	8 450	9%
河南	5 137.66	5 444	7 700	7 800	8% ~ 9%
山西	1 643.81	5 137	2 700	8 000	7%
安徽	3 038.24	4 867	4 600	7 000	8.5%
江西	2 003.07	2 000.07	3 630	6 800	8%

资料来源：中国统计年鉴（2001），河南、山西、安徽、湖北、湖南和江西等省的国民经济和社会发展第十个五年计划纲要，若干数据经测算得出。

从江西实际情况出发，考虑各省人口数量差异较大的因素，我们认为，江西在中部地区崛起的第一阶段目标可以定位于：江西省人均GDP指标在中部六省中的位置由现在的第6位前移到第3位，即到2005年江西人均GDP达中部地区的平均水平。

据我们测算，如果江西省要在未来五年人均GDP达到中部地区的平均水平，即到2005年人均GDP达到其他五省平均值8 250元，即江西GDP总量达到约3 630亿元，为此江西省今后五年的平均年经济增长率需保持在12.6%左右。届时，江西省GDP总量虽然仅高于山西，仍处于第5位，但人均GDP却达到了届时六省的平均水平即人均8 250元，在六省中为第3位（见图4-1）。如果年均经济增长率高于11%，那么2005年江西省人均GDP指标在中部六省中将前移到第4位。因此我们认为要基本实现江西崛起的第一阶段目标，今后五年GDP增长速度开始第一年可以定位于10%左右，以后再逐年有所递增，以达到五年年均增长率达到12%，并力争更高的增长速度。这样定位，既符合实际，也较为可行。

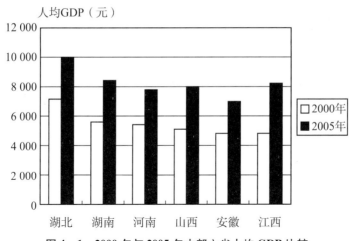

图4-1　2000年与2005年中部六省人均GDP比较

这一目标定位有丰富内涵：第一，江西省通过未来五年的奋斗，经济整体上将实现从中部地区比较落后省向中部地区中等省的重大转变，甩掉多年来的相对落后帽子，实现江西在中部地区崛起的第一步目标；第二，在位次前移的过程中，江西省将获得一个较高的经济发展速度和较强的综合竞争力，为2010年基本实现工业化和2050年基本实现现代化的长远目标奠定坚实的基础；第三，在江西省崛起的过程中，使全省人民生活在达到小康水平的基础上，加速由小康向富裕转变，这是4 200万江西人民的根本利益所在。

（2）未来十年基本实现工业化的目标定位

工业化是经济发展和社会进步的必由之路，它是社会发展到一定阶段的重要标志。所谓工业化，有广义和狭义之分。狭义的工业化，是指国民经济结构发生了以农业占统治地位向工业占统治地位的转变。广义的工业化，是指一个国家摆脱贫困落后、实现现代化的过程，它涉及经济、政治和社会的各个方面。江西省基本实现工业化的目标应是指狭义上的工业化。

一般而言，工业化的过程表现为第一产业比重的下降和第二产业尤其是工业比重的上升。江西目前第一产业的比重虽然下降到24.2%，但还比全国平均水平高8.3个百分点，第二产业的比重虽然超过了第一产业，但只有35%，比全国低15.9个百分点，尤其是工业增加值占GDP的比重为26.7%，20年来基本上原地踏步，比全国44.26%低17.56个百分点，在中部六省中处于最低水平。这些均表明江西省工业化发展滞后。

从通常衡量工业化水平的六大指标看，江西的人均GDP为586.6美元、农业劳动力比重为51.9%、制造业占GDP比重为4.9%，该三项指标处于工业化初期末，机械工业占制造业比重为11.7%，机电产品占制造业比重为8.12%，城市化水平为27.67%，该三项指标处于工业化中期的初水平。这表明江西省正处于工业化初期的末尾，并正在向中期转变。

从江西现处的工业化水平出发，根据国际惯用的工业化水平判断标准，2010年基本实现工业化的目标应定位于达到工业化中期阶段的平均水平，即人均GDP达到1 800美元左右，农业劳动力比重下降到30%左右，制造业占GDP比重达到20%左右、机械工业占制造业比重达到20%左右，机电产品占制造业比重10%左右，城市化水平达到50%左右。

经过推算，我们认为这一目标经过努力是可以实现的。以人均GDP为例，如前所述，江西如果GDP年均增长12.6%，那么在2005年GDP将达到3 630亿元左右、人均GDP达到8 250元左右。在此基础上，如果继续保持GDP年均增长12.6%，那么到2010年GDP总量可达6 570亿元左右，即人均GDP约为15 640元（假设人口数量不变），合1 900美元左右，这一数字略超过1 800美元的平均水平。这表明江西届时已基本实现工业化。

（3）未来50年基本实现现代化的目标定位

传统的现代化目标是以英克尔斯标准为代表的绝对值标准，如人均国民生产总值3 000美元以上、农业产值占国民生产总值比例低于12～15%等。这种标准是与工业时代相适应的静态标准，依此计算，容易出现"失真"和"高估"。因此，现在一般以达到中等发达国家的平均水平作为新的现代化标准。

按照新的现代化标准，做出江西实现现代化目标的道路示意图（见图4-2）。图中有两条曲线，上面一条OAB曲线是世界中等发达国家现代化进程曲线，从1900年开始世界进入了现代化进程，到20世纪80～90年代，由于高科技的发

展，世界中等发达国家已经基本完成工业化，到达 A 点，近年来，发达国家已经
开始向信息化、知识化发展，并将于 2050 年到达 B 点，这是中等发达国家现代
化进程的道路。再看江西，其现代化进程始于 1950 年新中国成立初期，即 O′点，
起步比世界中等发达国家晚了 50 年，经过改革开放 20 多年的快速发展，2000 年
江西的现代化水平到达了 A′点，此时与世界发达国家的差距虽然比新中国成立
初期大大缩短，但由于起步晚，差距仍然很大。

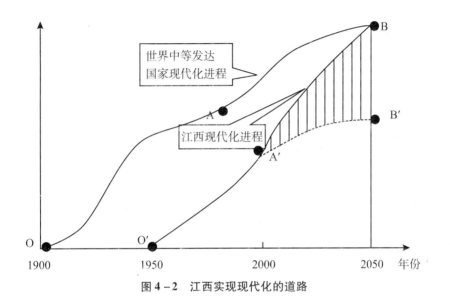

图 4 - 2　江西实现现代化的道路

　　未来 50 年，摆在江西省面前的有两条道路。如果走 A′ – B′的道路，即按照
原有的发展轨迹走下去，江西省到 2050 年只能到达 B′点，也就是说和中等发达
国家的距离不仅没有缩小，而且还将拉大，现代化无法实现。如果江西走 A′ – B
的道路，从现在开始，提高经济增长速度，大力加快工业化发展，并努力推进信
息化，加快科技创新，以技术跨越带动生产跨越，在 2050 年就能达到 B 点，即
将未来 50 年实现现代化的目标定位于：通过加速工业化进程和不失时机地推进
信息化进程，在经济发展上达到届时中等发达国家水平。

　　江西省实现现代化这一目标的定位有三个特点：一是江西实现现代化的目标
与我国整体的现代化目标相吻合，即到 2050 年达到中等发达国家水平，与全国
一道实现现代化；二是目标实现路线的曲率和跨度都较大，江西实现现代化的道
路不仅是非线性的、超常规的，而且是跨越式的；三是江西实现现代化的目标过
程中，面临加快实现工业化和推进信息化的双重任务。

（二）江西崛起的基本方略构思

1. 江西崛起的战略构思

（1）战略目标

展望 21 世纪，按照党中央确定的"三步走"战略部署，全省经济发展的总目标是：在今后五年内，人均国内生产总值在中部诸省位次前移并力争进入前列；到 2010 年，基本实现工业化；到本世纪中叶新中国建立一百年时，和全国一道基本实现社会主义现代化。

（2）战略构思

今后五年乃至相当长的一个时期，坚持以加快工业化为核心，以大开放为主战略，以体制创新和科技创新为强动力，大力推进农业产业化和农村工业化，加快推进城市化和城市工业现代化，不失时机地推进信息化，全面提升综合竞争力，实现经济和社会可持续发展。

（3）今后五年的基本任务

高举邓小平理论伟大旗帜，以"三个代表"重要思想为指针，大力弘扬井冈山精神，解放思想，坚定信念，敢闯新路，加快发展，为实现江西在中部地区的崛起而奋斗。

2. 江西崛起的基本方略

（1）以结构调整为主线，集中精力振兴工业

工业化滞后是江西经济发展的主要矛盾，摆在我们面前最主要的任务就是要形成大力发展工业的合力和氛围，坚持工业主导型的经济增长格局，大力提高工业在全省经济中的比重，增强工业的整体素质和综合竞争力，以工业的发展带动国民经济的稳步发展，以工业的崛起加速江西的崛起，以工业的振兴实现富民强省。以转变观念为先导，调整结构为主线，集中精力振兴工业，是实现江西在中部地区崛起的首要方略。实现江西工业振兴的主要对策：一是要解放思想，更新观念，树立敢为人先、联合合作、多种经济形式平等竞争、扶植和依靠企业家、走可持续发展道路等思想；二是要以结构调整为主线，国退民进，抓大放小，努力抢占制高点，尽快形成优势产业群、企业群和品牌群；三是要集中建设好工业园区，形成聚集效应和规模效应，形成区域特色和功能多样化；四是着力提升工业素质和效益，注重产业协调，加快体制创新和科技创新，提高工业增长质量和

品位。

（2）创新农业发展思路，建设绿色农业强省

农业是经济发展和社会稳定的基础，也是对推进工业化的有力支持。作为农业比重较大，工业化水平不高的江西，农业的基础地位仍然不能忽视，在加快工业化进程中，始终不能忘记保持农业的稳定增长。创新农业发展思路，建设绿色农业强省是实现江西在中部地区崛起的重要方略。发展农业的主要对策是：以提高竞争力为核心，把发展农业纳入工业化、城市化的轨道，大力推进传统农业改造和农业产业化经营；立足于增加农民收入，调整农业产业结构；加大科技创新力度，加快农村经济发展，实现传统农业向现代农业的转变。

（3）以四大行业为龙头，大力发展第二产业

在加速推进工业化进程，全面提升经济综合实力中，大力发展第三产业具有十分重要的作用。鼓励和引导第三产业加快发展，有利于促进江西省市场体系的进一步完善，开辟新的经济增长点，拓宽就业渠道，提高整个经济的运行效率。以旅游业、流通业、金融业、信息服务业四大行业为龙头，大力发展第三产业，是江西在中部地区崛起的重要方略。其主要对策是：创造良好的投资和发展环境，充分发挥市场对资源配置的基础性作用；深化三产中的国有企业改革，加快建立现代企业制度；加快行政单位和事业单位的改革，推进后勤服务和社会福利社会化；转变思想观念，大力兴办科技、文化、教育、卫生、体育等知识产业。

（4）切实优化政策环境，促进个体私营经济大发展

江西经济发展中的一个薄弱环节是个体私营经济发展较慢，与沿海省市相比有较大差距。其发展现状的特点是经济总量较小，经营行业以第三产业为主，经营方式以家庭经营为主。江西个体私营经济发展的政策环境较差，存在"乱检查、乱收费、乱摊派、乱罚款"等严重问题。切实优化政策环境，促进个体私营经济大发展是实现江西在中部地区崛起的重要方略。必须规范政府职能部门的行为，在放宽市场准入、转变观念、政策措施上扶持个体私营经济；在资金融通、技术管理、税收征管方面帮助个体私营经济发展；创造宽松的投资环境，提高个体私营企业主的素质，培养一批努力开拓市场、勇于创业、敢于竞争的企业家。

（5）加强基础设施建设，构筑四大网络体系

基础设施建设在国民经济中处于基础性、先导性和战略性地位，它能有效地推动经济增长，促进信息化和知识化，扩大就业，显著改善人民生活。交通、通信、电力和水利四大基础设施，是经济和社会发展的最重要的基础，是推动现代经济增长和实施大开放战略的最重要的设施，因此在加速工业化进程、实现江西

227

在中部地区崛起中，一个重要方略是建设好这四大网络体系，做到布局合理、结构优化、安全可靠、能力充分、技术先进。在这四大网络中，以交通为先，在交通网络中又以高速公路为重。修建通往邻近发达省市的高速公路，是江西崛起的先声。

（6）大中小城市协调发展，提高江西城市化水平

城市化是工业化与市场化的产物，是传统生活方式在工业化与市场化作用下向现代生活方式转变的过程。顺应市场化与工业化的发展潮流，走大中小城市协调发展道路，大力提高城市化水平，是江西在中部地区崛起的重要方略。为此，江西要以推进工业化为核心，促进城市产业结构优化和升级；树立经营城市新理念，努力塑造城市品牌；科学编制各层次城镇规划，切实发挥规划的龙头作用；重视城市发展中资源与环境的保护，加强区域基础设施建设；优化城市发展的改革环境，利用市场机制筹集城市建设资金。

（7）实施大开放战略，大力发展开放型经济

当今世界，不仅要开放，而且要大开放。经济开放程度的差距严重制约着江西经济发展。当前和今后相当长的时期，江西要紧紧抓住大开放这个主战略，优化发展环境，大力发展开放型经济；建设"三个基地，一个后花园"；提高经济的开放度，把充分发挥我省的比较优势与更多更好地引进外部资金、技术、人才紧密结合起来，以大开放促进大发展。

（8）打破经济发展"瓶颈"，大力推进体制创新

江西经济发展落后的原因是多方面的，其中最重要的原因是观念落后，体制落后。要打破制约江西社会经济发展的瓶颈，加快江西经济发展步伐，就必须大力推进体制创新。通过进一步解放思想，大胆创新，勇于探索，破除影响生产力发展的体制性障碍，是加快江西在中部地区崛起的重要方略。为此，一是要大力推进国有企业改革，加速企业管理体制创新；二是要加快建立和完善社会主义市场经济体制，建立完善的市场体系；三是加速政府管理创新，进一步转变政府职能；四是适应加入 WTO 的要求，加速公共管理体制创新。

（9）人力推进科技创新和教育改革，构建人才高地

科技和教育落后，人力资源缺乏是制约江西经济发展的深层次原因。在科技成为经济和社会发展的主要动力、人力资源成为第一资源的今天，江西在实施科教兴赣战略中，必须大力推进科技创新，发展先进生产力；加大教育改革力度，适度超前发展教育；大力开发人力资源，构建人才高地，为实现在中部地区崛起提供强大的动力支持和智力保证。

（10）建设良好人文环境，塑造江西人新形象

建设良好人文环境，塑造江西人新形象是实现江西在中部崛起的重要方略。

228

我们党要始终坚持代表先进文化的前进方向，始终坚持社会主义物质文明和精神文明"两手抓、两手都要硬"的方针，以创新的精神继承优秀的历史文化传统，大力弘扬井冈山精神，加强先进文化建设和民主法制建设，不断提高全省人民的思想道德素质，不断提高全社会的民主意识和法制意识，为加快江西经济发展，促进社会全面进步，为实现在江西中部地区崛起的目标，提供强大的动力和保障。

二、走自主创新道路　实现江西在中部崛起[*]

在国民经济和社会发展第十一个五年规划的建议明确提出，要把增强自主创新能力作为科学技术发展的战略基点和调整产业结构、转变经济增长方式的中心环节。要实现全面建设小康社会的伟大目标，必须坚持走自主创新的道路，在建设创新型国家中促进快速崛起。

（一）自主创新的内涵与模式

1. 自主创新的层面

自主创新是指以获取自主知识产权、掌握核心技术为宗旨，以我为主发展与整合创新资源，进行创新活动，提高创新能力的科技战略方针，包含原始创新、集成创新和消化创新三方面。

《国家中长期科学和技术发展规划纲要（2006～2020）》提出的十六字指导方针是"自主创新，重点跨越，支撑发展，引领未来"。自主创新包含三方面含义，即加强原始性创新，要鼓励更多的科学发现和技术发明；加强集成创新，以产品或产业为中心，集成各种技术，形成生产能力；在引进和消化吸收的基础上再创新，这些是自主创新的不可分割的组成部分。

自主创新包括原始创新、集成创新和消化吸收三个层面。原始创新是科技创新中具有战略突破性的科学活动，是一种超前的科学思维或挑战现有科技理论的

---

* 江西软科学项目"江西在中部崛起进程中，科技进步与人才战略问题研究"结题报告（节选）2006年12月。

作者：周绍森、胡德龙、陈运平。

重大科技创新。原始创新不仅可以推动科技本身的跨越式进步，而且具有巨大的经济价值和社会效益，是参与国际竞争必不可少的强大的科技支撑。集成创新是指利用各种信息技术、管理技术与工具等，对各个创新要素和创新内容进行选择、集成和优化，形成优势互补的有机整体的动态过程。由于原始创新具有投资巨大、风险高和周期过长等缺点，集成创新已成为当今时代自主创新的主要方式和途径。消化创新是指在引进先进技术后，对先进技术进行研究再创新的过程，它也是自主创新的重要组成部分。对发展中地区来说，通过引进、消化吸收再创新是提高自主创新能力的重要方式，也是实现赶超的快捷途径。原始创新、集成创新和引进消化吸收再创新三个层面构成自主创新的完整体系。在提高自主创新能力的过程中要把加强原始创新作为自主创新的核心；集中优势资源，着力实现由单项技术研发和单项技术创新向关键技术创新和集成创新的战略性转变；把消化吸收再创新作为自主创新的重要环节，着力实现技术进步和经济的跨越式发展。

2. 自主创新的模式

自主创新与模仿创新、合作创新是三种不同的技术创新主要模式。自主创新模式是指创新主体通过自身的努力或者通过联合攻关，探索技术的突破，并以自身的研究开发为基础，实现科技成果的商品化、产业化和国际化，获取商业利润，达到预期目标的创新活动。这一模式具有技术突破的内生性、技术与市场方面的率先性、知识和能力支持的内在性。自主创新可以表示一国的创新特征，与技术引进相对，仅指依靠本国自身力量独立开发新技术和实现创新的活动过程。它所需的核心技术来源于内部的技术积累和突破，后续过程也都是通过自身知识与能力支持实现的，这是它区别于其他创新模式的本质特点。

自主创新作为率先创新，可以获得先发性优势，具有一系列优点：一是有利于创新主体在一定时期内掌握和控制某项产品或工艺的核心技术，在一定程度上左右行业的发展，从而赢得竞争优势；二是在一些技术领域的自主创新往往能引致一系列的技术创新，带动一批新产品的诞生，推动新兴产业的发展；三是有利于创新企业超前积累生产技术和管理经验，获得产品成本和质量控制方面的经验；四是自主创新产品初期都处于完全独占性垄断地位，企业可以较早建立原料供应网络和牢固的销售渠道，获得超额利润。自主创新模式也有自身的缺点：一是需要巨额的投入，不仅要投巨资于研究与开发，还必须拥有实力雄厚的研发队伍，具备一流的研发水平。二是具有高风险性，自主研究开发的成功率相当低。在美国基础性研究的成功率仅为5%，在应用研究中有50%能获得技术上的成功，30%能获得商业上的成功，只有12%能给企业带来利润。三是花费时间长，不确定性大。四是市场开发难度大、资金投入多、时滞性强，市场开发收益较易被跟随者无偿占有。五是在一些法律不健全、知识产权保护不力的地方，自主创新成果有可能面临被侵犯的危险，"搭便车"现象难以避免。

自主创新模式较与模仿创新模式产生混淆，模仿创新模式是指创新主体通过学习模仿率先创新者的方法，引进、购买或破译率先创新者的核心技术和技术秘密，并以其为基础进行改进的做法。模仿创新是各国企业普遍采用的创新行为，模仿创新并非简单抄袭，而是站在他人肩膀上，投入一定研发资源，进行进一步的完善和开发，特别是工艺和市场化研究开发。因此模仿创新往往具有低投入、低风险、市场适应性强的特点，其在产品成本和性能上也具有更强的市场竞争力，成功率更高，耗时更短。模仿创新模式的主要缺点是被动性，在技术开发方面缺乏超前性，当新的自主创新高潮到来时，就会处于非常不利的境地。模仿创新往往还会受到率先创新者技术壁垒、市场壁垒的制约，有时还面临法律、制度方面的障碍，如专利保护制度就被率先创新者利用作为阻碍模仿创新的手段。

合作创新模式是指企业间或企业与科研机构、高等院校之间联合开展创新的做法。合作创新一般集中在新兴技术和高技术领域，以合作进行研究开发为主。由于全球技术创新的加快和技术竞争的日趋激烈，企业技术问题的复杂性、综合性和系统性日益突出，依靠单个企业的力量越来越困难。因此，利用外部力量和创新资源，实现优势互补、成果共享，已成为技术创新日益重要的趋势。合作创新有利于优化创新资源的组合，缩短创新周期，分摊创新成本，分散创新风险。合作创新模式的局限性在于企业不能独占创新成果，获取绝对垄断优势。

（二）自主创新必须明确的思路和方向

虽然我国科学技术已经取得了一系列重大的成就，但与国际先进水平相比，仍然有很大的差距，在某些前沿领域的差距更是十分明显。这不仅与我国作为一个科研人力资源大国的地位不相称，而且也造成了我国在关键技术、核心技术等方面长期受制于人的不利局面。另外，我国科学技术发展业已奠定了萌发重大科学发现和技术发明的基础，我国对外开放和合作交流的空间也不断扩大，这些使得我们有必要鲜明地对科技界提出自主创新的号召。

1. 自主创新要加强原始性创新，努力获得更多的科学发现和技术发明

原始性创新作为科技创新的主要源泉，不仅带来科学技术的重大突破，而

231

且带动了新兴产业的崛起和经济结构的变革，提供了科技与经济发展和超越的重大机会。进入 21 世纪，国际竞争格局正在发生深刻的变化。原始性创新能力已成为决定国家间科技乃至经济竞争成败的一个重要条件。当前，我国正面临着国民经济结构战略性调整的繁重任务和加入世界贸易组织后的机遇与挑战，必须把增强原始性创新能力作为我国新时期科技发展战略的一个重要指导思想。

原始性创新能力不足是多年来困扰我国科技界的问题。据统计，自 1985 年专利法实施以来，外国企业在华申请专利达 14 万件，是国内企业专利申请量的 6.4 倍。在光学、无线传输、信息存储、移动通信等高科技领域，外国申请专利比例高达 90% 以上。这种"专利圈地"现象不仅抬高了我国引进技术的成本，而且极大地挤压了我国企业的自主开发空间。为此，科学技术部、教育部、中国科学院、中国工程院、国家自然科学基金委员会四单位于 2002 年 6 月 11 日联合下发了《关于印发〈关于进一步增强原始性创新能力的意见〉的通知》，提出了增强原始性创新能力的指导思想：鼓励冒险，宽容失败，勇于创新，敢为人先，营造有利于原始性创新的文化环境；鼓励学术民主，倡导创新文化，保障不同学术观点的公开发表和充分讨论；倡导全社会形成尊重知识、尊重人才的良好社会风尚；建立国家科技管理部门间的沟通协调机制，强化国家战略部署和政府宏观调控能力，打破各自为政，防止政出多门，合理配置国家资源；充分调动、利用部门和地方的科研力量与资源优势，共同推动增强原始性创新能力的工作。

自 2002 年以来，我国原始性创新能力有了很大提高。2003 年我国科学家在光电功能材料、纳米科技、疾病基因组学、脑科学、古生物学、化学等研究领域的创新成果引人注目，取得了一批具有重要意义和影响的创新成果。如全透明 KBBF 单晶的生长、离子型声子晶体新概念的提出与验证、多壁碳纳米管的合成与制备、家族性房颤基因的发现、澄江动物群脊椎动物起源和热河生物群鸟类演化等方面的研究成果。以自主开发的众志 CPU 系统芯片和 LINUX 操作系统为基础的新一代网络计算机；具有自主知识产权的永中集成办公软件；比较完整的电动汽车产业技术支持体系；主要农作物重要农艺性状的功能基因克隆；用于癌症检测、丙肝诊断、遗传病检测的生物芯片；优质奶牛胚胎移植关键技术；中药新药筛选、安全评价、临床试验、生物技术药物规模化制备等技术平台等原创性应用技术类成果。2004 年全国共登记基础理论成果 2 839 项，增长 41.53%，占登记成果总数的 8.95%，比上年增加 2.37 个百分点；2004 年上报的 27 363 项应用技术成果水平的分类统计，达到国际先进水平以上的成果 7 463 项，占 27.27%，其中达到国际领先水平的成果 1 196 项，占 4.37%。

2. 自主创新要加强集成创新，使各种相关技术有机融合，形成具有市场竞争力的产品和产业

当代科学技术的进步不仅表现为单项技术的突破，而且更多地表现为技术群的整体突进和相关技术的集成。当今科学技术发展的特征告诉我们，集成创新是科学技术向前发展的重要形式，我们推进自主创新一定也要顺应这一潮流。在我国，单项技术研发多年来都是科技研发活动的主要方式。但是，以单项技术为主的研发，如果缺乏明确的市场导向和与其他相关技术的有效衔接，将很难形成有竞争力的产品和产业。因此，我们应当注重选择具有较强技术关联性和产业带动性的重大战略领域，大力促进各种相关技术的有机融合，在此基础上实现关键技术的突破和集成创新。把集成创新纳入到自主创新的范畴里来，不仅有利于提高科技研发活动的效率，而且也进一步加快了科学技术向现实生产力转化的速度，更好地发挥科学技术是第一生产力的作用。

集中力量，紧紧围绕我国经济社会发展和国家安全的重大需求，对未来我国科学技术的发展十分重要。我们必须坚持有所为有所不为的方针，抓住那些对我国经济、科技、国防、社会发展具有战略性、基础性、关键性作用的重大课题，努力把科技资源集中到事关现代化全局的战略高技术领域，集中到事关实现全面协调可持续发展的社会公益性研究领域，集中到事关科技事业自身持续发展的重要领域和基础研究领域，抓紧攻关，争取突破，开创我国集成自主创新的新局面。

以我国载人航天工程为例。这是最复杂、最庞大的系统工程，跨越多部门、多行业、多单位，涉及计算机及其应用、微电子、信息技术、合成材料、生物工程、制造技术、电子设备、玻璃钢、特种冶金行业等相关行业，"神舟"系列飞船的飞天壮举，既形成了我国一大批具有自主知识产权的核心技术、形成了航天科技集团强大的核心竞争力，又为我国经济催生了大量新兴产业，创造了大批高科技工业群。如载人航天所用的火箭和飞船，要用 10 多万个电子元器件和 20 多万个零部件。目前全国参与载人航天工程的企业有 3 000 家、人员数 10 万人。

3. 自主创新要在引进国外先进技术基础上，积极促进消化吸收和再创新

当今世界，全球化浪潮波涛汹涌，任何国家和地区都不可能封闭起来谋发展和搞建设，而且那些充分利用全球化带来的机遇的国家和地区，已经获得了

超乎寻常的发展，迅速摆脱了贫穷落后的面貌，提高了经济实力和国际地位。我国也是受益于全球化的国家之一。改革开放以来，我国通过引进、消化和吸收国外先进技术，开展广泛的对外科学技术合作与交流，带动了国民经济的快速发展和科学技术的进步。今后，我们应该在加大深层次的技术引进、开辟更广泛的科技合作与交流的基础上，完善引进技术的消化吸收和再创新机制，既要充分利用人类共同的科学技术文明成果，也要对世界科学技术发展有所作为，赢得一席之地。

成功的技术引进，是推动高新技术产业和传统工业技术进步和产业发展的捷径，而有效地消化、吸收，实现引进技术的国产化和技术创新，则是技术引进成功与否的关键。这就要求：①转变思想观念，加大消化、吸收开发创新资金的投入。我国长期以来存在重引进轻吸收的错误倾向。有资料显示，日本技术引进与消化吸收资金的比例为1：10，而我国却为17：1。转变轻消化、吸收的观念，解决消化、吸收的资金问题，是搞好消化、吸收和创新的前提。②促进技术引进与研究开发的结合，技术的引进要尽量同时安排研究参与，对于牵涉面广的重大技术引进，甚至要组织不同行业科技开发力量共同协作，以使消化、吸收、创新能力像长虹彩虹那样，形成强有力的科技开发力量。③建立引进技术消化、吸收和技术创新的政策保障体系，形成一套鼓励和引导技术消化、吸收和技术创新的政策环境。

4. 自主创新要推进科技体制改革

把推进自主创新作为科技工作的首要任务，这就要求我们坚持贯彻经济建设必须依靠科学技术、科学技术必须面向经济建设的战略方针，继续推进科技体制改革，形成科技与生产紧密结合的有效机制。针对影响发展全局的深层次矛盾和问题，以及国家创新体系中存在的结构性和机制性问题，努力建立一个既能够发挥市场配置资源的基础性作用，又能够提升国家在科技领域的有效动员能力；既能够激发创新行为主体自身活力，又能够实现系统各部分有效整合的新型国家创新体系。要突出以人为本，建立激励科技人才创新、优秀人才脱颖而出的创新机制，营造鼓励创新的文化和社会环境。

加强科技宏观管理，统筹协调资源，对当前推动自主创新极为重要。应按照有利于提高科技自主创新能力的目标，加强经济政策与科技政策协调。要大幅度增加财政的科技投入，建立科技投入的稳定增长机制；吸引社会资金参与科技开发，逐步形成多元化的科技投资体制；实施鼓励自主创新的知识产权、技术标准和政府采购政策，实施鼓励自主创新的投资政策，营造有利于技术创新、发展高新技术和实现产业化的政策环境；要促进产学研相结合，加快高新技术产业发展和传统产业优化升级。

5. 自主创新要抓好国家重大工程的实施

当代科学技术发展的趋势表明，一个国家的科技实力，越来越取决于组织大科学工程、重大科技项目的能力。实践表明，国家重大工程在我国发展历程中发挥了重要作用，是自主创新的主战场，是围绕国家需求、体现国家意志和实现国家目标的主战场。一个国家，一个民族，不抓关键项目和关键环节，就难以形成合力，取得重点突破。

国家重大工程是一个复杂的巨系统工程，需要多学科的交叉、多门类技术的综合集成。近年来，我国实施的重大科技专项、抗击 SARS 和高致病性禽流感科技攻关等举国关注的科技工程，已成为加强技术集成和自主创新的主战场。"十五"期间，全国科研机构、高校等近 3 万名科技人员参与了 12 个重大科技专项，涉及学科、技术门类和技术领域数百种。通过学科的交叉和技术的集成，一批基础性、公益性技术研究重大项目取得重要进展，为国民经济发展提供了有力支撑。

实践表明，国家重大工程的实施，有效解决了关键性技术难题，有效解决了国家安全的一些重大难题，有效突破了国民经济发展的一些重大"瓶颈"制约，成为凝聚人才、特别是尖子人才的大舞台，成为培养战略科学家的大熔炉，成为历练各路领军人物的主战场。例如，从 20 世纪 50 年代起实施的"两弹一星"工程，共有 26 个部委、1 000 多家单位的精兵强将和优势力量大力协同，为新中国的发展赢得了一个长期安全的和平环境，产生了钱学森、钱三强、邓稼先、周光召、王淦昌、朱光亚、王大珩、陈能宽等一大批战略科学家和关键领军人物，成为中国科技的脊梁。载人航天工程是实施科技重大项目和工程的又一典范。我国直接从事载人航天工程研制的科技人员约有 1 万人，该项目的成功，打造了一支"特别能吃苦、特别能战斗、特别能攻关、特别能奉献"航天科技队伍，产生了总设计师王永志、飞船系统总设计师戚发轫等一批载人航天工程的领军人物，并使我国跻身世界第三个拥有载人航天技术的国家。再比如，袁隆平院士研究培育的杂交水稻，曾动员了全国上万名科技工作者和 100 多家企业参与，累计种植面积超过 30 亿亩，占我国稻谷产量的 60% 左右，对解决 13 亿人口大国的粮食安全做出了巨大贡献。

国家重大工程在技术运用上要求我们必须处理好引进、消化、吸收和创新的关系。多年来，我国大量引进国外先进技术，推动了许多产业的技术改造和结构调整，取得了很大成绩。但是实践也反复证明，在一定条件下技术可以引进，关键、核心技术以及技术创新能力永远不可能通过引进获得。我国的产业体系要消

235

化吸收国外先进技术并使之转化为自主的知识资产，就必须立足于自主创新，在充分利用全球资源的基础上，依靠自身的创造性努力来逐步解决所面临的核心技术问题。

6. 自主创新要树立科教兴国、人才强国的战略思想和方针

人才资源特别是高层次人才是自主创新最宝贵的资源。国内外无数的创新成功及失败的事例表明：人才，特别是拔尖人才在原始性创新中发挥着不可替代的作用。高层次科技人才的争夺，是当今世界各国不可回避的一个严酷现实。在全球范围内的人才争夺战中，我国作为高速发展的发展中国家，可谓挑战与机遇并存。一方面，随着开放的经济体系日趋扩大，我国高层人才流失问题也日趋严重。加入WTO后，我国进一步面临着世界发达国家攫取我国科技人才的严峻挑战。另一方面，我国国民经济的高速成长和经济结构的战略性调整，给高层次科技人才和管理人才施展才华提供了良好机遇。当前应当充分重视人才外流问题的复杂性，调整有关政策，改变高层次科技人才大量外流的被动局面。特别是要确立新的人才理念和相关配套政策，吸引和留住人才为我所用。

要努力营造有利于科技人才发展的环境。一是调整国家投资结构。加大对教育和科研的投资力度，尽快改善我国科研的硬环境，使之与经济和社会发展进程相协调。在科研经费使用上，要把对人才的投入作为主要方向，舍得对人才特别是拔尖人才的投入。二是完善聚集人才和保护知识产权的法律法规体系。法律法规体系应当促进人才合理流动，有效保护知识产权和合理竞争。法律法规体系包括人才流动、人才引进、知识产权、国防、科技、金融安全等法规。三是深化人事管理制度和分配制度改革。强化激励和竞争机制，努力营造一个既体现我国优秀文化传统，又能和国际先进管理理念和方式相结合的、公平、民主、透明、和谐的、有利于发挥科技人员创造性的软环境。遏制对科技人员使用的行政化趋势，让科研人员在最需要、最合理的岗位上发挥出最大的作用。加大科技要素在收入分配中的比重，增强股权收益，切实提高科技人员尤其是业绩突出的高层次骨干人才的可支配收入水平和福利待遇。

7. 自主创新必须坚持产业化方向

技术并不能自动延伸到产业，但技术的发展必须依赖产业化，产业的发展更需要有效的体制创新，体制往往比技术本身更为重要。当前我国首先要建立和健全开放的、法制化的、平等有序的市场经济大环境和合理有序的竞争机制，使企业自觉地成为技术创新的主体。政府在鼓励和推动技术进步中要担当恰当的角

色，建立并不断完善鼓励技术创新以及与产业化有关的法规和政策，建立有效的知识产权保护制度，对基础与应用基础研究，以及关系国计民生的重大战略性、前瞻性、基础性技术和公益性技术的研究与开发，应保证必要的投入，并引进合理的竞争机制，促进国际间、企业间，企业与大学、研究机构间的分工交流与合作机制的建立；建立支持中小企业技术创新的有效体制，推动建设国家创新体系。此外，还要充分重视与发展教育，建立与完善有利于技术创新、交流，产业化、市场化的立法、司法、咨询和中介服务等，为技术创新和产业化提供各方面的充分的服务。

《国家中长期科学和技术发展规划纲要（2006~2020年)》明确指出要坚持自主创新的原则，把增强自主创新能力作为科学技术发展的战略基点和调整产业结构、转变增长方式的中心环节，坚持走中国特色的自主创新道路，建设创新型国家。中部地区是新一轮区域经济协调发展的关键，是国家再现腾飞的经济增长极，必须抓住机遇、乘势而上，实施自主创新战略，提高自主创新能力，为建设创新型国家贡献中部的力量。

（三）江西实施自主创新战略的总体思路

1. 基本原则

江西实施自主创新战略要坚持"有所为，有所不为"的思想，根据江西经济社会发展的现状，充分估计科技创新潜力，把提升自主创新能力摆在突出位置，发展具有相对优势且代表科技发展方向的重点领域，抓住一批重点科技专项，把握科技发展的战略重点，着力解决制约经济社会发展的重大科技问题，从整体上提高中部地区自主创新的能力。

2. 总体目标

根据我国自主创新战略的总体目标，结合江西科技发展的现状和发展潜力，江西自主创新战略的总体目标是：到2020年，使江西自主创新能力显著增强，科技促进经济社会发展的能力显著增强，基础科学和前沿技术研究综合实力显著增强，取得一批在国内或国际上具有重大经济和社会效益的科研成果，在若干重要领域掌握一批核心技术，拥有一批自主知识产权，造就一批具有国际竞争力的企业，为实现江西崛起和全面建设小康社会提供强有力的支撑，为建设创新型国家贡献中部的力量。

（四）江西实施自主创新战略的重点

1. 实施自主创新的专项战略

现代学科发展的一个重大特征就是学科之间既高度分化又高度融合，很多重大创新都发生在学科交叉领域，这就要求重视各种技术的集成创新，在集成基础上形成有竞争力的产品和产业，而重大科技专项是实现技术集成创新最有效的模式。另外，限于经济社会发展水平的制约，对于科技创新的投入不可能无限供给，只有从整体利益和未来战略的角度出发，集中智力和财力，实施重大科技专项，支持某个领域实现局部的跨越式发展，最终带动战略产业的发展。第二次世界大战以来，美国政府通过组织诸如曼哈顿计划、阿波罗登月计划、星球大战计划、信息高速公路计划等重大科技项目，实现了原子弹、月球登陆器、导弹防御系统、IT 全线产品等关键领域的长足发展，对美国科技全面领先起到极其重要的作用，保证了美国经济的多年繁荣。当前，美国又制订了"新能源计划""纳米计划"。芬兰在"以狭小领域的高新技术产品占领广阔国际市场"的战略指导下，造就了移动电话的巨人诺基亚，带动了数以千计的信息和通信企业如雨后春笋般出现，使其在 2003 年取代美国，成为全球信息化程度综合指数排名第一的国家。欧共体从 20 世纪 70 年代初开始，通过实施长达 20 余年的"空中客车"计划，打破了由美国一统天下的国际民用航空产业格局。此外，韩国、印度、巴西等后发国家也都通过实施符合国情和需求的重大科技项目，对提升本国科技实力和综合竞争力产生了重大影响。我国在"十五"期间，通过组织实施 12 个重大科技专项，动员了 10 多个部门、20 多个省区市的数千家企业、科研机构、高等院校的数万名科技人员参与攻关，在芯片制造设备、通用芯片与系统软件、电动汽车、水污染治理、食品安全和技术标准等领域取得了一系列新的突破，增强了我国科技创新的能力。由此可见，实施重大科技专项是实现跨越式发展的极为有效的途径。江西的经济社会发展水平决定了其支撑科技创新的物质基础相对薄弱，在科技创新观念、科技创新人才、科技创新环境等方面和发达地区也存在较大差距。如果不集中相对稀缺的人力、物力资源，着重发展具有战略意义的科技产业，将制约江西经济社会的进一步发展，必然影响江西崛起战略目标的实现。因此，根据江西现有的经济发展水平和科技创新能力，通过实施重大科技专项战略，是实现江西跨越式发展的必然选择。江西在实施重大科技专项过程中应该选择具有一定基础和优势、具有战略意义的重大专项，集中力量，以技术集成创新形成战略产品和新兴产业为重点，实现江西科技创新能力的跨越式发展。要围绕信息技术、新材料、生物医药等领域，重点组织实施生物能源技术开发与产业化、应用软件研究开发、纳米新材料研究开发、民用直升机关键技术研究、有色金属材料制备及加工新技术新工艺研究、有机硅新材料研究开发、半导体发光材料及器件研究开发、陶瓷材料新技术新工艺研究开发、新一代石油加工专用化学品研究开发、中药现代化关键技术研究开发等重大科技专项，继续抓好制造业信息化工程、中药现代化工程、新材料工程、信息技术应用工程等重点科技工程。

2. 实施自主创新的人才战略

科技人才是经济社会发展的最重要的战略资源，是先进生产力的集中体现，是社会进步的主导力量，也是国际经济竞争的焦点。实施科技创新战略，需要大量的高精尖的高素质人才，加快科技创新步伐、实现科技创新成果的顺利转化，为经济社会发展提供持续的动力。江西由于经济社会环境和区域环境等因素的制约，普遍存在高层次人才匮乏、人才引进缺乏吸引力、人才流失严重和人才浪费等一系列影响人才潜能发挥的制约因素，从而延缓了江西快速崛起的步伐。因此，实施人才战略对于实现江西崛起具有重大的现实意义和战略意义。人才战略是一个系统的过程，包括人才的培养、人才的引进、人才的使用、人才的管理以及用人环境的创造等方面的内容。首先，必须树立人才是第一资源的科学观念，营造尊重劳动、尊重知识、尊重人才、尊重创造的良好环境，转变"重引进、轻利用，重管理、轻开发，重使用、轻培养"的观念，把发现、培养和稳定人才特别是中青年尖子人才作为重要任务，建立开放的人才流动机制，健全科学的人才评价、选拔任用和激励保障机制，完善人才市场服务体系，开创人才辈出、人尽其才的新局面。其次，必须大力发展高等教育，改变培养模式，培养学生的学习能力和运用知识的创新能力，通过育人模式、育人机制的创新，造就一大批创新型人才。依托国家重大人才培养计划、重大科研和重大工程项目、重点学科和重点科研基地、学术交流和合作项目，积极推进创新团队建设，努力培养一批德才兼备、国际或国内一流的科技尖子人才、国际级科学大师和科技领军人物，特别是要抓紧培养造就一批中青年高级专家。再次，是要积极引进外部人才。要重点引进急需的高层次科技人才、管理人才和复合型人才，还可制定特殊人才的引进办法，以高新技术开发区和大学人科技园等为基点开辟高层次海外留学人才"绿色通道"。最后，要坚持改革创新，完善人才工作的体制和机制。坚持把是否有利于促进人才的成长，是否有利于促进人才的创新活动，是否有利于促进人才工作同经济社会发展相协调，作为深化人才工作改革的出发点和落脚点。建立以公开、竞争、择优为导向，有利于优秀人才脱颖而出、充分施展才能的选拔任用机制。努力营造鼓励人才干事业、支持人才干成事业、帮助人才干好事业的社会环境。进一步发挥市场在人才资源配置中的基础性作用，建立完善人才市场服务体系，形成促进人才合理流动的机制。

3. 实施自主创新的专利战略

随着我国加入 WTO 以及经济全球化进程的不断加快，专利战略在促进科技创新、实现经济持续发展过程中的作用日益凸显。专利战略就是根据科技、经济发展的实际，通过运用相关的专利法律法规，来获得和增强在科技和经济领域的竞争能力，以保证经济社会的持续发展而进行的长期规划。实施专利战略，有利于鼓励创新、推动创新，将创新成果转化为核心竞争力。专利的数量和质量在很大程度上反映了一个地区科技创新的能力和竞争的能力。江西要实现崛起，就必须实施专利战略，要加强专利制度的建设，树立专利意识，形成培养专利人才、鼓励专利发明、加速专利利用、加强专利保护的系统，提高专利特别是原创性专利的数量和质量，培育江西专利技术竞争优势，提升区域竞争的核心竞争力。一是要建立专利制度，增强专利保护意识。要打破地域观念，在六省范围内建立一套完善的专利管理和专利保护制度，维护专利的自主知识产权。江西要加大对于专利保护的宣传，营造自我自觉保护知识产权的环境，引导企事业单位和科技人员树立正确的知识产权观念，学会把知识产权作为创新、创业、产业扩张、市场开拓的重要武器。二是要充分发挥高校和科研机构的创新能力，提高专利产出的能力。要以高校和科研机构为主要载体，以国家重点实验室、教育部工程中心和科研机构为核心力量，企业研究机构为创新主体，发挥各种科技人才的创新潜力和优势，加快专利产出的速度，提高原创性专利的质量。江西要建立科学、合理、高效的专利产出联动机制，鼓励创造发明，激发专利特别是原创性发明专利的产出。要加强科研资源的整合力度，形成优势互补的科研体系。要建设好专利信息网络，加强专利知识产权公共信息服务设施建设，实现专利信息资源共享，创建江西良好的专利信息服务平台。三是要建立科技成果转化体系，促进专利的产业化和应用。江西不仅要实现专利产出的增加，更要实现科技成果迅速转化为现实生产力。根据江西产业结构调整的方向，要重点加大在汽车、钢铁、化工等重点行业和电子信息、生物技术、新医药和环保等重点领域的 R&D 投入，引进风险基金，建立知识产权和专利产业化工作试点，抓好"专利技术产业化示范工程"。

（五）江西实施自主创新的具体措施

1. 建立有利于自主创新的机制

一是建立开放机制，实现科技计划对全社会的开放，动员和吸引企业及其他社会力量共同参与；实行科研机构开放管理，积极探索基于现代网络技术的信息流动与扩散机制，在更大的范围内实现科技资源的共享和整合；实行学科之间的开放与融合，加速大科技局面的形成；扩大省际和国际开放，加强合作，鼓励各省科研力量及人才参与国家和国际重大科技项目的合作与交流。积极推进实施技术标准国际化战略，鼓励企业采用、制定国际标准，提高产品的国际竞争力。

二是努力拓宽融资渠道，建立政府财政资金投入为引导，企业投入为主体，金融机构贷款为补充、社会各界积极参与的多渠道、多层次、多形式的社会多元化投入的科技投融资机制。

三是建立多层次、宽领域的创新协作机制。支持和鼓励各省企业、高校和科研机构以及中介服务机构之间资源的优化整合，促进各省创新机构之间的协作和人员的合理流动，形成科研、教育、产业以及服务机构紧密结合的运行机制以及形式多样、机制灵活的双边、多边技术协作机制。

四是改革和完善科技评价制度、分配制度、奖励制度和科研管理制度以及知识产权的保护和管理制度，保障创新性劳动的合理收益，加快科技要素参与分配制度的改革，建立健全优秀人才的培养选拔机制等。

2. 建立有利于自主创新的法律法规体系

一是完善科技创新投入法、创新机构法、技术合同法、社会保障法、税收调节法、环境保护法等，为科技发展提供制度和政策保障。在一定的法规体制监控下，制定相应的实施细则，并加大执法力度，使科技创新活动做到有法可依。在服务环境、政策环境、市场环境、政治环境、社会环境等方面形成有利于科技创新的社会氛围，加快推动江西科技发展的进程。

二是要积极实施激励自主创新的税收、金融、财政投入、政府采购、技术引进等政策，建立完备的知识产权保护体系，催生创新动力，激发创新活力。

3. 建立有利于自主创新的人才保障体系

一是切实搞好人才的引进、培养、选用、激励、流动等方面的改革。加快人才培养步伐，着力培养适应经济社会发展需要的高素质、创新型人才，尤其是要加快培养一批科技领军人物、科技骨干和创新人才团队。以高新区、各类科技创业园区和基地、重点实验室为主要载体，以科技项目为纽带，采用灵活多样的柔性人才政策，吸引国内外一流科技人才到江西创业。加快引进和培养一批掌握高新技术的科技人才、拥有资金项目的创业人才、善于资本运作的金融人才、熟悉现代化管理的高素质领导人才和专业化技术中介人才队伍；开展专业与技术培训，建立技术中介服务人员资格证书管理制度，形成一支科技咨询、评估、风险投资家队伍。

二是营造人才创业有机会、干事有舞台、发展有空间、工作有激情、贡献有回报的良好环境，积极推动技术等生产要素参与收益分配，调动科技人员的创新创业积极性，发挥人才在科技进步和科技创新中的主力军作用，为江西科技的跨越式发展提供可靠的人才支撑。

4. 建立有利于自主创新的信息网络平台

一是构建江西自主创新的信息网络平台，实现区域间信息联通、信息共享和信息传播。建设科技办公自动化、科技计划项目管理和多媒体三大系统，使六省之间的科技管理实现网络化。以网络为载体，实现六省政务公开化、透明化，科技管理的科学化与决策的民主化；依托江西的科技信息研究所、工程技术研究中心、重点实验室、高新技术企业开发利用网络信息资源，创建良好的网络科研环境。以网络为纽带，突出电子信息、机械装备、现代农业、汽车业、钢铁业、能源、新材料等重点领域，促进江西重点产业和特色产业的现代化发展。

二是建立以各省重点城市为骨干、以高新技术产品出口企业为基础的江西科技系统科技兴贸信息网络，实现江西科技兴贸信息交换与共享。利用信息技术进行中心企业信息化平台建设和制造业信息化示范建设，使中小企业实现网络化管理，重点企业实现生产过程自动控制等。

三是实现江西与其他区域信息网络的连接。江西自主创新不仅需要六省之间的通力合作，也要依托其战略地位，利用信息网络，构建与其他区域的信息平台，加强与其他地区相关科研机构、工程中心以及生产力促进中心的密切合作，确保最新科学技术向江西流入，加快江西科技的跨越式发展。

5. 建立有利于自主创新的产学研结合的技术创新体系

一是要加大产学研合作力度，鼓励成立研究会与咨询机构，大力推动和协调高校科研机构及有实力的企业集团进行改组联合，加快建设重点领域工程技术中心和中试基地，通过对具有市场应用前景的重大应用科研成果进行后续的工程化研究，逐渐形成以发展生产力为中心，以企业为主体，研究开发生产一体化的新体制。

二是进一步深化科技体制改革，引导和促进高等学校、科研单位创办高新技术企业，支持其与有实力的大企业进行联合和重组。加大科研院所改革力度，鼓励高等院校、科研院所创办高新技术企业，与企业共建技术中心，联合开发新产品，或与企业进行联合和重组，优化高新技术成果转化机制。重点抓好高校、大院大所的产业化工作，充分发挥其高新技术产业化的生力军作用。

三是建立创业风险投资基金，引导社会资金投入到科技研发和科技成果产业化上，使科技成果转化得更快，效益更好。政府既要注重对具体企业的服务，更要注重创造公平公正的制度环境，激发所有企业的创造活力。另外鼓励成立研究会与咨询机构，专门针对企事业单位当前面临的难题展开研究，提供咨询服务。

6. 建立有利于自主创新的区域科技圈

一是对具有优势的科技领域进行产业化转变，形成技术创新高地和产业化发展龙头地区，将局部科技优势转化为区域主导产业竞争胜势。在资金、技术和人才等资源的约束下，要坚持重点突破、"市场导向、技术驱动、自主创新、开放引进、重点突破、总体跟进"的方针，通过宏观指导，适当集中人力、财力、物力，组织优势资源，在技术、产业和区域等领域确立发展的突出难点、关系全局的焦点和重点，争取从局部取得突破，再以点—线—面的方式，带动整个江西科技、经济和各区域的全面发展。

二是逐步建立完善高新技术产业风险投资机制，营造优质软环境，加快风险投资业发展，促进形成市场主导科技型企业家成长和高新技术产业发展的态势。

三是按照自愿平等、互惠互利和发展高新技术与运用高新技术改造传统产业并举的原则，全面开展科技协作，在资源开发、传统产业改造、技术创新、人才互动等方面进行整合，以增强和"放大"科学技术的整体功能和综合竞争力。加强高新技术开发区建设，优化高新技术产业化环境，重点支持一批科技型中小企业，加强科技中介服务体系建设，继续办好若干农业产业基地，通过扩散效应，在江西形成科技产业相互呼应、共同发展的格局。

三、江西高校科技创新对经济增长贡献研究[*]

随着国家科技创新工作的进一步开展，我国科技创新任务，特别是知识创新

---

* 江西省软科学项目《江西高校科技进步对经济增长的贡献研究》结题报告（节选），2008 年 5 月。
作者：周绍森、陈运平。

的重担越来越多地落到高校身上，高校正在迅速成为我国科技创新（特别是基础创新）的主力军之一。高校科技创新一方面要注重知识创新，另一方面还要面向经济建设主战场为区域经济建设服务。

江西高校创新对经济增长的贡献率大致为多少呢？我们首先通过估计动态生产函数，分析技术进步对经济增长的贡献份额；并认为技术进步是高校、企业、科研机构等部门科技创新的结果，高校科技创新对经济增长的贡献属于技术进步对经济增长贡献的一部分，可运用某种方法把它单独分离出来。

（一）江西技术进步对经济增长贡献的实证分析

借鉴罗默四要素模型（1990），考虑到中国的生产实际，建立以下形式的柯布-道格拉斯生产函数来对我国经济增长进行合理的描述：

$$Y_t = A_t (K_{t-1})^\alpha (I_t)^\beta (L_t)^\gamma (H_t)^{\tau_0 + \tau_1 T} e^{\varepsilon_t} \qquad (4-1)$$

式中，Y 表示产出，用某地区的国内生产总值（GDP）来度量；K 表示物质资本存量；I 表示全社会固定资产投资；L 表示劳动力数量，用从业人员数度量；H 表示人力资本，用从业人员受教育等效年限度量；ε 为随机扰动项，它是反映GDP实际值与预测值之间偏差的变量。α 为物质资本存量对 GDP 的弹性系数，反映物质资本存量对 GDP 的效用；β 为全社会固定资产投资对 GDP 的弹性系数，反映全社会固定资产投资对 GDP 的效用；γ 为劳动力数量对 GDP 的弹性系数，反映从业人员数量对 GDP 的效用；T 为时间变量；为增大回归的显著性，取 τ_0 为中心年份人力资本对 GDP 的弹性系数，τ_1 反映人力资本弹性系数随时间变化的速度；因为人力资本规模报酬递增这一特性，我们限定 $\alpha + \beta + \gamma \leq 1$，$\alpha + \beta + \gamma + \tau_0 > 1$；$A$ 为全要素生产率（TFP），主要由技术进步、技术效率（制度、资源配置等因素）构成。

对方程（4-1）两边取对数即可转换成线性形式：

$$\ln Y_t = \ln A_t + \alpha \ln K_{t-1} + \beta \ln I_t + \gamma \ln L_t + \tau_0 \ln H_t + \tau_1 (T \ln H_t) + \varepsilon_t \qquad (4-2)$$

本书建立的总量动态生产函数的创新之处在于：

第一，人力资本的弹性系数不是常数，而存在变动趋势。相关研究表明，人力资本、技术创新对经济增长（特别是对于处于经济转型期的中国）的重要性日益突出，所以我们有理由假定人力资本对经济增长的弹性系数并不是一个常数，而是与时间相关的函数。而任何简单函数都可以用多项式形式近似替代，所以取线性函数。

第二，把物质资本存量对经济增长的促进作用分为物质资本积累效应和当期的固定资产投资的拉动作用之和。实际上，即使是生产要素组合一定的情况下，不同年份投入 1 单位的物质资本所带来的收益是不同的收益。本文之所以把物质资本拆分为两项，是因为物质资本积累在某种意义上体现了由于人力资本提升和技术进步引起的"物质资本质量"的提高。

（二）江西动态生产函数进行估计（1980～2005 年）

1. 数据准备

（1）国内生产总值（Y）

经济增长是一个国家在一定时期生产的商品和劳务价值总和的增长。反映经济增长的指标有很多，现代经济增长理论中测度经济增长常用的指标是 GDP 的增长。选择国内生产总值（GDP）作为衡量经济增长的指标，是因为从统计资料来看，GDP 的数据统计最全面，数据较易获得。国内生产总值是指一个国家（地区）所有常住单位在一定时期内（通常为 1 年）生产活动的最终成果，从价值形态看，它是在一定时期内该区域内所生产的全部货物和服务价值超过同期投入的全部非固定资产货物和服务价值的差额，即所有增加值之和；从产品形态看，它是最终使用的货物和服务减去进口货物和服务。GDP 是按市场价格计算的国内生产总值的简称，是一个流量概念。

国内生产总值时间序列值可通过查阅统计年鉴即可获得（见表 4－2）。

表 4－2　　　江西省国内生产总值及各生产要素投入量（1980～2005 年）

年份	国内生产总值（Y）	物质资本积累（K_{-1}）	全社会固定资产投资（I）	劳动力（L）	人力资本（H）
1980	104.98	165.77	11.34	1 356.3	5.06
1981	110.86	189.27	13.84	1 409.8	5.30
1982	121.17	208.39	18.52	1 434.0	5.52
1983	129.40	234.98	21.00	1 498.2	5.78
1984	149.33	265.13	26.16	1 537.3	5.99
1985	171.43	301.61	30.87	1 584.8	6.19
1986	182.92	350.54	36.56	1 622.6	6.38
1987	198.10	404.28	40.96	1 668.4	6.57
1988	220.69	458.50	46.50	1 723.0	6.67

续表

年份	国内生产总值（Y）	物质资本积累（K_{-1}）	全社会固定资产投资（I）	劳动力（L）	人力资本（H）
1989	234.15	534.42	47.60	1 760.4	6.84
1990	244.69	643.54	46.29	1 816.5	7.02
1991	264.75	743.37	44.33	1 874.5	7.24
1992	303.93	851.88	48.77	1 870.4	7.41
1993	345.57	1 011.01	57.70	1 903.7	7.59
1994	375.98	1 207.78	66.99	2 007.7	7.76
1995	401.55	1 415.13	75.26	2 100.5	7.94
1996	448.53	1 637.27	85.91	2 107.2	8.12
1997	503.70	1 876.02	96.09	2 120.6	8.26
1998	539.46	2 147.41	108.95	2 094.3	8.48
1999	581.54	2 437.34	120.61	2 089.0	8.66
2000	628.06	2 738.99	134.58	2 060.9	8.87
2001	683.33	3 021.55	153.69	2 054.8	9.10
2002	755.08	3 328.30	192.83	2 130.6	9.43
2003	853.24	3 699.88	262.70	2 168.2	9.62
2004	965.87	4 196.65	348.96	2 214.0	10.08
2005	1 089.50	4 811.82	448.33	2 276.7	10.37

资料来源：经历年江西省统计年鉴整理而得，人力资本数据见《经济转型期人力资本对经济发展的作用：理论分析和基于江西的实证》（胡德龙，南昌大学博士论文，2007）。

（2）物质资本存量（K）

从现有文献来看，计算物质资本存量公式一般为递推公式：

$$K_t = K_{t-1} + \Delta K_t - S_t \qquad (4-3)$$

式中，K_t 表示当期物质资本存量；K_{t-1} 表示上期物质资本存量；ΔK_t 表示当期物质资本形成量；S_t 表示当期固定资产折旧量。因为公式中涉及不同年份的资产价值，所以一般不用当年价，而是用可比价计算。

由于统计资料的限制，对缺失数据必须采用某种科学可行的办法进行处理来获得比较满意的估计值。我们用物质资本形成指数把物质资本形成当年价折算为可比价，固定资产折旧折算为可比价时采用 GDP 平减指数缩减。

对初始年份物质资本存量的估算是非常复杂的事情。已有研究对初始年份的选择一般分为 1952 年或 1978 年两类。由于在永续盘存法的意义下，如果初始年份的选择越早，那么初始年份资本存量估计的误差对后续年份的影响就会越小。对初始年份的资本存量估算方法也各不相同，为使估算结果具有可比性，我们采用复旦大学张军教授对中国各省物质资本存量的估算结果。

通过对物质资本初始存量、物质资本折旧量和物质资本形成量的估算，可得出物质资本存量时间序列值（见表 4 - 2）。

（3）全社会固定资产投资（I）

固定资产投资是社会固定资产再生产的主要手段。从现有统计资料来看，江西有 1981 年以后的全社会固定资产投资发展速度，所以对江西省 1981 年以后的可比价用全社会固定资产投资发展速度折算。

众所周知，固定资产投资具有滞后性，也就是说当年投资可能在几年后才能发挥效用。利用 Eviews 软件分析固定资产投资可比价时间序列数据可知，水平值滞后期为 2，为二阶平稳序列。

所以，对原始固定资产投资数据修匀方法为：

$$I_t = \frac{1}{3} \sum_{j=t-2}^{t} I_j \qquad (4-4)$$

所得时间序列见表 4 - 2。

（4）劳动力

劳动力是指实际从事社会劳动的人口。我们用从业人员指标来衡量劳动力。从业人员指从事一定社会劳动并取得劳动报酬或经营收入的人员。从业人员的多少和劳动力资源是密切相关的。劳动力资源是指一个国家（地区），在一定时点或时期内，拥有的具有劳动能力的劳动适龄人口。

劳动力时间序列值可通过查阅统计年鉴即可获得（见表 4 - 2）。

（5）人力资本

研究人力资本与经济增长的关系时，人力资本的度量也是一个难题。事实上目前为止还没有一个大家公认的有效可行的方法准确计算人力资本。不同的人力资本度量方法有着不同的优点与不足，在我国现有条件下，"教育年限法"将在很大程度上保证模型分析的客观性和一致性。同时，从理论上看，这种方法排除了定义上的主观性，因而相对于其他方法更为科学、合理。因此，在度量人力资本时，我们基本上采用"教育年限法"，但根据我国现有的数据基础和数据可靠性，为了取得最充分、最精确的数据来源，本模型采用在各学制前乘以各相应权数的方法来度量人力资本。这样的核算方法克服了"教育年限法"的缺点。为了反映知识积累效应，我们在各教育水平年限基础上乘以一个相应权数。

人力资本时间序列值见表 4 - 2。

2. 回归分析

把国内生产总值与各生产要素取对数，代入方程（4 - 2），采用某种参数估计技术便可得到各生产要素的弹性系数。

通过用强迫引入法进行试回归，发现回归结果并不理想，究其原因是多重共线性引起的。本文采用岭回归的方法来解决多重共线性问题，岭回归法是由霍雷尔（A. E. Horel）在 1962 年提出的一种能统一诊断和处理多重共线性问题的特殊方法，它实际上是一种改良的最小二乘法，以放弃最小二乘的无偏性，损失部分信息，放弃部分精确为代价寻求效果稍差但更符合实际的回归方程。

通过观察岭回归参数 λ 值下的岭估计值和相应的方差膨胀因子，发现当 $\lambda = 0.015$ 时，各方差膨胀因子都小于 10。所以取，方程（4 - 2）的岭回归结果如表 4 - 3 所示：

表 4 - 3　　　　　　　　　生产函数岭回归参数估计结果

因子	估计值	标准差	t 统计量	Sig. t
α	0. 18	0. 01	14. 43	0. 0000
β	0. 13	0. 02	6. 99	0. 0000
γ	0. 40	0. 10	4. 05	0. 0003
τ_0	0. 59	0. 08	7. 86	0. 0000
τ_1	0. 01	0. 00	14. 18	0. 0000
$\ln A$	- 0. 21	0. 69	- 0. 30	0. 3841

$$R^2 = 0.9987 \quad F = 3\,094$$

从回归结果看，岭回归参数 λ 接近 0，R^2 接近 1，F 统计量非常大，回归方程显著。各参数（弹性系数）t 统计量较大，显著性概率值均小于 0. 0005，即拒绝总体回归系数均为 0 的原假设。$\alpha + \beta + \gamma = 0.71 < 1$，$\alpha + \beta + \gamma + \tau_0 = 1.3 > 1$，符合模型设定。

常数项 t 统计量较小，究其原因是全要素生产率（TFP）的变化引起的。如果常数项估计值能通过 t 检验，则蕴含着全要素生产率没有明显变化，全要素生产率对经济增长的贡献将在下面说明。线性回归方程（4 - 2）旨在说明物质资本（含物质资本积累 K_{-1} 与全社会固定资产投资 I）、从业人员数 L 和人力资本 H 与经济增长 Y 的数量关系。

3. 江西历年全要素生产率核算（1980～2005 年）

生产要素（物质资本、劳动力、人力资本）对经济增长贡献的核算公式如下：

$$C_i = \frac{w_i x_i}{y} \times 100\% \qquad (4-5)$$

式中，C 为生产要素贡献份额，w 为生产要素的弹性系数，x 为生产要素的增长率，y 为 GDP 增长率。

全要素生产率（TFP）对经济增长贡献的核算公式如下：

$$TFP = \frac{Y}{K_{-1}^{\alpha} I^{\beta} L^{\gamma} H^{\tau_0}} \qquad (4-6)$$

$$tfp_t = \frac{\Delta TFP_t}{TFP_{-1}} \times 100\% \qquad (4-7)$$

$$C_{TFP} = \frac{tfp}{y} \times 100\% \; \text{或} \; C_{TFP} = \left(1 - \sum_i C_i\right) \times 100\% \qquad (4-8)$$

式中，tfp 为全要素生产率的增长率，C_{TFP} 为全要素生产率对经济增长的贡献。

根据以上公式以及回归结果，可得出江西省各年全要素生产率指数及增长率（见表 4-4）及经济增长源泉（见表 4-5）。

表 4-4　　　　江西省全要素生产率指数与增长率（1980～2005 年）

年份	全要素生产率（TFP）		年份	全要素生产率（TFP）	
	指数	增长率（%）		指数	增长率（%）
1980	1.0000		1993	1.3226	5.60
1981	0.9626	-3.74	1994	1.3208	-0.14
1982	0.9655	0.29	1995	1.3083	-0.94
1983	0.9493	-1.68	1996	1.3791	5.41
1984	1.0096	6.35	1997	1.4707	6.64
1985	1.0739	6.37	1998	1.4966	1.76
1986	1.0617	-1.14	1999	1.5386	2.81
1987	1.0732	1.09	2000	1.5902	3.35
1988	1.1249	4.82	2001	1.6477	3.61
1989	1.1307	0.52	2002	1.6767	1.76
1990	1.1154	-1.36	2003	1.7525	4.52
1991	1.1467	2.81	2004	1.8031	2.89
1992	1.2525	9.23	2005	1.868	3.60

表 4 – 5　　　　　　　　江西省经济增长源泉（1981～2005 年）

要素	增长率（%）	弹性系数	贡献份额（%）
国内生产总值 GDP	9.81	—	100
物质资本积累 K_{-1}	14.42	0.18	26.65
固定资产投资 I	15.85	0.13	21.15
劳动力 L	2.09	0.40	8.60
人力资本 H	2.91	0.59	17.63
全要素生产率 TFP	2.53	—	25.97

注：增长率采用水平法计算。由于四舍五入所造成的误差，各因素贡献份额之和实际值为 99.3。为方便后面分析，对贡献份额一栏作了归一化处理。

（1）弹性系数估计值角度

人力资本的弹性系数最大，说明在生产要素中人力资本的变化对产出的变化影响最大。其值达到 0.59（见表 4 – 5），说明人力资本每增长 1%，GDP 增长 0.59%。而且人力资本弹性系数具有递增趋势（每年增加 0.01），这是其他生产要素所不具备的[①]，也正说明人力资本在当今社会的重大作用，是与人力资本理论与新增长理论观点一致的。

从业人员数的弹性系数达到 0.4，说明从业人员每增加 1%，GDP 增长 0.4%。物质资本积累和投资的弹性系数较小，它们的变化对 GDP 增长的效用相对较小。

从生产要素弹性系数估计值来看，从经济（最优化）的角度出发，经济增长应以人力资本为主导。

（2）贡献份额的角度

整个增长率中 74.03% 归因于生产要素投入量的增加和质的改进，25.97% 归因于全要素生产率，江西在过去的 20 多年经济增长的质量还不高，需加快转变经济增长方式的步伐，大力提高经济增长质量。

在生产要素贡献份额中：①物质资本的贡献达到 47.8%（含物质资本积累对经济增长的贡献 26.65%，全社会固定资产投资对经济增长的贡献 21.15%）；②从业人员数量对经济增长的贡献为 8.6%；③人力资本的贡献为 17.63%。由于物质资本的弹性系数小于人力资本弹性系数，但其对经济增长的贡献远远超过人力资本的贡献份额，是因为对物质资本的投入非常大，这也是和物质资本投资见效快而人力资本投资见效慢这一特性分不开的。但从长远来看，必须坚持科学发展观，以人力资本和技术进步双轮驱动经济增长。

---

① 作者曾假设其他生产要素弹性系数同人力资本一样具有变化趋势，但变化趋势估计值同人力资本弹性系数变化趋势不是同一个数量级，结果极不显著，故认为其他要素弹性系数不具有变化趋势，并且在模型假定当中没有设置相应的变量。

4. 江西历年技术进步因子核算（1980~2005 年）

我国经济改革对生产率增长的影响在理论上可以有两条途径：一条途径是通过提高现有资源的利用效率。由于众所周知的原因，像中国这样的中央计划经济的实际产出远低于潜在的最高水平。经济改革的目的之一就在于提高产出水平，使之接近生产可能性边界（即提高技术效率）。另一条途径是促进创新，即技术进步。

按照近年来的文献进展，全要素生产率的增长可以分解为技术效率变化（Technical Efficiency Change）和技术进步（Technological Progress）。技术效率主要是制度改革等引起的效率提高（逼近生产可能性边界）的结果，在一定资源条件下多大程度上可以得到最大可能产出；技术进步是创新或引进先进新技术的结果，引起生产可能性边界的外移。这种分解从量上区别了经济改革对长期增长所产生的"水平"和"增长"效应（Lucas，1988）。一方面，经济改革的水平效应导致了实际产出的增长（即向生产前沿面移动）。另一方面，增长效应意味着经济改革不仅提高了短期的产出水平，而且促进了技术进步，因而带来了经济增长的可持续性。这两者的根本差别是，水平效应使实际产出量逼近极大可能值，而增长效应却是增大极大可能值。

依据曼奎斯特生产率指数分解的思想，把江西省 1981~2005 年全要素生产率分解为技术效率和技术进步两项（见表 4-6）。

表 4-6　　　　　江西省全要素生产率分解（1980~2005 年）

年份	全要素生产率（TFP）		技术效率（TE）		技术进步（TP）	
	指数	增长率（%）	指数	增长率（%）	指数	增长率（%）
1980	1.0000		0.8751		1.0000	
1981	0.9626	-3.74	0.8335	-4.76	1.0106	1.06
1982	0.9655	0.29	0.8258	-0.92	1.0231	1.24
1983	0.9493	-1.68	0.8019	-2.90	1.0359	1.25
1984	1.0096	6.35	0.8407	4.84	1.0508	1.44
1985	1.0739	6.37	0.8807	4.76	1.0670	1.54
1986	1.0617	-1.14	0.8567	-2.72	1.0844	1.63
1987	1.0732	1.09	0.8517	-0.59	1.1026	1.68
1988	1.1249	4.82	0.8767	2.94	1.1228	1.83
1989	1.1307	0.52	0.8655	-1.27	1.1432	1.82
1990	1.1154	-1.36	0.8382	-3.16	1.1645	1.86

续表

年份	全要素生产率（TFP）		技术效率（TE）		技术进步（TP）	
	指数	增长率（%）	指数	增长率（%）	指数	增长率（%）
1991	1.1467	2.81	0.8456	0.89	1.1868	1.91
1992	1.2525	9.23	0.9057	7.11	1.2102	1.98
1993	1.3226	5.60	0.9375	3.51	1.2346	2.01
1994	1.3208	−0.14	0.9172	−2.17	1.2601	2.07
1995	1.3083	−0.94	0.8897	−2.99	1.2868	2.12
1996	1.3791	5.41	0.9180	3.18	1.3146	2.16
1997	1.4707	6.64	0.9580	4.36	1.3434	2.19
1998	1.4966	1.76	0.9533	−0.50	1.3738	2.26
1999	1.5386	2.81	0.9581	0.51	1.4053	2.29
2000	1.5902	3.35	0.9675	0.98	1.4383	2.35
2001	1.6477	3.61	0.9788	1.17	1.4731	2.42
2002	1.6767	1.76	0.9711	−0.78	1.5109	2.57
2003	1.7525	4.52	0.9905	2.00	1.5483	2.47
2004	1.8031	2.89	0.9912	0.07	1.5918	2.81
2005	1.8680	3.60	1.0000	0.89	1.6346	2.69

　　在1980~2005年期间，江西省全要素生产率呈稳定增长态势，主要归功于技术进步的持续稳健增长，全要素生产率与技术进步的变动趋势基本一致，技术效率的增长非常平缓（见图4-3和图4-4）。

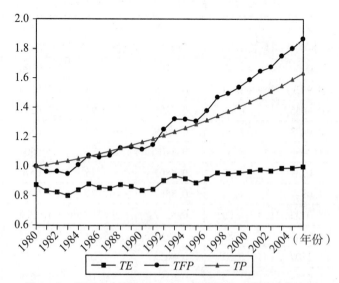

图4-3　江西省全要素生产率、技术效率、技术进步序列

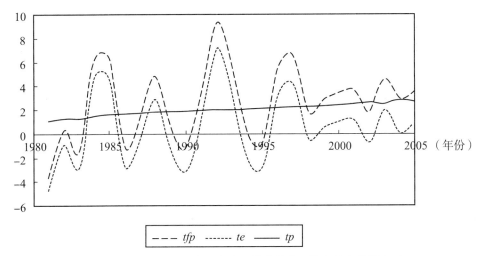

图4－4 江西省全要素生产率、技术效率、技术进步增长序列

5. 江西技术进步对经济增长贡献份额实证分析（1980～2005年）

技术进步对经济增长贡献份额的计算公式为：

$$CTP = \frac{tp}{y} \times 100\% \qquad (4-9)$$

式中，CTP 为技术进步对经济增长的贡献份额，tp 为技术进步率，y 为经济增长率。

依据公式（4－9），计算出江西省技术进步对经济增长的贡献份额（见表4－7和图4－5）。

表4－7　　　江西省技术进步对经济增长的贡献份额（1980～2005年）

年份	经济增长率	技术进步率	贡献份额	年份	经济增长率	技术进步率	贡献份额
1981	5.6	1.06	18.93	1996	11.7	2.16	18.46
1982	9.3	1.24	13.33	1997	12.3	2.19	17.80
1983	6.8	1.25	18.38	1998	7.1	2.26	31.83
1984	15.4	1.44	9.35	1999	7.8	2.29	29.36
1985	14.8	1.54	10.41	2000	8.0	2.35	29.38
"六五"平均	**10.31**	**1.31**	**12.67**	"九五"平均	**9.36**	**2.25**	**24.05**
1986	6.7	1.63	24.33	2001	8.8	2.42	27.50
1987	8.3	1.68	20.24	2002	10.5	2.57	24.48

续表

年份	经济增长率	技术进步率	贡献份额	年份	经济增长率	技术进步率	贡献份额
1988	11.4	1.83	16.05	2003	13.0	2.47	19.00
1989	6.1	1.82	29.84	2004	13.2	2.81	21.29
1990	4.5	1.86	41.33	2005	12.8	2.69	21.02
"七五"平均	**7.38**	**1.76**	**23.92**	"十五"平均	**11.65**	**2.59**	**22.25**
1991	8.2	1.91	23.29				
1992	14.8	1.98	13.38				
1993	13.7	2.01	14.67				
1994	8.8	2.07	23.52				
1995	6.8	2.12	31.18				
"八五"平均	**10.41**	**2.02**	**19.37**				

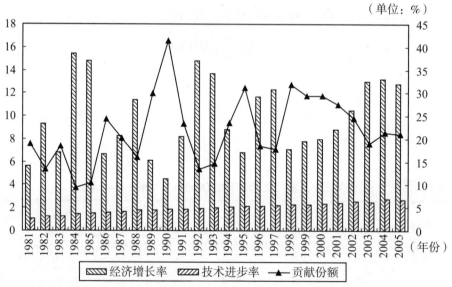

图4-5　江西省技术进步对经济增长的贡献份额（1981～2005年）

（三）江西高校科技创新对经济增长贡献的实证分析

1. 高校科技创新正在成为技术进步的生力军

科技创新是高校为国家经济建设和社会进步做出服务和贡献的主要职能之

一，高校要努力成为国家基础研究的主力军，应用研究的重要方面军，高科技产业化的生力军。高校科技产业要成为各地新经济蓬勃发展的重要力量，大学科技园要成为各地高新技术产业的孵化器和辐射源。高水平的研究型大学是理论创新、科技创新、教育创新、制度创新的引领者和实践者。

高校不仅是培养高层次创新人才的主要基地，也是科学研究和思想创新的重要阵地。高校的科技创新及科技创新体系是国家创新体系的重要组成部分，在国家或区域经济社会发展中发挥着重要作用。高校已日益成为基础研究的主体、高技术前沿探索和应用研究的重要力量，以及技术创新的重要源泉。

推进科技创新与进步，既是高校更好地承担起自己的历史使命，也是高校推进自身发展的必然要求。综观20世纪西方发达国家的科学技术水平的提高，无不与该国高校在促进科技创新与进步的贡献紧密联系的。我们可以这样认为，西方发达国家在实现工业社会向后工业社会的转变过程中，高校都是积极地站在社会的最前沿，坚定不移地高举科技创新的大旗，以科技创新促进高校自身的建设与发展，使高校成为社会、经济和科技进步发展的思想库和动力源。

从专利授权量来看，高校专利授权量从2000年的652项增加到4 453项，所占总量比重由23.09%增加到30.17%（见表4-8和图4-6）。

表4-8　　　　　　　　　江西省专利授权情况（2000～2005年）

年份	专利授权总量（项）	高校专利授权量（项）	所占比重（%）
2000	2 824	652	23.09
2001	2 614	579	22.15
2002	3 144	697	22.17
2003	6 895	1 730	25.09
2004	12 176	3 484	28.61
2005	14 761	4 453	30.17

然而，高校科研经费所占经费总额的比重变化并不大（见表4-9），而且科研人力投入所占比重在"十五"期间有所下降，这更揭示了高校单位科研经费的产出是逐步增加的。

"十五"期间，全国高校共获国家自然科学奖75项，技术发明奖64项，科技进步奖433项，分别占全国总数的55.1%、64.4%和53.6%，特别是在原始性创新和高技术研究前沿领域取得了许多具有标志性的重要科技创新成果。2004年高校一举获得国家自然科学一等奖1项和国家技术发明一等奖2项，后者打破我国连续 6 年国家技术发明一等奖空缺的局面；2006 年，高校又囊括了在体现我国重大原始创新能力的自然科学奖和技术发明奖中全部 3 项一等奖。这些数字表明，高校已成为我国原始创新的主力军，科研开发的生力军。

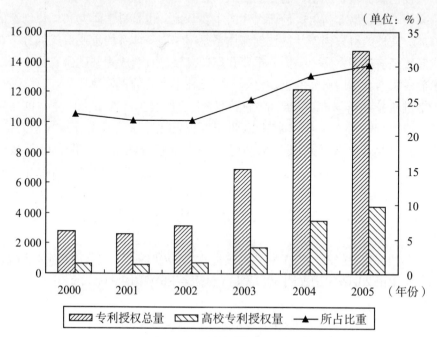

图 4-6　江西省专利授权情况（2000~2005 年）

表 4-9　　　　　江西省 R&D 经费与人员投入情况（2000~2005 年）

年份	R&D 经费（万元，%）			R&D 活动全时人员（千人年，%）		
	总额	高校	所占比重	总量	高校	所占比重
2000	895.70	77.03	8.60	922	159	17.24
2001	1 042.50	102.17	9.80	957	171	17.88
2002	1 287.60	130.05	10.10	1 035	181	17.49
2003	1 539.60	161.66	10.50	1 095	189	17.26
2004	1 966.30	200.90	10.22	1 153	212	18.39
2005	2 450.00	242.30	9.89	1 365	227	16.63

另外，高校科研具有学科较齐全、与人才培养密切结合等得天独厚的优势，是国家科技创新体系的重要组成部分。

高校科技创新又有其自身特点：

（1）高校科技创新较注重基础研究与应用研究，是知识创新的主要力量。2005年，高校科研经费中基础研究占24%，应用研究占54%，试验发展占22%；而从我国R&D经费支出构成来看，基础研究占6%，应用研究占20.4%，试验发展占73.6%。

（2）高校科研成果转化能力较弱。虽然高校每年通过鉴定的科技成果有1万项左右，但转化为商品并取得规模效益的比例约为10%，远远低于发达国家60% ~ 80%的水平。科技成果转化难已是高校"非常需要发展而很艰难的任务"。

2. 高校科技创新促进技术进步的短期效用分析

既然高校科技创新是技术进步的生力军，有必要就其对技术进步的效用加以分析。本书通过建立数学模型来定量分析高校科技创新促进技术进步因果关系的强弱。

（1）模型假设

①企业、科研机构及其他R&D活动机构的R&D活动人员是同质的，具有同样的生产力，有别于高校R&D活动人员的生产力。

②技术进步是R&D活动人员进行R&D活动的结果。

③高校是基础研究的主战场，基础研究对生产力发展的作用是毋庸置疑的，然而基础研究成果要变革生产力是个漫长的过程。由于统计数据的原因，本文的研究时段不长，故忽略基础研究、应用研究和试验发展等科研类型对经济增长的差异，认为基础研究、应用研究和试验发展对技术进步与经济发展的效用在短期内是同质的。

（2）建模思想

技术进步是R&D活动人员进行R&D活动的结果，R&D人员的变化必然对技术进步率产生影响。在高校增加一个R&D活动人员对技术进步的影响有别于在其他R&D活动机构增加一个R&D活动人员所带来的影响，可用标准化系数来反映各部门R&D活动人员增加对技术进步的效用。

建立以下模型：

$$\ln Y = A\ln X_1 + C_1 + \varepsilon$$
$$\ln Y = B\ln X_2 + C_2 + \xi \qquad\qquad (4-10)$$

式中，Y为技术进步率，X_1为高校R&D全时折合人员数，X_2为科研机构、企业等科研组织R&D全时折合人员数，A、B为待估计参数，C_1、C_2为常数。

由于对于全社会R&D全时折合人员数的统计在1998年才开始，本模型的样本为1998 ~ 2005年时间序列值。

表4-10　　　　江西省高校 R&D 人员投入情况（1998～2005 年）　　　单位：人/年

年份	技术进步因子	高校 R&D 全时人员	R&D 全时人员
1998	1.3738	2 953	14 967
1999	1.4053	3 064	13 901
2000	1.4383	2 381	14 525
2001	1.4731	2 771	15 149
2002	1.5109	2 573	15 335
2003	1.5483	3 162	16 999
2004	1.5918	3 928	19 225
2005	1.6346	4 538	21 964

资料来源：历年《中国科技统计年鉴》，2000 年的 R&D 全时人员做了相应处理。

首先对各时间序列进行标准化处理，公式为：

$$y = \frac{\ln Y - \overline{\ln Y}}{\mu}$$

$$x_i = \frac{\ln X_i - \overline{\ln X_i}}{\sigma_i} \quad i = 1, 2 \tag{4-11}$$

μ、σ 为标准差。

于是，方程（4-10）标准化为方程（4-12）

$$y = ax_1 + c_1 + \varepsilon$$
$$y = bX_2 + c_2 + \xi \tag{4-12}$$

a、b 的值即表示在其他条件不变情况下高校与其他科研组织 R&D 全时折合人数对技术进步影响的效用。

$$y = 0.598x_1(2) - 0.448$$
$$[6.380] \quad [-4.442]$$
$$R^2 = 0.91 \quad F = 41 \quad D.W. = 1.72 \tag{4-13}$$

$$y = 0.811x_2(1) - 0.282$$
$$[10.125] \quad [-3.620]$$
$$R^2 = 0.95 \quad F = 102 \quad D.W. = 1.25 \tag{4-14}$$

方括号内数字为标准差。

从方程（4-13）来看，高校 R&D 活动对技术进步的影响具有滞后因素，时滞为两年，短期效用为 0.598；从方程（4-14）来看，企业等其他科研组织的 R&D 活动对技术进步的影响仍具有滞后因素，时滞为 1 年，短期效用为 0.811。高校科研成果转化能力较企业等科研组织的转化能力弱，效用低于企业等科研组织正是高校侧重于理论研究，转化为现实生产力弱的表现。

3. "十五"期间高校科技创新对经济增长的贡献

（1）"十五"期间技术进步对经济增长的贡献

技术进步指数在"十五"期间逐步增长，从2000年的1.4383上升到2005年1.6346，年均增长率为2.59%；国内生产总值从2000年628.06亿元增长到1089.5亿元（1978年可比价），年均增长率为11.65%；"十五"期间技术进步对经济增长的贡献为22.25%。

（2）"十五"期间高校科技创新对经济增长的贡献

技术进步是高校科技活动与企业、科研机构等R&D人员进行R&D活动的结果。高校R&D活动全时人员由2000年的2 381人/年增加到2005年的4 538人/年，增长了90.59%；其他R&D组织全时人员由2000年的12 144人/年增加到2005年的17 426人/年，增长了43.49%（见表4-11）。

本文借用劳动简化法的思想把高校部门与其他R&D机构的实际R&D全时人员增加量转化为同质的无差别的R&D人员增加量，进而把高校科技创新对技术进步、经济增长的贡献分离出来。

从表4-11可以看出，"十五"期间由高校部门增加的无差别R&D全时人员增加了1 290个当量，占增加总量的23.14%；而企业、科研机构等其他R&D组织增加的无差别R&D全时人员4 284个当量，占增加总量的76.86%。而"十五"期间技术进步对经济增长的贡献为22.23%，故高校科技创新对经济增长的贡献为5.14%。

表4-11　　　　　"十五"期间江西省R&D人员投入情况　　　　单位：人/年

年份	实际R&D全时人员（人年）		无差别R&D全时人员		
	高校	其他R&D机构	高校	其他R&D机构	总量
2000	2 381	12 144	1 424	9 849	11 273
2001	2 771	12 378	1 657	10 039	11 696
2002	2 573	12 762	1 539	10 350	11 889
2003	3 162	13 837	1 891	11 222	13 113
2004	3 928	15 297	2 349	12 406	14 755
2005	4 538	17 426	2 714	14 132	16 846
增长率（%）	90.59	43.49	90.59	43.49	49.45
增加量	2 157	5 282	1 290	4 284	5 574

注：无差别R&D全时人员是认为高校与其他R&D机构具有同质的全时人员当量，是通过实际R&D全时人员乘以各自效用转化得到。

（四）小结

通过建立江西动态生产函数及参数估计，核算出江西历年 TFP，然后计算出江西历年技术进步因子，在此基础上，计算出江西科技进步贡献份额，借用劳动简化法的思想，从江西科技进步贡献份额中分解出属于高校的那一部分。通过研究，得出以下两条研究结论：

（1）"十五"期间，江西技术进步对经济增长的贡献为 22.23%。高校科技创新对经济增长的贡献为 5.14%，约占技术进步对经济增长贡献的 1/4。

（2）高校 R&D 活动对技术进步的影响具有滞后因素，时滞为两年，短期效用为 0.598；企业等其他科研组织的 R&D 活动对技术进步的影响仍具有滞后因素，时滞为 1 年，短期效用为 0.811。高校科研成果转化能力较企业等科研组织的转化能力弱，效用低于企业等科研组织正是高校侧重于理论研究，转化为现实生产力弱的表现。

第五章

农民增收长效机制研究

一、中部地区农民增收的内生动力研究[*]

（一）前言

发展农村经济，增加农民收益一直是我国各级党委、政府高度重视的重大问题，也是理论界长期研究的重大课题。《中共中央关于推进农村改革发展若干重大问题的决定》明确指出："农业基础仍然薄弱，最需要加强；农村发展仍然滞后，最需要扶持；农民增收仍然困难，最需要加快"，这是中共中央对加快"三农"发展必要性和紧迫性的高度概括，警示我们务必保持清醒头脑，切实增强忧患意识，毫不松懈地推进农村改革发展，切实把增加农民收入作为解决"三农"

　　* 曾发表于《南昌大学学报（人文社会科学版）》（2010 年 5 月第 41 第 2 期）。本文为教育部人文社会科学重点研究基地项目《中部地区农民增收长效机制研究——农村人力资本提升与科技服务体系的构建》（项目编号 07JJD630018）研究成果。

　　作者：周绍森、罗序斌。
　　罗序斌，1981 年 5 月生，博士、副教授，江西师范大学财政金融学院经济系主任、南昌大学中国中部经济发展研究中心研究员。

问题的出发点和落脚点。

中部地区几个省份都是农业大省，是我国的粮食主产区，"三农问题"比较突出。当前，我国粮食生产，尤其商品粮生产主要依靠中部地区 13 个粮食生产区，它们生产了约占全国 80% 以上的粮食。但时，由于粮食的比较效益低，粮民收入增长缓慢，且气候变化对农业生产的影响日益加大，中部地区农民收入有陷入徘徊的趋向，这大大制约了粮食主产区的发展，不利于保证我国粮食生产稳定发展，不利于中部地区"三农问题"的解决。为了扭转这种状况，消除中部地区粮食主产区发展的不利因素，促进农民长期稳定增收在中部地区就显得极为重要。

然而，过去几年的实践证明，单纯依靠政策补贴，和靠价格上涨拉动农民增收以及靠低成本拉动农民增收，都只是一些短期有效的政策行为，不能长期发挥效用，无法保证农民收入长期稳定增长。从根本上看，解决中部地区的"三农问题"，提升我国粮食主产区的生产能力，保证粮食安全，增加农民收入主要还要靠大力发展现代农业，转变农业经济发展方式；要靠进一步加强农业基础设施建设，实施农村民生工程，建设社会主义新农村；要靠不断加大城乡统筹力度，推进城镇化建设，形成城乡一体化新格局。而要实现这些，关键在于提升农村人力资本和加快农业科技进步。应让人力资本和科技进步这两大内生动力引领中部地区农民收入长期稳定增长。

（二）人力资本和科技进步是促进中部地区农民增收的内生动力

1. 人力资本和科技进步是中部地区发展现代农业，转变农村经济发展方式，促进农民增收的重要支撑

农业收入仍是当前中部农村广大农民的主要收入来源。农民的农业收入主要是由农业生产率决定的。农业生产率包括土地生产率与劳动生产率两个方面。由于目前我国中部地区未开发利用的耕地已经很少，耕地面积很难增加，水资源短缺，农业可以分配到的水资源比重也在下降，因此，旨在提高土地生产率增长农民收入的余地在不断减少。唯有大力提高劳动生产率才是增加农民收入的突破口。而提高劳动生产率，主要是指通过提高农业劳动者素质与加快科技进步，提升农业劳动者的边际生产力来增加农民收入。然而，当前中部地区农业劳动者素质还普遍偏低，农业整体科技水平还相对滞后，与发达农业国家及我国东部、东北部地区相比还存在很大的差距，这大大制约了中部地区农

业生产的发展，不利于农业劳动生产率和国内外市场竞争力的提高，不利于农民收入持续较快增长。

中共中央、国务院在《关于加大统筹城乡发展力度，进一步夯实农业农村发展基础的若干意见》首次提出"要把发展现代农业作为转变经济发展方式的重大任务"。作为农业大省的中部地区务必要把发展现代农业，转变农村经济发展方式作为当前加快农村经济社会发展工作的重中之重。而现代农业是科学技术先导型农业，人力资本和科技进步是现代农业的根本动力。中部地区要大力发展现代农业，转变农村经济发展方式，实质上就是要更加重视农业劳动者素质和农业科技在现代农业发展中的支撑作用，把从主要依靠传统生产要素投入转向节约土地和节约劳动的现代生产要素投入，以及新品种和新型耕作方式转变；从粗放型传统农业向生态农业、循环农业的新兴农业转变，通过依靠提高农业劳动者素质和加快科技进步，进一步挖掘土地生产率，提高劳动生产率，进而促进农民持续增收。

2. 人力资本和科技进步是中部地区加强农业基础设施建设，实施农村民生工程，建设社会主义新农村，促进农民增收的关键因素

随着经济社会发展，中部地区城乡人均收入水平迅速提高，但同时城乡经济社会发展不平衡也更加突出，农民收入陷入徘徊，农村教育、卫生医疗、社会保障等公共服务和道路、交通、通信等基础设施仍然不足。为了加快农村经济社会发展，按照中共中央、国务院《关于推进社会主义新农村建设的若干意见》提出的"生产发展、生活宽裕、乡风文明、村容整洁、管理民主"要求，中部地区大力加强农业基础设施建设，实施民生工程，大力推进社会主义新农村建设。其中，农民是社会主义新农村建设的实践主体和基本力量，新型农民是农村先进生产力要素中最活跃、最具决定作用的因素，是唯一能动和创新的因素，培养造就有文化、懂技术、会经营的新型农民，增加农民持续增收是中部地区扎实推进社会主义新农村建设中心环节。

"有文化、懂技术、会经营"的内涵十分丰富。不仅要求农民具备较厚实的知识素养、人文素养和科技素养；熟悉从事农业生产和农村经营活动的技术、技能，先进农业生产装备技术的运用，而且还要求具有市场意识、创业意识、竞争意识、风险意识、法治意识和经营管理、产业开发、市场营销等方面能力。这既概括了我国新型农民的综合素质，又反映了新时期农民在农业生产和农村现代化进程中的核心竞争力，对农民在剧烈的竞争条件下闯市场、创实业，实现持续增收具有决定性的影响。而中部地区新型农民培养造就与否关键取决于中部地区农民人力资本的提升和农业科技进步。

3. 人力资本和科技进步是中部地区实现城乡统筹，推进城镇化建设，加强农村劳动力转移，形成城乡一体化新格局，促进农民增收的内在要求

农村劳动力转移是城乡二元经济转型过程中出现的必然现象，中部地区尤为突出。农村劳动力的富余在很大程度上制约了中部地区农业生产率和农民收入的提高。能否有效地把富余劳动力转移到城镇和非农产业，是破解中部地区"三农"问题，增加农民收入的重要环节。在中部地区工业化、城镇化过程中，大部分省份大量的农村富余劳动力向城镇和非农产业进行了转移。在当前国内外经济新形势下，中央提出要把城镇化发展的重点、转移农村人口的重点，放到中小城市和中心镇。2010 年中央一号文件就明确提出："要加快落实放宽中小城市、小城镇特别是县城和中小镇落户条件的政策，促进符合条件的农业转移人口在城镇落户并享有与当地城镇居民同等的权益。"这为中部地区农村富余劳动力转移提供了新的政策导向，有利于直接增加农民收入，发育要素市场，有利于进一步推进中部地区城镇化的进程，形成城乡一体化的格局。而在中部农村人口向中小城市和中心镇转移过程中，农村劳动者所具有的文化素质和技术水平显得尤为重要。那些受过良好教育和培训，那些掌握了一技之能的农村富余劳动者更愿意，也更有能力转移出去，也更容易获得更多的就业机会以及较高的报酬，也可以更好地融入城市。因此，人力资本和科技进步是中部实现城乡统筹，推进城镇化建设，加强农村劳动力转移，形成城乡一体化新格局的内在要求。

（三）人力资本与科技进步促进中部地区农民增收的实证分析

1. 中部地区农村居民人力资本提升与收入增长的实证分析

人力资本理论认为人力资本积累的主要途径是教育（培训）。考虑到数据的可获得性，本文选取 1996～2008 年期间农村居民人均纯收入作为考察微观层面的收入指标，农村居民人均教育文化投入作为考察微观层面的教育（培训）投入费用指标。

（1）中部地区农村居民人均人力资本投入与纯收入之间的格兰杰检验

传统观念认为教育文化投入属于消费的范畴，绝大多数的相关研究都是以消费为被解释变量，收入为解释变量建立计量经济模型，但实际上教育文化投入属于投入的范畴，是人力资本投入的主要途径。因此，我们认为应以收入为被解释变量，投入为解释变量来建立计量模型分析人力资本投入对收入增长的作用。对此，我们用格兰杰检验方法进行判定，检验结果表明：中部六省农村居民人力资本投入（教育文化投入）是农民增收的格兰杰原因（见表 5 - 1），建立以收入为被解释变量，以人力资本投入量为解释变量的计量模型具有显著的经济意义。

表 5 - 1　　　　中部六省农村居民人均人力资本投入与收入增长的格兰杰检验

滞后长度	格兰杰因果性	F 值	P 值	结论
1	$RJY_{sx} \rightarrow \Delta RSR_{sx}$	20.7187	0.00263	不拒绝 ***
1	$RJY_{ah} \rightarrow \Delta RSR_{ah}$	25.7913	0.00143	不拒绝 ***
1	$RJY_{jx} \rightarrow \Delta RSR_{jx}$	24.0195	0.00175	不拒绝 ***
1	$RJY_{hen} \rightarrow \Delta RSR_{hen}$	15.4810	0.00564	不拒绝 ***
1	$RJY_{hb} \rightarrow \Delta RSR_{hb}$	13.2550	0.00828	不拒绝 ***
1	$RJY_{hun} \rightarrow \Delta RSR_{hun}$	22.2965	0.00215	不拒绝 ***
1	$RJY_{qg} \rightarrow \Delta RSR_{qg}$	11.7627	0.01099	不拒绝 **
1	$RYB_{sx} \rightarrow \Delta RSR_{sx}$	16.4142	0.00486	不拒绝 ***
1	$RYB_{ah} \rightarrow \Delta RSR_{ah}$	29.5820	0.00097	不拒绝 ***
1	$RYB_{jx} \rightarrow \Delta RSR_{jx}$	16.8500	0.00455	不拒绝 ***
1	$RYB_{hen} \rightarrow \Delta RSR_{hen}$	15.7186	0.00543	不拒绝 ***
1	$RYB_{hb} \rightarrow \Delta RSR_{hb}$	24.6614	0.00163	不拒绝 ***
1	$RYB_{hun} \rightarrow \Delta RSR_{hun}$	18.9848	0.00333	不拒绝 ***
1	$RYB_{qg} \rightarrow \Delta RSR_{qg}$	14.2153	0.00698	不拒绝 ***

注：*** 表示显著性水平为 1% ，** 表示显著性水平为 5% 。

（2）中部地区农村居民年人均人力资本投入与收入增长的面板数据模型

为了同时反映中部地区人均人力资本投入促进农村居民收入增长的整体效应与省份差异，本文采用面板数据分析方法。面板数据模型根据截距项向量和系数向量中各个向量的不同限制要求，又可以将面板数据模型划分为 3 种类型：无个体影响的不变系数模型（混合模型）、含有个体影响的不变系数模型（变截距模

265

型）和含有个体影响的变系数模型（变系数模型）。

根据面板数据模型的特性，用变截矩模型反映中部地区农村居民人均教育文化投入促进增长的整体效应，用变系数模型反映中部各省农村居民人均教育文化投入促进增收的个体差异。

模型1：中部地区农村居民人均教育文化投入促进增收的整体效应

建立变截矩面板数据模型：

$$\Delta RSR_i = \beta RJY_i + \alpha e + U_i \quad (i = 1, 2, \cdots, 6) \tag{5-1}$$

经过反复调试模型，发现人均教育文化投入的二阶滞后项对人均纯收入增加的影响最显著而且回归效果最好，回归设置参数为个体固定效应并采用加权最小二乘法（GLS）进行回归，实证分析结果如下：

$$
\begin{bmatrix}
\Delta RSR_{sx} \\
\Delta RSR_{ah} \\
\Delta RSR_{jx} \\
\Delta RSR_{hen} \\
\Delta RSR_{hb} \\
\Delta RSR_{hun}
\end{bmatrix}
=
\underset{(14.68)}{3.336}
\times
\begin{bmatrix}
RJY_{sx}(-2) \\
RJY_{ah}(-2) \\
RJY_{jx}(-2) \\
RJY_{hen}(-2) \\
RJY_{hb}(-2) \\
RJY_{hun}(-2)
\end{bmatrix}
-
\underset{(-9.80)}{419.990}
\times
\begin{bmatrix}
1 \\
1 \\
1 \\
1 \\
1 \\
1
\end{bmatrix}
+
\begin{bmatrix}
82.021 \\
54.126 \\
-28.931 \\
191.471 \\
-117.788 \\
-180.900
\end{bmatrix}
$$

$$\tag{5-2}$$

$$R^2 = 0.8029 \quad F = 36 \quad D.W. = 1.93$$

式中，ΔRSR 为农村居民人均收入的一阶差分，即农村居民年人均纯收入的增量，$RJY(-2)$ 为农村居民人均教育文化投入的二阶滞后项。

上述方程所有参数均在1%显著性水平下通过了检验，决定系数也达到了0.8029，回归质量较优。

从估计结果可以看出，中部地区农村居民人均教育文化投入对于人均纯收入增量的变化具有相同的效应，平均而言，中部地区农村居民人均教育文化投入对未来两年收入的变化具有显著影响，人均教育文化投入1元，两年后可使收入增长3.34元。在1996~2008年，中部地区农村居民人均教育文化投入平均每年增加11.11元，增收37.12元。

模型2：中部地区农村居民人均教育文化投入促进增收的各省差异

建立变系数面板数据模型：

$$\Delta RSR_i = RJY_i\beta' + \alpha e + u_i \quad (i = 1, 2, \cdots, 6) \tag{5-3}$$

同样以中部地区农村居民人均纯收入的增量为被解释变量，以中部地区农村居民人均教育文化投入二阶滞后项为解释变量，运用GLS回归结果如下：

$$\begin{cases} \Delta RSR_{sx} = 2.192 RJY_{sx}(-2) - 538.543 + 382.587 \\ \qquad\quad (5.79) \qquad\qquad (-8.88) \\ \Delta RSR_{ah} = 4.069 RJY_{ah}(-2) - 538.543 + 53.841 \\ \qquad\quad (3.29) \qquad\qquad (-8.88) \\ \Delta RSR_{jx} = 3.988 RJY_{jx}(-2) - 538.543 - 35.994 \\ \qquad\quad (8.84) \qquad\qquad (-8.88) \\ \Delta RSR_{hen} = 5.108 RJY_{hen}(-2) - 538.543 + 76.055 \\ \qquad\quad (3.93) \qquad\qquad (-8.88) \\ \Delta RSR_{hb} = 5.479 RJY_{hb}(-2) - 538.543 - 466.594 \\ \qquad\quad (5.78) \qquad\qquad (-8.88) \\ \Delta RSR_{hun} = 3.114 RJY_{hun}(-2) - 538.543 - 9.895 \\ \qquad\quad (9.52) \qquad\qquad (-8.88) \end{cases} \qquad (5-4)$$

$$R^2 = 0.8455 \quad F = 24 \quad D.W. = 2.52$$

从回归结果可以看到，中部六省中湖北省的农村居民教育文化投入收益最高，每投入 1 元，可使收入增长 5.48 元，随后依次为河南（增收 5.11 元）、安徽（增收 4.07 元）、江西（增收 3.99 元）、湖南（增收 3.11 元）、山西（增收 2.19 元）。其中湖南省与山西省两个省份的作用效果低于中部地区平均值。而从 1996~2008 年中部各省农村居民教育文化投入情况来看，山西省农村居民教育文化投入每年平均增加 22.06 元，增加 48.32 元；安徽增加 14.26 元，增收 58.03 元；江西增加 8.88 元，增收 35.45 元；河南增加 9.47 元，增收 48.37 元；湖北增加 7.58 元，增收 41.60 元；湖南增加 7.82 元，增收 24.33 元。

2. 中部地区农村居民科技投入与收入增长的实证分析

1964 年，西奥多·W·舒尔茨在其《改造传统农业》一书中，提出技术停滞是传统农业的最基本特征，同时也是农民收入低下，生活贫穷的主要原因。要改变农业的落后状况，增加农民收入，改变农民的贫穷状况，应该在农业现代化发展过程中更多的重视向农民提供新的、更有生产力的适用新技术。基于此考虑及数据的可获得性，本文选取 1996~2008 年期间农村居民平均每户生产性物化技术投入考察微观层面的科技投入费用指标，农村居民人均纯收入作为考察微观层面的收入指标。

（1）中部地区农村居民人均科技投入与纯收入之间的格兰杰检验

同样，我们需要论证农村居民人均生产性物化技术与人均纯收入之间是否具有因果关系。格兰杰检验结果表明，中部六省农村居民平均每户生产性物化技术投入是农民增收的格兰杰原因，建立以收入为被解释变量，平均每户科技投入为解释变量的计量模型是具有一定的经济意义。

表 5 – 2　　　　中部六省农村居民人均科技投入与收入增长的格兰杰检验

滞后长度	格兰杰因果性	F 值	P 值	结论
2	$RKJ_{sx}\rightarrow\Delta RSR_{sx}$	18. 7419	0. 00263	不拒绝 ***
2	$RKJ_{ah}\rightarrow\Delta RSR_{ah}$	4. 9434	0. 05387	不拒绝 *
1	$RKJ_{jx}\rightarrow\Delta RSR_{jx}$	6. 5989	0. 03025	不拒绝 **
2	$RKJ_{hen}\rightarrow\Delta RSR_{hen}$	8. 9521	0. 01515	不拒绝 **
2	$RKJ_{hb}\rightarrow\Delta RSR_{hb}$	9. 6312	0. 01340	不拒绝 **
2	$RKJ_{hun}\rightarrow\Delta RSR_{hun}$	13. 1343	0. 00619	不拒绝 ***
1	$RKJ_{qg}\rightarrow\Delta RSR_{qg}$	25. 2587	0. 00071	不拒绝 ***

注：*** 表示显著性水平为 1%，** 表示显著性水平为 5%，* 表示显著性水平为 10%。

（2）中部地区农村居民年人均科技投入与收入增长的面板数据模型

模型 3：中部地区农村居民人均科技投入促进收入增长的整体效应

建立变截矩面板数据模型：

$$\Delta RSR_i = \beta RKJ_i + \alpha e + U_i \quad (i = 1,\ 2,\ \cdots,\ 6) \qquad (5-5)$$

经过对模型的反复调试，发现农村居民平均每户生产性物化技术的二阶滞后项对人均纯收入增加的影响最显著而且回归效果最好，回归设置参数为个体固定效应并采用广义最小二乘法的 EGLS 权重法进行回归，实证分析结果如下：

$$\begin{bmatrix} \Delta RSR_{sx} \\ \Delta RSR_{ah} \\ \Delta RSR_{jx} \\ \Delta RSR_{hen} \\ \Delta RSR_{hb} \\ \Delta RSR_{hun} \end{bmatrix} = \underset{(8.47)}{0.4512} \times \begin{bmatrix} RKJ_{sx}(-2) \\ RKJ_{ah}(-2) \\ RKJ_{jx}(-2) \\ RKJ_{hen}(-2) \\ RKJ_{hb}(-2) \\ RKJ_{hun}(-2) \end{bmatrix} - \underset{(4.24)}{250.65} \times \begin{bmatrix} 1 \\ 1 \\ 1 \\ 1 \\ 1 \\ 1 \end{bmatrix} + \begin{bmatrix} 66.51 \\ -435.64 \\ 375.48 \\ -599.02 \\ 272.04 \\ 320.63 \end{bmatrix} \quad (5-6)$$

$$R^2 = 0.5266 \quad F = 13.00 \quad D.W. = 1.06$$

式中，ΔRSR 为农村居民人均纯收入的一阶差分，即农村居民年人均纯收入的增加量，$RJY(-2)$ 为农村居民人均科技投入的二阶滞后项。

模型中所有参数均在 1% 显著性水平下通过检验，决定系数也达到了 0.5266 回归质量较好。

从模型估计结果可以看出，中部地区农村居民人均生产性物化科技投入对于人均纯收入增量的变化具有相同的效应，平均而言，中部地区农村居民人均生产性物化科技投入对未来两年收入的变化具有显著影响，人均投入 1 元，两年后可使收入增长 0.4512 元。1996 ~ 2008 年中部地区农村居民人均生产性物化技术投入平均每年增加了 87.77 元，增收 39.6 元。

模型 4：中部地区农村居民人均科技投入促进收入增长的各省差异

建立变系数面板数据模型：

$$\Delta RSR_i = RKJ_i\beta' + \alpha e + u_i \quad (i = 1, 2, \cdots, 6) \quad\quad (5-7)$$

同样用广义二乘法的 EGLS 权重法回归得到：

$$
\begin{cases}
\Delta RSR_{sx} = 0.454 RKJ_{sx} - 343.886 + 157.287 \\
\qquad\quad (4.32) \qquad\quad\ (6.37) \\
\Delta RSR_{ah} = 0.438 RKJ_{ah} - 343.886 - 315.373 \\
\qquad\quad (3.90) \qquad\quad\ (6.37) \\
\Delta RSR_{jx} = 1.536 RKJ_{jx} - 343.886 + 202.877 \\
\qquad\quad (6.16) \qquad\quad\ (6.37) \\
\Delta RSR_{hen} = 0.287 RKJ_{hen} - 343.886 - 106.252 \\
\qquad\quad (4.02) \qquad\quad\ (6.37) \\
\Delta RSR_{hb} = 1.039 RKJ_{hb} - 343.886 + 90.474 \\
\qquad\quad (7.26) \qquad\quad\ (6.37) \\
\Delta RSR_{hun} = 1.74 RKJ_{hun} - 343.886 - 29.013 \\
\qquad\quad (10.80) \qquad\quad\ (6.37)
\end{cases}
\quad (5-8)
$$

$$R^2 = 0.8208 \quad F = 28 \quad D.W. = 1.86$$

从回归结果可以看到，中部地区农村居民人均生产性物化技术投入的二阶滞后项对农村居民收入增长具有显著的影响，且模型所有参数通过 1% 置信水平的检验。中部六省中湖南省农村居民生产性物化技术投入收益最高，投入 1 元，可使收入增长 1.74 元，随后依次为江西（增收 1.536 元）、湖北（增收 1.039 元）、山西（0.454 元）、安徽（增收 0.438 元）、河南（增收 0.287 元）。而从 1996 ~ 2008 年中部各省农村居民生产性物化技术投入情况来看，山西农村居民生产性物化技术平均每年增加了 83.38 元，增收 37.85 元；安徽增加 149.11 元，增收 65.31 元；江西增加 42.19 元，增收 64.81 元；河南增加 162.83 元，增收 46.73 元；湖北增加 56.19 元，增收 58.38 元；湖南增加 32.92 元，增加 57.28 元。

（四）实施人力资本提升"四大工程"，促进中部地区农民增收的长效机制

上述实证分析表明，中部地区农村居民人力资本投入与科技投入与收入增长

具有较显著的强正向关系，人力资本和科技投入越多，收入增长就越多。也就是说，中部地区农民所接受到的教育文化水平越高，所应用到的农业生产技术水平越高，收入增长就越多。因此，建立中部地区农村提升人力资本和加快科技进步对农民增收的长效机制更显得尤为必要。

1. 农村义务教育均衡发展工程。要进一步巩固和完善中部地区农村义务教育经费保障机制，增加财政对中部地区农村义务教育的倾斜力度，落实好农村教师培训制度和绩效工资制度；农村学校布局要符合实际，方便学生上学；要加快推进初中校舍改造和中小学校舍安全工程，实施农村中小学建设标准化工程，尽快使所有学校的校舍、设备和师资达到规定标准；要为农村中小学班级配备多媒体远程教学设备，并通过不断完善精神物质奖励、职务职称晋升、定向免费培训等方法，引导更多城市教师下乡支教，让广大农村和偏远地区的孩子共享优质教育资源。

2. 农村职业教育创业创新工程。要创新发展中部地区中等职业教育，推进农村中等职业教育免费进程，逐步实施农村新成长劳动力免费劳动预备制培训；要重点扶持一批办学规模大、实力强、水平高、效益好的骨干学校和品牌专业，成为农村职业教育的重点基地，形成示范和辐射效应；要积极探索多样化的办学模式，形成全日制、业余、脱产、半脱产等多种学制，增加农民接受教育的选择性；要加强师资队伍建设，注重培养既有专业知识又掌握了一定的实用技术教师，可实行"专兼结合"的办法，聘请有实际经验的专业技术人员作兼职教师，发挥能工巧匠和专业户在学生技能培养中的积极作用；要注重教育方法的灵活性，注意把技术培训与乡镇农科站所的新技术、新项目、新品种的推广相结合，把理论讲解与实际操作训练相结合；要创造鼓励农民创业创新的政策、环境，进行创业创新教育，着力培养农民的创业创新意识、创业创新精神、创业创新技能，并可采取"企业＋专业合作社＋基地＋农户"和"大户＋基地＋大学生村官＋贫困户"等创业模式引导农民创业。

3. 农村劳动力转移培训工程。要坚持以就业为导向，使培训内容同市场需求接轨，加强培训机构与用人单位及劳动力市场的对接，增加中部地区农村劳动力转移人员技能培训的针对性；要加强中部地区农村劳动力转移培训基地建设，建立县、乡、村三级教育培训网络，充分依托农村职教中心、技工学校、乡镇成人教育中心等教育实体，尽可能配备现代化的教学设施，不断改善办学条件，提高培训基地的现代化水平；要加快建设和完善农村劳动力转移就业信息服务体系，建立农村劳动力资源库、岗位培训媒体资源库、城镇用工信息库和就业跟踪资料库等，为农村劳动力转移培训提供良好的资源基础；要统筹安排好城乡就业工作，积极引导农村富余劳动力有序流动，把农村劳动力流动就业纳入公共就业服务范围，大力推广"培训、就业、维权"三位一体的工作模式；要加强对培训市场的管理，引导和扶持中介服务机构健康发展。

4. 现代农业急需人才开发工程。要建设一支数量充足、素质优良、立足本土、结构合理的农村经济、科技、规划、管理和法律等急需人才队伍，让他们成为促进中部地区农村产业升级、建设现代农业，繁荣农村经济、带领群众增收致富的骨干力量；要通过教育培训等方式，对农村现有的村级干部、农技骨干、生产和经营能手、能工巧匠等人才进行开发，进一步提高他们的能力和素质，让他们能够担负起建设新农村的重任，发挥农村建设中领头雁和生力军的作用；要营造尊重人才的社会氛围，引导和鼓励大学毕业生面向农村基层创业就业，到村级班子建功立业，发展壮大农村急需人才队伍；要制定优惠的政策，引导有眼光、有魄力、有技术和有管理经验的外出务工人员回乡创业，直接服务农业和农村发展。

二、社会主义新农村建设中科技支撑体系的构建*

（一）科技进步是建设社会主义新农村的重要支撑

1. 建设社会主义新农村的根本目的是生产发展、农民增收。"解决好农业、农村、农民问题，事关全面建设小康社会大局，必须始终作为全党工作的重中之重"。建设社会主义新农村，是党中央按照科学发展观要求做出的重大战略部署，是解决"三农"问题的基本思想和思路的集中体现，是全面建设小康社会和实现农业现代化进程中的重大历史任务。在中央提出的"生产发展、生活宽裕、乡风文明、村容整洁、管理民主"的社会主义新农村建设的总体目标中最重要的是发展生产，其根本目的就是要千方百计地增加农民收入。农民的收入能不能提高，农民的生活水平能不能改善，农民能不能分享发展的成果，这是农民最直接的利益，是建设社会主义新农村工作的重中之重，是新农村建设成功与否的重要标志，也是能否得到广大农民支持的关键性因素。

---

　　* 曾发表于《南昌大学学报（人文社会科学版）》，2011 年 1 月第 42 卷第 1 期。

　　作者：周绍森、贺喜灿、罗序斌。

　　贺喜灿，1965 年 7 月生，博士、教授，原中国井冈山干部学院人力资源部主任，现任中共鹰潭市委常委、宣传部部长。

2. 科技进步是发展农业生产，增加农民收入的内生动力，是加快转变农村经济发展方式，发展现代农业的重要支撑。目前，农业收入仍是当前农村广大农民的主要收入来源。农民的农业收入主要是由农业生产率决定的。农业生产率包括土地生产率与劳动生产率两个方面。然而，由于当前我国未开发利用的耕地已经很少，耕地面积很难增加，水资源短缺问题突出，农业可以分配到的水资源比重下降较快，因此，旨在提高土地生产率增加农民收入的余地在不断减少。唯有大力提高劳动生产率才是增加农民收入的突破口。劳动生产率的提高主要是通过科技进步与提高劳动者素质，加快转变农村经济发展方式，大力发展现代农业来实现。其实质是要高度重视农业科技在农业发展中的支撑作用，从依靠传统生产要素和耕作方式向依靠现代生产要素，推广新品种和新型耕作方式转变；从粗放型传统农业向生态农业、循环农业的新兴农业转变；通过加快科技进步，进一步挖掘土地生产率，提高劳动生产率，促进农民持续增收。

3. 科技进步是实现城乡统筹，推进城镇化建设，加快农村劳动力转移，形成城乡一体化新格局的内在要求。农村富余劳动力转移是城乡二元经济向城乡一体化经济转型过程中出现的必然现象。农村劳动力的富余在很大程度上制约了农业生产率和农民收入的提高。能否有效地把农村富余劳动力转移到城镇和非农产业，是破解"三农"问题，增加农民收入的重要环节。在当前国内外经济新形势下，中央提出要把城镇化发展的重点和农村人口转移的重点，放到中小城市和中心镇。2010年中央一号文件明确提出："要加快落实放宽中小城市、小城镇特别是县城和中小镇落户条件的政策，促进符合条件的农业转移人口在城镇落户并享有与当地城镇居民同等的权益。"这为农村富余劳动力转移提供了新的政策导向，有利于发育要素市场，推进城镇化的进程，形成城乡一体化的格局。需要强调的是，在农村人口转移过程中，农村劳动者所具有的技术水平和文化素质显得尤为重要。那些受过良好科学技术教育培训，掌握了一技之能的农村劳动者更有能力转移出去，更容易获得就业机会和较高报酬，也能够更好地融入到城市生活中去。

（二）农村居民人均科技投入对收入增长贡献的实证分析

我们以全国农业生产重要基地江西和中部省份为例进行实证分析。

1. 农村居民人均纯收入和科技投入的变化情况及其相关性分析

（1）农村居民人均纯收入变化轨迹

从农民收入增长总量来看，1996～2008 年，中部地区农民人均纯收入平均增长量为 229.58 元，比全国平均水平要少 6.63 元。其中，江西农民人均纯收入增长总量为 235.63 元，列中部六省第二位，但农民收入平均增长率为中部六省末位（见表 5－3）。

表 5－3　　　　　　　　　　农民年人均纯收入增长情况　　　　　　　　　单位：元

年份	江西	山西	安徽	河南	湖北	湖南	中部	全国
1996	1 869.63	1 557.19	1 607.72	1 579.19	1 863.62	1 792.25	1 698.38	1 926.07
1997	2 107.28	1 738.26	1 808.75	1 733.89	2 102.23	2 037.06	1 904.15	2 090.13
1998	2 048.00	1 858.60	1 863.06	1 864.05	2 172.24	2 064.85	1 969.51	2 161.98
1999	2 129.45	1 772.62	1 900.29	1 948.36	2 217.08	2 127.46	2 021.06	2 210.34
2000	2 135.30	1 905.61	1 934.57	1 985.82	2 268.59	2 197.16	2 067.58	2 253.42
2001	2 231.60	1 956.05	2 020.04	2 097.86	2 352.16	2 299.46	2 161.37	2 366.40
2002	2 306.45	2 149.82	2 117.56	2 215.71	2 444.06	2 397.92	2 272.41	2 475.63
2003	2 457.53	2 299.17	2 127.48	2 235.68	2 566.76	2 532.87	2 350.62	2 622.24
2004	2 786.78	2 589.60	2 499.33	2 553.15	2 890.01	2 837.76	2 674.95	2 936.40
2005	3 128.89	2 890.66	2 460.96	2 870.58	3 099.20	3 117.74	2 911.03	3 254.93
2006	3 459.53	3 180.92	2 969.08	3 261.03	3 419.35	3 389.62	3 274.23	3 587.04
2007	4 044.70	3 665.66	3 556.27	3 851.60	3 997.48	3 904.20	3 838.01	4 140.36
2008	4 697.19	4 097.24	4 202.49	4 454.24	4 656.38	4 512.46	4 453.38	4 760.62
年均增长（元）	235.63	211.67	216.23	239.59	232.73	226.68	229.58	236.21
年均增长率（%）	9.19	10.09	9.77	10.62	9.23	9.46	9.69	9.02

资料来源：根据历年中国统计年鉴整理，年均增长率为水平法计算所得。

（2）农村居民人均科技投入变化轨迹

从农民科技投入总量来看，1996～2008 年间，中部地区生产性物化技术投入每户平均增长量为 95.08 元，比全国水平 108.7 元要少 13.62 元。其中，江西为 45.71 元，排在倒数第二位。尽管近 10 余年来，江西农民生产性物化技术投入增长很快，增长率为中部各省之首，但其总量与中部其他省份相比差距仍很大，处于末位（见表 5－4）。

表 5 – 4　　　　　　　　　　农村居民人均生产性物化技术投入　　　　　　　单位：元/户

年份	江西	山西	安徽	河南	湖北	湖南	中部	全国
1996	112.07	327.67	1 230.97	1 513.47	215.09	234.24	605.59	768.25
1997	142.51	372.46	1 626.13	1 558.13	351.61	256.80	717.94	878.28
1998	132.51	713.75	1 590.09	1 922.14	380.70	242.96	830.36	1 033.75
1999	263.30	804.34	1 749.32	2 267.46	424.34	268.63	962.90	1 112.71
2000	200.90	1 012.43	1 734.23	2 197.85	347.10	281.66	962.36	1 190.34
2001	169.51	1 006.48	2 137.43	2 528.50	369.31	322.36	1 088.93	1 271.42
2002	194.37	981.44	2 166.91	2 654.37	389.71	338.99	1 120.97	1 348.93
2003	236.96	1 046.01	2 107.28	2 890.83	498.97	363.19	1 190.54	1 340.78
2004	242.20	1 044.90	2 281.10	2 958.90	529.20	431.40	1 247.95	1 438.80
2005	464.60	1 185.20	2 690.20	3 039.90	778.60	476.50	1 439.17	1 615.60
2006	537.90	1 223.50	2 724.40	3 213.80	855.10	563.70	1 519.73	1 768.80
2007	609.20	1 289.70	2 148.80	3 563.10	916.90	618.20	1 524.32	1 931.60
2008	660.60	1 411.60	3 169.40	3 630.20	945.60	662.20	1 746.60	2 072.60
年均增长率（%）	21.00	15.00	9.56	8.00	14.86	9.23	9.42	8.71

资料来源：历年《中国农村统计年鉴》数据整理。

（3）农村居民人均科技投入与纯收入之间相关性分析

对江西以及中部其他 5 个省份 1996～2008 年农民科技投入与纯收入之间因果关系显著性进行了格兰杰检验，结果表明，江西省和中部其他省份的农村居民平均每户生产性物化技术投入是农民增收的格兰杰原因，具有非常显著的因果关系。

2. 农村居民年人均科技投入对收入的影响程度分析

（1）农村居民人均科技投入促进中部收入增长的整体效应分析

建立变截矩面板数据模型：

$$\Delta RSR_i = \beta RKJ_i + \alpha e + U_i (i = 1, 2, \cdots, 6) \qquad (5 - 9)$$

经过对模型的反复调试，发现中部地区农村居民平均每户生产性物化技术的二阶滞后项对人均纯收入增加的影响最显著，回归效果最好。采用广义最小二乘法的 EGLS 权重法进行回归，实证分析结果如下：

$$
\begin{bmatrix}
\Delta RSR_{jx} \\
\Delta RSR_{sx} \\
\Delta RSR_{ah} \\
\Delta RSR_{hen} \\
\Delta RSR_{hb} \\
\Delta RSR_{hun}
\end{bmatrix}
=
\underset{(8.47)}{1.4512}
\times
\begin{bmatrix}
RKJ_{jx}(-2) \\
RKJ_{sx}(-2) \\
RKJ_{ah}(-2) \\
RKJ_{hen}(-2) \\
RKJ_{hb}(-2) \\
RKJ_{hun}(-2)
\end{bmatrix}
-
\underset{(4.24)}{250.65}
\times
\begin{bmatrix}
1 \\
1 \\
1 \\
1 \\
1 \\
1
\end{bmatrix}
+
\begin{bmatrix}
375.481 \\
66.5 \\
-435.64 \\
-599.02 \\
272.04 \\
320.63
\end{bmatrix}
$$

$$(5-10)$$

$$R^2 = 0.5266 \quad F = 13.00 \quad D.W. = 1.06$$

式中，ΔRSR 为农村居民人均纯收入的一阶差分，即农村居民年人均纯收入的增加量。$RJY(-2)$ 为农村居民人均科技投入的二阶滞后项。模型中所有参数均在 1% 显著性水平下通过检验，决定系数也表明回归质量较好。

从模型估计结果可以看出，中部地区农村居民人均生产性物化科技投入对于人均纯收入增量的变化具有相同的效应，平均而言，中部地区农村居民人均生产性物化科技投入对未来两年收入的变化具有显著影响，人均投入 1 元，两年后可使收入增长 1.4512 元。

（2）农村居民人均科技投入促进收入增长的中部六省差异分析

建立变系数面板数据模型：

$$\Delta RSR_i = RKJ_i\beta' + \alpha e + u_i (i = 1, 2, \cdots, 6) \qquad (5-11)$$

用广义二乘法的 EGLS 权重法回归得到：

$$
\begin{cases}
\Delta RSR_{jx} = \underset{(6.16)}{1.536}RKJ_{jx} - \underset{(6.37)}{343.886} + 202.877 \\[2ex]
\Delta RSR_{sx} = \underset{(4.32)}{0.454}RKJ_{sx} - \underset{(6.37)}{343.886} + 157.287 \\[2ex]
\Delta RSR_{ah} = \underset{(3.90)}{0.438}RKJ_{ah} - \underset{(6.37)}{343.886} - 315.373 \\[2ex]
\Delta RSR_{hen} = \underset{(4.02)}{0.287}RKJ_{hen} - \underset{(6.37)}{343.886} - 106.252 \\[2ex]
\Delta RSR_{hb} = \underset{(7.26)}{1.039}RKJ_{hb} - \underset{(6.37)}{343.886} + 90.474 \\[2ex]
\Delta RSR_{hun} = \underset{(10.80)}{1.74}RKJ_{hun} - \underset{(6.37)}{343.886} - 29.013
\end{cases}
\qquad (5-12)
$$

$$R^2 = 0.8208 \quad F = 28 \quad D.W. = 1.86$$

从回归结果可以看到，中部地区农村居民人均生产性物化技术投入的二阶

275

滞后项对农村居民收入增长具有显著的影响，且模型所有参数通过1%置信水平的检验。中部六省中，湖南农民每户生产性物化技术投入收益最高，平均每户生产性物化技术年投入每增加1元，可使农民人均纯收入增长1.74元；江西紧随其后，农民年平均生产性物化技术多投入1元，可使收入增加1.536元。可见，农民科技投入对收入增长的影响是比较大的。因此，加大农业科技投入的力度，引导农民充分认识到提高科技水平对其收入增加的重要性，增强其主动投资的意识，发展科技型农业，实现农业现代化，建设好社会主义新农村。

（三）农村科技支撑体系的构建

社会主义新农村建设中科技支撑体系的构建，要以科学发展观为指导，一是要遵循发展的可持续性原则，调整优化产业结构、投资结构和需求结构；二是要遵循利益分配的互惠互利原则，正确定位好农户（农村生产经营者）、政府、市场的关系；三是要遵循发展路径的市场化原则，以市场化为导向，协调好农村经济发展过程中各方面的利益关系；四是要遵循生态原则，深刻认识到保护好生态的同时，发展生态经济的重大意义。

社会主义新农村建设中科技支撑体系的构建，关键是要构建现代农业关键技术、现代农业科技创新、现代农业科技普及推广、现代农业科技人才培育、现代农业网络服务五大体系。

1. 构建现代农业关键技术体系

一是加强农业生物育种创新与开发，抓紧开发具有重要应用价值和自主知识产权的生物新品种，抢占农业前沿技术战略制高点；二是实施农业生产信息技术开发，借助电子计算机技术和遥感技术，建立农业专家决策系统、农业自然灾害预警系统和抗灾指挥系统、农业生态环境监测系统、农作物产量和农业技术质量监测系统，提高农业信息技术化水平；三是实施农产品加工技术开发，强化加工深度、贮藏、保鲜和包装等相关技术的研发和应用，增强农产品市场竞争力；四是重点实施农机和装备成套技术开发，大力提高现代农业装备水平，促进农业生产机械化、精确化、标准化，提高粮食单产技术水平和农产品生产能力，为发展现代农业奠定坚固的基础。

2. 构建现代农业科技创新体系

一是加快建立以政府为主导、社会力量广泛参与的多元化农业科研投入体系，形成稳定的投入增长机制，大幅度增加农业科研投入；二是以培育和壮大龙头企业的科技竞争力为方向，引导企业与科研院所紧密合作，进行产学研联盟；三是加强生态农业、循环农业重点实验室、工程技术中心等科技创新平台建设，发挥平台的项目研发、成果转化、技术推广、人才培养的功能；四是建设跨区域、跨学科、跨专业的创新团队，以重大科技支撑计划、重大科技专项等为依托，组织集体攻关和协作攻关，促进早出成果、出大成果，实现双赢或多赢的局面。

3. 构建现代农业科技普及推广体系

一是整合现有农业科技推广资源，构建以农业科研单位、农业教育单位、国家农技推广机构为主体，涉农企业、农业产业化组织、农村合作经济组织、中介组织等广泛参与的农业科技成果推广的新模式。二是以农业科技研究项目为载体，鼓励和引导农业科研、教育等单位组织科研和教学人员送科技下乡，向农民群众面对面地宣传普及农业科技知识和成果；三是创建"现代农业示范区""科技示范户"和"现代农业生态园"，发挥其有效的技术带动和典型引导的作用，让农民在"跟着学""跟着干"中推广农业科技，实实在在享受农业科技带来的实惠。

4. 构建现代农业科技人才培育体系

要建设一支数量充足、素质优良、立足本土、结构合理的农村经济、科技、规划、管理和法律等急需人才队伍，让他们成为促进农村产业升级，建设现代农业，繁荣农村经济，带领群众增收致富的骨干力量；要通过教育培训等方式，对农村现有的村级干部、农技骨干、生产和经营能手、能工巧匠等人才进行开发，进一步提高他们的能力和素质，让他们能够担负起建设新农村的重任，发挥他们在社会主义新农村建设中领头雁和生力军的作用；要营造尊重人才的社会氛围，引导和鼓励大学毕业生面向农村基层创业就业，到村级班子建功立业，发展壮大农村急需人才队伍；要制定优惠政策，引导有眼光、有魄力、有技术和有管理经验的外出务工人员回乡创业，直接服务农业和农村发展。

5. 构建现代农业网络服务体系

一方面，要加强现代农业信息网络服务建设，构建农业电子商务平台，为农民、农资企业提供网上营销、洽谈、物流配送等多种商务服务，有效提升农村市场的效率，促进城乡之间的物资交流，让农民掌握农业生产和经营的主动权；另一方面要加强现代农业金融网络服务建设，逐步搭建由"农业贷款、农业保险、

277

农业担保、农村信用建设、农业投资基金"等构成的农村金融网络服务平台，为发展现代农业，加快农业科技进步，促进农业长效增收提供强有力的支撑。

（四）充分发挥政府在建设农村科技支撑体系中的重大作用

1. 制定科技兴农战略规划

要在国家和省市县科技战略规划指导下，根据本地的实际情况，挖掘本地的潜力，发挥本地的优势，制定本地科技兴农的中长期规划和具体的实施细则，使科技兴农工作在规划的指导下稳步推进，取得预期成效。

2. 加强科技园区对发展现代农业引领示范作用

园区既是生产项目的集聚地，也是科学技术的聚集地。随着社会主义市场经济的深入，各地科技园区对发展现代农业提供科技支撑的重要性认识越来越深刻，项目越来越多，配套服务越来越规范，成效越来越凸显。不少地方还通过加强农村组织与企业、高校的产学研结合的方式，促进农村产业和项目进园区，发挥科技的支撑作用。

3. 以农村信息化为契机，强化农业科技信息服务

科技信息是促进农业增效、农民增收的重要前提，掌握和运用科技促进农业生产，实现农民增收是各级政府为农民服务的重要职责。要给广大农村群众提供各方面的信息服务，特别要向农民提供实用科技信息，引导农民依靠科技走上致富之路。

4. 以农业科技项目为依托，整合优化科技资源

发展农业经济离不开项目的支撑，发展现代农业促进农民增收，更需要科技项目的依托。在项目申报和执行中，要加强对项目承担单位经费使用管理和督促检查，确保科技经费及时、足额到位，加强对项目实行跟踪问效，确保项目实施成效。

5. 创新体制机制，着力推广农业科技特派员制度

采取无偿服务、有偿服务，通过承包、技术入股、创办实体等形式，组织科

技特派员为"三农"服务。切实做到"放活科技人员，激活乡（镇）农技站所，带活基层群众"，采取"资金入股、技术参股、个人创业"的模式，开创政府推动、部门配合、科技人员带动、广大农民群众积极参与的局面。

6. 发挥农村组织在科技进步中的有效载体作用

各级政府要高度重视农村公共服务组织、农民组织、农业产业化组织等各类组织对推动科技进步，促进农民增收所具有的凝聚、促进和拉动作用。农业产业化的组织、"公司＋农户"组织和农民专业合作组织等是农村组织制度的创新，是实现农业现代化的重要组织资源。各地政府要大力支持、积极引导，使它们发挥更有效的带动作用。

279

第三篇 科学技术与社会文明*

- 科技进步与人类文明
- 科学技术与人文精神
- 科技创新与文化发展

* 本篇选自科技部的科普专项课题"科学技术普及与社会主义精神文明建设研究"（KP－2005－03）的研究成果：《科技普及与精神文明》一书，董俊山（法学博士、时任中宣部宣教局副局长）、周绍森、张剑（研究员、时任教育部社科中心主任）主编，北京：学习出版社，2008 年 5 月。

潘际銮（中国科学院院士、清华大学教授、博导，南昌大学名誉校长，曾任清华大学学术委员会主任、南昌大学校长、国务院学术委员会委员）、邵鸿（九三学社中央委员会常务副主席、中央社会主义学院副院长、博士、教授、博导，曾任南昌大学副校长）、刘大椿（中国人民大学一级教授、博导，曾任哲学系主任、研究生院常务副院长，图书馆馆长、校务委员会副主任）、陈栋生、雷绮虹（中国科普研究所研究员、著名科普专家）等 5 人为科技部课题验收委员会专家，其验收意见为《科技普及与精神文明》一书的《代序》。

本篇执笔人：周绍森、胡伯项、张莹。

胡伯项，1965 年 9 月生，教授、博导，曾任南昌大学马克思主义学院院长，现任南昌大学社科处处长。

张莹，1982 年 9 月生，硕士，江西省人力资源和社会保障厅人力资源市场处主任科员。

第六章

科技进步与人类文明

一、科技进步是人类文明演进的基础

（一）人类文明的演进及其实质

1. 文明的含义

"文明"的概念在华夏大地积淀了深厚的历史底蕴，在世界各国也都源远流长并得到广泛使用，对人类历史的发展起到了不可磨灭的作用。不同的时代、不同的民族或地区，都赋予"文明"以不同的含义。《辞海》对"文明"的解释就有多种：或指文化，如物质文明和精神文明；或指人类社会进步状态，与"野蛮"相对；或指光明、有文采。在中国，"文明"一词最早见于《周易》，如"见龙在田，天下文明"，"文明以健，中正而应，君子正也"。这里的"文明"是指文秀明丽的景物，高尚的道德，良好的教化。在西方，"文明（Civilization）"一词则出现得相当晚，来自古拉丁文的 cavils，原指人们和谐地在城市群体中生活在一起的能力、社会生活的规则和公民的道德。到现代社会，人们把"文明"

归结为人类认识世界和改造世界过程中所创造的进步的有积极意义的成果的总和，包括精神文明、物质文明、政治文明和社会文明。

我们认为，文明是一个历史范畴，可以从广义和狭义两个方面来看。从广义上理解，"文明"是指在人类社会发展的历史进程中所创造的物质财富和精神财富的总和。在漫长的历史发展中，人类不断地超越旧我，不断地开拓出新我，因而也就不断地改善着自己的生存方式，不断地改善着文明的具体形式；从狭义上理解，"文明"是指人类的思想成果，是人对自然、社会、人本身的认识，以及三者之间的关系，是人类生存发展的智慧，是带有普遍指导意义的精神财富。

2. 人类文明演进的实质

人类的起源也就是人类文明的起源，是一部人类的发展史，同时也是一部人类文明的发展史。

（1）人类文明演进的机理

把握人类文明演进的关键在于揭示人类文明发展的机理，而揭示人类文明发展的机理的重点是如何对待和处理人类与自然的关系：在悠久的人类思想史上，占支配地位的一直是一种"孤立的人类发展观"。20世纪下半叶由于生态问题的凸现，人们开始在更广大更深远的背景下建立起"大发展观"。"大发展观"的根本特征是把人类的发展与自然的发展相统一，但要真正做到统一，就不能再把人类与自然看成两个相互脱离的事物，必须形成把二者内在结合起来的人类与自然相统一的"大自然观"。

在"大自然观"和"大发展观"看来，自然的进化在本质上是物质形态的进化。大自然的物质形态进化大体经历了四个阶段：一是场与基本粒子的物理物质；二是原子、分子的化学物质；三是细胞、机体的生命物质；四是人及其创造的文化。这是一个由小到大或由里到表的个体进化历程。各种物质形态还都有其相应的宏观群体形态，如宇宙弥漫物质（物理物质）、各类星体（恒星、行星的化学物质）、生物群落或生物圈（生命物质）和人类社会（人的群体）。各种物质形态形成了大自然由低级到高级的物质台阶和层次，这在人类赖以生存的地球上表现得最为典型。从地球表层的宏观物质结构上看，它可区分为岩石圈、土壤圈、水圈、大气圈、生物圈、人类文明圈六个圈层。这六个物质圈中的前四个圈层，从物质性质上讲都属于物理和化学物质圈，在它们的基础上则又生成了生物圈，并进一步又生成了人类文明圈。低层次的物质圈是高层次物质圈赖以生成、存在和发展的基础。从实质上讲，大自然的演化就是物质形态和物质圈层的进化，即新的更高级的物质形态和物质圈层的生成。

从人类与自然相统一的"大自然观""大发展观"来看，人类文明演进的机制在于：首先，人类及其文明发展的方向是：不断创造和开拓文明圈。从人类自身讲，人类的发展似乎只是为了满足自身不断增长的物质文化需要。然而，这种人类自身不断增长的需要本身就是一种内在的发展机制，它促使人类不断地为满足自身的需要而努力地创造和开拓文明圈。文明圈是文化性事物系统，它是自然资源（物理、化学、生物资源）经由人类改造而形成的更高级的事物圈层。在人类的科学技术构思和实践创造中，自然规律发生了人为的能动组合，从而实现了从合规律性向合目的性的转化，最终通过对自然物质的改造而生成新的智慧性创造事物。其次，人类及其文明发展的特点是：循着人类对自然物质层次由浅入深、由表及里地认识与改造的方向而不断深化和拓展。人类直接诞生在生物层面上，并直接依赖于生物圈而生存和发展。所以，对于人类而言，表层是生物层，依次向下深入是化学物质层和物理物质层。人类对自然物质的由浅入深、由表及里的认识与改造，表现为由生物机体层面到分子、原子的化学物质层面、再到场与基本粒子的物理物质层面的不断深化。由此可见，自然物质的进化是由小到大或由里到外生成的，而人类对自然物质的认识与改造则是由大到小即由浅入深进行的，文明圈的拓展本质上是人类对自然的认识与改造的不断深化，是对自然物质层次的由浅入深的触及。最后，人类及其文明的发展受到人类（主体）与自然（客体）双重因素的制约。人类的发展和文明圈的拓展既是由浅入深的深化过程，同时也是自然的严酷挑战与人类的积极应战的奋斗过程。准确地说，是自然的不断挑战迫使人类主动不断地由浅入深地认识和改造自然的，从而推动了人类文明的不断演进。

（2）人类文明演进的动力

人类文明演进的动力来源于物种进化的要求和宇宙、大自然对人类的作用。人首先是一种高级动物，适者生存、优胜劣汰、弱肉强食等动物进化规律对人类同样适用。为了使自己的种族、思想等延续下去，为了掠夺财富，人类不惜发动各种战争；为了让自己生活得更好，生产力和科学技术的发展也势在必行，一切都是人类进化的需要。可以说，人类向前进化发展的需求是人类文明演变的内因。而宇宙、大自然对人类的作用形成了人类文明进步的外因，人们通过这些作用去认识科学规律，认识并改造世界，提高自己的素质，这些作用形成了推动人类文明进步的外部力量。正是内因和外因的结合，产生了人类文明演变的动力。

（3）人类文明演进的基础

人类文明演进的基础是科学技术的巨大进步和人类素质的整体提高。从人类文明的演进过程来看，文明前进的每一步都离不开科学技术的支撑，科学技术的进步，推动了人类文明一步步向前迈进：铁器的出现，促进了农业生产的进步，把人类带人农业文明时代；工业革命，动力机械的发展，把人类从耕作的农业文明带入机器生产的工业文明；信息技术的发展改变了人们的交流渠道，缩短了人们之间的距离，把人类带人知识经济时代。科学技术进步的实质正是人类思想认识的进步，与人类素质的提高密切相关。因此，发展科学技术、提高人类素质是推动人类文明演变的最重要途径。这对我们的社会也提出了更高的要求，社会要尽最大可能推动科学技术的进步和教育事业的发展，以满足人类文明演进的需要。

（二）人类文明演进过程中的科学技术

一部人类文明史伴随着的是一部厚重的科学技术史，作为人类尊为万物之灵长之权杖的科学技术，决定了任何人类理性活动中深深的科学技术印迹。科学技术的每一次小进步都为人类文明的演进蓄积了能量；科学技术的每一次大变革都推动人类文明向前迈进一大步。以科技进步为标志，我们可以把人类文明发展的历程分为三大阶段：古代文明、近代文明和现代文明。

1. 古代文明时期

（1）文明的起点——火的使用

人工取火方法的发明是人类历史上的一件划时代的大事，在人类文明发展史上，从来没有一项发明能像火的使用影响那么大，人类文明前进的每一步，火的作用和影响都不容忽视。

火大大改善了人类的生存条件，有了火，人类的食物来源扩大了，人类的居住条件得到了很大的改善，潮湿而阴暗的山洞变得干燥明亮了，洞口的篝火也使人类的居住地避免了野兽的袭扰。火使得寒冷的冬季比较容易度过，人类生活的范围得以扩展到更为广大的地域，不仅可以在热带、亚热带生活，在温带也可以生存了；火在生产上也给予人类很大的帮助，它可以烧烤木矛的尖端使之硬化，也可以烘烤枝条使之软化弯曲以形成某些器具，火还是人们狩猎的重要武器。尤其重要的是，熟食对人类自身的发展有很大影响，熟食缩短了消化过程，使人类得到更多的营养，增强了体质，特别是大大促进了人脑的发展。火的使用是人类从原始生活迈向文明的第一步，是人类从动物界最终分化出来的标志之一。火对于原始社会的人们本来是一件难以理解也曾是使人们十分恐惧的自然现象，而它终于能为人所控制和利用，这对于人类的思想解放作用是不可低估的。人类认识火、使用火是人类探索自然的一曲凯歌，也是人类文明的开端。

（2）记录文明的脚步——文字的发明

文字是文明发展的重要条件，有了文字，人类的文明才能被记录下来，得以在时间和空间上广为传播。约在公元前 4000 年，两河流域和埃及就有了文字。当苏美尔人在两河流域建立起奴隶制城邦的时期，他们发明了一种象形文字，后来演变成楔形文字，在两河流域使用了几千年。楔形文字被认为是人类历史上最古老的文字，它是一套楔形符号，最初可能是图画和表意记号的混合物；拼音文字大约出现于公元前 1730～前 1580 年，一直沿用至今。现在世界各国所用的文字多数是拼音文字，我国的藏文、蒙文、维吾尔文等也都是拼音文字；我国最早的文字甲骨文出现于商代（前 1600～前 1046 年），比其他古代文明中心的文字出现稍晚，但它是汉语体系的源头，在世界文字发展中的地位重大。

文字的出现、文字的发明在人类文明的发展历程中具有重大的意义。文字是人类第一套体外信息传播系统，它使信息能够脱离人体而存在，从而打破了用口语传播时不可逾越的时空局限，文字是文化的基本载体，扩大了人们交往的范围，使人类创造的文化得以延续，使文化的传承发展有了可靠的文献资料依据，使人类社会的持续发展成为可能。文字的诞生是人类告别蛮荒走向文明理性时代的标志——人类"由于文字的发明及其应用于文献记录而过渡到文明时代"。

（3）绘制文明的画卷——建筑技术的发展

建筑技术是一项综合性的技术，它可以在相当程度上反映一个社会的总体技术水平，在古代尤其如此。在古时期两河流域尼罗河流域，建筑技术给后人留下了不朽的丰碑。代表性的建筑为古代埃及的金字塔，其中以埃及法老胡夫和其儿子哈夫拉的金字塔最为著名。胡夫金字塔现高 146.5 米，底为正方形，底边长 230 米，全塔均为巨石砌成，据测算用巨石 230 万块，每块平均重量为 2.5 吨左右。这样一座巨大的建筑物是人们还在使用石器和青铜器，铁器还极少的情况下建成的，不能不令人惊叹；古代的印度也在建筑技术上做出很大贡献。古印度人是最早使用烧制过的砖建造房屋的人，烧砖的发明是建筑史上的一件大事，极大延长了建筑物的使用年限；我国北宋时期李诚的建筑技术著作《营造法式》和明长城也为世界建筑史留下了珍贵的财富。

人类建筑活动总是与一定社会生产力发展水平以及经济、政治、文化发展状况紧密相连的。建筑是人类历史、文化的载体，建筑发展史记录了人类文明进步的发展历程，反映出科技进步所引起的社会、文化和环境的变化。建筑是"石头的史书""木头的画卷"，它的每一段乐章都交织着时代的节奏和旋律，它的每一个音符都抒发着人类对进步的向往和追求。

（4）建造文明的快车——冶铁技术的发展

农业文明的产生和发展与生产工具特别是金属工具的广泛使用是分不开的。在两河流域，青铜器最早大量出现于古巴比伦王国时期；埃及则略晚一些，约在新王国时期（约公元前16世纪）；古印度人在吠陀时代开始用铁；古希腊人在公元前16世纪~前12世纪就有了铁器；我国的人工冶铁技术起步较晚（大约始于春秋晚期），但发展十分迅速，熔炼法的发明和应用尤为著名。

冶铁技术的产生和铁器的广泛应用具有伟大的时代意义。摩尔根指出："熔炼铁矿的技术乃系发明中之发明，与它相比，其他一切发明和发现均处于从属的地位。人类智力的高速进展是从冶铁的发明开始的。"关于这点，恩格斯在《家庭、私有制和国家的起源》中，也给予了高度评价："一切文化民族都在这个时期经历了自己的英雄时代：铁剑时代，但同时也是铁犁和铁斧的时代。铁已经在为人类服务了，它是历史上起过革命作用的各种原料中最后的和最重要的一种原料。"冶铁业技术的发展，使铁器逐渐取代了青铜器的地位，石器也最终退出了历史舞台。铁器为人类提供的巨大生产力，使人类的自由获得了重大发展，人们有更多的时间去从事各方面的活动，包括社会管理，政治、军事活动和精神文化的创造，对人类的解放做出了巨大贡献。

（5）享受文明的艺术——制陶技术的发展

制陶技术的出现大约在八九千年前，现在我们看到的最早的陶器出土于我国河南、河北和江西等地，西亚地区出土的陶器最早也有八千多年。这些陶器还相当粗糙，陶坯完全是手工制成，器形简单。经过几千年的发展，到新石器时代的后期，制陶逐渐形成了一套比较完整的和较为合理的工艺。其中，陶轮的发明是科学技术史上一件大事，它是人类最早使用的一种加工机械，也是现今一切旋转切削工具的始祖。陶器是古代人们较为普遍的日常用具，制造较好的陶器要求较好的技术，于是就有人专门从事制陶，逐渐形成了一门手工业。

制陶业的发展促成了手工业的建立，手工业的出现是人类社会上的又一次大分工。陶器的发明标志着人类历史上最早通过火的作用，使一种物质变成另一种物质的创造性活动，是古人改造自然的一项伟大发明。表现了人类控制与改变自然状态能力的加强和扩大，也是人类物质文化史上的一个重要研究对象，是人类文明史上的重要成果之一。陶器的发明，很快成为人们生活中不可或缺的用具，进而扩大到工具领域，促进了人类定居生活的稳定和生产力的进一步发展。它标志着人类已从采集、渔猎进入以农业为基础的新石器时代，并成为新石器时代的突出特征，从而使人类的定居生活更加稳固，开辟了人类生活史上的新纪元。陶器还是考古学研究中极有价值的实物资料，研究者可依据其质地、形制、制法、纹样等来区别考古学文化的类型，判定遗址的年代，为研究史前史提供可信的实物资料。

（6）计算文明的年轮——数学的产生

数学的产生源于生产、交换和天文历法计算的需要，古代两河流域很早就有了数学，采用十进制和六十进制并用的计数方法。为了计算方便，人们还编制了许多数学表，比如乘法表、倒数表、平方表等。他们不但能解一元一次方程、多元一次方程，也能解些一元二次方程，甚至一些特殊的三次方程和四次方程。在几何学方面，他们把周角分为360°。另外，把1分钟分为60秒，我们现在所通用的大多数数学方法都是源自两河流域；古印度在数学史上占有重要地位，古印度人完善了十进制记数，经阿拉伯人传到欧洲，逐渐演变成今天世界通用的"阿拉伯记数法"；我国古代数学也有很大成就，如计算出 π = 3.1416，勾股定理的证明等。

数学的产生，是人类文明的一大进步。为人类文明的发展做出了巨大的贡献，它为人类在建筑工程、水利设施等方面提供了极大的便利条件，为古代人类改造自然提供了数理武器。

发现圆周率的历史是一个典型的例子。古希腊欧几里得《几何原本》（约公元前3世纪初）中提到圆周率是常数，中国估算书《周髀算经》（约公元前2世纪）中有"径一而周三"的记载，也认为圆周率是常数。历史上曾采用过圆周率的多种近似值，早期大都是通过实验而得到的结果，如古埃及纸草书（约公元前1700年）中取 π = 3.1604。第一个用科学方法寻求圆周率数值的人是阿基米德，他在《圆的度量》（公元前3世纪）中用圆内接和外切正多边形的周长确定圆周长的上下界，从正六边形开始，逐次加倍计算到正96边形，得到 (3 + (10/71)) ≤ π ≤ (3 + (1/7))，开创了圆周率计算的几何方法（亦称古典方法，或阿基米德方法），得出精确到小数点后两位的 π 值。

中国数学家刘徽在注释《九章算术》（263年）时只用圆内接正多边形就求得 π 的近似值，也得出精确到两位小数的 π 值，他的方法被后人称为割圆术。他用割圆术一直算到圆内接正192边形。

南北朝时代数学家祖冲之进一步得出精确到小数点后7位的 π 值（约5世纪下半叶），给出不足近似值3.1415926和过剩近似值3.1415927，还得到两个近似分数值，密率355/113和约率22/7。其中的密率在西方直到1573年才由德国人奥托得到，1625年发表于荷兰工程师安托尼斯的著作中，欧洲称之为安托尼斯率。

阿拉伯数学家卡西在15世纪初求得圆周率17位精确小数值，打破祖冲之保持近千年的纪录。

德国数学家柯伦（L. Ceulen）于1596年将 π 值算到20位小数值，后投入毕生精力，于 1610 年算到小数点后 35 位数，该数值被用他的名字称为鲁道夫数。

1579 年法国数学家韦达给出 π 的第一个解析表达式。此后，无穷乘积式、无穷连分数、无穷级数等各种 π 值表达式纷纷出现，π 值计算精度也迅速增加。1706 年英国数学家梅钦计算 π 值突破 100 位小数大关。1873 年另一位英国数学家尚可斯将 π 值计算到小数点后 707 位，可惜他的结果从 528 位起是错的。到 1948 年英国的弗格森和美国的伦奇共同发表了 π 的 808 位小数值，成为人工计算圆周率值的最高纪录。

电子计算机的出现使 π 值计算有了突飞猛进的发展。1949 年美国马里兰州阿伯丁的军队弹道研究实验室首次用计算机（ENIAC）计算 π 值，一下子就算到 2 037 位小数，突破了千位数。1989 年美国哥伦比亚大学研究人员用克雷—2 型和 IBM—VF 型巨型电子计算机计算出 π 值小数点后 4.8 亿位，后又继续算到小数点后 10.1 亿位，创下新的纪录。

（7）编印文明的史册——造纸和印刷术的创举

造纸和印刷术的发明是中华民族的伟大业绩。人类在创造了文字之后，文字的载体还是靠一些天然的产物，例如动物的毛皮、竹板或树叶等。在公元前 5000年，埃及人用生长在尼罗河畔的一种类似芦苇的植物"纸莎草"的茎来造纸。在纸张出现之前，欧洲各国都使用这种"纸莎草纸"。我国在纸张出现以前曾经使用甲骨、木竹简、棉帛等来记录文字，到了公元 105 年，蔡伦发明了造纸术，利用捣碎的植物纤维来造纸，成为中国古代四大发明之一。竹木简太笨重，帛的价格太昂贵，而纸不仅携带方便，且造价低廉。纸的发明大大方便了人们的书写和人类文化的传播，是中华民族对世界文明的巨大贡献。几个世纪后，造纸术传到朝鲜、日本、印度和阿拉伯，后来又经北非传到欧洲，对世界产生了极其深远的影响。

关于造纸术的起源，过去多是沿用公元五世纪的历史学家范晔（398～445年）在《后汉书·蔡伦传》中的说法，认为纸是东汉的宦官蔡伦（62～121 年）于汉和帝永元十七年（105 年）发明的。但是 20 世纪以来的考古发掘实践似乎动摇了蔡伦发明纸的说法。1933 年新疆罗布淖尔汉烽燧遗址中出土了公元前一世纪的西汉麻纸，比蔡伦早了一个多世纪。1957 年西安市东郊的灞桥再次出土了公元前二世纪的西汉初期古纸。继这之后，1973 年在甘肃省居延的汉代金关遗址、1978 年在陕西省扶风中颜村的汉代窖藏中，也分别出土了西汉时的麻纸。值得指出的是，1986 年甘肃天水市附近的放马滩古墓葬中更出土了西汉初文帝、景帝时期（公元前 179～前 141 年）的绘有地图的麻纸，这是目前发现的世界上最早的植物纤维纸。1990 年冬在敦煌甜水井西汉邮驿遗址中发掘出三十多张麻纸，其中三张纸上写有文字。这些事实有力地说明了，早在公元前 2 世纪，我国劳动人民就已经发明了造纸术，而且当时造出的纸已经可以用于书写。但是早期的西汉麻纸仍有待进一步改进。到了公元 2 世纪，在东汉宫廷中任尚方令的蔡伦，凭借充足的人力和物力，监制并且组织生产了一批良纸，于永元十七年（105 年）献给朝廷，从此造纸术在国内推广起来。同时，东汉还进而用树皮特别是楮皮造纸，扩大了原料来源。从这个意义上说，蔡伦在历史上是作为良纸的监制者和推广者的身份出现的，这些活动在客观上对造纸术的发展有利，因此他的作用不应该抹杀。

关于印刷术，我国隋唐时期出现雕版印刷，但它费工、费时，又不经济，印刷术的改进创新成为发展的必然趋势。北宋的毕昇发明了活字印刷术。毕昇的胶泥活字版印书方法，如果只印二三本，不算省事，如果印成百上千份，工作效率就极其可观了，不仅能够节约大量的人力物力，而且可以大大提高印刷的速度和质量，比雕版印刷要优越得多。现代的凸版铅印，虽然在设备和技术条件上是宋朝毕昇的活字印刷术所无法比拟的，但是基本原理和方法是完全相同的。活字印刷术的发明，为人类文化做出了重大贡献。活字印刷术发明后，陆续传到世界各地。15 世纪，欧洲才出现活字印刷，比我国晚约 400 年。

（8）仰望文明的天空——天文学知识的进步

随着农业生产的发展，人们逐渐地认识到季节变化的重要性。太阳和月亮的东升西落，夜间苍穹中的繁星点点，很早就为人们所注意。在人们发现季节变化与天文现象有关而开始有意识地观察天象的时候，最早的天文学就产生了。古代两河流域的人们已经可以区别行星和恒星，并对行星的运动取得了相当精确的数据。比如一件泥板记录了行星会合周期，相对误差都在 1% 以下。和其他文明古国一样，我国古代人们也很早就进行了天文观测。我国古代的天文观测具有很强的连续性，资料比较完整，这些资料已经成为现代天文学界十分宝贵的遗产。世界上最早的星表出现在我国，载星共 1 350 颗，而世界上其他国家在 17 世纪望远镜发明之前没有一幅星图载星超过 1 100 颗。精确的观测要以精密的仪器为基础，我国古代的天文仪器达到了很高的水平。浑天仪是我国古代观测的主要仪器，大约出现于战国时期。

（9）迸发文明的火花——火药的发明和应用

火药是我国古代的四大发明之一，它是炼丹术士在炼丹中偶然发现的。唐初孙思邈（581~682 年）的"伏硫磺法"即是火药制造的雏形。该法是一种把硫磺、硝酸钾和碳这三种物质混合起来炼制的方法。硫磺、硝酸钾和碳混合正是火药的基本成分。10 世纪唐代记载了一次火药爆炸造成的事故。此时虽然没有火药的名字，但是火药的确已经存在了。此后不久，火药就用在兵器上。早期的火药武器都还是以弹射或者抛掷的方法投出，然后利用火药的燃烧爆炸而杀伤人的。南宋时期于 1259 年发明的"突火枪"是现代枪炮的发端。

火药的发明和运用，具有很大的历史意义。它结束了以刀剑为主的冷兵器时代。恩格斯高度评价为："火药和火器的应用，决不是一种暴力行为，而是一种工业的，也是经济的进步。"

（10）思索文明的源泉——关于世界本原的探讨

早在吠陀时代后期，古印度人就开始了对世界本原这样一些问题的探索。有人认为世界万物的本原是"风"，也有人认为是"水"，还有人说是水、地、火、风这四元素，亦有人认为是水、地、火、风、空五大元素。虽是众说纷纭，但也是一种积极的探索，如我国古代的阴阳五行说和精气说。古希腊的学者们对这个问题也非常感兴趣，并取得了一定成绩，朴素唯物主义由此诞生。

世界的本原经历了从神话本原到物质本原的过程：东西方都有关于"混沌"的神话本原传说。中国有盘古开天地的神话传说，《太平御览》卷一引《三五历记》："天地浑沌如鸡子，盘古生其中。万八千岁，阳清为天，阴浊为地，盘古在其中，一日九变。神于天，圣于地，天日高一丈，地日厚一丈，盘古日长一丈。如此万八千岁，天数极高，地数极深，盘古极长。故天去地九万里。"《淮南子·精神训》："古未有天地之时，惟象无形，窈窈冥冥，芒芠漠闵，澒濛鸿洞，莫知其门。"

西方腓尼基人的创世神话中有这样的记载："万物之始是一种黑暗而凝聚的有风的空气，或一种浓厚的空气的微风，以及一种混沌状态，像埃雷布斯那样地混浊漆黑，而这些都是无边无际的，久远以来就是没有形状的。但当这风爱恋自己的本原（混沌）时，就产生了一种密切的联合，那结合称为波托斯，也就是万物创造之始。混沌并不知道自己的产物，但从它同风的拥抱中产生了莫特，有些人称之为伊鲁斯，但另一些人则称之为腐败而稀湿的混合物。创世的一切种子由此萌发，宇宙由此产生。"

毕达哥拉斯（Pythagoras）认为数学的本原就是万物的本原，数目的元素就是万物的元素。他把自然界的秩序和数联系起来，这对于启发人们从定量的方法去解释自然的规律意义重大，在科学史上的影响至为深远；赫拉克利特（Heraclitus）认为万物的本原是火；恩培多克勒（Empedocles）提出"四素说"，认为世界万物是由火、土、水、气四种元素化生而来，他已经不只是说到物质的本原的问题，而是进一步设计物质结构猜想了；阿那克萨哥拉（Anaxagoras）和恩培多克勒不赞成用某一种具体的感性的物质来说明宇宙万物，主张构成宇宙万物的物质元素（粒子）不是单一的而是多样的，因而我们称他们为唯物主义的多元论。

2. 近代文明时期

（1）吹响科学的号角——哥白尼的"日心说"

在哥白尼的时代，天文学中占统治地位的是托勒米（Ptolemy）的"地球中心说"。这一学说本来是古代人对天体运动的一种解释，但是到了中世纪后期，天主教会给他披上了一层神秘的面纱，说地球是宇宙的中心，以此证明上帝的智慧。

经过几十年的不懈努力，哥白尼（Nikolaj Kopernik）出版了《天体运行论》，在书中，哥白尼阐述了他的"太阳中心说"。他认为地球不是一个静止不动的天体，它不在宇宙的中心位置上；它是一颗行星，既有自转，又围绕中心天体旋转；太阳处于宇宙的中心。他指出，太阳系的行星在各自的轨道上围绕太阳旋转，它们的轨道大致处在同一个平面上，它们公转的方向也是一致的；月亮围绕地球旋转，并且和地球一起围绕太阳公转。

哥白尼的这些解释使以前看起来很不协调的种种天象变得十分简单而又合理。太阳中心说的提出是近代科学史上一件划时代的大事，也是人类文明史上一块不可磨灭的里程碑。他颠覆了一千多年来占统治地位的宇宙观，为我们描述了一幅关于太阳系的科学图景，为近代天文学奠定了基础。更重要的是这一学说宣告了神学宇宙观的破产，开始了自然科学从神学中的解放运动。它代表了当时的科学家敢于向黑暗挑战，追求真理的精神，这种精神不仅是科学的进步，同时也是思想的进步，人类文明的进步。从而开创了一个追求真理、勇于创新的时代，一个科学精神灿烂绽放的时代。

（2）颠覆上帝的力量——经典力学的成熟

在近代自然科学的各个学科中，发展较快、成熟较早的是经典力学，又称牛顿力学。在牛顿提出万有引力定律之前，许多科学家对经典力学的发展做出了巨大的贡献。

伽利略（Galileo）是近代科学史上划时代的人物，他为经典力学做出了很大贡献。在力学中，他的成就涉及静力学和动力学，特别是在动力学方面，他发现了摆的等时性，研究了自由落体和抛物体的运动规律，为牛顿的研究工作奠定了基础。

牛顿是经典力学的集大成者，他总结了天体力学和地面力学的成就，为经典力学规定了一套基本概念，提出了运动三定律和万有引力定律，从而使经典力学成为一个完整的理论体系。

牛顿的工作标志着经典力学的成熟，是人类对自然界认识的一种综合。万有引力定律和运动三大定律的发现使我们得以在唯物主义的基础上对自然界的力学运动做出合理的说明。牛顿力学不仅在科学上是一座历史丰碑，在思想领域也产生了巨大影响。牛顿思想的冲击是巨大的，无论对它们的理解正确与否，启蒙运动的整个纲领，尤其是在法国，是有意识地以牛顿的原理和方法为基础的。

（3）描述动态的世界——微积分和解析几何的创立

微积分是一种数学思想，"无限细分"就是微分，"无限求和"就是积分。无限就是极限，极限的思想是微积分的基础，它是用一种运动的思想看待问题。比如，子弹飞出枪膛的瞬间速度就是微分的概念，子弹每个瞬间所飞行的路程之和就是积分的概念。从17世纪开始，随着社会的进步和生产力的发展，以及如航海、天文、矿山建设等许多课题要解决，数学也开始研究变化着的量，数学进入了"变量数学"时代，微积分不断完善成为一门学科。如果将整个数学比作一棵大树，那么初等数学是树的根，名目繁多的数学分支是树枝，而树干的主要部分就是微积分。微积分堪称是人类智慧最伟大的成就之一。

整个17世纪有数十位科学家为微积分的创立做了开创性的研究，但使微积分成为数学的一个重要分支的还是牛顿和莱布尼茨。

英国大数学家、物理学家艾萨克·牛顿（I. Newton，1643～1727年）是从物理学的角度研究微积分的，他为了解决运动问题，创立了一种和物理概念直接联系的数学理论，即牛顿称之为"流数术"的理论，这实际上就是微积分理论。牛顿的有关"流数术"的主要著作是《求曲边形面积》《运用无穷多项方程的计算法》和《流数术和无穷极数》。这些概念是力学概念的数学反映。牛顿认为任何运动存在于空间，依赖于时间，因而他把时间作为自变量，把和时间有关的固变量作为流量，不仅这样，他还把几何图形——线、角、体，都看作力学位移的结果。因而，一切变量都是流量。

而德国数学家莱布尼茨（G. W. Leibniz，1646～1716年）则是从几何方面独立发现了微积分。他经过研究曲线的切线和曲线包围的面积，运用分析学方法引进微积分概念、得出运算法则的。莱布尼茨创造的微积分符号，正像印度——阿拉伯数码促进了算术与代数发展一样，促进了微积分学的发展，莱布尼茨是数学史上最杰出的符号创造者之一。

牛顿在微积分的应用上更多地结合了运动学，造诣较莱布尼茨高一筹，但莱布尼茨的表达形式采用数学符号却又远远优于牛顿一筹，既简洁又准确地揭示出微积分的实质，强有力地促进了高等数学的发展。牛顿当时采用的微分和积分符号现在不用了。而莱布尼茨所采用的符号现今仍在使用。莱布尼茨比别人更早更明确地认识到，好的符号能大大节省思维劳动，运用符号的技巧是数学成功的关键之一。

从17世纪开始，科学的需要和对方法论的兴趣，推动了费尔马和笛卡尔对坐标几何的研究。解析几何把代数和几何结合起来，把数学造成一个双面的工具。一方面，几何概念可以用代数表示，几何的目的通过代数来达到。另一方面，给代数概念以几何解释，可以直观地掌握这些概念的意义。解析几何的显著优点在于它是数量工具。这个数量工具是科学的发展久已迫切需要的。例如当开普勒发现行星沿椭圆轨道绕着太阳运动，伽利略发现抛出去的石子沿着抛物线的轨道飞出去时就必须计算这些椭圆和炮弹飞行时所画的抛物线了。这些都需要提供数量的工具，研究物理世界，似乎首先需求几何。物体基本上是几何的形象，运动物体的路线是曲线，研究它们都需要数量知识。而解析几何能使人把形象和路线表示为代数形式，从而导出数量知识。

（4）开启工业的纪元——蒸汽机的发明

从18世纪中期到19世纪，欧洲经历了一场技术革命。工场工业的发展对动力的要求越来越高，在这种情况下，发明一种方便的动力就成为迫在眉睫的任务。

1688年，法国物理学家德尼斯·帕潘（D. Papin）曾用一个圆筒和活塞制造出第一台简单的蒸汽机。但是，帕潘的发明没有实际运用到工业生产上；10年后，英国人托马斯·塞维利（T. Savery）发明了蒸汽抽水机，主要用于矿井抽水；1705年，一个名叫纽克门（T. Newcomen）的苏格兰铁匠经过长期研究，综合帕潘和塞维利发明的优点，制造了空气蒸汽机，1712年开始在英国的矿井中使用。这在当时是最先进的蒸汽机了，但它的耗煤量大、效率低。瓦特（J. Watt）运用科学理论，从1765～1790年，进行了一系列发明，比如分离式冷凝器、汽缸外设置绝热层、用油润滑润滑活塞、行星式齿轮、平行运动连杆机构、离心式调速器、节气阀、压力计等，使蒸汽机的效率比纽克曼机提高3倍多，最终发明出了现代意义上的蒸汽机。

蒸汽机的发明具有巨大的历史意义，它使工业摆脱了地理环境和季节的限制，使工厂制度得以迅速确立起来，大大加速了工业革命的进程。恩格斯说："分工，水力、特别是蒸汽力的利用，机器的应用，这就是从18世纪中叶起工业用来摇撼旧世界基础的三个伟大的杠杆。"[①] 工业革命不仅是一场生产技术上的巨大变革，同时还是一场深刻的社会变革。工业革命创造了一个资本家阶级，也创造了一个人数远远超过资本家阶级的产业无产阶级。

自18世纪晚期起，蒸汽机不仅在采矿业中得到广泛应用，在冶炼、纺织、机器制造等行业中也都获得迅速推广。它使英国的纺织品产量在20多年内（1766～1789年）增长了5倍，为市场提供了大量消费商品，加速了资本的积

---

① 中共中央马恩列斯著作编译局：《马克思恩格斯全集》第2卷，第300页。

累，并对运输业提出了迫切要求。

在船舶上采用蒸汽机作为推进动力的实验始于 1776 年，经过不断改进，到 1807 年，美国的富尔顿（R. Fulton）制成了第一艘实用的明轮推进的蒸汽机船"克莱蒙脱"号。此后，蒸汽机在船舶上作为推进动力历百余年之久。1801 年，英国的特里维西克（R. Trevithick）提出了可移动的蒸汽机的概念，1803 年，这种利用轨道的可移动蒸汽机首先在煤矿区出现，这就是机车的雏形。英国的斯蒂芬森（V. Stefansson）将机车不断改进，于 1829 年创造了"火箭"号蒸汽机车，该机车拖带一节载有 30 位乘客的车厢，时速达 46 公里/时，引起了各国的重视，开创了铁路时代。19 世纪末，随着电力应用的兴起，蒸汽机曾一度作为电站中的主要动力机械。蒸汽机的发展在 20 世纪初达到了顶峰。它具有恒扭矩、可变速、可逆转、运行可靠、制造和维修方便等优点，因此曾被广泛用于电站、工厂、机车和船舶等各个领域中，特别在军舰上成了当时唯一的原动机。

（5）还原生命的真相——进化论的产生及其胜利

18 世纪后半叶起，人们用比较的方法整理生物学材料，逐步认识到生物界不仅具有多样性，而且具有统一性。1802 年法国博物学家拉马克（J. B. Lamarck，1744～1829 年）在他的《对有生命天然体的观察》中阐明了他关于生物进化论创见。拉马克看到了无脊椎动物的 10 个纲在构造和复杂程度上表现出一定的等级和次序，将动物界按照直线次序排列成一个进化的序列，把生物演变看成一个从简单到复杂的进化过程，第一次成功描述了动物进化的过程。

经过长期的考察，1859 年达尔文（C. R. Darwin，1809～1882 年）出版了《物种起源》，他认为生物界进行着剧烈的生存斗争。每一种生物，为了生存繁殖，都要进行斗争。或者争取食物、光线、空间，或者是抵御敌害，对抗不良环境。在这一过程中，达尔文认为生物普遍存在变异，物竞天择，适者生存，物种就是这样演变的。

达尔文进化论是 19 世纪生物科学的最大成就。它是生物科学的一次理论综合。从达尔文开始，把生物科学作为一个整体来研究，并且从发展的观点对生物进行研究。进化论的提出，在人类整个思想史上也是划时代的大事。17 世纪的牛顿把上帝从无生命现象的研究领域驱逐出去（虽然牛顿承认了上帝的第一推），现在，进化论又把上帝从有生命现象的研究领域驱逐出去了。恩格斯在 1883 年总结马克思一生的贡献时说："正像达尔文发现有机界的发展规律一样，马克思发现了人类历史的发展规律。"

3. 现代文明时期

19 世纪末，物理学领域连续发生了三个重大事件，这就是 X 射线、放射性

现象和电子的发现。这三大发现，使人类的认识第一次深入到了原子内部，彻底
打破了原子不可分、元素不可变的传统物理学观念。以太漂移实验的零结果和黑
体辐射研究中的"紫外灾难"，使经典物理学陷入不可克服的矛盾，成为推动这
一时期科学发展的重要机制。20 世纪，相对论、量子理论等应运而生。

（1）量子理论和相对论的提出

量子理论和相对论的创立与发展，堪称 21 世纪最伟大的科学革命。量子理
论和相对论不仅成为近代原子、分子物理和天体物理的基础，成为物理与化学及
生物学交叉的重要理论基础，也成为现代核技术、半导体技术、微电子与光电子
技术发展的重要理论基础。

量子理论是现代物理学的基础，它在原子和亚原子级别上解释了物质和能量
的特性和行为。量子理论出现于 1900 年，当时物理学家普朗克（M. Planck）用
它向德国物理学界进行解释。普朗克发现燃烧的物体随着温度的升高颜色会从红
色变成橙色，最后变为蓝色。他觉得如果假设辐射是像其他物质一样以离散的形
式存在，而不是以前解释的连续的电磁波的话，即是有质量的，就能够找到问题
的答案。这些微粒的存在，成了量子理论最初的假设。

普朗克写了一个数学方程式，其中用一个符号来代表独立的能量单元，并称
其为量子。这个方程式很好地解释了这一现象。普朗克发现在某种离散的温度级
别上（多个基本的最小值）从一个发光体放射的能量处于不同的光谱区域。普朗
克感觉量子的发现会导致一种新的理论产生，它将意味着对自然法则的全新的、
基本的理解。普朗克因此于 1918 年获得了诺贝尔奖奖金，许多科学家用 30 多年
的时间对这一领域的发展促成了当代量子理论的产生。

20 世纪量子力学理论得到了很大的发展，这一理论的基本原理已经频繁地
得到了实验结果的支持，量子理论和爱因斯坦的相对论形成了现在物理学的基
础。量子物理学的原理正在被越来越广泛地应用，包括量子光学、量子化学、量
子计算和量子密码学。

关于相对论，爱因斯坦（A. Einstein）曾经说："相对论的兴起是由于实际的
需要，是由于旧的理论中的严重的和深刻的矛盾已经无法避免了……" 1905 年 9
月德国《物理学杂志》发表了爱因斯坦的《论运动物体的电动力学》一文，虽
然文章当时并没有引起足够的重视，但却是关于相对论的第一篇论文。他从分析
麦克斯韦电磁场理论应用到运动物体所产生的矛盾入手，以新的时空观代替旧的
时空观，建立起可以与光速相比较的高速运动物体的运动规律。这就是相对性理
论，简称相对论。相对论可以分为两个主要部分，即狭义相对论和广义相对论。
狭义相对论只讨论以均匀的相对速度高速运动的观察者的观测结果，并假定自然
定律对所有观测者是完全一样的，从而得到时空坐标从一个惯性参考系变换到另

一个惯性参考系所满足的关系。广义相对论把狭义相对论从惯性参考系推广到非惯性参考系，并把引力结合其中，建立引力场理论。

狭义相对论和广义相对论建立以来，经受住了实践和历史的考验，是人们普遍承认的真理。相对论对于现代物理学的发展和现代人类思想的发展都有巨大的影响。相对论严格地考察了时间、空间、物质和运动这些物理学的基本概念，给出了科学而系统的时空观和物质观，从而使物理学在逻辑上成为完美的科学体系。一位法国物理学家曾经这样评价爱因斯坦，"在我们这一时代的物理学家中，爱因斯坦将位于最前列。他现在是、将来也还是人类宇宙中最有光辉的巨星之一"，"按照我的看法，他也许比牛顿更伟大，因为他对于科学的贡献，更加深入地进入了人类思想基本要领的结构中"。

（2）原子能的利用

自 1896 年法国物理学家贝克勒尔（A. H. Becquerel，1852～1908 年）发现铀的天然放射性，1938 年铀的裂变现象被发现，1942 年 2 月，在费米（1901～1954 年）领导下，在芝加哥建成世界上第一座可控的链式反应装置，宣告了人类利用核能时代的开始。1945 年、1954 年美国相继研制成功原子弹和氢弹，人类开始掌握释放核能的技术。1954 年苏联建成世界上第一座 5 000 千瓦的核电站，开始了人类和平利用核能的进程。迄今为止，世界上已有近 500 座核电站在运行，核电已占全世界发电总量的 70%。核技术在农业、医学、工业、环保方面的应用也获得迅速的发展。人类开始进行受控核聚变技术的探索。

原子核结构的阐明和原子能的开发利用是人类征服自然过程中的重大突破。人类到 20 世纪初才逐渐认识原子核。人为地促使原子核内部结构发生变化，释放出其中蕴藏的巨大能量，加以利用，是 20 世纪 40 年代才实现的，这就是原子能工业的开端。现在，在包括我国在内的一些国家，原子能工业已形成一个完整的工业体系，在国防建设和提高人民生活水平方面发挥着越来越大的作用。

（3）半导体科学技术的兴起

半导体科学技术成为现代科学技术的一个重要领域并取得飞速发展，是从 20 世纪 40 年代末期晶体管的发明开始的，到现在已经有 60 多年的历史了。现在半导体的产品已经广泛应用到人造卫星、导弹、电子计算机、无线电通信等各个领域，渗透到现代科学和工业技术的各个方面，使它们的面貌发生重大变化，并促成了电子工业的革命。

晶体管的发明和应用具有划时代的意义，1940～1950 年美国贝尔电话实验室的肖克莱（W. B. Shockley）创立 p－n 结理论，促进了晶体管的研制。第二次世界大战以后，固体物理学已经进入付诸应用的成熟阶段。1945 年下半年，美国贝尔电话实验室成立了一个固体物理学研究小组，他们的研究导致了晶体管的发明。第一支晶体管是在 1947 年 12 月完成的。第一支硅晶体管是在 1954 年才由美国的克萨斯仪器公司研制成功并开始在市场销售。在 1960 年，由霍恩尼公司发明的平面型晶体管的出现，标志着半导体器件的发展进入一个新的阶段，为现代集成电路的产生和发展开辟了道路。半导体器件的应用和发展，同样促进了新技术、新工艺的出现和发展。

集成电路的发明和应用使半导体技术大大前进一步，集成电路的发明应归功于美国的克萨斯仪器公司和仙童公司，第一支单片集成电路于 1961 年由仙童公司上市发售，标志着集成电路的诞生。

集成电路是一种微型电子器件或部件。采用一定的工艺，把一个电路中所需的晶体管、二极管、电阻、电容和电感等元件及布线互连在一起，制作在一小块或几小块半导体晶片或介质基片上，然后封装在一个管壳内，成为具有所需电路功能的微型结构；其中所有元件在结构上已组成一个整体，这样，整个电路的体积大大缩小，且引出线和焊接点的数目也大为减少，从而使电子元件向着微小型化、低功耗和高可靠性方面迈进了一大步。

集成电路具有体积小、重量轻、引出线和焊接点少、寿命长、可靠性高、性能好等优点，同时成本低，便于大规模生产。它不仅在工业、民用电子设备如收录机、电视机、计算机等方面得到广泛的应用，同时在军事、通信、遥控等方面也得到广泛的应用。用集成电路来装配电子设备，其装配密度比晶体管可提高几十倍至几千倍，设备的稳定工作时间也可大大提高。集成电路技术的应用和发展，既依赖于新技术和新工艺的应用，也促进了许多新工艺和新技术的出现和发展，它已经成为计算机技术、微电子技术发展水平的重要标志。

（4）信息论、控制论和系统论的产生

信息理论（包括信息论、控制论和系统论）的发展为 20 世纪的通信技术、计算机和智能机械、公共工程、跨国公司经营、全球金融、生态数字地球控制、生命与认知行为的研究乃至现代经济和社会学研究等准备了理论基础。

第一代计算机是以电子管为主要元件，体积大，价格高，使用也不方便，主要用于高级科学研究计算领域。第二代计算机出现于 20 世纪 50 年代末，它以半导体晶体管为主要逻辑部件，体积大大缩小，速度大大提高，应用的领域扩展到商业数据处理。第三代计算机出现于 60 年代中期，它以集成电路为主要逻辑部件，体积进一步缩小，效率大为提高，计算机应用大大普及，扩大到办公室和工业控制等领域。第四代计算机开始于 70 年代中期，它以大规模集成电路为主要逻辑元件，计算机的性能价格比大大提高，特别是 1971 年特德·霍夫曼（T. Hoffman）研究出布满 2 300 个晶体管且仅有 0.0025% 头发丝厚，每秒可以进行 58 800 万次计算的大规模集成电路芯片，英特尔公司推出第一代微处理器—英特

4004，标志着微型电子计算机（电脑）的诞生。微型计算机的问世，使计算机技术发生了巨大变革。70～80年代微机迅速发展，体积微小、能量微小、价格较低、功能齐全、使用方便的微机不仅成为新兴信息产业支柱，而且对传统制造业的改造和计算机服务产业的发展都产生了不可估量的作用。90年代以来，初步形成网络技术、多媒体技术，使计算机又一次发生了革命性变化。

（5）生命科学的发展

DNA双螺旋结构模型的建立，宣告人类在揭示生命遗传的奥秘方面迈出了具有里程碑意义的一步。1900年，由孟德尔（G. J. Mendel）最先总结得出的生物遗传基本规律终于得到公认。1911年，以美国人摩尔根（T. H. Morgan）为首的一批科学家进一步实验证实孟德尔所假设的"遗传因子"就是细胞内染色体上有序排列的"基因"，确认了"基因"是遗传信息的载体。1943年，量子力学的创始人之一薛定谔（E. Schrodinger）提出，必定存在着一种生物大分子晶体，其中包含着数量巨大的遗传密码的排列组合。1944年，艾弗里（O. T. Avery）、麦克劳德（J. Macleod）和麦卡锡（M. McCarty）通过肺炎球菌转化实验发现，遗传的物质基础是DNA而不是蛋白质。他们的发现于1952年被美国生物学家赫尔希（A. D. Hershey）和他的学生蔡斯（M. Chase）通过噬菌体侵染细菌的实验证实。

1953年，美国分子生物学家沃森（J. Watson）和英国物理学家、生物学家克里克（F. Crick）提出了DNA双螺旋结构分子模型。DNA双螺旋结构的发现，标志着现代分子遗传学的诞生。揭示了世界上千差万别的生命种群和个体在分子结构和遗传机制上的统一性，并为后来以DNA重组为主要手段的基因工程奠定了基础，对当代农业和医学的发展产生了深远的影响。

1990年10月美国正式启动了"人类基因组计划"（Human Genome Project），决定在15年内至少投入30亿美元，完成人类全部DNA分子核苷酸序列的测定。随后，英国、法国、日本、德国、中国等许多国家积极响应，并取得了很多重大突破。该计划的实施具有极其重大的意义，它的最终完成将大大减轻人类对自然的依附。人类有可能从根本上消灭现有疾病，延缓人的衰老，促进人的健康生存和延长生命。人类基因组计划延伸到对植物、动物和微生物基因的研究会使农牧业发生翻天覆地的变化。人类基因密码的破译也会在很大程度上影响人类的价值观和伦理观，并可能促使人类在改造自身的过程中创建全新的文明模式。

人类基因组计划的最终目标是弄清几万个基因在染色体上的位置、性质、作用以及碱基对在每个基因中的排列顺序，描绘出人类基因组图。这些分子水平的解剖图，可谓是人类最准确的身份证，它们奠定了21世纪医学、生物学的基础，也为人类解读自身这本天书提供了依据。2000年6月26日，六国联合研究组公布了人类基因组工作草图，破译了人体基因97%的遗传密码，对其中85%的碱基对完成了精确测序。2001 年 2 月 15 日和 16 日，人拳基因组计划和私营的塞莱拉基因组公司分别在英国《自然》和美国《科学》杂志上发表了各自绘制的人类基因组图谱。

2007 年 10 月 11 日，我国成功绘制完成第一个完整中国人基因组图谱（又称"炎黄一号"），这也是第一个亚洲人全基因序列图谱。该项目是我国科学家继承担国际人类基因组计划 1% 任务、国际人类单体型图谱 10% 任务后，用新一代测序技术独立完成的 100% 中国人基因组图谱。专家表示，这项在基因组科学领域里程碑式的科学成果，对于中国乃至亚洲人的 DNA、隐形疾病基因、流行病预测等领域的研究具有重要作用。

（6）空间科学技术的发展

1930 年现代火箭理论的奠基人苏联齐奥尔科夫斯基（K. E. Tsiolkovski）提出液体火箭设计和理论，指明了人类宇航之路。23 年后美国发明家戈达德（R. H. Goddard）成功发射了世界第一枚液体火箭，虽说 25 秒内只升高了不到 12 米，共飞行 56 米，但它奠定了火箭飞行的基础。第二次世界大战中，德国布劳恩（W. von Braun）研制了 V－1、V－2 火箭。二战结束美苏展开激烈太空争夺战。1957 年 10 月 4 日苏联用 T3A 运载火箭成功的将第一颗人造卫星送入轨道。1961 年 4 月 12 日苏联载人飞船发射成功。1969 年 7 月 12 日美国阿姆斯特朗（N. A. Armstrong）和奥尔德林（B. Aldrin）成功登月。1996 年 11 月 7 日，美国 Delta Ⅱ型火箭把"火星环球勘探者"探测器送入了太空，拉开了火星探测热潮序幕。紧接着，俄罗斯"火星—96"探测器和美国"火星探路者"探测器分别于 1996 年 11 月 16 日和 12 月 4 日竞相升空，使火星热达到了高潮。1998 年 1 月 6 日，美国宇航局发射了"月球勘探者"探测器对月球进行全面的探测，寻找月球上是否存在水的证据，探测月球内部是否存在支持生命的气体以及一些宝贵的矿藏，以便人类未来在月球上建立基地和把月球作为星际旅行的中转站。1998 年 10 月，俄罗斯也制定出新的月球开发计划，以研究月球"身世"，探寻月球水资源，开发月球上极为丰富的核燃料氦－3。根据这项开发计划，俄将发射一个小型月球轨道站，再从轨道站向月球发射各种探测仪器，其中包括 10 个可探入月球表面的穿透探测器，两个地震探测仪和月球南极水源探测仪。俄罗斯计划在 2010 年后建立月球基地，研究月球采矿工艺。2004 年 1 月，我国正式批准绕月探测工程立项，将第一个月球探测工程命名为"嫦娥一号"工程。2007 年 10 月 24 日，"嫦娥一号"在西昌卫星发射中心升空。中国嫦娥探月工程，以及随后的登月计划，都将翻开中国探索太空的新篇章。

迄今为止，人类发射了 6 000 多颗各种用途的卫星，发射了多次往返地球的航天飞机，建造与发射了哈勃空间天文望远镜，建立了空间站并开始了对太阳系其他行星的探测活动。航天科学技术不仅充分拓展了人类的创造空间，为空间科学技术开辟了道路，带动了一系列高技术的发展，而且发展成为一大产业，为经济、社会发展和国防安全提供广泛的服务。

（7）地球科学的伟大成就

20世纪地球科学中最伟大的成就应是大陆漂移学说和地球板块构造理论。在19世纪，大陆固定论居统治地位。19世纪后半叶，随着航海业的发展和资本主义的殖民扩张，全球性的科学探索活动逐步展开。人们开始发现被大洋隔开的不同大陆上的生物种群、古生物化石，乃至地质地层构造有着十分相似的亲缘关系。这是大陆固定学说所难以解释的，科学家们纷纷对传统理论提出了挑战：1912年，德国青年气象学家魏格纳（A. Wegener，1880~1930年）提出了大陆漂移学说；1928年，英国地质学家霍姆斯（A. Holmes，1890~1965年）提出了"地幔对流学说"；1967年，法国人勒皮雄（X. Le Pichon）、美国人摩根（W. J. Morgan）和英国人麦肯齐（D. P. McKenzie）等建立了地球板块构造模型。大陆漂移学说与地球板块构造学说不仅可解释大陆的变迁历史，而且可以预测其未来的发展，深化人类对固体地球运动的整体性及其运动学和动力学的认识，是现代地质学的重大发现。它对地震学、矿床学、古生物地质学、古气候学具有重要指导作用，堪称20世纪地球科学最伟大的成就。

魏格纳的大陆漂移学说从四个方面给出了大陆漂移的证据：一是南大西洋东西两岸的岸线十分吻合；二是大西洋两岸许多生物和古生物存在着明显的亲缘关系，包括运动十分缓慢的蚯蚓、蜗牛等，这不能通过跨洋"陆桥"迁徙扩散来解释；三是大西洋两岸的岩石、地质和皱褶构造也是十分吻合的，而且纪年也相同；四是在古气候研究中发现两极地区存在着热带沙漠的痕迹，而在赤道附近的热带森林中发现冰盖的遗迹。对于这些现象，唯一可以解释的是大陆漂移易位。但魏格纳未能解释大陆漂移的动力学问题，他为进一步寻找大陆漂移的证据，于1930年在格陵兰茫茫冰原考察途中遇难身亡。霍姆斯（A. Holmes）则对此做出了解释，他认为岩石中的放射性元素释放的原子能使地幔保持塑性状态，而温度分布的不均匀又使地幔产生缓慢的对流运动，从而牵动大陆漂移。到20世纪五六十年代，海洋地质研究，尤其是海洋钻探的开展，证实了地幔对流和海底扩张的存在，并依靠无线电测距方法，测定了海底扩张和大陆漂移的速率。

地球板块构造模型将地球的岩石圈分为欧亚、美洲、非洲、太平洋、澳洲、南极洲六大板块和若干小板块。板块间的分界是大洋中脊、俯冲带和转换断层，板块在"大洋中脊"增生扩张，而在俯冲带则下沉和消减。这是构造动荡激烈的部位，是地震、火山活动的主要发生地。

二、科技进步是人类社会变革的动力

科学技术是生产力的重要组成部分。不论是在遥远的古代，还是在近代，科学技术都对生产力的发展做出了不可磨灭的贡献，特别是在现代经济快速发展的今天，科学技术更成为第一生产力。科学技术在促进生产力发展，为人类社会创造巨大的物质财富的同时，也在改变着人类社会。科学技术的进步，可以转化为强大的生产力，而生产力是人类社会发展中的决定性因素。生产力的发展，必然会引起社会生产关系的变革，从而又推动整个社会的进步。所以，科学技术是一种在历史上起推动作用的、革命的力量，是从根本上改变旧世界，创造新世界的强大杠杆。

恩格斯指出："在马克思看来，科学是一种在历史上起推动作用的革命力量，任何一门理论科学中的每一个新发现，即使它的实践应用甚至还无法预见，都使马克思感到衷心喜悦，但是与有了立即会对工业对一般历史发展产生革命影响的发现的时候，他的喜悦就完全不同了。"[①] 马克思指出："蒸汽、电力和自动纺机甚至是比巴尔贝斯、拉斯拜尔和布朗基诸位公民更危险万分的革命家。"[②] 对于近代科学技术发展与社会变革的内在联系，马克思和恩格斯也做了许多精辟的分析和论述。马克思认为，"火药、指南针、印刷术这是预告资产阶级社会到来的三大发明。"[③] 恩格斯也指出："火器的采用不仅对作战方法本身，而且对统治和奴役的政治关系起变革的作用。"[④] 在马克思、恩格斯看来，科学技术革命推动和引起社会变革和发展，不是偶然的、个别的现象，而是人类社会发展的一种必然要求。

（一）科学技术推动社会生产关系的变革

马克思指出："随着一旦已经发生的、表现为工艺革命的生产力革命，还实现着生产关系的革命。"[⑤] 这是马克思对工场手工业到机器大工业过渡的历史考

---

① 中共中央马恩列斯著作编译局编：《马克思恩格斯全集》第 3 卷，人民出版社 1995 年版，第 777 页。
② 中共中央马恩列斯著作编译局编：《马克思恩格斯全集》第 12 卷，人民出版社 1998 年版，第 3 页。
③ 中共中央马恩列斯著作编译局编：《马克思恩格斯全集》第 47 卷，人民出版社 1979 年版，第 427 页。
④ 中共中央马恩列斯著作编译局编：《马克思恩格斯全集》第 3 卷，人民出版社 1995 年版，第 207 页。
⑤ 中共中央马恩列斯著作编译局编：《马克思恩格斯全集》第 47 卷，人民出版社 1974 年版，第 473 页。

察中，得出的一条重要结论。科学技术不但是生产力发展的源泉，而且影响和制约着生产关系的革命。这里，工艺革命主要指的是工具的革命，例如，纺织机代替手工纺织等。这种工艺革命，促使资本主义早期的工场手工业向采用机器生产的近代大工业过渡，制约着资本主义生产关系从原始积累到工业资本主义的发展。马克思认为，在一种社会经济形态的形成上，生产力的革命，正像各种不同的地质层系相继更迭一样，是一个连续不断、不能相互截然分开的过程。然而，正是生产力的这种逐渐积累的革命因素，促进并制约着社会经济制度内部生产关系的变革。科学技术具有通过生产力这个中介实现生产关系变革的巨大价值。

马克思认为，通过科学的发现和技术的发明，导致生产工具的变革和劳动资料的变革，进而出现生产力的革命，然后导致生产关系的革命。可见，科学技术的发展经由生产力革命这个中介，实现着生产关系的革命。科学技术发展导致的工业革命是新生产关系的基础。马克思强调，蒸汽机革命是 19 世纪工业革命的起点，工业革命是现代英国各种关系的基础。因此，英国各种关系的基础就是科学的发现和技术的发明。恩格斯指出："这种技术装备，照我们的观点看来，同时决定着产品的交换方式，以及分配方式，从而在氏族社会解体后也决定着阶级的划分。"[①] 交换方式、分配方式和阶级的划分是生产关系的主要内容。可见，科学技术通过技术装备这种物化形式决定着生产关系的主要内容。

马克思、恩格斯还认为，科学技术引起的生产力的发展是生产关系更迭的重要原因。"只有在现实的世界中并使用现实的手段才能实现真正的解放；没有蒸汽机和珍妮走锭精纺机就不能消灭奴隶制；没有改良的农业就不能消灭农奴制；当人们还不能使自己的吃喝住穿在质和量方面得到充分保证的时候，人们就根本不能获得解放。"[②] "随着新生产力的获得，人们改变自己的生产方式，随着生产方式即保证自己生活的方式的改变，人们也就会改变自己的一切社会关系。手推磨产生的是封建主为首的社会，蒸汽磨产生的是工业资本家为首的社会。"[③] 可见，科学技术的发展，必然引起生产关系的变革，进而引起社会革命。可见，科学技术的发展具有推动社会革命的社会价值。

（二）科学技术促进社会结构的变革

科学技术革命是社会结构变迁的直接动因。从生产力角度来看待整个人类社

---

① 中共中央马恩列斯著作编译局编：《马克思恩格斯全集》第 39 卷，人民出版社 1974 年版，致瓦·博尔吉乌斯。

② 中共中央马恩列斯著作编译局编：《马克思恩格斯全集》第 42 卷，人民出版社 1979 年版，第 368 页。

③ 中共中央马恩列斯著作编译局编：《马克思恩格斯全集》第 4 卷，人民出版社 1974 年版，第 144 页。

会形态发展过程，迄今大体经历了原始社会、农业社会、工业社会、信息社会四个阶段。原始社会向农业社会转变经历了 4000 年，农业社会向工业社会转变经历了 260 年，而工业社会跨入信息社会仅用了 20 年的时间。之所以在近代历史中出现社会结构形态转型的进程加速，科技革命起着决定性的作用。

1. 从原始社会到农业社会

铁器的发明，铁器耕种工具的改进大大提高了农业生产力，带来了生产关系的巨大改变，使人类社会由游牧、狩猎为主，种植业为辅的奴隶制生产关系，走向了以农业为主，定居的封建制生产关系，创造了几千年的农业社会的繁荣。

2. 从农业社会到工业社会

从农业社会向工业社会的转变中人类经历了三次工业（科技）革命：

英国是第一次工业革命的发源地，从 18 世纪 60 年代开始，到 19 世纪 40 年代基本完成，蒸汽机的出现和广泛应用为标志的第一次工业革命把人的双手解放出来，给工业化的大机器生产解决了动力，使人类社会由农业为主、工商业为辅的农业社会走上了工业化、商业化的资本主义道路，开创了工业社会的发达与文明。

19 世纪 70 年代，以电力的广泛应用、内燃机和新交通工具的创制、新通信手段的发明为标志的第二次工业革命推动了电力工业和电器制造业等一系列新兴工业的迅速发展，使人类历史从"蒸汽时代"跨入了"电气时代"；在 1831 年，英国科学家法拉第发现了电磁感应现象，奠定了发电机的理论基础。科学家们根据这一发现，从 19 世纪六七十年代起对电作了深入的探索和研究，出现了一系列电气发明。1866 年德国人西门子制成发电机。19 世纪 70 年代，实际可用的发电机问世。这一时期，能把电能转化为机械能的电动机也被发明出来，电力开始用于带动机器，成为补充和取代蒸汽动力的新能源。随后，电灯、电车、电钻、电焊等电气产品如雨后春笋般地涌现出来。但是，要把电力应用于生产，还必须解决远距离输送问题。1882 年，法国人德普勒发现了远距离送电的方法，美国科学家爱迪生建立了美国第一个火力发电站，把输电线联接成网络；第二次工业革命的又一重大成就是内燃机的创制和使用。19 世纪七八十年代，以煤气和汽油为燃料的内燃机相继诞生，以煤气和汽油为燃料的内燃机诞生，90 年代柴油机创制成功。内燃机的发明解决了交通工具的发动机问题。1885 年，德国人卡尔·本茨成功地制造了第一辆由内燃机驱动的汽车。内燃机车、远洋轮船、飞机等也得到迅速发展。内燃机的发明，还推动了石油开采业的发展和石油化工工业的产生。

20世纪40年代，以原子能、电子计算机和空间技术的广泛应用为标志的第三次工业革命是人类文明史上继蒸汽技术革命和电力技术革命之后科技领域里的又一次重大飞跃，人类历史从此由"电气时代"进入了"电子时代"，世界经济从"机械化时代"进入了"自动化时代"。第三次工业革命发端于美国。在新科技条件下，提高生产率主要靠生产技术的进步、劳动者素质和技能的提高、劳动手段的改进，当代科技进步已成为提高劳动生产率和整个经济增长的源泉；它促进经济结构和社会生活结构的变化。它使第一、第二产业比重下降，第三产业比重上升；使国家垄断资本主义得到发展；使人们的衣食住行等日常生活发生变革；并推动了国际经济格局的调整。它使各国经济联系加强，推动了世界经济一体化进程；科技竞争在国际竞争中的地位日益重要；科技水平的差距进一步拉大了国家间的经济差距；对军事战略、国际文化、艺术和教育都带来重大影响。特别是微电子技术的发展，大规模集成电路在电子计算机中的应用，微机诞生并部分替代了人类的脑力劳动，使人类的劳动方式又一次发生革命性的变革。自动化程度的提高，极大地促进了工业生产率的提高。

在三次工业革命中，第一次工业革命的意义无疑是最重大而深远的。第一次工业革命实质上是一场以科学技术为中心内容的社会变革。然而，由于科技革命，人们用机器代替了手工操作，用蒸汽动力代替了人力、兽力和水力。纺织机、蒸汽机的发明是力学和物理学知识的物化。它们的广泛应用极大地提高了社会生产力，使整个欧洲由工场手工业转变成机器大工业。机器大工业彻底瓦解了封建的自然经济，个体农民和手工业者成为雇佣劳动者，他们不能再保持同农村的宗法联系。资本主义城市控制了社会的经济命脉。封建社会的生产关系也再不能容纳这一飞跃发展的生产力了。封建社会的经济基础丧失殆尽，新兴的资产阶级便占据了统治地位，并建立起适应这种生产力发展的资本主义生产关系。因此，马克思指出："手推磨产生的是封建主为首的社会，蒸汽磨产生的是工业资本家为首的社会。"他还认为，在大工业中，生产方式的变革是以劳动资料变革为起点的，而劳动资料从手工工具转变为机器，不单是生产工艺的变化，更是"劳动资料上发生的一种改变生产方式，因而也改变生产关系的革命"。

3. 从工业社会到信息社会

20世纪末、21世纪初，科技革命方兴未艾。在经济全球化和信息技术革命的带动下以网络进入社会商用为标志，发达国家先后又进入了一个崭新的经济社会形态——信息社会。由新技术革命推动的经济全球化和信息全球化，在世界范围内实现资源优化配置，为发达国家带来了经济的腾飞，实现了经济的高速增长和劳动生产力的提高，对人类社会经济发展进程创造出无穷、巨大的生产力。与此同时，新技术革命和经济全球化以前所未有的速度、广度和深度影响着世界各国的政治和社会，促使世界各国的社会结构形态经历了一场深刻的转型和变迁。新技术革命带来社会结构的变化是多方面的，其中最具有决定性意义的当属社会阶层结构变化。这种变化的基本特征主要体现在：

（1）农业人口大量减少。从19世纪70年代~20世纪90年代初。英国农业就业人口从25%降为1.8%，美国从43%降为2%，日本从70%降为7.1%。在欧美发达国家，即使是现有的少量农业就业人口，也不同于传统意义上的农民，而是农业工人和农业经营者。

（2）传统产业工人比重大幅下降。例如英国制造业中的工人由1970年的846.2万人降至1989年的544.5万人，矿业中的工人由1970年的410万人降至1989年的22.2万人；体力工人人数从20世纪30年代起开始缓慢下降，进入20世纪30年代后下降速度加快，体力工人在就业人员中的比例从1911年的74.6%下降到1981年的47.7%。

（3）服务业从业人员比重迅速提高。例如，英国在金融、保险、不动产和产业服务部门的工人由1970年的121.9万人增至1989年的299.9万人。在商业、旅馆饭店业中的工人由1970年的399万人增至1993年的1 793.4万人。在经合组织成员国中。服务部门研究与开发投资的增长速度比制造业快得多，已占其全部研究与开发投资的1/4以上。在美国，进入20世纪90年代以来，服务业占GDP的比重已过半，近些年从业人员已占私人经济非农业从业人数总数的75%。欧盟统计局20世纪90年代公布的报告指出，在创造财富与就业上，服务业如今已成为支配欧盟经济的主要行业。据该局统计，欧盟服务业创造的产值已占其GDP的64%，占就业人数的66%。

可以说，科学技术革命改变了人类社会形态的进程，改变了社会阶层的构成。而21世纪以后的现代科技发展，即经济全球化和信息全球化的突起，把人类引入了一个更为先进的现代社会，即知识经济社会。知识经济社会的一个突出共性特点是，其社会阶层结构呈金字塔形向橄榄型转化的趋势，中间阶层是主导群体。

（三）现代科学技术革命推动人类社会进入知识经济时代

目前，国际上公认的并列入21世纪重点研究开发的高新技术领域，包括信息技术、生物技术、新材料技术、新能源技术、空间技术和海洋技术等。

1. 现代科学技术革命的发生，极大地提升了生产的社会化和专业化，各行业各部门的分工协作和相互依赖日益加强

为了适应现代科学技术革命条件下社会生产力的新特点和新要求，每一个国家都对生产关系进行了一系列调整。在所有制关系上，资本主义国家垄断资本迅速扩大，已成为当代资本主义所有制的最重要形式，这种调整，既顺应了资本的社会占有与使用的趋势，又在一定程度上缓和了生产的社会化与生产资料私有制之间的矛盾。随着科学技术带来的产业结构的调整，发达资本主义社会的阶级结构也产生了相应变化，单一阶级结构模式被突破，新兴的掌握现代科学技术知识的中产阶级，在企业管理中起着十分重要的作用，他们的工作也创造和实现价值。他们既是劳动者，又是管理者。对无产阶级来说，已经不存在绝对贫困化的问题了，他们处于失业和相对贫困时，可以从国家的福利政策中得到补偿。发达资本主义国家的阶级矛盾得到了缓和。另外，知识在经济发展中逐渐成为获得财富的重要手段，也引起分配方式的多样化，可以按劳分配，可以按资分配，也可以按其技术能力对生产的贡献率进行分配。知识产权技术、专利、新产品、新工艺设计等智力成果和智力因素正在成为决定分配的重要因素。

2. 现代科学技术改变了传统的社会结构

现代科学技术革命引起的产业革命，对从业人员的素质提出了较高的要求，导致阶级和阶层的新变化。在发达资本主义国家，从事第三产业和各种服务业的人数大大增加，直接从事物质生产部门的人数减少。"白领工人"将成为工人阶级的主导力量。20世纪初，发达国家的"蓝领工人"只占劳动力总数的20%，而美国的"蓝领工人"到2020年将进一步下降到10%，略高于现在美国农业人口的比例。随着科学技术发展，一个新的中间阶层已经崛起。其共同特点是：收入明显高于普通雇佣工人、生产和生活条件优越、依靠技术和管理才能从事高级管理工作、社会地位较高。在美国，高级管理人才约占人口的14%；在法国，专业人员约占自立人口的10%。新的中间阶层在发达国家担任着管理社会、传授知识以及科学技术创新的职能，是社会发展的一股重要力量。他们有较高的社会声望，且大部分由知识分子构成。所以在知识经济社会中，随着社会阶层的分化，作为完全意义上的阶级属性已变得模糊了。

3. 现代科学技术推动了政治民主化和管理科学化

现代科学技术革命的中心是信息技术革命。其最直接的结果是信息传递技术

的改进和传递速度的加快。现代化传播媒介的普及，使人们可以更充分、更及时地了解来自社会生活各个层面的信息以及同自身生活环境的密切关联。这既激发了人们积极参与社会政治的要求和愿望，唤起人民关心政治生活的热情，又为人们充分参与社会政治的各项决策，表达和反映自己的政治意愿创造了条件，提供了可能。随着现代科学技术的进一步发展，要求人们在从事物质生产活动之前，要充分估计到所进行的各项活动的困难给人们带来的多种后果，这就需要决策科学化。决策科学化不是依靠少数领导者的主观判断，而是充分听取和尊重专家和技术人员的意见，让更多的人参与决策过程，才能最大限度地避免错误决策。物质生产的决策是这样，各种社会活动的决策也是这样。这就在客观上起到了推动社会生活民主化的进程。

4. 现代科学技术提供了科学决策的物质基础

信息时代，电脑、传真、网络、信息高速公路的出现，为科学决策提供了一个强大的物质基础。目前，在发达国家许多大公司内部都建立了高速数据传输网络。人们不必亲临车间，就能通过同一网络系统，查看工作进展情况。空间距离的限制被打破了，信息被及时、快捷地传递，成为科学决策的重要依据。另外，自然科学本身的发展，如系统论、信息论、控制论、决策论、博弈论、电子计算机技术都为领导进行决策，在选择合适的变量进行调节、控制系统态势的运行等方面，提供了新的科学方法论。

5. 现代科学技术开辟了"人—社会—自然"协调发展的途径

工业文明的发展，给人类创造了巨大的物质财富，但同时对自然资源掠夺式的开采和对环境污染的加剧，也引发了人与自然的生态危机，日益加剧的"全球问题"，使人濒临生存的困境。例如，由工业废气中的二氧化硫等酸性气体与空气中的水结合形成酸雨。酸雨中含有各种致病、致癌因素，能破坏人体皮肤、黏膜和肺部组织，诱发种种疾病和癌症，严重危害人体健康。同时它还危害农作物，破坏森林和水域生态系统，腐蚀和破坏工业、建筑设施。酸雨危害目前几乎遍布全球，仅在欧洲每年由此造成的经济损失就达 400 亿美元以上。如何摆脱生存的困境，实现可持续发展？只有依靠科学技术进步，充分开发利用有利于保护环境的科学技术，才能建立人与自然协调发展的"伙伴"关系。

6. 现代科学技术促进了人类精神文明的提升

人类在发展科学技术的同时，也锻炼了自己的认识能力，提高了自己的智力水平。科学技术作为观念和知识，参与人们的精神生活。首先，科学技术促进了人的思想革命化和科学化。恩格斯在谈到工业革命的后果时说："日益发展的工业使一切传统的关系革命化，而这种革命化又促进头脑革命化。"建立在科学实验基础之上的科学技术同迷信思想、宗教观念、唯心主义是对立的，在科学技术的猛攻下，上帝创造世界的神话破产了，迷信思想和唯心主义日益缩小地盘。其次，科学技术变革人们的生活方式，丰富人们的精神生活。现代科学技术已渗透到人类社会的各个领域。繁荣的教育、文化、娱乐信息、旅游等事业将人们带入了开放的多样的生活方式中。科学技术深入到文学艺术领域，不断地开拓出崭新的艺术形式，如电子音乐、网上文学，同时也为艺术传播和欣赏提供了便捷的大众传播方式，如光盘、多媒体等。最后，科学技术推动哲学社会科学的发展。现代科学技术革命，提供了新的理论工具（控制论、系统论、突变理论等）和技术手段，增强了人们的认识能力。自然科学与社会科学相互渗透，出现了许多边缘和交叉学科。科学技术日新月异的蓬勃发展一方面更加深刻地揭示了自然界的辩证本质，另一方面也提出了，许多新的哲学问题，成为促进哲学和社会发展的动力。正如恩格斯所指出的那样："随着自然科学领域的每一次划时代的发展，唯物主义也必然要改变自己的形式。"

7. 现代科学技术拓展了人的全面发展的空间

现代科学技术的发展，改变了人在劳动中的地位和作用，使人们逐渐超越直接的生产过程而成为生产过程的"监督者"，"三大差别"逐渐缩小。人类有了大量的时间从事精神性的生产和个性化的发明创造，人的全面自由发展成为可能。当然在这个进程中，科学技术也会造成人的异化，人在创造更新、更好的方法征服自然的同时，也陷入这些方法的罗网之中，成为实现技术目的的工具。解决这些问题的办法在于树立正确的科学技术价值观，使科学技术的发展有利于"人—社会—自然"系统的健全发展。此外，还要寻求更合理的实践模式。科学技术如果服务于少数人的利益，只能是一种负效应，比如用于核武器竞争或新殖民主义。因此，合理的实践模式将保证科学技术向着对人的全面而自由的发展有利的方向前进。

三、科学技术与人类文明进步的历史启迪

马克思曾经这样评价："工业革命以后，资产阶级在'不到一百年的阶级统

治中'所创造的生产力，比过去一切世代创造的全部生产力还要多。"① 邓小平更是精辟地总结："科学技术是第一生产力。"无论是社会主义国家还是资本主义国家，都将科学技术的发展摆在至关重要的地位。随着全人类对科学技术的认识逐步深刻，对科技进步的作用逐渐重视，人类文明也在加速前进。科学技术发展史和人类文明史告诉我们：人类社会文明的过程就是科学技术创新和普及的过程。

（一）科学技术是人类文明变迁的支撑

从天然火种到人工取火，火的成功利用把人类从茹毛饮血的时代带入了新的纪元，人类第一次利用自然力量，为人类的思想进步起到巨大的先导作用。有了火，人类逐渐掌握了制造生产工具的新方法，冶铁技术的发展把人类从渔猎时代带入了农业文明阶段。我国的四大发明在欧洲近代文明产生之前陆续传入西方，成为"资产阶级发展的必要前提"，为资产阶级走上政治舞台提供了物质基础：印刷术的出现改变了只有僧侣才能读书和受高等教育的状况，便利了文化的传播；火药和火器的采用摧毁了封建城堡，帮助了资产阶级去战胜封建贵族；指南针传到欧洲航海家的手里，使他们有可能发现美洲和实现环球航行，为资产阶级奠定了世界贸易和工场手工业发展的基础。这些伟大的发明曾经影响并造福于全世界，推动了人类历史的前进。西方国家的一些发明创造，例如古巴比伦的建筑业，古代西方制造业、造船业，欧洲国家的西医学，尤其是领先于古代东方的天文学、物理学对西方国家的社会进步做出了不可磨灭的贡献。

动力机械的发明则又一次推动人类文明前进的车轮，改善了工业结构，人类从此进入工业文明时期。科学技术革命是工业革命的必要前提和准备，而工业革命是科学技术革命的深入和必然结果，是资本主义世界经济体系形成的直接推动力量。"工业革命通过提供必需的机械和技术，使由陆路侵入成为可能。如果没有从海岸导向内地的道路、没有连接河道的运河、没有横跨大陆的铁路和电报、没有往返于大河和沿海航道上的汽船、没有能割除大草原的农业机械、没有征服土著民族的连发枪，荒野原是不可能征服的"。三次科学技术革命逐次进行得更加深入，影响更加广泛，到第三次科学技术革命时已经把整个世界紧密地联系在一起，资本主义世界经济体系完全形成。科学技术是时刻进步的，当人类还在慨叹工业文明时代落日余晖的灿烂时，现代文明已经悄然来临，这仰赖于信息技术的发展。

---

① 中共中央马恩列斯著作编译局：《马克思恩格斯全集》第1卷，第405页。

从人类诞生到21世纪末，人类文明进程包括四个时代、十六个阶段。四个时代分别是工具时代、农业时代、工业时代和知识时代，每一个时代都包括起步期、发展期、成熟期和过渡期等四个阶段。在人类文明进程中，科学技术不断发展推动着社会发展水平和生产力水平不断提高，但发展方向发生了三次转折；人类文明发展经过了原始经济到农村经济，再到工业经济，现在进转入到知识经济时代，即人类由原始社会进化到农业社会，再到工业社会，现在正进入知识社会；不同时代和不同阶段人类文明有不同特征，不同国家和不同民族有不同表现，人类文明的不同方面有不同的规律和特点，但从根本上说：科学技术的每一次质的飞跃，都推动和伴随人类文明的重大转折。

（二）科学技术推进人类文化的产生、发展和创新

文化作为精神力量的象征，在人类历史的长河中经历了风雨的洗礼，绽放出艳丽的奇葩。在人文的土壤上，科学技术就是文化成长所需的花肥，促进了文化之干的成长，增加了文化奇葩的艳丽。

1. 科学技术促进文化的产生

在文字产生之前，人类祖先们的活动是无法考究的，即使有一些考古证据，我们也只能用"猜"来解读。文字的产生，让我们有可能从古籍或遗址中了解先人的生存活动，追寻他们的发展足迹，我们姑且把这些前人的"足迹"称作前文化。文字的产生，给人类的生产生活活动带来了记录的载体，同时也使人类的精神活动通过文字的组合展现在世人面前。这里，我们说，真正的文化诞生了。文字的产生，催生了人类文化的形成。如果说"文字"以前的"符号"是人类无意识的记录，那么文字则代表人们经过理性的思考，认真总结出的一套符合当时人们识记规律的记录方法，这是一种很大的进步，或者说，这种进步具有很强的科学性，是科学技术的进步。

2. 科学技术促进文化的传播

造纸术的产生，使人们摆脱了绸帛的昂贵和简牍的笨重，让人们思想的传播和交流更加平民化，而且为人类的文化保存创造了新的载体，可以说，造纸术的产生，使文化的发展轻装上阵，为以后几千年的进步做了良好的铺垫。在纸还未发明之前，甲骨、竹简和绢帛是古代用来供书写、记载的材料。但由于经济、文化迅速发展，甲骨和竹简不能满足发展的需求，从而促使了书写工具的改进。造

纸术作为中华四大发明之一，为世界文明做出了巨大贡献。几个世纪后，造纸术传到朝鲜、日本、印度和阿拉伯，后来又经北非传到欧洲。造纸技术促进了人类文化的传播。

印刷术的发明在人类历史上具有划时代的意义。北宋时期，平民毕升发明活字印刷术，在长期的实践中不断改进，并传播到世界各地，大大推进了人类文明的进程。印刷术的发明先是为文化的传播提供了方便，从而为大规模的文化交流和思想宣传提供了新的契机，为后来的资本主义的传播起了推动作用。可以说，印刷术是人类文化传播的加速器。

3. 科学技术促进文化的创新

20世纪初期，无线电技术广泛运用于通信和广播以后，人们希望有一种能够传播"现场实况"的电视机。1906年，第一台实用的电视机在英国诞生。电视、多媒体技术的诞生不仅加速了文化的交流和传播，而且还创造了文化的新形式。

近10年来，随着社会、科技、文化和经济的发展，特别是计算机网络技术和通信技术的大发展，人们对开发和使用信息资源越来越重视，强烈刺激着因特网的发展。在因特网上，按从事的业务分类包括了广告公司、航空公司、农业生产公司、艺术、导航设备、书店、化工、通信、计算机、咨询、娱乐、财贸、各类商店、旅馆等100多类，覆盖了社会生活的方方面面，从而构成了一个信息社会的缩影。因特网是近几年来最活跃的领域和最热门的话题，而且发展势头迅猛，成为一种不可抗拒的潮流。

基于网络技术而形成的网络文化成为人类文化变迁历史上的一场深刻变革，它以其崭新的文化形态、文化性质和功能而呈现在世界面前。网络文化以其独有的特点和优势引领着当今文化发展的趋势和方向，对传统文化和社会生活的各个方面都产生着日益巨大的冲击和影响，对人类文化的进一步发展产生着不可估量的作用。正像德国技术哲学家F. 拉普所谈的："技术是复杂的现象。它既是自然力的利用，同时又是一种社会文化过程。"任何新技术的产生、传播和利用都与特定的社会文化因素有关，社会文化环境不仅提供了人们选择某项技术的标准与方式，而且随着这种技术制度化及其秩序体系化的形成，还将作为一种新型的社会文化生活空间而影响整个社会文化大系统。在人类历史上，技术进步日益成为文化发展的内在构成和必要条件，文化变迁日益以技术进步为基础并把后者包括在其中。网络技术的发展改变了文化传播的方式和载体，提高了文化传播的速率和界域，改变着文化的属性，提升了文化的品质和境界，并形成了一种新的特定的文化类型，即网络文化。作为一种新文化形态，其形成直接依赖于网络技术，

313

其属性和功能的发挥都取决于网络技术本身的发展水平和状况。

因特网最早来源于 1969 年美国国防部高级研究计划局（Defense Advanced Research Projects Agency，DARPA）的前身高级研究计划局（ARPA）建立的 ARPAnet。最初的 ARPAnet 主要出于军事研究目的。1972 年，ARPAnet 首次与公众见面，由此成为现代计算机网络诞生的标志。ARPAnet 在技术上的另一个重大贡献是 TCP/IP 协议簇的开发和使用。ARPAnet 试验并奠定了因特网存在和发展的基础，较好地解决了异种计算机网络之间互联的一系列理论和技术问题。同时，局域网和其他广域网的产生和发展对因特网的进一步发展起了重要作用。其中，最有影响的就是美国国家科学基金会（National Science Foundation，NSF）建立的美国国家科学基金网 NSFnet。它于 1990 年 6 月彻底取代了 ARPAnet 而成为因特网的主干网，NSFnet：对因特网的最大贡献是使因特网向全社会开放。随着网上通信量的迅猛增长，1990 年 9 月，由 Merit、IBM 和 MCI 公司联合建立了先进网络与科学公司 ANS（Advanced Network&Science Inc.）。其目的是建立一个全美范围的 T3 级主干网，能以 45Mb/s 的速率传送数据，相当于每秒传送 1 400 页文本信息，到 1991 年年底，NSFnet 的全部主干网都已同 ANS 提供的 T3 级主干网相通。

推动人类社会从造纸术、印刷术这些机械媒介发展到广播、影视、电脑和网络这些电子媒介的基本力量是科学技术，科学技术的发展使人类社会的基本面貌频频改观，当然也不可避免地对文化产生了深远的影响。这种影响主要通过文学存在的载体即文学媒介表现出来。造纸术发明之前的文化保存是艰难的，印刷术发明之前的文化传播是滞缓的，电子传媒技术发明之前的人们基本上是彼此隔离的。具体地说就是：没有造纸术和印刷术就不会有书面文化；没有广播影视也就不会有广播影视文化；没有电脑也就不会有网络文化。科学技术的每一次进步都必然不同程度地伴随着文化形式的变化，甚至导致文化观念的更新。正如瓦雷里所说的："我们必然会迎来一场伟大的创新，它将改变整个的艺术技巧，并因此影响到艺术自身的创造发明，甚至带来我们艺术概念的惊人转变。"

（三）科学技术促进人类精神文明的进步

物理学家郎之万曾说，科学不仅是物质解放的一种手段，而且是精神和道德解放的一种手段，正是科学给予我们对一个永恒世界的信念。对于科学，我们可以用阿基米德（Archimedes）的话来说："假如给我一个支点，我可以撬动地球。"在变动不居的宇宙中，科学思想确立了支撑点，确立了不可动摇的支柱。科学不但作为一种物质文明影响着生产力的发展，它还作为一种精神文明影响着人们思想意识的发展。

精神文明是人类在改造自然和社会过程中所取得的精神成果的总和，体现了人类精神生产和精神生活的发展水平。科学技术在精神文明的发展中起到重要作用。科学技术是解放思想的精神武器。人类的发展史也是一部科学技术的发展史。科学以确凿的事实告诉人们自然事件的产生原因，帮助人们破除愚昧和迷信，同时向人们提供科学的知识和理性的思维方式。科学的思想、科学的方法以及科学的思维方式都是精神文明的重要组成部分。科学技术是创造精神文明的源泉。科学上的新发现，技术上的新发明，不仅冲击着人们的旧思想，而且使人们的精神面貌为之一新。

科学活动是一种精神活动，与人类的思想状态、哲学思维有关，是人类对客观世界的认识，是反映客观事物和自然规律的，体现为多种学科门类相互交织的多层次知识体系。技术活动是人类生产性实践性的活动，是人类赖以生存的最基本的最广泛的活动，其目的是改造自然、创造人工自然。科学与技术共生并存，科学总是要以一定的技术原理为基础，而技术原理又离不开自然科学规律。科学技术不仅是物质生产力的催化剂，而且是一种强大的精神力量，它可以直接介入和作用于人的精神生活，也可以通过其生产力价值的实现，改变人的物质生活，进而影响和改变人的精神生活。人们依靠科学技术，可以起到改变人们的精神面貌、解放思想、追求真理的作用。科学技术是人类理性觉醒和发达程度的鲜明标志，又是进一步锻炼和提高人类理性的力量源泉。它在人类自身的完善和文明的进步中所表现出的精神价值是巨大的。

科学技术对社会的推动作用，除了直接创造物质文明外，就是创造了新的更多的精神文明。科学技术为多种文化生活的选择提供了可能性，现代高科技是现代精神文明的重要基石，它对道德和法律提出了更高的要求。科学技术尊重事实、崇尚理性，科学精神、方法和态度对社会的思想、道德、观念和信仰有巨大的作用。显然科学技术对文明的发展有巨大的作用，具体对精神文明的作用表现在以下几个方面。

1. 认识水平

自然科学作为一种知识体系，是人类认识自然、从自然界争取自由的武器，其任务是描述、解释并预见自然界运动发展的过程和趋势，指导人们的实践活动。自然科学对认识水平的提高包括两个方面的作用：一方面，科学上每取得一个新的知识，都为人们取得新认识提供了认识工具。另一方面，科学知识的积累是人类智力资源的社会储备。科学技术扩大了人们的视野，开阔了人们的胸怀，启迪了人们的心智。目前人们对自然界的认识已不限于感官所及的宏观世界，还可以借助仪器去认识微观世界、介观世界和宇观世界。

2. 认识方法

科学技术作为一种社会性的认识活动或实践活动，其本质上是一种追求真理的活动，它具有自身特殊的精神价值。这种精神价值，主要体现在它的求真过程和求真方法对人类精神生活和精神世界的影响上。科学技术活动是人类最重要、最典型、最正规的求真活动。在其求真目的的严格约束下，这种求真活动已经形成了一套基本的程序、规则和方法。不论任何人，他一旦投入真正的科研活动，并欲取得一定成果，他就必须认真遵守这些程序、规则和方法的基本精神，当然，在这个前提下，并不妨碍他充分发挥自己的聪明才智，进行灵活变通和大胆的创造。就是在这样的活动过程中，从理智到心灵，他将接受某种洗礼或熏陶，从而使得他的精神世界和行为方式渐渐发生变化，最终有别于非科学技术界的人，并对后者发生这样或那样的影响。科学技术方法既是科学技术知识的结晶和升华，又是科学技术活动的核心和精髓，所以，它对于人类其他活动的影响，乃至对于发展人类的理性和丰富人类智慧宝库的作用，都将是巨大而深远的。随着科学的进步，人们的认识方法不断发展，在观察、实验、类比、模拟、数学模型、归纳演绎、分析综合等的基础上，现代科学又出现了系统论、信息论、控制论以及研究复杂系统的非平衡自组织理论等。

3. 批判精神

科学方法的核心是实证方法和理性方法。科学以观察实验为基础，坚持一切科学理论都要建立在经验事实基础上，并要接受实践严格的、反复的和长期的检验。任何权威、任何情感偏见，无论是宗教的、政治的还是伦理的都不能作为判别真理的标准。自然科学作为一种特殊的社会意识形态，对其他社会意识形态的变革起着巨大的推动作用。在本质上，自然科学理论是唯物的、辩证的，它是人们建立正确宇宙图景的根据，是推动哲学发展的一种力量。哥白尼的日心说更重要的意义在于解放思想。自然科学领域的革命，往往是思想解放的先导。自然科学的发展，不断地改变人们的精神和道德面貌。当今，科学精神和科学态度已成为人类社会的道德规范和精神文明的重要内容。

4. 合理性

科学是人类的理性活动，人们在观察实验中得到的经验事实必须经过理性的加工整理，通过概念的构造，提示事物的本质；通过逻辑思维把概念织成理论之网，又借助于数学使理论之网具有逻辑的简单性和严格的精确性。理性要求人们有条理按规则思考和行动，使人们摆脱迷信和盲从。另外，科学方法追求的简洁明晰、对称和谐，对现代社会的美学追求产生很大影响。

5. 行为模式

科学是一种社会建制，当代科学技术也是一种大规模的社会活动，人们以一定的形式组织起来从事科学研究，在科学研究过程中人们专业化分工、合作、互相交流、互相竞争。这为人们行为之间相互调整和适应提供范式。美国科学社会学家罗伯特·默顿（Robert Merton）提出了一些科学的行为规范：普遍性、公共性、无私利性、有条理的怀疑性，它们构成科学的精神气质。普遍性要求人们评价科研成果只以科学本身的价值为准则而不应该考虑种族、年龄、性别、宗教、民族、国家、阶级、个人品质以及诸如此类的因素。公有性要求公开科学成果。并且一旦公开后，其开创者个人不得宣称占有这一新思想，科学是人类的共同财富。无私利性要求科学家为科学的目的从事科研，以追求真理为最高利益，而不把研究作为带来荣誉、地位、声望和金钱的敲门砖。有条理的怀疑性，要求对所有知识，无论其来源如何，在成为确证无误的知识之前都要经过同样仔细的考察验证。

6. 道德观念

道德是一种社会意识形式，是指以善、恶的评价方式来调整人与人、个人与社会之间相互关系的标准、原则和规范以及行为活动。科学技术与伦理道德观念的关系是错综复杂的。一方面人们的伦理观念随科学技术的发展或迟或早总要发生变化，另一方面，伦理观念作为社会意识，一旦形成就有相对的稳定性，会影响科学技术的发展。科学技术发展所造成的道德观念是进步还是倒退，人们对此历来有争论。老庄哲学中有"为学日益，为道日损""绝圣弃知，大盗乃止"。法国卢梭说："科学与艺术的诞生，是出于我们的罪恶。"瑞典神学家布纳说：现代技术是现代人的世界性贪婪的表现。而爱尔维修和霍尔巴赫等人认为，科学技术和文化越发达就越能使人得到幸福并导致人们道德水平的提高。美国未来学家托夫勒则宣称科学技术的发展将会在不动摇资本主义制度的条件下，使公道原则人道主义等道德规范得到新的解决。

科学技术所具有的精神价值集中地表现在它的职业气质和规范，即通常所说的科学精神和科学道德上面。科学技术所具有的精神价值是不容忽视的。科学技术在当代尽管明显地打上了政治化、商业化、军事化的印记，但是这并没妨碍科学家把科学的精神气质当做规范来遵守，当作道德理想来追求，因为科学的精神

317

气质或规范结构，不仅是科学发展的保障，而且它与社会文明进步和人的自我完善的大目标是相通或一致的。

7. 价值观念科学的思维方式起着巩固先进的世界观、人生观和价值观的作用

思维方式是人类理性认识的形式、方法和程序，它反映了人们对世界的理解水平及认识的深度广度，是人类精神素质和科学文化素质总的体现。思维方式是社会文明历史发展的产物，是精神文明的一个重要因素，在精神文明中占据着特殊的地位。社会的精神文明大体可以归结为思想道德和科学文化两个方面，而这两者都贯穿、渗透着思维方式的影响和制约，科学的思维方式往往体现着正确思想和道德观念，起着巩固先进世界观和人生观的作用。在当代科学技术革命过程中，科学理论的发展日新月异，特别引人注目的是创立了一系列横跨性、综合性的理论和学科，如系统论、控制论、信息论、自组织论等。这些新理论的产生，为现代思维方式的变革提供了基础。现代思想方法正朝着系统性、开放性、动态性和创造性方面发展。

表面看来，人的价值观似乎纯粹是一种个人选择，然而这种选择经常受到其他社会现象影响，尤其受到科学技术趋向和成就的影响。很难想象，当代思想文化如果没有科学技术的影响会是什么样子。现今许多重要价值观的特征都以不同方式受到近 200 年科学技术发展的影响。通过更宽阔的智慧境界和开拓更实际可行的范围，科学和技术的创新推动了那些反映这种境界和可行范围的新价值生长，同时也促进了那些植根于先前时代的既有价值的退让。理解和继续探讨科学技术发展与当代社会思想文化变迁的相互关系，有助于我们正确地认识科学技术的价值和更好地认识社会。

科学技术不仅通过科学的思维方式巩固先进的世界观、人生观和价值观，而且影响和制约着人们的道德观念和行为规范。知识形态的科学技术理论，与道德同属社会意识形态，它们在精神领域内是相互促进的。科学技术的基本精神是尊重事实，实事求是，尊重不同意见，不迷信权威，勇敢地探索真理和不断地发明创造，这些都与反映人们对人际关系的合理性以及对社会理想状态追求的道德意识有着本质上的一致性。

科学技术不仅从物质上讲是"第一生产力"，而且从精神上讲，也是一种最高意义上的革命力量。科学思想、科学方法、科学精神作为精神力量，在建设社会主义精神文明中，在提高人们的精神素质，形成人们科学的思想方式、工作方式、生活方式中，发挥着极其重要的作用。

（四）科学技术是一把双刃剑

进入 21 世纪，以新的科学技术革命浪潮和知识经济崛起为标志，人类社会正在加快从工业社会向知识社会演进的历史进程。层出不穷的科学发现、技术发明及其广泛应用，正在世界范围内激起生产力、生产关系、生活方式和思想观念的深刻变革，正在引发全球经济格局、利益格局和安全格局的重新组合。但是，一股不容忽视的反科学呼声的壮大，迫使我们不得不全面地审视科学技术。科学与技术是分开的两个概念，它们自从 17 世纪获得突飞猛进的发展以来，不但充分显示了它的造福功能，也逐渐暴露出对自然和社会的危害。现在，科学和技术是一柄双刃剑的观点已得到越来越多人的认同。

20 世纪末中期以来，科学技术的负面影响空前突出。在此以前，往往只看到科学技术的积极作用，因为它的负面影响还没有大到引起人们足够重视的程度。20 世纪 40 年代以来，产生的一些全球性问题，人们就不能不重视这个问题了，就是说，科学技术在有积极方面之外，同时还有负面影响。其中有两件事情对人们的震动最大。一个是原子弹的研制。原子弹是科学技术发展的结果，没有先进的科学技术，不能制造原子弹，但是原子弹在广岛、长崎投了以后，每地都死伤了近 10 万人。以后又有了氢弹，而且爆炸力越来越大，这就有可能毁灭人类自己。科学技术本来是要为人类谋福利的，结果可能反过来使人类灭亡。第二件事就是环境污染。20 世纪 60 年代以来环境污染很严重，由局部性的环境污染扩大到全球性的环境污染，全球气候变暖、海平面的上升等都将给人来带来巨大的灾难。根据它的双刃性特点，科学技术也必然会给人类进步带来阻力和一定的负面影响。那么，如何根据历史经验来扬长抑短，充分发挥科学技术的积极作用，必然成为我们发展科学技术的首要目的。

当代国家无论是以何种国体形式出现，政治权力都是相当大的，也都非常重视科学和技术，这就使科学和技术不但从活动形态变为理论体系形态，而且成了一种国家建制。科学技术的发展在这样的时代背景之下，越来越成为一种国家行为，越来越要依靠国家的资助和管理，而国家恰恰是不同利益群体的集合体。因此，有的国家在发展科学技术的过程中，必然会以种种借口在发挥科学正面作用的同时，对科学尤其是对技术的负面作用也加以堂而皇之的利用，制造一些危害另一部分人的技术产品。当一个现代国家都以特定的理由故意利用科学技术的负面作用去"发展"科学技术时，科学和技术便发生异化，从造福人类变为危害人类。只有实现了世界大同，人类不再存在相互冲突的利益集团，才有可能全面抑制科学的负面作用，充分调动和发挥科学的正面作用。但是，这个目标的实现，假设有可能，也是非常遥远甚至是遥遥无期的。因此，在人类还继续分割为不同利益集团的时期，要发挥科学的造福功能，抑制其危害功能，除了从主观上不断加强科学尤其是技术伦理的教育之外，还应该从以下两个方面努力：第一，实现科学主题的转换。以往的科学，无论是出于对自然的好奇，还是出于有目的的自觉认识，其主题都是朝着启发技术和引导技术的方向，帮助技术确定"可以干什么"。由于技术先天地具有双刃剑功能，科学越是对技术具有启发和引导意义，就越会成为技术的帮凶和开路先锋。因此，往后科学的发展，应当从指导技术"可以干什么"这个主题转变为规范技术"不可以干什么"这个主题上来，即从对技术的指导功能转变到规范功能上来。第二，联合国作为国际协调组织应当顺应全球化趋势，制定出有权威的国际性公约，严格审定和限制那些有可能危及人类生存和持续发展的科学技术成果。只有这样，科学技术对社会的负面效应才能得到有效控制，变成造福人类的利器。

第七章

科学技术与人文精神

一、人文精神的内涵刍议

（一）人文精神的丰富内涵

人文精神是一个抽象的难以界定的概念。对人文精神的定义也是仁者见仁，智者见智，莫衷一是。20世纪90年代，在学术界掀起了一次对人文精神大讨论的风潮。有的人认为应该把人文与文化严格区分开来，不能把两者相等同，人文精神的要义应该体现在"人"上，人文精神就是文化中的人文主义或以人为中心的精神；有的人认为人文精神就是人本主义、人道主义，前者通过后者表达和反映出来，人本主义是哲学范畴，人道主义是伦理学和政治学的范畴；还有的学者认为，人文精神的概念、内涵和具体内容是不断变化的，难以找到适用一切时代、一切国家和民族的一般的人文精神，因此不应加以界定，等等。尽管如此，人文精神作为人类精神文明宝库中的一朵奇葩，一个闪耀的亮点，却是每个国家和民族都应该追求和具备的。人文精神，是在历史中形成和发展的由人类优秀文化积淀凝聚而成的精神，一种内在于主体的精神品格。这种精神品格在宏观方面汇聚于作为民族精神脊梁的民族精神之中；在微观方面体现在人们的气质和价值取向之中。如追求崇高的理想，崇尚优秀道德情操，向往和塑造健全完美的人格，热爱和追求真理，养成和采取科学的思维方式等，都是人文精神的体现。人文精神主要包括人的信念、理想、人格和道德，是平等精神、群体精神和自由精神的综合统一，对平等的向往，对群体的认同，对自由的追求是人文精神的基本内核。"仁""义""信"，"真""善""美"，羞耻、血性、同情、怜悯、诚实、公正、正义、关怀、爱护、奉献、伦理、道德等都是人文精神的具体表现和基本内容。

人文精神与人文知识既有联系，又有所不同。人文知识是人在认识和改造世界过程中积累起来的，是感性认识的结果。人文精神与人文知识是两个层次的内容，即精神层次与知识层次，理性层次与感性层次，但两者又是相互联系、不可分割的。精神层次是知识层次的目标和深化，知识层次是精神层次的基础和条件。只有通过人的内心体验、感悟，知识层次才能转化成精神层次。一个人要具备人文精神，首先必须学习人文知识，然后在头脑中对人文知识的感性认识进行反复的思考，并在现实生活和生产实践中反复应用和体验，使之上升到信念和信仰的层次。正因为人文知识不等于人文精神，所以从古到今，从内到外，具有丰富人文知识的不乏其人，而具有真正人文精神的却不多。

（二）人文精神在中西方的演变

1. 中国人文精神的演变

中国的人文精神传统源远流长。道家强调"法自然""为无为"，以致虚守静、谦下不争、抱朴守真的人格理想表达自己反工具性追求的人文关怀；墨家倡导"兼相爱，交相利""尚贤""尚同""爱无差等"的平等人文精神；儒家人文精神的价值取向表现为对"人道"——即个人之道德人格理想，即"内圣"和社会整体的和谐——即"外王"相统一的终极目的性的追求，强调修身养性为本，通过"格物、致知、诚意、正心、修身、齐家、治国、平天下"来实现以"仁学"（即"内圣外王"）为特征的人文精神。这些都是中国封建社会人文精神的精华。中国古代的人文精神生长于封建大一统的体制内，围绕着义利、理欲、群己的主题，整体本位和重仁义、轻利益的义无反顾的价值选择，必然导致在传统人文精神中个人合理利益与生物性需求得不到满足，个体自由平等与独立个性被压抑等先天不足。

长期以来，中国的人文精神最为突出的就是儒家"仁学"的精神。孔、孟、荀以"圣人、至人、仁人、君子、大丈夫"作为"仁"的理想，不但提出了

"为仁由己""仁者爱人""不忍人之心"等"仁"的主张和原则，而且铺垫了一条具体可行的达"仁"之路——"己所不欲，勿施于人""己欲立而立人，己欲达而达人"的忠告之言和"养心寡欲""尽心、知性、知天"的修身之道以及"舍生取义""杀身成仁"的价值选择之道。这些精神的特点是：不与自然对立，不与宗教对立，不与科学对立。

新中国成立之后的人文精神在很长一段时间内是以政治信念、革命热情和道德理想主义为特点的。但对社会主义的主观主义理解和计划经济所固有的内在缺陷导致了人文精神在一定程度上的反人性化、虚伪性和乌托邦色彩。改革开放为人文精神的发展提供了难得的社会环境，人在逐渐地走向全面发展，但市场经济的实行又带来了一些反人性化的东西，使人文精神的弘扬面临着新的问题。

2. 西方人文精神的演变

在西方文明中，人们很早就开始探索人的价值、尊严。《荷马史诗》中说一个人沦为奴隶就失去了一半尊严，从而激荡着被压迫者对自由、平等和公正的热切渴望；伯里克利发出"人是第一重要的"的呐喊，高扬人的生命价值与创造力；苏格拉底以"爱智"的热情探索人的内在主体世界，追问人世的美德和知识；亚里士多德用"理性"，阐述人的本质，认为"人类所不同于其他动物的特性就在于他对善恶和是否符合正义以及其他类似观念的辨认"等，他们用对理性、美德、平等和正义的最初自觉与无限热情，抒写了西方人文精神的最早宣言。

漫长的欧洲中世纪，神学和宗教获得了统治地位，神性神圣不可侵犯，人性是神性的附庸，可有可无，人的价值和尊严、人文精神在此时完全失去光芒。文艺复兴时期人文主义者高举"人文主义"的旗帜，重新发现"人"的作用，让沉寂多时的人文精神的铿锵巨响又重新回荡起来，人文主义者用人性推翻神性，用现实取代来世，用理性反对愚昧，使人成为世界和文化的中心，人的价值与尊严，个性解放与自由发展不仅作为现实的批判武器而且作为理想的意义诉求，在反对宗教神学的历史上大放异彩。随后是资产阶级在"自由""平等""博爱"和"天赋人权"的启蒙思想指导下，尽情地控诉封建专制与教会的残忍、腐败和堕落，并最终推翻了封建专制，建立了资本主义制度，从而使当时的人文精神具有一定启蒙思想的特征。

西方人文精神随时代发展不断提升，一方面，尼采（F. W. Nietzsche）发现"上帝死了"，只有做一个"超人"才能"成为你自己"；海德格尔（G. Hegel）发现"存在"已经被"沉沦"，不断追问存在的意义；哈贝马斯（J. Habermas）指出，资本主义制度的深入和扩展，使得人的生活越来越金钱化和官僚化，人类的情感交往被破坏。另一方面，空想社会主义者莫尔（T. More）、圣西门（C. Saint - Simon）、傅立叶（J. B. J. Fourier）、欧文（R. Owen）立足于劳动者的需要和全面发展的人文主义乌托邦幻想的角度，对现实资本主义极度失望并进行了猛烈批判；费尔巴哈（L. A. Feuerbach）从唯物主义哲学的角度，用理性、意识、爱呼吁资本主义社会人类异化的复归，使这一时期的人文精神具有浓厚的人本主义色彩；更重要的是，马克思、恩格斯从"现实的人"出发，从人类感性实践活动这一历史活动的源头出发，用"建立在个人全面发展和他们共同的社会生产能力成为他们的社会财富这一基础的自由个性"，真正科学地回答了人文精神的价值观和终极关怀，使人文精神获得了空前未有的深邃意蕴和历史厚度。

（三）人文精神的主要特点

人文精神虽然因国而异，因民族而异，但不同国家和民族的人文精神又具有相通之处。人文精神具有以下共同的特点：

1. 人文精神思想内核的相同性

人文精神从起源、孕育、兴起到发展，都有一个思想内核，并且延绵不断。这就是探索人的生存意义，人的价值和尊严，追求人的完美和自由发展并关心整个物质世界的精神。无论是在哪一个发展阶段，哪一个国家和民族，这个内核始终不变，只是根据特定时代的现实，围绕着人文精神的内核，用新的内涵来加以充实，展开这一理论体系，发展人文精神的理论，但人文精神内核的相同性是极其明确的。

2. 人文精神的主观性

人文精神是人文知识在人的头脑中的沉淀、凝集、孕育，然后升华而成的，它构成了整个人类文化中最根本的精神和内在灵魂，它追求价值理想的崇高和完美以及人的全面发展和自我完善。同时又是内在于实践主体精神世界的精神品格，这种精神品格在宏观方面汇聚在民族的情感之中，在微观方面体现在人的气质和价值取向之中，人文精神以理性的方式规范和引导人的行为。

3. 人文精神的历史性和时代性

一个民族、一个国家的精神发展、思想情感是一定物质生活条件和历史环境的产物，不同时代的精神会有不同的内容和形式，人文精神的本质内容、思想形式及其特征是在一定的历史条件中形成和发展的；人文精神又具有时代性，人文精神的内容和表现形式随着新的实践变化而变化，不断用新的内容加以充实。

人文精神总是要打上历史与时代烙印，在我国传统文化里，"利"与"义"是相互对立的，"舍生取义"是人文精神的最典型的体现，受到人们的褒扬，而"见利忘义"却是对人文精神的叛逆，是绝对不允许的，人们只能言义，对利讳莫如深。市场经济在我国的实行，恢复了"利"的地位，承认在不违背"义"的前提下，人们可以最大限度地去追求"利"，"利"成了人性全面发展的重要环节，能给国家和个人带来多少利，成了衡量人的价值的不可缺少的筹码。自然在如今的历史条件下，"利"和"义"一样，是人文精神的题中应有之义了。

4. 人文精神的民族性和开放性

在不同的国家和民族，由于历史条件、价值观念、意识形态的不同，人文精神也呈现不同的内涵和具体形式，民族性以其独立存在的价值和根据渗透到人文精神之中，使人文精神涂上了浓厚的民族色彩。但各国家、各民族的人文精神又不是封闭的，是相互开放、相互吸收的，尤其世界进入近代以来，随着世界市场的开拓和形成，各民族的精神产品成了公共财产，各民族优秀文化的开放日益成为历史潮流，而在全球化日益发展和"地球村"已经形成的今天，人文精神之间的开放和相互融合就更加强烈，势不可挡。

二、科学精神的人文追思

科学精神是人们在征服和改造自然的科学活动和实践中形成的意识和态度，是科学知识的升华，是一套约束科学家的价值和规范的综合，它追求纯科学的客观性、严密性和精确性，敢于对客观世界的利用和改造，求真、求实，发展真理和客观规律，给人类带来幸福和增加人类在改造世界中的力量；同时科学精神又可能排除一切人情世故，撇开人的感情，甚至冷漠地、残酷地对待人类，僵化地追求纯粹的科学规律，摒弃人性，必然会造成人性的扭曲和社会的畸形。具有两面性的科学精神，如何除恶扬善，趋利避害，发挥其造福人类的一面，必须与人文精神结合起来，在人文精神的牵引、规范下从事科技活动以及利用科技成果。科学精神有着三个方面的特点：一是以人与自然的对立为前提，以物为尺度，以客观世界为认识对象，追求客观世界中的真；二是推崇理性至上的原则，往往借助于逻辑的、数学的和试验的理性手段，以求达到对自然世界的严密把握；三是科学探索无禁区。科学的根本任务就是要获得关于自然界的真理性的认识，无论在哪个领域，科学研究都可以涉足其中并一直深究下去。从总体上讲，科学精神尊重科技的价值和作用，强调依靠科技来推动社会发展。这种观念注重人的物质生活，强调社会的物质基础和经济发展的重要性，推崇物质力量和物质手段的强大作用，重视掌握科学方法、追求科学真理的意义。

离开人文精神的科学精神，并不是真正意义上的科学精神；而离开科学精神的人文精神，只是一种残缺的人文精神。没有科学精神，就不会有科学技术的发展；而没有科学技术，就落后，就穷困，就将挨打；没有人文精神，就异化，就空虚，就会卑鄙无耻。杨叔子先生进一步尖锐指出："没有科技，一打就垮；而没有人文，就不打自垮。"因此，我们需要弘扬的是包括科学精神在内的人文精神。从中华民族发展的历史来看，在中国人的精神天平上，人文精神与科学精神一直是处于不平衡状态的。几千年来由于中国传统文化本身的特点决定了中国人的精神领域里占统治地位的是人文精神。进入近代以来，科学精神的分量逐渐增多。人文与科技是一个背包的关系，不是一副担子的两头。中国的文明自上古直到 19 世纪末是人文阶段，20 世纪为科技阶段，这两个阶段都各自存在人文与科技，但是都把二者当做一副担子的两头，从而出现谁轻谁重的问题：在人文阶段重人文轻科技，在科技阶段重科技轻人文，现在正迈向人文与科技统一的新阶段，才懂得把二者打在一个背包里，消除了谁轻谁重的问题，科学与人文、科学精神与人文精神走上结合与和谐之路，人类的精神展现出希望之光。

（一）科学精神与人文精神的割裂给人类带来巨大灾难

从历史的角度看，人文与科技的分化与对立主要是近代科学技术产生以来的事。近代科学技术上的发现、发明及其广泛运用，一方面极大地强化了人的认识和实践能力，发展了人的主体性，创造出巨大的物质和精神财富，改变了人的生产方式、生活方式、思维方式、情感方式等，拓展了人的生活和发展空间，产生出巨大的正面效应；另一方面也加剧了人类与自然、个人与社会、人的物质生活与精神生活等之间的分化与对立，在现实社会中造成了人文文化与科技文化的分化与对立，相应地带来了人文精神与科学精神的分化与对立。

工业革命以来，随着科学技术的发展，人类的实践活动能力大大增强，人类进入了大规模地利用、控制和改造自然的活动，取得了征服自然的节节胜利，并以其独特的方式在造福人类、造福社会中发挥着无与伦比的重大作用，使世界获得了空前发展，科技的巨大成就和力量使人们对其产生了盲目的崇拜，形成了

"唯技术论""科技万能"的科学主义思想。科学主义或唯技术论必然造成"人在自然面前的盲目性，变改造、利用自然为征服、榨取自然，使人们在利用科技开发自然，创造财富时，往往只看到人战胜自然的胜利和优越感，看不到凭借高新技术对自然的过度索取会超过自然的承受力，造成对环境和资源的损毁，从而危及人类，'见物不见人'的唯技术论必然将人类社会引入无节制发展的歧途"。这些无节制发展违背了人类社会的发展规律，给人类社会带来前所未有的毁灭后果：环境污染、生态失衡、物种减少、温室效应、全球变暖、臭氧层破坏、水土流失、土地沙化等，这正如恩格斯所说，科学技术的每一次胜利，自然界都报复了我们。同时，在一些科技发达的国家，社会道德每况愈下，极端个人主义、利己主义、拜金主义盛行，为满足物欲而不择手段，社会风气败坏，人们以病态的心理寻找刺激，很多人对前途失去信心，自杀率连年上升，使现代西方社会引发了一系列精神危机，如道德沦丧，亲情隐退造成人与人之间的欺诈与防范；层出不穷的社会丑恶，居高不下的犯罪率导致人道的丧失和人性的异化；物质对精神的压抑，科学对个人生存空间的侵蚀诱发生活条件与生存质量、物质环境与生存心境之间的鲜明反差。

　　以上种种，并不是对科学精神的真正发挥，而是把科学精神异化成了科学主义，科学主义以科技发展为中心，把一切置于科技之下，甚至可以牺牲人的生命、人的价值来换取科技的发展，把科学精神与人文精神割裂开来。在科学主义的指导下，有些"科学家虽然可能在技术层面上一枝独秀，可是在人性的层面上却连白痴也不如，只懂得自然科学而不了解人文的人，即使是伟大的科学家，也不是一个完全人"。爱因斯坦也告诫那些把科技奉为神明，信奉科技至上的人说："你们只懂得应用科学本身是不够的，关心人的本身，应当始终成为一切科技上奋斗的目标……保证我们科学思想的成果会造福人类，而不致成为祸害，在你们埋头于图表和方程是千万不要忘记这一点"，"仅凭知识和技巧并不能给人类的生活带来幸福和尊严，人类完全有理由把崇高的道德标准和价值观的宣道士置于客观真理的发现者之上"，只有把科学精神与人文精神结合起来，在人文精神的牵引和规范下从事科技研究、科技推广活动，发挥科学精神，不仅有利于人类，而且更加有利于科技本身的发展。

（二）科学精神与人文精神的统一

　　科学精神违背人文精神不仅会给人类带来灾难，而且会阻碍科技自身的发展，只有把两者统一起来，才是人类之福，科技之幸。科学精神是人作为主体与客体之间的认知活动中所具备的意识和态度，它着重于人与物的关系，人文精神是指人在既是主体又是客体的认知活动中具备的意识和态度,它着重于人与人之间的关系。科学精神以物为尺度,追求是否符合客观规律,是求"真"的精神;人文精神以人为尺度倾向于价值判断,追求是否符合人类生存和发展的整体需要,是否维护人的尊严和体现人的价值,是求"善"和"美"的精神,科学精神与人文精神的相结合,就是"真""善""美"的统一,两者是相互作用、相互联系、相互渗透、不可分割的。

1. 科学精神与人文精神是互补的

科学严格的理论体系揭示现实世界的规律性,它帮助人们克服对大自然的神秘力量的恐惧,成为人们征服自然和改造自然以适应人类需要的有力工具,使人类社会不断地向前发展,但科学不可能解决人类面临的一切问题,科学活动本身既可能有益于人类,也有可能危害人类,这就需要有责任感,有远见,要用法律和道德规范来约束。同时社会需要一种能够将个人和社会,公平和效率之间的关系进行合理调节的体系,许多关于人类情感的问题,科学和科学精神是无法解决的,需要人文精神来支撑。人类是既有理性又有情感的,科学精神满足了人类对知识的渴求,使理性思维得到充分发挥,而情感方面常常被忽视,科学精神与人文精神只有相互补充,人类社会的理性和情感才能健康发展。

2. 科学精神与人文精神是互动的

科学技术的发展促使了生产力的进步,生产力的进步引起了社会关系的变革,也改变了人的价值观及对人和社会的认识,从而推动人文精神向前发展,在科学发展及科学精神的认知过程中人的本质力量及价值得到提升,认识自身的能力增强,活动范围扩大,追求自由解放的欲望也越来越强烈,科学精神因此强化了人文精神。反过来人文精神又影响科学和科学精神的发展,良好的人文精神应当是崇尚科学的,能给科学活动提供充足的空间,有利于科学精神的传播和发扬,同时人文精神为科学发展提供动力和规范其发展方向,促使科学活动以人为本,沿着健康的轨道发展,科学精神需要与人文精神沟通,需要关怀人类,否则科学精神就是不人道的。

3. 科学精神与人文精神是互融的

科学精神是人类理想与创新的源泉,人文精神是人类社会和谐与进步的基础,要把科学精神与人文精神融合起来,将关注生态环境、关心人的社会生活质量等人文精神的思想灌入科学精神之中;同时也要把科学精神的求真务实风范引入人文精神，用理性、客观的态度审视人类的社会环境，实现科学精神与人文精神的融合。只有两者融合生长，才能促进个人的全面发展和社会的真正进步。在科学发展史上，许多科学家既具有崇高的科学精神，又充满着高尚的人文精神；他们既在科学领域孜孜不倦地探索，又在道德、人格、人文、对人类未来的关怀、人道主义精神等方面进行不懈的追求，就像爱因斯坦在悼念居里夫人时所说：她的人格的力量比纯粹的科学的贡献还要大。正是这些融科学精神与人文精神于一身的伟大科学家推动着人的发展和社会的进步。

科学精神与人文精神是一个硬币的两面，是一个圆规的两条腿，它们虽然所走的路径和侧重点不一样，但是它们的最终目的是一致的——"真""善""美"的和谐统一。把两者割裂开来，对一个国家和民族来说，将会是祸害，对个人来说也将是不幸的，不圆满的。科学精神与人文精神的结合并不是两者的简单相加，而是两者的相互融合，相互渗透，达到你中有我，我中有你，你离不开我，我离不开你，即每个人既有科学的求真精神，又有人文的求善、求美精神，既要重视科学技术的发展，又要追求人文关怀，在科学活动中充分发挥人文精神。

（三）科学技术对弘扬人文精神的作用

1. 科学技术能发挥人文精神的引导作用

科技进步促进人文精神更健康、更丰富，改变了人们的价值观、思维方式、生活方式和社会生产方式，有利于社会发展过程理性化。科学技术正以一日千里的速度发生着变化。生物技术、空间技术、信息技术日益普及并影响着各国的政治、经济、文化和军事，改变人的生存和生产方式，科技的两面性随时都有可能把人类引向毁灭。这就严峻考验着科学技术普及过程中的人文精神，科学技术的普及和推广，是以人为本，还是以科技为本；是以人为中心，还是以科技为中心；是重人性，还是重科学主义，都以是否以人文精神的指导、牵引息息相关。科学技术的普及就是人文精神发挥指引作用的过程。

2. 科学技术能发挥人文精神的规范作用

人文精神也离不开科学精神。只有自觉地把科学精神内蕴于宏大的人文精神之中，人文精神才更富于清晰性、准确性，才能更好地指导人类实践。人文精神本身就是一种科学精神，即科学的人文精神；而科学世界本身也具有丰富的人文内涵；科学在追求知识和真理的同时也在追求着人类自身的进步与发展，在创造物质文明的同时也在创造着精神文明，赋予人类以崇高的理想精神，激励人们超越自我、追求更高的人生境界。

科学技术的普及最终要落到人身上，只有科学没有人文或只有科学精神没有人文精神的人是"半截子的人"，这种人无法"善用科技"，要善用科技、推广科技，就要用科学精神，特别是人文精神来充实自己的头脑和灵魂，使人人树立由人文精神规范科学研究、科技开发和推广应用的意识。使人文精神得到升华和弘扬。在处理科技与人和自然的关系中，必须保证科技发展具有正确的价值取向。科学技术的普及给人文精神的建设和塑造提供了机遇，也带来了挑战，防止人文精神的一元化，注重人文精神的民族性建设，把科学技术融入民族精神之中，弘扬民族精神；同时，科学技术的普及要同人文精神的时代性和创新性结合起来，解决科学技术普及过程中带来的一系列问题，使人文精神的建设跟上科学技术发展的步伐，保证人文精神的时代气息和不断创新。

三、科学技术与人文精神的民族性

关于民族精神含义的观点大致有三种：一是真正的民族精神仅是指反映人民群众利益和社会发展方向的精粹思想、进步观念和优秀文化，而不包括民族文化中消极落后的因素，只有从这一点上我们才能提"弘扬民族精神"。二是民族精神是一个中性概念，既包括积极、优秀、进步、精粹的一面，又包括消极、落后，甚至粗俗、劣根的一面，应该反映一个民族的精神的整体面貌，是一个充满优弱长短的两面体，如果说前者是"民族的脊梁"，是"民族优良传统"，那么后者就是近代先驱者所说的"国民劣根性"。三是民族精神作为研究的对象，应如实地把它看成是既有精华、又有糟粕的精神形态，但作为宣传、弘扬的内容，则应当是民族精神中正面的东西。我们认为民族精神是民族文化在漫长的历史演进和变迁中沉淀和凝结而成的，是民族文化的精髓。民族精神作为一个民族文化中最优秀部分的凝结，是一个民族优秀文化的主体，是一个民族生存与发展的精神支柱。民族文化是形成民族精神的沃土，丰富的民族文化必然培育出伟大的民族精神，"民族精神是民族文化的深层内涵，是一个民族在历史活动中表现出来的富有生命力的优秀思想，高尚的品格和坚定的志向，它具有对内动员民族力量，对外展示民族形象的重要功能。"民族精神一旦形成，就会发挥出无可替代的巨大作用，民族精神是一个民族赖以生存和发展的支撑，民族精神是衡量综合国力强弱的重要尺度。

（一）只有从科学技术发展中吸取滋养，才能丰富民族精神的内涵

弘扬和培育民族精神有很多途径，但在科学技术不断普及的今天，科学技术深入到世界各地的每一个角落，任何一个重大变化都有科技的因素，弘扬和培育民族精神，使之与新时代相结合，就更加少不了科学技术的参与，只有从科学技术发展中吸取滋养，才能丰富民族精神的内涵。

那么弘扬民族精神为什么要讲科学呢？其一，民族精神本身就应该是科学的。民族精神是在民族文化中形成的，是扎根于民族文化的。民族文化首先是民族的，这是一个民族文化区别另一个民族文化的关键，民族文化又是科学的，科学的民族文化说明民族文化不能故步自封，排除其他外来文化，凡是科学的、合理的、优秀的，不管是本国的还是他国的，本民族的还是他民族的都可以吸收和借鉴，从而充实本国的民族文化。建立在民族文化基础上的民族精神，必然也具有科学的成分，是科学的民族精神。其二，我国民族精神的科技含量比较少。由于我国长期处于封建社会之中，人的思想比较封建、保守，人们多是不思进取，安于现状，缺乏科技实践活动所必需的冒险、探索精神，一些有识之士都乐于吟诗作赋、舞文弄墨，从事科技活动的人得不到重用，处处被压制，科技成果得不到普及、推广和广泛运用，科技得不到创新和提升。这就是为什么虽然我们国家在封建社会时期科学技术远胜于其他国家，而科技革命不在我们国家爆发的原因。我国的民族精神人文因素居多，而科学精神却比较薄弱。另外，由于自信国家的地大物博，要风有风，要雨有雨，不必求于他人，所以不管好的、坏的，美的、丑的，善的、恶的，一律拒之门外，遇上天大好事，只顾自己窃喜，有什么不光彩之事，却是"家丑不可外扬"，"要保密，要照顾民族的脸面"，这些都是狭隘民族精神的表现，不是科学的，而是反科学的。所以弘扬民族精神要讲科学，要通过运用科学技术的力量来弘扬、增强民族精神的科技含量，才能建立起适应新时代、与时俱进的民族精神，并充分发挥其作用。科学精神一旦融入民族精神，一个民族便会产生无比强大的前进动力。

当近代中国备受列强欺辱之时，最早觉醒的一批知识分子自觉地将科学精神融入救亡振兴的爱国运动中，成为中华民族坚不可摧的精神脊梁。今天广大科技工作者艰苦奋斗，勇攀高峰，使中国科技不仅在世界上占据一席之地，更使科技越来越成为经济社会发展的强大引擎。而今天，"特别能吃苦、特别能战斗、特别能攻关、特别能奉献"的载人航天精神，既是"两弹一星"精神之后科学精

331

神的又一次延伸，是"祖国利益高于一切"精神的升华，又是我们伟大民族精神一笔新的宝贵财富。每一次卓著科学成就的取得，都化作了全民学习科技、崇尚科技的热潮。正是无数个科技进步的奇迹、科技实力的提升，增强了中国人民的自信心，使豪迈向上的民族精神在神州大地激荡，爱国主义激情在华夏儿女心中涌流。

（二）科学技术对培育和弘扬民族精神的作用

科学技术对民族精神的弘扬大体有两条途径：间接途径和直接途径。间接途径是指科学技术与生产相结合而发展生产，变革社会，转变人们的思想观念和精神状态，从而影响并弘扬民族精神；直接途径是科学技术作为一种思想和观念，直接介入民族精神，从而弘扬和升华民族精神。两条途径是相互结合，不可截然分开的，科学技术在直接弘扬民族精神时包含了间接作用的成果，反之亦然。人类进入大科技时代，科学技术空前发展和不断普及，极大地加深和扩大了科技实践活动的深度和广度，使得现代科学技术成为一个庞大的体系，内部存在着复杂的结构，人类不断地获得具有时代气息的丰富的科学精神、科学方法和科学知识，科学精神、科学方法和科学知识都在直接或间接地作用于民族精神，对弘扬和培育民族精神发挥着重大作用。

1. 科学精神对民族精神的弘扬

科学技术本身所包含的尊重事实、追求真理、敢于怀疑、不断进取、坦诚无私、严肃认真、批判创新的精神是构成民族精神的重要内容。科学实践活动的过程，就是这些精神发挥作用的过程，同时也是弘扬民族精神的过程。求实、创新、怀疑和到处寻找现有理论中的问题、自由讨论和鼓励争鸣既是科学精神的基本要素，也是民族精神的表现形式，所以发挥和崇尚科学精神的同时，民族精神也得到弘扬，中华民族对科学实践和科学精神的认识是一个不断提高的过程，对科学精神认识的升华，是中华民族自觉、内省、永不停息的探索过程，在这一过程中，民族精神被融入其中，并得到了升华和弘扬。

2. 科学方法对民族精神的弘扬

民族精神包含着价值判断和价值追求，在价值判断和价值追求中，思维方式起着重要作用，思维方式不但影响价值判断，也影响价值追求，科学技术的发展不断改变着人类的旧的思维方式，创造出新的思维方式，使人的思维逐渐走向现代化，现代人的本质特征就在于他有着现代的与科学发展同步的思维方式。科学方法对民族精神的弘扬，就是通过改变旧的、原有的思想方式来提高人的价值判断和价值追求，从而弘扬民族精神。在中华民族精神之中，存在着传统的思维方式，其主要特征是整体性与直觉性，这种旧的思维方式习惯于从整体和感性的角度去分析、考虑问题，缺乏精细化和实证性。在当今社会分工高度分化，学科目益细分的时代，这种旧的思维方式有其不适应性，通过科学方法的精细化和实证性可以弥补传统思维方式整体性和直觉性的不足，从而加快整个中华民族思维方式的现代化。

3. 科学知识对民族精神的弘扬

科学实践活动的不断展开和深入，为人类积累了丰富的科学知识，以概念、定理、法则、学说、理论等为重要内容的科学知识是科技实践的主要成果，构成了科学知识的主要成分，一旦进入人们的认识领域，必定同原有的认识发生各种各样的相互作用，从而丰富、深化或变革人的思想观念。科学知识的创造、普及和传播，提高了人的智慧和理智，增强抵御愚昧和野蛮的能力，推进人的思想和行为的道德化。科学知识除了能促进人的思想观念和道德观念提高以外，还丰富人们的科学文化知识和"科技素养"，1983 年联合国教科文组织提出现代人应具备"科学素养"的三项指标，一是理解基本科学技术术语和概念，二是理解科学研究的过程和方法，三是理解科学技术对社会的影响。培育和弘扬民族精神必须具备高素质的人才，特别是具有现代思想道德观念和科技素质的人才，而科学知识不但转变了人的观念，而且提高了人的科技素质，为民族精神的弘扬提供了人才条件。

总之，科学技术是第一生产力。在人类文明高度发达、科技进步日新月异的今天，一个优秀的民族必定是一个尊重知识、热爱科学的民族。科学技术的普及，是发展先进文化，弘扬和培育民族精神的有效手段和途径。无论是先进文化的发展，还是民族精神的弘扬，科学技术的普及都发挥着不可替代的作用，只有通过科学技术的普及，才能使崇尚科学、崇尚文明成为广大人民群众的精神品质，才能推动先进文化的发展，弘扬并赋予中华民族精神以崭新的时代内容。在我们朝着社会主义现代化阔步迈进的今天，伟大的科学精神已经成为中华民族精神不可缺少的重要组成部分。努力弘扬科学精神，在全民族形成爱科学、学科学、用科学的良好风气，我们就一定能顺利实现中华民族的伟大复兴。

（三）科学技术要坚持人文精神的民族性

科学技术无国界，每一次科技革命所创造的科技成果以其极大的外推力向世界各地扩张，印刷术使人类铅印时代的到来；指南针促使新大陆被成功发现，为人类环游世界指明了方向；蒸汽机的发明使人类拥有了汽车、火车，人们的生活节奏加快；电灯的发明给世界带来了光明；信息技术让世界彼此不再遥远，形成了"地球村"……

科学技术的发展、创新以及彼此之间的取长补短，带来了科学技术在全球范围的普及，改变了人类的生产、生活和思维方式，推动了生产力的发展，导致全球各地的产业革命、经济增长和人类社会的空前进步，从而促使人类更加文明、思想更加解放。然而，我们不可否认，每一次科技革命都是在发达国家首先爆发，所创造的科技成果在落后的发展中国家和地区推广、延伸。无论是蒸汽时代、电气时代、电子时代，还是目前的信息时代，都深深地打上了西方人文色彩的烙印。

科学技术在全球普及的今天，防止人文精神的一元化，其有效途径是把新时代的人文精神融入各民族的优秀文化传统之中，培养人文精神的民族特点，使各国的人文精神具有本民族的特征。一个民族，没有振奋的精神和高尚的品格，就不能自立于世界民族之林。人文精神作为精神文明的重要内容，表征着一个民族在世界上的姿态，人文精神的力量深深熔铸在民族的生命力和凝聚力之中。一个民族如果丧失自己在精神上的主体性，就丧失了独立存在的价值，就不可能自立于世界民族之林，就会成为别人的附庸。一个民族如果没有民族的自主意识，就会被其他民族所同化、融合，并最终导致自己民族的消亡；相反，如果一个民族具有民族自主意识，它就会自觉地维护自己民族的独立和存在，不被其他民族同化、融合，它就能够屹立于世界。

一个民族之所以是一个民族而区别于其他民族，就在于这个民族的精神实质，精神的独立性和自主性是其与他民族之别的关键，作为精神宝库中一员的人文精神，必然也充满着自己的民族色彩，代表着一个民族。只要有一定精神，就可以使一个国家、一个社会生命辉煌。就中华民族而言，人文精神的建设必须根基于中国文化传统之上，这种文化传统隐藏在民族心灵的深处，是不断形成各种文化产品并不断对历史和现实进行着新的阐释的一种根本动力。

中国文化传统的核心内容是"内圣外王"。"内圣"是指个人的道德人格的修养，"外王"是指达到社会整体和谐，"内圣外王"是探索理想人格与理想世界的统一。即对圣贤与大同世界的追求，体现了对人类及整个物质世界的终极关怀的人文精神，正是这种建立在"内圣外王"的优秀文化传统基础上的中华人文精神，一方面注重个人的内心修养，处处以"仁义"约束自己；另一方面又追求"大同"，即人与自然、人与人、人与社会、民族与民族之间的社会和谐，才使得中华民族源远流长、长盛不衰。

中国进入近现代以来，打破了对理想人格修养和理想世界追求的环境，人们开始怀疑并抛弃中国文化传统中的人文精神，对西方文化的全盘接受，是当时中国知识分子在不健全的文化心态下进行的文化选择，而在一种没有健全的文化心态下进行的文化选择是极不明智的，甚至是极其荒诞与危险的。要重新获得民族的独立地位，就必须恢复根植于文化传统上的人文精神，正是在中国文化传统中形成的不屈不挠、自强不息的人文精神的指引下，中华民族赢得了独立，又在天下为公、天人合一、厚德载物的传统人文精神中促进人与人、人与自然、人与社会的和谐发展，以及中国与外国，中华民族与其他民族的和睦相处。在科学技术一日千里，科学主义和科技至上思维仍有可能抬头的今天，如何正确、科学地运用科技成果为人类造福，必须要有健全的、理性的科学精神和人文精神来引路。科学技术在一国的运用，只有在具有本国特色的人文精神的指引下，才能真正促进这个国家人的全面发展和社会的全面进步。

强调人文精神的建设应该体现民族特性，应该扎根于一国的文化传统之中，并不是说人文精神的建立只能局限于本民族的传统文化，人文精神的民族性不等于人文精神的封闭性，任何民族的发展都有其特点，都有其独立存在的价值和根据，都有优越于他人的地方，我们不应该因为有悠久的文化传统和伟大的人文精神就故步自封，孤芳自赏，而应该一切民族，一切国家之长处都要学，政治、经济科技、文化、艺术的一切好的东西都要学，要学习其他民族的优秀文化以及带有其民族特点的人文精神。人文精神的民族性即世界性，民族性是建立在相互吸收、相互发展的开放关系的客观基础之上的，每一个民族的优秀文化必然是具有开放性的，否则就不能发展，就要衰落。人文精神也是民族性与世界性的统一体，既有各自的区别，又有相互的联系，只有彼此的渗透、交流、吸收、借鉴，才能永葆青春，并最终趋向融合，世界上的各种文明，不同的社会制度和发展道路应该彼此尊重，在竞争、比较中取长补短，在求同存异中共同发展。

四、科学技术与人文精神的时代性

每个时代都有引领社会前进的时代精神。科学技术曾作为资产阶级强大的武器，把人们从被奴役、被压迫之下解救出来，推翻了封建专制和宗教神学，推动了人类社会的进步，某种程度上使人的个性解放和发展成为可能，而新时期科学技术的发展却把人的发展置于科技和物欲之下，使人受到科学技术与物欲的奴役。科学技术进步带来的消极影响，呼唤着科学的、富有时代气息的人文精神，历史的丰富土壤和崭新的时代特征是新人文精神的社会实践生成的基本背景和基础。既要对传统人文精神批判性的吸收、继承和改造，又要立足于当代新的社会实践和科技实践，塑造新时代的人文精神，面对新情况，解决新问题。新的人文精神要真正约束科技活动，克服其消极影响，使其从人与人、人与自然和人与社会和谐发展的维度，把对人类的终极关怀和现实关切有机统一起来，为人类服务。

新时期人文精神面临着新的挑战，科学技术日新月异，科技革命一轮接一轮，科技成果层出不穷，丰富了人们的物质生活；科学技术的发展极大地提高了劳动生产率，使较短的时间内能够有较多的产出，人们不再需要花那么多时间从事繁重的体力劳动，科学技术大大地缩短了为维护人们生存所需的社会必要劳动时间，从而延长了自由时间，使人们有更充裕的自由支配的时间去从事文学、艺术和其他社会活动，为促进人的全面发展，提高人们的精神面貌提供了条件。然而，随着科学技术的普及以及闲暇时间的增多，许多人失去了生活的目标，无所适从，无所作为，精神空虚，享乐至上，严重泯灭了人文精神，科学技术的发展促进了全球社会化、一体化、市场化程度不断提高，市场经济不断深入，世界各国在市场经济条件下，必然以经济建设为中心，以提高生产力水平为手段，以追求物质财富的极大丰富为目的。人们在处理物欲与精神追求关系时，常常屈服于物欲之下，难以摆脱对物质财富的依赖性的影响和支配，物质生产的日益丰富，引导人们走向其精神文明反面，走向它的对立面。物的积压日益激烈，人们在对物的创造与追求之中造成了物对人的挤压，物的阴影如巨大的魔障遮蔽了人，从物欲到物役，对物质无穷尽的追求，表现为对金钱与权力的追逐，并作为一种异己的力量，使人变成了物的奴隶，从而产生极端个人主义、拜金主义、损公肥私、见利忘义、坑蒙拐骗、贪污、腐败行为盛行，人间的羞耻、良心、血性、同情、怜悯、诚实、公正、正义等有了新的衡量秩序，即要以斤两来计算它们。新时期的人文精神受到极大的挑战和考验。

（一）科学技术要对人真正尊重，对人的基本权利充分肯定

对人的尊重神圣不可侵犯，是新时期人文精神生成和建立的基本前提，新时期人文精神是以人性、人权、对人的需求、情感、能力、理想追求、价值选择、意志自由以及人的本质充分肯定与尊重为前提的。在某种意义上，新时期人文精神就是以确保人的尊严的神圣不可侵犯为己任或者以现代文明为载体，不断塑造、丰富和强化人的尊严。科学技术的发展与普及却严重地威胁着人的生存。核技术使我们仍感受到广岛上空原子弹爆炸的气息和一些核电站泄漏的惊悸，我们

恍惚看到了人烟灭绝、寸草不生、万物枯竭的骇人场面；军事技术使人类面临着世界大战的威胁和饱受局部战争之苦，人们在战争中被屠杀，成了军事科技的牺牲品，人民那种渴望和平、憎恨战争的眼神仍然历历在目，是那样的凄冷、绝望、无可奈何；克隆技术在克隆人体器官帮助人类摆脱疾病缠身的痛苦的同时，也面临着整个人的被克隆，使天底下最神奇的东西——人的生命可能成为某些人手中的把戏；基因图谱的发现和转基因技术的发明，使生物与人的基因杂交成为可能，整个物种都变得混乱。科学技术作为"第一生产力"，作为"历史有力的杠杆"和"最高意义上的革命力量"，在推动人类社会向前迈进的时候，又以其强大的力量反人类，反对人的尊严和人之所以为人的基本权利。新时期科学技术的运用与普及要趋利避害，就必须在具有时代特性的人文精神的指引和约束下，尊重人的权利，维护人的尊严，要使人成为科学的主宰，而不是相反。

（二）科学技术要达到"真""善""美"的和谐统一

"真""善""美"的和谐统一是新时代人文精神的最高追求，也是新人文精神时代性的最显著的标志。"该追求什么样的人文精神"，这样一个最基本的理论问题在某些故弄玄虚的学术著作中长期得不到明确回答。实际上，对"真""善""美"的不懈追求是人文精神永恒的主题，无论社会环境与历史如何变迁，求真、向善、趋美都是人类主流文化的独特表征，"真""善""美"的高度和谐统一是人文精神的最高追求与终极目标之所在。在新的历史时期，科学技术的高度发展及其负面效应的忽隐忽现，更加需要"真""善""美"高度统一的人文精神。而要建立起"真""善""美"高度统一的人文精神，又必须通过科学技术，通过科技力量获得。科技活动与实践是人类征服和改造自然，发现真理，揭示客观规律的过程，同时又是改造人本身，体现人的能动性、主体性和创造性的过程，是对人的本质力量的确证。科学活动在求"真"的同时，又趋向"善"和"美"。当前，我们必须紧紧抓住战略发展的大好机遇期，紧紧抓住自主创新的主动权，大力弘扬创新的时代精神，把自主创新变成全民族的自觉意识，积极投身于创新实践，努力营造有利于创新的环境，大力培养创新型人才，走科技创新之路，使我们在世界经济社会的发展大潮中站在时代的前沿，对人类发展做出贡献。

第八章

科技创新与文化发展

一、先进文化与生产力

（一）文化范畴的探讨

"文化"一词，是一个最常见的，也是一个争议最多的概念。20 世纪 50 年代晚期，克罗伯（A. L. Kroeber）和克拉克洪（C. Kluckhohn）就曾搜集到了 100多个文化定义。在世界文化研究史上，曾经发生过一场关于 Culture 和 Civilization的词义之争。前者通译为"文化"，后者通译为"文明"。法、英、美社会学家在指称文化时，常常使用 Civilization 这个词，德国历史哲学家则常常使用 Culture这个词。这个似乎纯粹是咬文嚼字的争论，体现了西方文化研究中起支配作用的两种对立传统：实证的社会学传统和思辨的历史哲学传统，或者说，英、美传统和德国传统。英、美传统的文化研究者将文化理解为既定事实的各种形态的总和，即将文化视为人类创造的物质和精神成果的总和，而德国传统的文化研究者则将文化理解为一种以生命或生活为本位的活的东西，或者说，生活的样态。在德国传统的文化研究者看来，文化的形态化、制度化、模式化正意味着文化的死亡，因此他们有"文化是活着的文明、文明是死了的文化"之类的观点。西方文

_338_

化研究的这两种传统，对我国文化研究者都有相当深刻的影响。有关文化定义的各种分歧，除了这一概念本身在日常用语中的模糊性和歧义性的原因外，我们更多地要从定义者本人的不同的关注焦点、不同的考察前提和视角以及不同的研究方法和思路来理解。

文化一词，中国古已有之。《周易》有"观乎天文，以察时变；观乎人文，以化成天下"的话，"文"指文明礼仪，观视人的文明礼仪而各止其纷的现象，就可教化天下，使人人能具备高尚的道德品质。可见，中国的"文化"一词的含义与西方迥然不同，通常是作为封建王朝所施文治和教化的总称。"文化"被理解为统治者的施政方法，它是与"武功""武威"相对立的"文治"和"教化"的总称。汉朝刘向说："凡武之兴，为不服也。文化不改，然后加诛。""文化"是与"武功"相辅相成的统治方法。与此相关，"文化"也是"礼乐法度"的代名词，含有"人为"之意。就此而言，以"文化"二字对译 Culture，还是相当吻合的。

文化概念具有狭义和广义两重含义。狭义的文化指以社会意识形态为主要内容的观念体系，是由政治思想、道德、艺术、宗教、哲学等意识形态所构成的领域。广义的文化是以各种各样民族的、区域的、世界的文化形态出现的，它的本质含义是自然的人化，是人和社会的存在方式。我们所讨论的社会文化结构就属于狭义文化范畴。我们的文化概念，主要指与经济、政治相对的文化概念。不同于包括人类社会全部物质现象和精神现象在内的与自然相对的"大文化"概念，它只限于精神现象的领域；也不同于把符号系统从全部社会现象中抽离出来的与社会和心理相对的符号学文化概念，它把经济、政治或文化都看成是人类社会生活的一个部分。按照符号学文化概念，文化不是一种引致社会事件、行为、制度或过程的力量，它是一种风俗的情景，在其中，社会事件、行为、制度或过程得到可被人理解的描述。对文化的分析不是一种寻求规律的实验科学，而是一种探求意义的解释科学。也就是说，这样的文化本身并非改变世界的力量，而只是解释世界的模式。我们的文化概念则不然，文化与政治、经济一道构成了人类社会生活的三个主要组成部分，文化不仅是经济、政治的反映，而且有力地推动着经济、政治的发展。

文明是社会开化和进步的一种标志，与野蛮相对，是人类在改造世界的实践中所创造的物质财富和精神财富的总和。文明这个概念在不同的时代有着不同的含义。

在我国古汉语中，较早地出现"文明"这一词，如《易·乾》中有"见龙在田，天下文明"，《尚书·舜典》中也有"睿哲文明"的提法，这里的文明含义，都是具有文采、文藻、开明、明智的意思，同我们今天所说的文明的含义大不相同。西方一些国家和地区进入资本主义社会后，"文明"这一概念被广泛地使用起来。美国的人类学家摩尔根在他的《古代社会》一书中把人类社会的发展分为蒙昧、野蛮、文明三个发展时期。而文明时代是继蒙昧时代和野蛮时代之后的有文字记载的历史发展阶段。空想社会主义思想家傅立叶则把整个人类社会划分为蒙昧、宗法、野蛮、文明四个阶段。

文明是反映整个社会生活和社会面貌变化的，是整个社会进步的标志。文明和文化在18世纪欧洲各国通常作为同义语使用。现在的一些西方学者认为文明着重指社会在演化过程中的技术和物质增长方面，而文化则是指精神方面，如哲学、宗教、艺术、教育等方面的现象。一些人类学家则认为，文明和文化是不同等级的，著名的西方思想家泰勒认为："文化和文明就其广义人类学意义上看，是由知识、信念、艺术、伦理、法律、习俗以及作为社会成员的人所需要的其他能力和习惯所构成的综合体。""文化"大多数情况下则表示人们掌握科学文化知识的程度与水平。而文明就其广义上讲是指人类社会进步和开化的状态，表示人类改造客观世界和主观世界的全部成果。

（二）先进文化与生产力的关系

先进文化是指反映先进生产力的发展要求、符合最广大人民群众的根本利益、代表未来社会发展方向、有利于社会进步的文化。判断文化先进性的标准，就在于这种文化是否有利于生产力的解放和发展，是否有利于社会的全面进步，是否有利于人的全面发展。凡是适应和推动社会生产力的发展、有利于社会进步、有利于人的解放和全面发展的文化，就是先进文化；反之，就是落后的、甚至是腐朽的文化。人类社会和人们的文化需求是不断发展的，文化的先进性也不是凝固不变的。所以，先进文化是一个历史的范畴。从总体上说，先进文化体现了历史发展的潮流，但在不同的历史时期和不同的历史阶段，先进文化又具有不同的内容。

1. 先进的生产力是先进文化发展的物质基础

先进文化的发展在通常情况下，离不开先进生产力的发展。物质决定精神，存在决定意识。人类的文化是不会脱离人类的物质生产而孤立地存在和发展的。物质生产的发展状况，往往对文化有着直接影响。不论哪个国家，哲学和那个时代的文学的普遍繁荣一样，都是经济高涨的结果。经济的发展对这些领域的最终的支配作用是无疑的。社会生产力的发展不会自发产生先进文化，先进文化的产生还需要人类在生产力的基础上去努力创造。

2. 先进文化对生产力发展具有反作用

一定的文化是一定社会的经济和政治在观念形态上的反映，同时又对经济、政治的发展有巨大的反作用。先进文化是推动人类先进生产力发展和社会全面进步的精神动力，是民族的血脉和灵魂，是凝聚各族人民的重要力量和坚强的精神支柱。社会的发展靠高素质的人，而人的素质的提高要靠先进文化。用先进文化武装起来的人是改造自然、改造社会的中流砥柱。先进文化是人类社会发展的先导和火炬。先进文化往往点燃历史革命和社会变革的熊熊烈火，像欧洲的文艺复兴和我国的五四运动都是靠先进文化的指导、推动而开展起来的；先进文化是综合国力的重要标志和重要组成部分，综合国力中包括物质力量和精神力量，先进文化是精神力量的重要内容和体现。

美国知名学者、政治学家、美国哈佛大学国际和地区问题研究所所长塞缪尔·亨廷顿（S. Huntington）在《文明的冲突与世界秩序的重建》一书中，系统的阐述了著名的"文明冲突论"。亨廷顿认为，冷战后，世界冲突的基本根源不再是意识形态，而是文化方面的差异，主宰全球的将是"文明的冲突"。目前世界上有7种或8种文明，即中华文明、日本文明、印度文明、伊斯兰文明、西方的基督教文明、东正教文明、拉美文明，还有可能存在的非洲文明。在亨廷顿看来，中华文明（实际上指中国）和伊斯兰文明（主要指阿拉伯人和波斯人）同西方的基督教文明有很大的差异性，而未来世界的冲突将是由中华文明与西方文明间的冲突以及伊斯兰文明与西方文明间冲突引起的。

国际上也有一些知名的学者和政治家对亨廷顿的理论提出了质疑和批评。如福勒认为，因权力、财富、影响分配不公以及大国不尊重小国引起的世界性冲突大大超过基督教、儒教与伊斯兰教之间的文明冲突。文化是表达冲突的载体，而非伊斯兰教之间的文明冲突。文化是表达冲突的载体，而非原因。

二、科学技术创新对文化发展的促进

（一）科学技术是先进文化的重要组成部分

科学和技术都是一种社会文化现象，既参与物质财富的创造，具有物质文化属性；又都从属于精神生产范畴，参与创造精神财富，具有精神文化属性。先进

341

文化建设本来就包含发展科学技术的内容，或者说，科学技术是先进文化的重要方面。可以看出，科学技术与先进文化有着十分密切的关系，互为促进、互为推动。

先进文化给科学进步以指南，对科技进步有强烈的影响。政治思想、民主制度、民族传统和文化等因素，都会给科技发展以影响和作用。作为科技活动主体的科技人员，不可能脱离他所依存的社会环境和文化氛围。他对科技的贡献、取得的成就，都源于他的理想、道德、精神状态和思维方法等因素，而这些因素无不强烈地受制于文化作用。

科学技术既是文化建设的组成部分，又是文化建设的物质载体。现代科学技术的高速发展，使得科技系统与社会系统间的相互作用越来越强。文化系统作为社会存在的精神性本质，构成了社会大系统中的一个子系统。由于科学技术在宏观上与社会整体密切相关，微观上则以其成果、产品渗透到现代社会生活的各个角落，因而对文化系统的各个层次都产生了直接的作用，显示出科学技术的文化功能。科学技术是人类认识和运用自然规律、社会规律能力的集中反映。在当今世界，科学技术越来越成为推动历史进步的革命力量，成为代表一个民族文化水平的重要标志。

科学技术的发展进步是文化建设的基础，文化的发展受制于科技进步的程度。科学技术知识系统提供了可供人们学习的、以语言文字符号连接起来的观念系统。科学技术还为人们的实践提供理论和技术指导，在实践中显示出巨大的功用价值，创造了大量的社会物质财富。这些物质财富既为科学技术的发展准备了条件，也为其他文化活动创造了物质基础。科学技术的发展引起宗教神学的变化、改革，甚至血战。科学技术解决了旧的哲学争论又挑起新的哲学争论。科技发明扩展着艺术家的视野和想象力；现代音乐、音响、照明、摄影技术更是离不开科技进步。因此，科学技术活动是人类文化活动的重要内容，科学技术为人类其他文化活动提供了强有力的物质基础和精神源泉。现实表明，科学技术在创造物质成果的同时，也创造着新的更多的精神成果。它的社会功能越来越大，涉及各个领域，并深刻地影响和改变着人类的生产方式、生活方式和思维方式，不断丰富和拓展人们的文化内涵，并以前所未有的方法和手段生产和传播精神文化产品。可以说，先进文化依赖于科学技术的进步。

人类社会所取得的每一个进步，所创造的每一个奇迹，都是在科学思想的指导下进行的。从一定意义上说，人类认识世界和改造世界的成果，都凝聚在一定的科学思想之中。科学思想一旦为人们所掌握，就可以转化为一种精神力量，去帮助人们识别真伪、明辨是非。发展科学技术，已成为各国经济竞争的焦点。大力推进我国的科技进步和创新，是我们发展先进生产力和先进文化的必然要求，也是我们维护和实现最广大人民根本利益的必然要求。

（二）科学技术进步能够传播先进文化

我们处在一个科技高度发达和昌明的时代。在这样一个时代，科学对于当今的人们，犹如空气和水一样须臾不可或缺。自18世纪中叶英国工业革命以来，人类社会日益迅猛的技术革命——蒸汽机的技术革命、电气化的技术革命、原子能的技术革命，以至现在瞬息万变的信息化技术革命——无时不在更新着人类的吃穿住行和生活方式。有史以来，人类从来没有像今天这样，表现出对科学技术如此执着的追求和高度的依赖。

科学技术不仅是物质文明建设的决定性力量，而且也是精神文明建设的重要力量。科学技术在提高人们思想道德水平，普及民主法制观念，帮助人们树立正确的世界观和方法论，使人们摆脱迷信、愚昧、粗野的束缚等方面都起着重要作用。传播科学知识，积极弘扬先进文化，实现物质文明和精神文明的协调发展，大力普及科学知识，在全社会弘扬科学精神，不断提高全民族的科学文化素质，是我国科技工作者肩负的庄严使命。知识就是力量，科学技术是战胜愚昧落后的强大力量。科技的贫困会导致物质的贫困，也会导致精神的贫困。精神的贫困是一切愚昧和迷信产生的重要原因。

1883年，恩格斯在马克思墓前讲话时说："在马克思看来，科学是一种在历史上起推动作用的、革命的力量。"[①] 一个多世纪过去了，这个论断愈发显示出真理的光芒。科学的价值首先体现在对客观世界的正确认识与合理解释上，体现在对真理的追求、对世界的合理性解释。科学的认知价值，曾经而且依然体现在对人类思想解放的推动。历史表明，人类文明的进步首先要有人类思想新的解放。正是由于哥白尼天文学、开普勒天体运动力学、牛顿力学等，使人类形成了对宇宙的唯物论认知；正是由于达尔文的进化论，人类开始从运动、相互作用和发展变化的角度看待生物与人类的起源及进化，形成了科学的生命观；正是由于心理学和认知科学的发展，人类对自身的意识有了更加系统、科学的认知，推动了唯物辩证科学认识论的形成；正是由于普朗克的量子论、爱因斯坦的相对论、玻尔的原子论、薛定谔和狄拉克的量子力学，人类的认知深入到微观快速运动的物质世界，拓展到广袤的宇宙和宇宙诞生之初，形成了人类新的物质观、宇宙观和时空观。今天，科学的认知价值仍将对人类的思想进步产生重大影响。目前人类正在探索的基因组、蛋白质组、代谢组、干细胞、脑与认知以及暗物质和暗能

---

① 中共中央马恩列斯著作编译局：《马克思恩格斯全集》第3卷，第777页。

量，正在不断完善宇宙、生命、人类自身的演化理论和模型，无疑还将引发科学和哲学等发生重大变革，并将进一步推动人类文明的进步。同时，科学中所蕴含的理性思维方式，也影响了人文社会科学的发展，现代经济学、社会学、人类学等人文社会科学，越来越重视数学与建模方法等实证研究思路，并且更加走向定量化。

早在半个多世纪以前，科学家竺可桢在他的《利害与是非》一书中就指出，只看重西方科学带来的物质文明，却没有培养供科学生长的科学精神是不行的。学习了一些科学知识并不能解决根本问题，因为科学在缺乏"科学空气"的地方不可能得到永久健康的发展。这种科学空气就是科学精神。

文化不是一个被动凝固的实体，而是一个发展变动的过程，是一个"活"的流体。文化不是"静态"的而是"动态"的；文化既是"名词"又是"动词"。说到底，人类文化是一个不断流动、演化着的生命过程，文化一经产生就有一种向外"扩散"和"传递"的冲动。文化的产生与发展、变迁与转型、差异与冲突、整合与创新、生产与再生产，都与文化传播紧密关联。文化传播作为一种最富有人性和人情的社会活动，使人成其为"人"，使人成其为"类"。集艺术家和科学家于一身的达·芬奇曾说过："艺术借助科技的翅膀才能高飞"。文化传播手段或媒介的进步不仅贯穿于人类社会发展的整个历史过程，而且与人类社会文化的积累和变化密切相关。文化传播本身是人类社会文化创造和积累的产物，文化发展和创新的速度越快、规模越大，对文化传播的速度和规模要求也就越高，文化传播的过程与结构也就变得更加复杂。在很大程度上，文化的进步是通过其物化形态和传播方式实现的。文字的发明使人类从原始文化的徘徊中走了出来，它使人类跃入了更高的文明层次，使文化传播从时间的久远和空间的广阔上实现了对语言传播的真正超越，从而具有里程碑式的意义。在古代社会中，文字理所当然地成为社会顶礼膜拜的神圣的符号，受到人们特殊的敬畏。难怪生活在古代文明中的人们把文字的发明归功于他们信奉的神：埃及人将其归功于智慧之神；巴比伦人将其归功于命运之神；希腊人将其归功于奥林匹斯的传令官和使者赫尔墨斯。只有中国古代人将汉字的发明归功于仓颉。如果说印刷传播实现了文字信息的大规模生产和复制，以数字化、网络化和多媒体化为代表的当代信息革命，不仅带来了崭新的经济形态——数字经济和网络经济，而且也带来了崭新的文化形态——数字文化和网络文化。历史悠久的中华优秀文化从来都是胸襟开阔与时俱进的，从来都不排斥科技手段的辅助。当代信息革命最为突出的标志之一便是其与文化的结合，由此催生了信息文化，带来了文化事业的变革（如数字化图书馆的出现）和信息文化产业的崛起。科学技术应用于公益文化事业，将加速公共文化服务体系的建设，使文化的普及与传播更加迅速和便捷，大大满足群众的文化需求；应用于文化产业，将为其插上腾飞的翅膀。这是文化的换装，也是文化普及和传播手段的革命。用先进科技传播先进文化，不断提高科学技术对于文化的贡献率，实现高科技与先进文化的和谐发展，应是我们中国文化发展的必然选择。

（三）科学技术创新能够发展先进文化

什么是科技进步？目前尚无权威、公认的定义，理论界对此看法也不完全一致。人们往往把科技进步简单地理解为自然科学和工程技术的进步。其实，科技进步包含着比较宽广的内容。当代科学技术的发展，使得自然科学、技术与社会科学之间相互影响、渗透，联系越来越紧密，由此产生的综合学科、交叉学科层出不穷，社会经济和科技已经形成一个复杂的大系统。因此，科技进步不仅包括自然科学和工程技术的进步，也应包括人文社会科学、综合科学、交叉科学及其相关技术的进步，还应包括科技知识、科学思想、科学精神、科学方法的应用、普及、创新与发展等。总之，科技进步是一个系统的、综合的、动态的概念。

科技进步和创新是生产力发展的关键因素，也是文化发展的重要因素。大力推进我国的科技进步和创新，是我们发展先进生产力和先进文化的必然要求，也是我们维护和实现最广大人民根本利益的必然要求。科学技术作为第一生产力，不仅是经济发展的重要条件，对文化建设也具有巨大的推动作用。科学技术作为人类认识世界和改造世界的知识体系和工具，是人类精神活动和精神生产的宝贵文化成果。这种文化成果又以它的精神性、工具性推动着先进文化发展。

1. 科学技术知识及其理论体系是先进文化的重要组成部分

科学技术是第一生产力，而且是先进生产力的集中体现和主要标志，成为现代社会进步的重要标志和精神文明的重要基石。先进的文化包括思想道德和科学文化两部分。两者相辅相成，不可分割。科学文化概念是指我国公民对科学精神的宣传，对科学本质的认识，对科学方法的学习，对科学的人文理解与运用程度。在人类文明的发展史上，科学研究的每一次突破，科学上每一次新知识的获得，都增添了人类认识世界和改造世界的新能力，也为先进文化的发展奠定了基础，为精神文明建设拓展了空间。正是科学知识的广泛传播，才使得人们对客观世界的本质及其发展规律的认识越来越正确，越来越深刻。人们认识世界和改造世界的实际能力以科学技术为基础，人们思想道德水平的提升也离不开一定的科学文化知识。

2. 科技进步是先进文化建设的动力和源泉

科学技术作为一种知识体系，其任务是描述、解释并预见自然界运动发展的

345

过程和趋势，指导人们的实践活动，是人类认识自然从自然界争取自由的武器：一方面，科学上每取得一个新的知识，都使人们为取得新认识提供认识工具。另一方面，科学知识的积累是人类智力资源的社会储备。科学技术扩大了人们的视野，开阔了人们的胸怀，启迪人们的心智。科学技术也为先进文化建设提供了必要的技术手段和方法。科学方法是先进文化发展的工具。随着科学的进步，人们的认识方法不断发展，在观察、实验、类比、模拟、数学模型、归纳演绎、分析综合等的基础上，现代科学又出现了系统论、信息论、控制论以及研究复杂系统的非平衡自组织理论等。科学方法不仅可以转化为技术，物化为物质财富，引发生产方式和生活方式的革命，为先进文化的发展提供根据和技术支撑，更重要的是通过它而建立的思维方式，可以极大地提高人们的认识能力，升华人们的精神境界，从而有力地推动先进文化的不断发展。

3. 科技进步在塑造文化主体上发挥着重要作用

科学技术进步可以提升人的精神。科学技术是人类创造出来的，但同时也是一种使人自己不断提升的活动。在新科技革命的推动下，整个社会生活和经济生活的节奏大大加快，彻底改变了人们传统的时间观念。旧的伦理道德、教育观念、闭关封锁等僵化观念受到强有力的批判和冲击，新的竞争意识、效率意识和开拓创新精神则日益增强。

三、发展创新文化　建设创新型国家

科学技术发展的过程也是创新文化生成和发展的过程。创新是一个民族进步的灵魂，是一个国家兴旺发达的不竭动力。建设创新型国家是事关中国现代化建设全局的重大战略决策，是时代赋予我们的光荣使命，是一个全社会参与、全方位覆盖、全过程联动的整体创新过程。在这个过程中着力建设一种合作型的创新文化是建设创新型国家的重要保证。创新文化是先进文化的重要组成部分，创新精神是我们时代精神的核心。

（一）创新型国家

建设创新型国家，核心就是把增强自主创新能力作为发展科学技术的战略基点，走中国特色自主创新道路，推动科学技术的跨越式发展；就是把增强自主创新能力作为调整产业结构、转变增长方式的中心环节，建设资源节约型、环境友好型社会，推动国民经济又好又快发展；就是把增强自主创新能力作为国家战略，贯穿到现代化建设各个方面，激发全民族创新精神，培养高水平创新人才，形成有利于自主创新的体制机制，有机地把理论创新、制度创新、管理创新、文化创新与科技创新有机地结合起来。

半个多世纪以来，世界上众多国家都在各自不同的起点上，努力寻求实现工业化和现代化的道路。一些国家主要依靠自身丰富的自然资源增加国民财富，如中东产油国家；一些国家主要依附于发达国家的资本、市场和技术，如一些拉美国家；还有一些国家把科技创新作为基本战略，大幅度提高科技创新能力，形成日益强大的竞争优势，国际学术界把这一类国家称为创新型国家。

目前世界上公认的创新型国家有 20 个左右，包括美国、日本、芬兰、韩国等。这些国家的共同特征是：创新综合指数明显高于其他国家，科技进步贡献率在 70% 左右，研发投入占 GDP 的比例一般在 2% 以上，对外技术依存度指标一般在 30% 以下。此外，这些国家所获得的三方专利（美国、欧洲和日本授权的专利）数占世界数量的绝大多数。目前，我国科技创新能力较弱，根据有关研究报告，2004 年我国科技创新能力在 49 个主要国家（占世界 GDP 的 92%）中位居第 24 位，处于中等水平。在全面建设小康社会步入关键阶段之际，根据特定的国情和需求，我国提出，要把科技进步和创新作为经济社会发展的首要推动力量，把提高自主创新能力作为调整经济结构、转变增长方式、提高国家竞争力的中心环节，把建设创新型国家作为面向未来的重大战略。

纵观历史，横看世界，一个大国的崛起无不仰赖科技进步的强大推力，大国的兴衰无不引发全球科技版图重心的迁移，中国的崛起也概莫能外。更何况，作为一个以和平发展为己任的大国，中国人口基数庞大、重要资源人均占有量不足、生态环境十分脆弱，既不能靠对外扩张掠夺资源谋求自身发展，更不能靠丰富的自然资源增加国民财富，或依附于发达国家获取资本和技术；只有增强自主创新能力，不断突破约束瓶颈，以创新驱动经济的成长和增进全民的福利。

建设创新型国家，战略目标指向已不仅仅限于科技、教育等领域，战略实施手段也不仅仅囿于资金、项目等方面。全社会的创新意识、创新精神、创新机制，是创新型国家的衡量标尺，全民族的敢为人先、敢冒风险、勇于竞争和宽容失败，则是创新型国家必备的文化氛围。建设创新型国家必须大力发展创新文化，努力培育创新精神，为建设创新型国家提供文化动力。

（二）发展创新文化，培育创新精神

国民之魂，文以化之；国家之神，文以铸之。观念的创新、科技的创新、体

347

制的创新，无不回归于文化的创新，这不仅是逻辑的必然，也是历史发展的必然。要实现体制和科技上的创新，必须把建立创新文化当作一个重要的前提。一个国家的文化同科技创新是相互促进的，创新文化孕育创新事业，创新事业激励创新文化。

创新文化是社会成员对创新活动的基本态度，是社会制度安排的观念基础，创新文化是在基本价值和精神层面上提升人的创新能力的前提，创新文化是建构国家创新体系的系统软件。一个民族的文化是否具有创新能力，决定了它所造就社会的兴衰和国家的强弱。文艺复兴的思想创新，打破了中世纪的黑暗；启蒙运动的文化创新，揭开了思想解放的序幕。这些思想文化观念的创新，成为推动这些国家走向兴盛的先导。工业化的历程告诉我们：越是创新活跃的地方，就越容易形成产业革命的广阔舞台；一旦创新活力丧失，就面临着竞争出局的危险。18世纪以来，世界的科学中心和工业重心从英国转到德国、再到美国，表面上是地理位置的更替，实质上是创新能力强弱的转换，其中无不包含深厚的文化根由。中华民族拥有博大精深的传统文化。但是我们对于传统文化的继承、弘扬要与时俱进。我们的传统中有一些排斥求新的思想理念。儒学到了宋代，包上了程朱理学的外壳，趋向于因循守旧。比如强调传承，天地君亲师，老师讲的都对，不容置疑。沿袭到现在，转化为教育上的寻求标准答案。这已经不适应社会的发展进步。尽管明朝仍是世界大国，GDP居世界前列，但是它的文化趋于保守。同时代的欧洲正在经历文艺复兴、宗教改革，发生着无翻地覆的变化。而明朝时期却在回归传统。这就使得中国的发展与欧洲拉开了距离。我们要正视创新文化缺失的问题，认清创新文化上的差距。由于传统文化中消极因素的影响和现代化建设中的速度偏好，功利化、工具化的科技观占据了主导地位，对创新的地位作用和自身规律认识不足。在经济活动中，要求科技投入立竿见影的"速胜论"倾向较为严重，缺乏作出原始性科学创新、做世界一流技术创新与集成的信心和勇气；科技管理层面上，以数量为核心的评价指标体系，助长了一些人的短期行为和浮躁心态。应试教育不利于培养创新的思维品格，受教育者缺乏创新所需要的综合抽象能力，缺乏对实践需求的感悟能力，缺乏发现问题、大胆构造假说的创新意识，缺乏合作创新的思维广度和宽容态度。

建设创新型国家，必须大力继承和弘扬中华文化的优良传统，大力增强全民族的自强自尊精神，大力增强全社会的创造力，大力推进文化创新，积极推动文化观念、文化内容、文化形式、文化科技和文化体制的创新，发展新兴文化产业，增强中华文化的吸引力、影响力和竞争力。

发展创新文化，还要坚持对外开放的基本国策，充分吸收国外文化的有益成果，扩大多种形式的国际和地区科技交流合作，有效利用全球科技资源。要鼓励科研院所、高等院校与海外研究开发机构建立联合实验室或研究开发中心，支持在双边、多边科技合作协议框架下实施国际合作项目，支持我国企业扩大高新技术及其产品的出口和在海外设立研究开发机构或产业化基地，鼓励跨国公司在华设立研究开发机构。要积极主动参与国际大科学工程和国际学术组织，支持我国科学家和科研机构参与或牵头组织国际和区域性大科学工程。努力培育全社会的创新精神，必须在全社会培育创新意识，完善创新机制，大力提倡敢为人先、敢冒风险的精神，大力倡导敢于创新、勇于竞争和宽容失败的精神，努力营造鼓励科技人员创新、支持科技人员创新的有利条件。要注重从青少年入手培养创新意识和实践能力，积极改革教育体制和改进教学方法，大力推进素质教育，鼓励青少年参加丰富多彩的科普活动和社会实践。要鼓励各行各业广泛开展群众性的小发明、小革新。要大力宣传献身科技事业并做出重大贡献的科学家、工程师和其他科技人员。要大力繁荣发展哲学社会科学，促进哲学社会科学与自然科学相互渗透，为建设创新型国家提供更好的理论指导。要在全社会广为传播科学知识、科学方法、科学思想、科学精神，使广大人民群众更全面、更主动地获得科学技术的武装，进一步形成讲科学、爱科学、学科学、用科学的社会风尚。

目前，创新文化的发展与建设创新型国家的要求还不相适应。我们的文化环境对创新事业的承载能力亟待提高，一些阻碍创新文化形成的观念、制度弊端亟待克服。重灌输轻培养、重应试轻素质、重趋同轻个性、重服从轻创造的教育体制，影响着青少年创新素质和创新品格的养成。科学精神尚未在许多科技工作者的头脑中生根，怀疑、批判的意识不强，进取、超越的信心不足，科技创新能力还在一个较低的水平上徘徊。要建成创新型国家，在全社会形成孕育创新意识、激发创新活力、催生创新成果的风尚，没有创新文化提供智力和精神的支撑，没有创新精神推动社会的深刻变革，是难以想象的。

良好的创新文化氛围，是源源不断孕育优秀科技人才和科技成果的温床。以发展创新文化助推科技创新，已成为一个国家和地区决胜创新时代的必由之路。创新文化为科技创新提供了所需的精神文化上的要素和相关的制度安排，成为科技创造力得以不断生成的土壤。科学技术发展的过程也是创新文化生成和发展的过程。要在全社会广为传播科学知识、科学方法、科学思想、科学精神，使广大人民群众更好地接受科学技术的武装，进一步形成讲科学、爱科学、学科学、用科学的社会风尚。

周绍森教授著作目录

一、科技、教育与经济社会发展论著

［1］周绍森，陈东有．科教兴国论［M］．济南：山东人民出版社，1999．

［2］周绍森，杨润生，熊哲家．新经济论——中国实现跨越式发展的理性分析［M］．北京：高等教育出版社，2001．

［3］周绍森．科技创新论［M］．北京：高等教育出版社，2002．

［4］周绍森，胡德龙．现代经济发展内生动力论——科学技术对经济发展贡献的研究［M］．北京：经济科学出版社，2010．

［5］周绍森，胡德龙．人力资本先导与技术赶超——中国教育对经济社会发展作用实证研究［M］．北京：高等教育出版社，2011．

［6］周绍森，胡德龙．教育人力资本论——中国教育对经济社会发展作用实证研究［M］．北京：高等教育出版社，2013．

［7］董俊山，周绍森，张剑．科技普及与精神文明［M］．北京：学习出版社，2008．

［8］《中国中部经济发展报告》，2006年创刊，主编，经济科学出版社．

［9］《中国中部经济社会竞争力报告》，2011年创刊，主编，社会科学文献出版社．

二、江西与中部崛起论著

［1］周绍森，尹继东等．江西在中部地区崛起方略［M］．南昌：江西人民出版社，2002．

［2］周绍森，王建农．再论江西崛起［M］．南昌：江西人民出版社，2003．

［3］周绍森等．论中国中部崛起［M］．北京：中国经济出版社，2003．

［4］周绍森．中部发展与区域合作［M］．北京：北京出版社，2005．

［5］周绍森．中部崛起与人力资源开发［M］．北京：北京出版社，2005．

［6］周绍森．中部崛起与科技创新［M］．北京：经济科学出版社，2006．

［7］周绍森，陈栋生．中部崛起论［M］．北京：经济科学出版社，2006．

三、教育改革与发展编著

［1］周绍森．江西高等教育结构研究［M］．南昌：江西高校出版社，1990．

［2］周绍森．世纪之交论高教［M］．南昌：江西高校出版社，2000．

〔3〕周绍森．中国地方高等教育研究〔M〕．南昌：江西高校出版社，2002.

〔4〕周绍森，李小南．21 世纪江西迈向教育与人力资源强省〔M〕．南昌：江西高校出版社，2004.

〔5〕李小南，周绍森．江西教育发展战略研究〔M〕．南昌：江西高校出版社，2008.

四、高等学校教材与教参

〔1〕周绍森，钱怀锦，李津水．数学物理方法解题指导〔M〕．南昌：江西人民出版社，1984.

〔2〕周绍森，龚仁山，钱怀锦，李津水．数学物理方法解题指导（修订本）〔M〕．南昌：江西高校出版社，1993.

〔3〕周绍森，范成．原子物理学〔M〕．上海：华东师范大学出版社，1990.

〔4〕周绍森，范成，周景．原子物理学（修订版）〔M〕．上海：华东师范大学出版社，1998.

〔5〕周绍森，范成，周景．原子物理学学习指导〔M〕．上海：华东师范大学出版社，1993.

周绍森教授论文目录

一、作者独撰或者作为第一作者撰写的报刊论文

[1] 周绍森. 谈谈发展职业技术教育的几个问题 [J]. 江西教育，1987 (10)：4-5.

[2] 周绍森. 面向二十一世纪的崇高事业 [J]. 九江师专学报，1987 (Z1)：5-8.

[3] 周绍森. 进一步深化农村教育改革 [J]. 江西教育，1990：11.

[4] 周绍森，杜侦. 现代高等教育改革发展趋势与对策 [J]. 江苏高教，1993 (3)：3-7.

[5] 周绍森. 以教学改革为重点　办出水平　办出特色 [J]. 萍乡高等专科学校学报，1994 (2)：1.

[6] 周绍森. 赣文化的辉煌与再创 [J]. 南昌大学学报（社会科学版），1995 (1)：8-16.

[7] 周绍森. 深化科技体制改革　着力抓好一批科研项目，扎扎实实为"科教兴赣"作贡献 [J]. 江西教育简讯，1995：12.

[8] 周绍森. 真合　真投　真干　南昌大学并校取得明显成效 [J]. 南昌大学发展动态，1996 (3)：58.

[9] 周绍森. 坚持十年抓校风建设　培养具有文明素质的大学生 [J]. 江西教育简讯，1996：4.

[10] 周绍森. 强化教学工作中的中心位置　大力提高人才培养质量 [J]. 江西教育简讯，1996：5.

[11] 周绍森. 面向21世纪高教改革与发展的几个问题 [J]. 南昌大学学报（社会科学版），1997 (2)：111-116.

[12] 周绍森. 全方位深层次推进教育科技经济紧密结合 [J]. 中国高等教育，1998 (6)：10-12.

[13] 周绍森. 科技兴国是振兴中华的必由之路 [J]. 南昌大学学报（社会科学版），1999 (2)：32-38.

[14] 周绍森. 宋代赣文化的辉煌及其对中国文化的贡献 [J]. 中国典籍与文化，1999 (2)：4-10.

［15］周绍森．思想政治素质是最重要的素质［J］．思想理论教育导刊，1999（7）：6－8．

［16］周绍森．论"科学技术是第一生产力"［J］．南昌航空工业学院学报（社会科学版），1999（1）：18－23．

［17］周绍森．抓住有利时机　加快发展高等教育［J］．中国高等教育，1999（Z2）：17－19．

［18］周绍森．论现代高等教育的发展趋势［J］．南昌大学学报（人文社会科学版），2001（2）：25－33．

［19］周绍森，陈东有，宋三平．地方高校教育思想观念的变革［J］．南昌大学学报（人文社会科学版），2001（4）：149－155．

［20］周绍森．论高等教育的综合化［J］．中国高等教育，2001（8）：27－29．

［21］周绍森．党政一把手要当好教学质量第一责任人［J］．中国大学教学，2002（5）：10－14．

［22］周绍森．推进高等教育创新　创建高水平的教学研究型大学［J］．江西教育，2002（20）：7－8．

［23］周绍森，陈东有．试论创新教育的基本特征［J］．中国高等教育，2002（21）：20－21．

［24］周绍森，王志国，胡德龙．"中部塌陷"与中部崛起［J］．南昌大学学报（人文社会科学版），2003（6）：54－60．

［25］周绍森．地方高等学校科学定位问题的探讨［J］．中国大学教学，2004（5）：26－27．

［26］周绍森，储节旺．高等教育发展趋势与高校科学定位［J］．南昌大学学报（人文社会科学版），2004（6）：169－175．

［27］周绍森，储节旺．地方高校如何走出误区科学定位［J］．中国高等教育，2004（2）：10－12．

［28］周绍森，朱文渊．对高等教育发展若干问题的理性思考［J］．中国高等教育，2005（1）：23－25．

［29］周绍森，胡德龙．打造社科基地品牌　服务中部崛起战略——"南昌大学中国中部经济发展研究中心"创建纪实［J］．中国高等教育，2005（20）：43－44．

［30］周绍森，刘健．教育可持续发展与教育产出的实证分析［J］．江西社会科学，2006（3）：188－192．

［31］周绍森，张莹．创造良好环境　培养造就创新型人才［J］．高校理论战线，2006（7）：4－7．

［32］周绍森，张莹．创造良好环境　培养造就创新型人才［J］．中国特色社会主义研究，2006（4）：50－52．

［33］周绍森，罗序斌．加强和改进扶贫项目的监测与评估——基于泰国村庄基金的思考［J］．江西农业大学学报（社会科学版），2007（3）：91－94．

［34］周绍森，罗序斌．加强和改进扶贫项目的监测与评估——基于泰国村庄基金的思考［J］．信阳农业高等专科学校学报，2007（4）：64－66．

［35］周绍森，孙一先，张莹．建设和谐教育　促进社会和谐——江西教育和谐发展的实证分析与对策研究［J］．江西教育，2008：1．

［36］周绍森．民办高等教育的战略转型［J］．南昌理工学院学报，2008（7）：1．

［37］周绍森．论民办高校的内涵建设和科学发展［J］．中国高等教育，2008（9）：40－42．（新华文摘2008年14期全文转载）

［38］周绍森，胡德龙．软科学要报：科技进步对经济增长贡献率研究［J］．软科学要报，2009：24．

［39］周绍森，胡德龙．科技进步对经济增长贡献率研究［J］．中国软科学，2010（2）：34－39．

［40］周绍森，罗序斌．中部地区农民增收的内生动力研究［J］．南昌大学学报（人文社会科学版），2010（3）：75－81．

［41］周绍森，贺喜灿，罗序斌．社会主义新农村建设中科技支撑体系的构建［J］．南昌大学学报（人文社会科学版），2011（1）：75－79．

［42］周绍森，胡德龙．依靠科技支撑　加快中部经济发展方式转变［J］．江西社会科学，2011（1）：198－202．

［43］周绍森．论陈栋生区域经济理论对中部发展的突出贡献［J］．区域经济评论，2014（6）：155－157．

［44］周绍森，张阳．适应新常态　大力推进地方高校转型发展［J］．中国高等教育，2015（19）：28－29．

［45］周绍森．深化改革　加快建设　努力办好南昌大学［N］．中国教育报，1993.8.24．

［46］周绍森．实施"三制"，创优良学风，面向新世纪培养人才［N］．江西日报，1994.7.6．

［47］周绍森．南昌大学并校三年　以改革促发展　顺利通过"211工程"预审［N］．南昌大学改革与发展纪实，1996.1.15．

［48］周绍森．南昌大学进入"211工程"建设的关键时期　全面推出"十六三计划"［N］．南昌大学发展动态，1997.3.26．

［49］周绍森．发挥高校优势　推进技术创新［N］．江西日报，2000.3.

［50］周绍森．高等教育要实现教育、科技、经济一体化［N］．中国教育报，2001.3.14.

［51］周绍森，朱文渊．对我国高等教育发展的理性思考［N］．中国教育报，2004.12.24.

［52］周绍森，陈运平．中部经济发展的思想库和智囊库——记南昌大学中国中部经济发展研究中心［N］．光明日报，2005.11.2.

［53］周绍森，胡德龙，杨泽民．教育是建设新农村的奠基工程［N］．中国教育报，2005.11.14.

［54］周绍森．推进高等教育创新　创建高水平教学研究型大学［N］．光明日报，2002.11.28.

［55］周绍森，储节旺．高校定位要以科学发展观为指导［N］．光明日报，2004.11.25.

［56］周绍森，陈运平．南昌大学建设中部经济发展智库［N］．光明日报，2005.11.2.

［57］周绍森，胡德龙，杨泽民．发展农村教育：建设社会主义新农村的基础工程［N］．光明日报，2005.12.7.

［58］周绍森，陈运平．中部经济发展的思想库和智囊团［N］．中国教育报，2005.10.12.

［59］周绍森，张莹．造就自主创新人才队伍　建设创新型国家［N］．光明日报，2006.6.26.

［60］周绍森．大力培养造就创新型人才［N］．经济日报，2006.9.19.

二、作者独撰或作为第一作者撰写的编入书刊中的文章

［1］周绍森．调整高教结构　适应江西经济与社会发展［M］//江西高等教育结构研究．江西高校出版社，1990.

［2］周绍森．论教育与科技、经济的紧密结合［M］//改革创新探索．江西教育出版社，1998.

［3］周绍森．江西在中部地区崛起的理性分析和基本方略［M］//江西在中国中部地区崛起方略．江西人民出版社，2002.

［4］周绍森，宋三平．地方高校教育思想观念的变革［M］//中国地方高等教育研究．江西人民出版社，2002.

［5］周绍森，陈东有．创新教育的内涵、基本特征与核心［M］//中国地方高等教育研究．江西人民出版社，2002.

［6］周绍森，胡德龙．"中部塌陷"的焦虑［M］//论中国中部崛起．江西

人民出版社，2003.

　　［7］周绍森，胡平，黄细嘉，肖茗．历史的辉煌与沉重［M］//论中国中部崛起．江西人民出版社，2003.

　　［8］周绍森，王志国．实现中部崛起的战略构想［M］//论中国中部崛起．江西人民出版社，2003.

　　［9］周绍森，廖洪强．在机遇与挑战中奋起［M］//论中国中部崛起．江西人民出版社，2003.

　　［10］周绍森，黄长才，杜侦，廖洪强．坚持教育创新，夯实发展基础［M］//论中国中部崛起［M］．江西人民出版社，2003.

　　［11］周绍森，罗良针，何筠，胡德龙．开发人力资源　增强区域创新实力［M］//论中国中部崛起．江西人民出版社，2003.

　　［12］周绍森，钟敏，傅道言．推进科技创新　增强科技实力［M］//论中国中部崛起．江西人民出版社，2003.

　　［13］周绍森，胡德龙．江西加快发展的里程碑［M］//再论江西崛起．江西人民出版社，2003.

　　［14］周绍森，胡德龙，张波．改革开放以来江西教育与人力资本对经济增长贡献分析［M］//21世纪江西迈向教育与人力资源强省．江西高校出版社，2004.

　　［15］周绍森，朱文渊，储节旺．江西教育与人力资源开发面临的重大机遇与挑战［M］//21世纪江西迈向教育与人力资源强省．江西高校出版社，2004.

　　［16］周绍森，章海鸥，何筠，廖洪强．江西现代化进程中的人力资源开发研究［M］//21世纪江西迈向教育与人力资源强省．江西高校出版社，2004.

　　［17］周绍森，贾晓菁．江西教育信息化发展问题研究［M］//21世纪江西迈向教育与人力资源强省．江西高校出版社，2004.

　　［18］周绍森，陈运平，朱文渊，胡德龙．实施人才战略　促进中部崛起战略探讨［M］//中部崛起与人力资源开发．北京出版社，2005.

　　［19］周绍森，朱文渊，胡德龙．关于促进中部崛起的政策建议［M］//中部崛起论．经济科技出版社，2006.

　　［20］周绍森，胡德龙．提高区域创新能力是促进中部崛起的关键［M］//中部崛起论．经济科技出版社，2006.

　　［21］周绍森，朱文渊．中部人力资源开发面临的机遇与挑战［M］//中部崛起论．经济科技出版社，2006.

　　［22］周绍森，陈运平，胡德龙．构建区域科技创新体系，加速中部高新技术产业发展［M］//中部崛起与科技创新．经济科技出版社，2006.

　　［23］周绍森，黄志钢，陈洪玮．坚持自主创新道路　促进中部快速崛起

［M］//中部崛起与科技创新．经济科技出版社，2006.

［24］周绍森，张莹，潘亮．壮大科技创新势力　构筑科技人才高地［M］//中部崛起与科技创新．经济科技出版社，2006.

［25］周绍森，胡德龙．中部科技创新能力现状分析与提升建议［M］//中国中部经济发展研究报告．经济科技出版社，2006.

［26］周绍森，王志国．中部地区经济社会发展的主要制约因素［M］//中国中部经济发展研究报告．经济科技出版社，2006.

［27］周绍森，朱文渊．中部人力资源开发面临的机遇与挑战［M］//中国中部经济发展研究报告．经济科技出版社，2006.

［28］周绍森，张莹．依靠科技创新促进中部地区经济跨越式发展［M］//中国中部经济发展研究报告．经济科技出版社，2006.

［29］周绍森，陈运平．转变经济发展方式　推进新型工业化进程［M］//中国中部经济发展研究报告．经济科技出版社，2006.

［30］周绍森，黄志刚．推进高新开发区建设　实现产业转型［M］//中国中部经济发展研究报告．经济科技出版社，2006.

［31］周绍森，王志国．中部地区崛起面临的困难问题及潜力［M］//促进中部地区崛起的思路对策．中国财政经济出版社，2007.

［32］周绍森．现代经济增长理论的演进［M］//中国中部经济发展研究报告．经济科学出版社，2007.

［33］周绍森，储节旺，陈运平，胡德龙．江西省教育事业发展2020年发展战略研究［M］//江西教育发展战略研究．江西高校出版社，2008.

［34］周绍森，胡德龙．中部地区的经济增长方式及崛起路程研究［M］//中国中部经济发展报告．经济科学出版社，2008.

［35］周绍森，罗序斌．中部经济发展态势分析及前景展望［M］//中国中部经济发展报告．经济科学出版社，2009.

［36］周绍森，罗序斌．中部地区经济增长方式转变实证研究［M］//中国中部经济发展报告．经济科学出版社，2010.

［37］周绍森，胡德龙．中国经济发展方式的实证研究［M］//中国中部经济社会发展报告．社会科学文献出版社，2011.

［38］周绍森，王圣云．中部地区经济社会竞争力研究［M］.中国中部经济社会竞争力报告．社会科学文献出版社，2012.

三、作为第二作者撰写的论文（除［1］和［35］外，第一作者均为所带的博士生或硕士生）

［1］潘际銮，周绍森．努力创建"文理工渗透、学研产结合"的新型综合

大学——南昌大学一年来的改革与建设实践［J］. 中国高等教育，1994（Z1）：20－22.

［2］储节旺，周绍森. 国外信息产业人力资源开发经验及对我国的启示［J］. 情报理论与实践，2004（6）：597－600.

［3］储节旺，周绍森. 论高等学校的公共危机管理［J］. 安庆师范学院学报（社会科学版），2005（3）：106－109.

［4］储节旺，周绍森. 中部地区经济崛起研究现状综析［J］. 江淮论坛，2005（3）：25－29.

［5］储节旺，周绍森. 商业银行的客户知识管理［J］. 农村金融研究，2005（3）：50－51.

［6］朱文渊，周绍森. 中部地区产业集群的形成与政策建议［J］. 嘉兴学院学报，2005（1）：131－137.

［7］朱文渊，周绍森. 系统基模在项目人力资源管理中的运用分析［J］. 财经理论与实践，2005（2）：106－109.

［8］贾晓菁，周绍森. 国有商业银行人才激励反馈因果结构模型及其分析［J］. 系统工程，2005（2）：45－50.

［9］张波，周绍森. 中国人力资本外溢效应的实证分析［J］. 南昌航空工业学院学报（社会科学版），2005（1）：57－61.

［10］胡德龙，周绍森. 提高区域创新能力是促进中部崛起的突破口［J］. 科技进步与对策，2006（1）：5－9.

［11］储节旺，周绍森，谢阳群. 企业应对危机的知识管理思想源起与意义［J］. 商业研究，2006（7）：11－15.

［12］储节旺，周绍森，郭春侠. 知识网格：知识管理变革的新动力［J］. 科研管理，2006（3）：55－60.

［13］陈洪玮，周绍森. 关于中部地区创新人才培养的思考［J］. 商场现代化，2006（15）：266－267.

［14］贾晓菁，周绍森，贾仁安. 企业招聘活动的博弈分析［J］. 统计与决策，2006（7）：21－23.

［15］贾晓菁，周绍森. 关于国有企业用工二元制问题的系统研究［J］. 商业研究，2006（12）：133－137.

［16］胡德龙，周绍森. 经济增长对人力资本的需求预测方法与实证——以江西为例［J］. 江西社会科学，2007（1）：230－235.

［17］陈洪玮，周绍森. 基于帕拉苏拉曼服务质量模型的顾客便利分析［J］. 职业时空，2007（1）：41.

［18］储节旺，周绍森，王文革．商业银行业务创新与知识管理［J］．广西金融研究，2007（6）：34-37．

［19］邢周凌，周绍森．高校业绩津贴制度对教师组织承诺的影响研究［J］．黑龙江高教研究，2007（6）：97-100．

［20］罗序斌，周绍森．我国扶贫项目监测与评估的缺失与对策——基于泰国村庄基金的思考［J］．四川理工学院学报（社会科学版），2007（5）：64-66．

［21］胡德龙，周绍森．中部地区的经济增长方式及崛起路径研究［J］．科技进步与对策，2007（11）：169-173．

［22］罗序斌，周绍森．构建社会主义和谐社会背景下教育和谐发展研究——以江西为例［J］．淮北职业技术学院学报，2008（2）：99-101．

［23］邢周凌，周绍森．增进高校效益的人力资源开发与管理［J］．科技管理研究，2008（4）：163-164．

［24］陈洪玮，周绍森，邹常春．问题直接基模生成法（FAJA）在企业文化管理问题研究中的应用［J］．南昌大学学报（人文社会科学版），2008（2）：61-65．

［25］黄志钢，周绍森．江西金融发展与经济增长实证研究［J］．江西社会科学，2008（8）：43-47．

［26］邢周凌，周绍森．高校最佳人力资源管理实践实证研究——以中部六省高校为例［J］．高教探索，2009（2）：59-65．

［27］邢周凌，周绍森．大学生满意度量表的编制与验证——以地方综合性大学为例［J］．黑龙江高教研究，2009（4）：21-24．

［28］贺喜灿，周绍森．人力资本提升对农民长效增收的影响及对策［J］．求实，2009（4）：88-91．

［29］罗序斌，周绍森．中部崛起的态势分析［J］．开放导报，2009（3）：84-87+101．

［30］邢周凌，周绍森．高校人力资源管理实践的最优维度结构及其实证研究［J］．管理评论，2009（6）：91-98．

［31］罗序斌，周绍森，杨建仁．中部地区实现新跨越的困境与出路——基于经济发展评价指标体系的分析［J］．晋阳学刊，2009（5）：50-54．

［32］贺喜灿，周绍森．影响农民收入持续增长因素的实证分析——以江西为例［J］．中国井冈山干部学院学报，2010（1）：112-117．

［33］罗序斌，周绍森，郝宇．中部地区经济增长因素贡献的定量研究［J］．晋阳学刊，2010（2）：54-58．

［34］贺喜灿，周绍森．从农村人力资源开发视角构建农民长效增收的制度分析［J］．中国浦东干部学院学报，2010（2）：97-101．

［35］芦艳荣，周绍森，李斌，胡德龙，刘绿茵. 科技进步对经济发展贡献的研究与建议［J］. 宏观经济管理，2010（11）：24 – 26 + 32.

［36］罗序斌，周绍森. 区域综合竞争力评价指标体系构建［J］. 开放导报，2013（2）：52 – 56.

［37］罗序斌，周绍森. 中部崛起指数的测度研究［J］. 南昌大学学报（人文社会科学版），2013（4）：79 – 84.

［38］罗序斌，周绍森. 中部崛起进程的跟踪研究——基于崛起指数的理论架构和应用［J］. 生态经济，2014（3）：21 – 25.

后 记

去秋至今，历时一载，"经济社会视域下科技与教育文集"四卷总算付梓，为我的学术生涯画上一个尚未圆满的句号，在浩瀚无际的学海中添加一丝稍现即逝的水沫。

我在编辑整理 50 多年来，主要是近 20 年所撰写的与经济社会紧密关联的科技和教育方面的论著和文章时，我深感得益于我所敬仰的著名专家学者的指教，他们或为书作序，或审阅书稿，或发表书评；得益于与我同心协力的挚友和学生们的支持帮助，我相当部分的专著和论文是与他们合力完成。没有他们的鼎力相助，恳诚合作，我的这些论著和文章便不可能面世。对长者、挚友感恩之情，以及师生之谊，永远铭刻于心。他们的名字有的虽已在书稿中注明，但仍挂一漏十，对此深表歉意。

在文集的编撰过程中，胡德龙、罗序斌副教授、博士等提供了大量电子文稿；博士研究生张阳负责资料收集整理；王圣云副研究员、博士，胡德龙副教授、博士对全书认真编排审校，并请陈东有、胡伯项和徐光兵教授等对本书相关篇章进行了审读，皆付出了辛勤劳动，对此表示衷心感谢。

文集的出版得到南昌大学中国中部经济社会发展研究中心和长江经济带建设协同创新中心的资助支持，得到经济科学出版社吕萍社长和财税分社编辑同志们的热情指导和帮助，在此深表谢意。

最后，深深感谢家人对我的精心呵护扶持，并在扉页挥毫，言之难尽，略表寸心。

周绍森

2017 年夏于南昌艾溪湖畔